PROCESSO CIVIL COMPARADO

ANÁLISE ENTRE **BRASIL** E **PORTUGAL**

gen
Grupo
Editorial
Nacional

ORGANIZADORES

JOÃO CALVÃO DA SILVA
LEONARDO CARNEIRO DA CUNHA
MARIA JOSÉ CAPELO
OSVIR GUIMARÃES THOMAZ

PROCESSO CIVIL COMPARADO

ANÁLISE ENTRE **BRASIL** E **PORTUGAL**

  Impresso no Brasil – *Printed in Brazil*

  EDITORA FORENSE LTDA.
  Uma editora integrante do GEN | Grupo Editorial Nacional
  Travessa do Ouvidor, 11 – Térreo e 6º andar – 20040-040 – Rio de Janeiro – RJ
  Tel.: (21) 3543-0770 – Fax: (21) 3543-0896
  faleconosco@grupogen.com.br | www.grupogen.com.br

- Capa: Danilo Oliveira

- Data de fechamento: 04.08.2017

CIP – Brasil. Catalogação na fonte.
Sindicato Nacional dos Editores de Livros, RJ.

P956

Processo civil comparado: análise entre Brasil e Portugal / organização João Calvão da Silva ... [et al.]. – 1. ed. - São Paulo: Forense, 2017.

Inclui bibliografia
ISBN 978-85-309-7696-5

1. Processo civil - Brasil. I. Silva, João Calvão da.

17-43608 CDU: 347.91/.95(81)

COLABORADORES

BECLAUTE OLIVEIRA SILVA: Doutor em Direito Processual (UFPE). Mestre em Direito Processual (UFAL). Membro do Instituto Iberoamericano de Direito Processual (IIDP). Membro do Instituto Brasileiro de Direito Processual (IBDP) – Secretário Adjunto (AL). Membro da Associação Brasileira de Direito Processual (ABDPRO). Professor Adjunto da FDA/UFAL. Professor Titular do Curso de Direito do CESMAC. Professor Titular do Curso de Direito da UNIT.

EDUARDO JOSÉ DA FONSECA COSTA: Bacharel em Direito pela USP. Especialista, Mestre e Doutor em Direito Processual Civil pela PUC-SP. Atualmente, é Juiz Federal Substituto – Justiça Federal de Primeiro Grau em Ribeirão Preto – SP. Membro-Fundador e atual Presidente da Associação Brasileira de Direito Processual (triênio 2016-2018). Membro da Academia Brasileira de Direito Processual Civil, da Associação Brasileira de Direito e Economia, do Instituto Brasileiro de Direito Processual e do Instituto Pan-americano de Direito Processual. Membro do Conselho Editorial da *Revista Brasileira de Direito Processual* e do Comitê Editorial da *Revista Latinoamericana de Derecho Procesal.*

JOÃO CALVÃO DA SILVA: Professor Catedrático da Faculdade de Direito da Universidade de Coimbra. Membro do Instituto Jurídico da Faculdade de Direito – Universidade de Coimbra.

JOÃO LUIZ LESSA NETO: Mestre em Direito pela Universidade Federal de Pernambuco/Queen Mary, University of London. Bacharel pela Faculdade de Direito do Recife (UFPE). Membro da Associação Norte e Nordeste de Professores de Processo e da Comissão de Conciliação, Mediação e Arbitragem da Ordem dos Advogados do Brasil, Pernambuco. Advogado.

JOSÉ HENRIQUE MOUTA ARAÚJO: Pós-doutorado pela Faculdade de Direito da Universidade de Lisboa. Doutor e Mestre da Universidade

Federal do Pará. Professor do Centro Universitário do Estado do Pará e da Faculdade Metropolitana de Manaus. Procurador do Estado do Pará e Advogado. *E-mail:* www.henriquemouta.com.br.

JOSÉ LEBRE DE FREITAS: Professor catedrático da Faculdade de Direito da Universidade Nova de Lisboa. Foi membro da comissão de revisão do Código de Processo Civil, com papel relevante na Reforma da Acção Executiva. Advogado, membro da International Association of Procedural Law, da Deutsch-Lusitanische Juristenvereinigung, do Instituto Ibero-Americano de Derecho Procesal e da Associazionale Internazionale Giuristi di Lingua Italiana e vogal do Conselho de Ética para as Ciências da Vida.

LEONARDO CARNEIRO DA CUNHA: Mestre em Direito pela UFPE. Doutor em Direito pela PUC/SP, com pós-doutorado pela Universidade de Lisboa. Professor adjunto da Faculdade de Direito do Recife (UFPE), nos cursos de graduação, mestrado e doutorado. Presidente da Associação Norte e Nordeste de Professores de Processo (ANNEP). Procurador do Estado (Procuradoria-Geral do Estado de Pernambuco).

MARCO AURÉLIO VENTURA PEIXOTO: Advogado da União, Especialista em Direito Público pela Universidade de Brasília (UnB). Mestre em Direito Público pela Universidade Federal de Pernambuco (UFPE). Membro do Instituto Brasileiro de Direito Processual (IBDP). Sócio Fundador da Associação Norte e Nordeste de Professores de Processo (ANNEP). Membro da Associação Brasileira de Direito Processual (ABDPro). Vice-Diretor e Professor Honorário da Escola Superior de Advocacia Ruy Antunes (ESA-OAB/PE). Professor de Direito Processual Civil da Faculdade Estácio do Recife. Secretário-Geral da Associação Nacional dos Advogados da União (ANAUNI).

MARIA DOS PRAZERES PIZARRO BELEZA: Juíza do Supremo Tribunal de Justiça de Portugal.

MARIA JOSÉ CAPELO: Professora Auxiliar da Faculdade de Direito da Universidade de Coimbra. Membro do Instituto Jurídico da Faculdade de Direito – Universidade de Coimbra.

MIGUEL TEIXEIRA DE SOUSA: Professor da Faculdade de Direito de Lisboa.

OSVIR GUIMARÃES THOMAZ: Advogado. Mestre em Direito pela Universidade Católica de Pernambuco. Doutorando da Faculdade de Direito da Universidade de Coimbra.

RAVI PEIXOTO: Mestre em Direito pela UFPE. Membro da Associação Norte e Nordeste de Professores de Processo (ANNEP), do Centro de Estudos Avançados de Processo (CEAPRO), da Associação Brasileira de Direito Processual (ABDPRO) e do Instituto Brasileiro de Direito Processual (IBDP). Procurador do Município de João Pessoa. Advogado. Endereço eletrônico: ravipeixoto@gmail.com.

RENATA CORTEZ VIEIRA PEIXOTO: Mestre em Direito pela Universidade Católica de Pernambuco – UNICAP (2007) e Especialista em Direito Processual Civil (2005) pela mesma Universidade. Graduada em Direito. Membro do Instituto Brasileiro de Direito Processual (IBDP). Membro da Associação Norte e Nordeste de Professores de Processo (ANNEP). Membro da Associação Brasileira de Direito Processual (ABDPro). Professora de Processo Civil da graduação do Centro Universitário Maurício de Nassau (UNINASSAU) e de cursos de Pós-Graduação (UNINASSAU, Faculdade Estácio do Recife e FACESF). Professora da Escola Superior de Advocacia de Pernambuco (ESA-PE). Assessora Técnica Judiciária de Desembargador do Tribunal de Justiça de Pernambuco (TJPE). Palestrante. Idealizadora do *site* www.inteiroteor.com.br

ROBERTO P. CAMPOS GOUVEIA FILHO: Bacharel em Direito e Mestre em Direito Processual pela Universidade Católica de Pernambuco (UNICAP), onde, atualmente, cursa o Doutorado em Direito Processual. Professor de Direito Civil e Processual Civil da mesma Instituição de Ensino Superior. Vice-Presidente da Associação Brasileira de Direito Processual (ABDPro). Membro da Associação Norte e Nordeste dos Professores de Processo (ANNEP). Vice-Diretor da Escola Judicial do Tribunal Regional Eleitoral de Pernambuco (TRE-PE). Assessor da Presidência do TRE-PE.

RODRIGO DA CUNHA LIMA FREIRE: Mestre e Doutor em Direito Processual Civil pela Pontifícia Universidade Católica de São Paulo. Professor nos Cursos de Graduação e de Pós-Graduação das Faculdades Metropolitanas Unidas. Professor da Rede de Ensino LFG. Membro do Associação Norte e Nordeste de Professores de Processo (ANNEP), do Instituto Brasileiro de Direito Processual (IBDP), da Associação Brasileira de Direito Processual (ABDPro) e do Centro de Estudos Avançados de Processo (CEAPRO).

RUI MANUEL MOURA RAMOS: Professor catedrático da Faculdade de Direito da Universidade de Coimbra. Presidente do Instituto Jurídico da Faculdade de Direito de Coimbra. Presidente do Ius Gentium Conimbrigae. Membro do Institut de Droit International. Membro do Instituto Hispano-Luso-Americano de Direito Internacional. Membro da Academia Internacional de Direito Comparado. Membro associado do Instituto Internacional para a Unificação do Direito Privado (UNIDROIT). Membro do Groupe Européen de Droit International Privé (GEDIP). Membro da Société Française pour le Droit International. Membro do Instituto Luso-Brasileiro de Direito Comparado. Membro da Deutsch-Lusitanische Juristenvereinigung.

APRESENTAÇÃO

Rui Manoel Moura Ramos
pelo Instituto Jurídico da Faculdade de
Direito da Universidade de Coimbra

Senhor Director da Faculdade de Direito, Professor Doutor Rui Marcos, que se digna presidir à sessão de abertura deste colóquio,

Senhor Professor Leonardo Carneiro da Cunha, Presidente da Associação Norte e Nordeste dos Professores de Processo (ANNEP), corresponsável pela organização desta iniciativa, e também um dos seus coordenadores Científicos,

Senhores Professores Doutores Jorge Sinde Monteiro e Maria João Antunes, anterior e actual investigadores responsáveis pelo Grupo de Investigação "Risco, Transparência e Litigiosidade", do *Instituto Jurídico*, e João Calvão da Silva e Maria José Capelo, igualmente coordenadores científicos deste colóquio,

Ilustres conferencistas,

Caros colegas, senhores estudantes, senhoras e senhores,

Apenas umas breves palavras, antes de iniciarmos os nossos trabalhos.

Desde logo para saudar todos, expressando a viva satisfação e agradecimento por os ter entre nós no que pretendemos que cause reflexão e discussão.

Saúdo assim, em primeiro lugar, e, se me permitem, na pessoa do Professor Leonardo Carneiro da Cunha com quem partilhamos a organização deste colóquio e que teremos ainda ocasião de escutar nesta sessão de abertura, todos os nossos colegas e amigos brasileiros, reunidos na Associação Norte e Nordeste dos Professores de Processo (ANNEP), que nos trouxeram o calor da pátria irmã, onde sempre nos foi dado sentirmo-nos como em casa própria.

É-me grato também salientar a presença, que muito nos honra, de eminentes vultos da magistratura portuguesa (a Conselheira Maria dos Prazeres Beleza e o Conselheiro Carlos Lopes do Rego, cujas comunicações teremos o prazer de escutar, assim como os Conselheiros Ferreira de Almeida, Helder Roque, e Urbano Dias, que presidirão a algumas sessões de trabalho), cujo envolvimento neste colóquio constitui exemplo da ligação entre a Academia e o Mundo Judiciário que pretendemos manter em futuras realizações. A todos cumprimento efusivamente, agradecendo a forma como se disponibilizaram para participar nesta iniciativa.

Iniciativa que quisémos igualmente aberta ao mundo do foro, que me permito saudar calorosamente na pessoa do Dr. Amaro Jorge, Presidente do Conselho Regional de Coimbra da Ordem dos Advogados e antigo aluno da nossa Faculdade, que igualmente presidirá a uma sessão dos nossos trabalhos.

Cumprimento também com muito apreço os nossos colegas de outras universidades portuguesas (os professores Miguel Teixeira de Sousa e Lebre de Freitas, e esperamos a todo o momento poder contar com as professoras Paula Costa e Silva e Mariana França Gouveia), que assim nos confirmam o eco que a organização deste colóquio teve nos processualistas portugueses. É-nos na verdade particularmente grato poder contar com a vossa presença, numa realização que pretendemos ultrapassasse a nossa Faculdade, e que é com satisfação que observamos ter sido tão bem acolhida pelos mais consagrados cultores da processualística nacional. Temos naturalmente o maior prazer em escutar-vos e em vos ter entre nós.

Dirijo igualmente uma viva saudação aos meus colegas Jorge Sinde Monteiro, João Calvão da Silva e Maria João Antunes, cuja ligação ao Grupo de Investigação em que a preparação deste colóquio foi sedeada fez com que nela viessem a estar particularmente envolvidos. E também àqueles que actualmente repartem entre si, na nossa Faculdade, o ensino do Direito Processual Civil (Remédio Marques, Luís Miguel Mesquita e Maria José Capelo), e que teremos ocasião de ouvir no decurso dos nossos trabalhos.

Enfim, cumprimento todos os demais colegas presentes, assim como os nossos alunos e todos aqueles que, com a sua participação nestes trabalhos, quiseram reconhecer o interesse desta iniciativa.

A minha segunda palavra é de congratulação pela realização que nos congrega neste auditório – o *Colóquio Luso-Brasileiro de Direito Processual*

Civil – e que constitui uma organização conjunta do Grupo de Investigação "Risco, Transparência e Litigiosidade" do nosso *Instituto Jurídico* e da Associação Norte e Nordeste dos Professores de Processo (ANNEP). Trata-se pois como que de uma *joint-venture* internacional, que visa propiciar uma reflexão luso-brasileira sobre direito processual civil. Reflexão, note-se, que é a segunda a ser promovida no âmbito do *Instituto Jurídico* em curto lapso de tempo sobre esta área do jurídico. Recordo os que a ela possam não ter assistido, os nossos colegas Remédio Marques, Luís Miguel Mesquita e Maria José Capelo, assim como o Senhor Conselheiro Sebastião Póvoas, discorrer sobre "Direito Processual Civil. História e Prospectiva", então no âmbito das "Comemorações do Centenário" do *Boletim da Faculdade de Direito*, e sob a égide do Professor José Alberto dos Reis, que na circunstância homenageámos.

São bem diversos, no entanto, o objectivo e o âmbito da realização que nos ocupará agora. Com ela visam os organizadores promover uma reflexão em torno dos dois novos diplomas que, em 2013 em Portugal, e em 2015 no Brasil, vieram reformar mais ou menos profundamente o processo civil vigente nos dois países irmãos. É sabido que o nosso Código de 2013 revoga, entre outros diplomas posteriores, o Código de Processo Civil de 1961, ainda profundamente marcado pelo Código de 1940 e pela obra e ensino de Alberto dos Reis. E que, por seu lado, o Código brasileiro de 2015 revoga o Código de 1973, que substituíra o Código de 1940, este enquadrado no movimento reformador impulsionado por Francisco Campos.

O paralelismo entre o percurso desta área do direito nos dois países irmãos é assim flagrante. Para além da influência das *Ordenações Filipinas*, que de resto tiveram uma vigência bem mais longa no Brasil do que em Portugal, tendo naquele país sido apenas totalmente substituídas pelo referido Código de 1940, há uma convergência entre a inspiração dos textos cuja entrada em vigor tem lugar no início da década de 1940 e que não são imunes à reacção então dominante em relação ao pensamento liberal[1]. E, como teremos ocasião de ver, os textos de vigência mais recente também se inspiram em princípios comuns.

É precisamente esse balanço das convergências e dissemelhanças entre estes dois diplomas que se pretende levar a cabo, começando pelas normas e princípios fundamentais de cada um deles, para analisar em seguida a dis-

---

[1] Sobre esta reacção, ver entre nós a reflexão sempre actual de Cabral de Moncada, em O processo perante a filosofia do direito. Suplemento 15 ao *Boletim da Faculdade de Direito* (1961), I, Homenagem ao Doutor José Alberto dos Reis, p. 55-100.

ciplina de alguns aspectos marcantes, como a tutela provisória ou cautelar, a obrigação de fundamentação das decisões judiciais, as técnicas e meios de uniformização da jurisprudência, os negócios processuais, o regime da prova, os recursos contra as decisões de primeira instância, a preclusão e o caso julgado, e os meios alternativos de resolução dos litígios (mediação e arbitragem). Em relação a estes diferentes temas centrais, cuja importância não será decerto negada por nenhum dos presentes, teremos assim ocasião de escutar distintos e contrastados pontos de vista, partindo em cada caso das soluções normativas adoptadas nos dois diplomas.

Para além da apresentação e debate das soluções consagradas nas duas codificações referidas, os nossos trabalhos constituirão assim uma reflexão juscomparatística, pondo em confronto as respostas normativas de dois sistemas que, partindo de soluções comuns (as contidas nas já referidas *Ordenações Filipinas*), vieram a partir do século XIX a evoluir em termos diferentes[2], assimilando de modo diverso distintas influências. Trata-se pois de jornadas cujo interesse ultrapassa o estrito âmbito da discussão científica em torno das questões que nelas serão objecto de debate, inserindo-se ademais nas temáticas da recepção de influências de sistemas alheios e da forma como as ordens jurídicas reagem à mutação dos ambientes sociais que são chamadas a estruturar juridicamente.

Compreende-se assim o interesse que esta problemática mereceu ao *Instituto Jurídico* e ao seu Grupo de Investigação "Risco, Transparência e Litigiosidade". Beneficiando do interesse também manifestado pelos nossos colegas brasileiros, organizados na Associação Norte e Nordeste dos Professores de Processo (ANNEP), foi possível pôr de pé este Colóquio Luso-Brasileiro com o qual se procura aprofundar a discussão sobre os caminhos que percorre, na actualidade, o direito processual civil no Brasil e em Portugal. E com esta iniciativa pioneira o referido Grupo de Investigação prossegue o trabalho entretanto desenvolvido[3], procurando também agora dar vida, no

---

2 No que ao direito brasileiro diz respeito, cf. a síntese fornecida no estudo de Nicola Picardi e Dierle Nunes, O Código de Processo Civil brasileiro. Origem, formação e Projecto de Reforma. *Revista de Informação Legislativa*, Brasília, ano 48, n. 190, p. 93-120, abr.-jun. 2011.

3 Trabalho marcado, no ano transacto, por iniciativas no domínio do *Risco Ambiental* e do *Risco Alimentar*, que deram de resto origem a duas publicações (ambas coordenadas por Jorge Sinde Monteiro e Mafalda Miranda Barbosa, Coimbra, 2015, Instituto Jurídico), e, também no âmbito luso-brasileiro, sobre *Justiça Desportiva*, e, já em 2016, por uma outra discussão luso-brasileira, agora sobre os *Acordos de leniência na esfera penal.*

domínio jurídico, à comunidade luso-brasileira, ao promover a discussão e o debate estruturados sobre os caminhos percorridos pelas ordens jurídicas dos dois países, no que entendemos ser uma profícua forma de aproximação e aprofundamento das relações entre as duas nações e as respectivas comunidades jurídicas.

Recorde-se, de resto, que, ao fazê-lo, o *Instituto Jurídico* se limita, de resto, e no que toca ao interesse pela realidade jurídica brasileira, a retomar tradições antigas da nossa casa, e que terão atingido o seu grau mais elevado com um dos maiores responsáveis pela criação da entidade a que, pela primeira vez, coube a designação (de *Instituto Jurídico*) que hoje ostentamos. Tenha-se presente que, pouco depois da entrada em vigor do Código Civil Brasileiro de 1916[4], o sistema de direito internacional privado consagrado na Introdução a este diploma[5] seria objecto de uma densa e profunda análise (porventura depois não superada) por parte de Álvaro Machado Vilela, professor da nossa Faculdade e inquestionável fundador do direito internacional privado português[6], que, ao longo de extensas 546 páginas, se ocuparia de *O Direito Internacional Privado no Código Civil Brasileiro*[7].

---

4 *Rectius,* Código Civil dos Estados Unidos do Brasil, aprovado pela Lei 3.071, de 1.º.01.1916, e que se manteve em vigor, como é sabido, até ao surgimento do Código Civil actual, de 2002 (Aprovado pela Lei 10.406, de 10.01.2002).

5 Entretanto substituído pelo constante da Lei de Introdução ao Código Civil Brasileiro, de 1942 (cf. o Decreto-lei 4.657, de 04.09.1942), hoje redenominada (pela Lei 12.376, de 30.12.2010) Lei de Introdução às Normas do Direito Brasileiro.

6 Sobre o seu labor científico, e o papel que desempenhou quer na reflexão jurídica luso-brasileira, quer na renovação do ensino na nossa Faculdade, vejam-se, respectivamente, entre outros: Erik Jayme. Machado Villela (1871-1956) und das Internationale Privatrecht. *Das Recht der lusophonen Lander*, Baden-Baden: Nomos Verlagsgesellschaft, 2000. p. 13-20; Haroldo Valladão. Machado Vilela, primeiro jurista luso-brasileiro. 20 *Scientia Iuridica*, n. 112-113, p. 384-395, set.-dez. 1971; Rui Figueiredo Marcos. O retrato de Machado Vilela. Mestre da Faculdade de Direito e Primeiro Director da Biblioteca. *Boletim da Faculdade de Direito*, v. LXXXVIII, p. 923-937, 2012.

7 O estudo encontra-se publicado no *Boletim da Faculdade de Direito*, nos volumes III (1916-1917), p. 231-270, IV (1917-1918), p. 1-79, e 587-653, V (1918-1920), p. 168-215, e 497-551, e VI (1920-1921), p. 1-94, e 293-453, e em separata (Coimbra, 1921, Imprensa da Universidade).

Saliente-se que na sequência deste trabalho, e em função precisamente da sua publicação, a Faculdade de Direito do Rio de Janeiro viria a atribuir a Machado Vilela a condição de Professor Honorário.

De resto, a atenção de Machado Vilela pelo direito brasileiro não se ficaria por aqui. O autor começou por se interessar pelos Conflictos entre as leis portuguesas e as leis

O diálogo plural e contrastado que em breve iremos iniciar tem pois precedentes ilustres, sendo que agora ele é alargado a uma diversidade de intervenientes, vindo no entanto também a incidir de algum modo sobre temas fundamentais, e da maior actualidade para a evolução das ordens jurídicas dos dois países. É esse diálogo cuja importância aqui não queremos deixar de sublinhar, e que o *Instituto Jurídico*, recentemente recriado, não deixará de procurar prosseguir com a comunidade jurídica do país irmão, constituindo a presente iniciativa, por que uma vez mais nos regozijamos, um relevante momento da sua realização.

Finalmente, uma palavra de agradecimento a todos aqueles que tornaram possível esta iniciativa, com o âmbito e o alcance que lhe pretendemos dar.

Em primeiro lugar aos nossos palestrantes, independentemente do lado do Atlântico em que desenvolvam o essencial da sua reflexão jurídica, com cujos saber e ensinamentos certamente muito iremos aprender.

Depois, a todos aqueles a quem coube a não poucas vezes difícil missão de pôr de pé o programa e de se responsabilizar pela organização dos nossos trabalhos. Tarefa que, no que toca à parte brasileira, coube essencialmente, se bem sei, ao Professor Leonardo Carneiro da Cunha, mas também ao Mestre (e doutorando na nossa Faculdade) Osvir Guimarães Thomaz. E, do lado português, por um lado, aos meus colegas Jorge Sinde Monteiro e Maria João Antunes, que, enquanto Investigadores Responsáveis pelo Grupo de Investigação "Risco, Transparência e Litigiosidade", compreenderam a importância desta iniciativa e se empenharam na sua realização; e João Calvão da Silva e Maria João Capelo, que assumiram, da nossa parte, a sua coordenação científica.

Ficaria no entanto aquém do mais elementar respeito pela verdade se não sublinhasse, neste momento, a contribuição a todos os títulos indispensável e altamente meritória da Professora Doutora Maria José Capelo, sobre cujos ombros recaiu o essencial (e sabe-se como o essencial nestes casos inclui também não poucas vezes o que é simplesmente indelegável) da organização deste Colóquio, que simplesmente não teria sido possível sem o

brasileiras em matéria de nacionalidade (*Boletim da Faculdade de Direito*, v. I (1914-1915), p. 175-189, e v. II (1915-1916), p. 95-107, e 155-166), e por A imigração brasileira (ibidem, p. 271-272, e 375), para se ocupar de novo, mais tarde, e já na fase final da sua longa actividade científica, da temática das relações Portugal-Brasil: cf. os seus trabalhos: O Tratado de Amizade e Consulta entre Portugal e o Brasil. 3 *Scientia Iuridica* (1953-1954), p. 244-259; Portugueses no Brasil. 5 *Scientia Iuridica* (1956), p. 352-372, e 450-479, parecer jurídico sobre um projecto brasileiro de decreto-lei comunicado ao Governo português e que constitui um precedente próximo daquele Tratado.

seu empenho, devoção e compromisso. Empenho, devoção e compromisso que lhe permitiram superar as dificuldades da mais diversa ordem que, por vezes inexplicavelmente, não deixaram de surgir, e que, neste ou naquele momento, pareceram poder pôr em causa esta realização. Constitui assim uma inegável exigência de justiça que se reconheça o papel fundamental que desempenhou durante todo o longo processo que nos conduziu até aqui e sem o qual muito provavelmente nos não encontraríamos, pelo que é muito justamente credora do nosso vivo agradecimento.

Um agradecimento que é igualmente devido a todos os funcionários da Faculdade e aos colaboradores do *Instituto Jurídico* que, desta ou daquela forma, foram chamados a de algum modo colaborar nesta iniciativa, em particular aos responsáveis pela sua divulgação.

Enfim, a nossa gratidão vai ainda para todos aqueles que se propõem a intervir neste colóquio, e a quem desejamos proveitoso trabalho, na certeza de que a vossa participação constitui a prova provada do sucesso da organização a que o *Instituto Jurídico*, de par com a Associação Norte e Nordeste dos Professores de Processo (ANNEP), meteu ombros, com o intuito de analisar alguns dos aspectos mais relevantes das recentes codificações do direito processual civil dos nossos dois países.

E, sem mais, concluímos, renovando a todos as nossas boas-vindas e desejando o maior sucesso para os trabalhos que em breve se irão iniciar.

APRESENTAÇÃO

Leonardo Carneiro da Cunha
pela Associação Norte e Nordeste dos Professores de Processo

Nos dias 24 e 25 de fevereiro de 2016, realizou-se, no auditório da tradicional Universidade de Coimbra, em Portugal, o *Colóquio Luso-Brasileiro de Direito Processual Civil,* reunindo professores brasileiros e, igualmente, professores portugueses.

Com a Professora Doutora Maria José Capelo (Universidade de Coimbra) tive a honra de coordenar o referido colóquio, o qual teve por finalidade promover a integração acadêmica entre os professores e estudantes de pós-graduação do Brasil e de Portugal, especificamente no tocante às discussões envolvendo a nova legislação processual civil portuguesa, aprovada pela Lei 41, de 2013, e o novo Código de Processo Civil brasileiro, aprovado pela Lei 13.105, de 2015.

Tal colóquio contou com mesas temáticas, compostas, cada uma, por um professor brasileiro, um professor português e um presidente e debatedor. Os professores tiveram quarenta e cinco minutos cada para tecer considerações sobre o tema proposto e, após a exposição, era franqueada a palavra ao debatedor e aos participantes do evento para formulação de perguntas.

O evento realizou-se em dois dias e foi composto por oito mesas temáticas, sendo duas mesas pela manhã e duas à tarde.

É relevante destacar que o evento contou com o importante apoio do Instituto Jurídico da Faculdade de Direito da Universidade de Coimbra, que se reconstituiu em janeiro de 2013, como unidade de investigação e desenvolvimento, ao abrigo dos novos Estatutos da Faculdade. Devolveu-se, assim, realidade institucional a uma tradição com mais de um século, e nunca verdadeiramente interrompida, de ligação do ensino à investigação.

De igual modo, o evento contou com o apoio da Associação Norte e Nordeste de Professores de Processo (ANNEP). Os professores brasileiros que dele participaram são todos associados da ANNEP.

A presente coletânea reúne textos de alguns dos professores que participaram do mencionado evento. Tais textos reproduzem o conteúdo de suas palestras, que ora é lançado ao público para maior divulgação de seu conteúdo.

Além do meu, a coletânea contém textos dos seguintes professores brasileiros: Beclaute Oliveira Silva, João Luiz Lessa de Azevedo Neto, José Henrique Mouta Araújo (este, por problemas familiares, não pôde participar do evento, mas enviou o texto que serviria de base para sua palestra), Marco Aurélio Ventura Peixoto, Osvir Guimarães Thomaz, Renata Cortez Vieira Peixoto, Roberto Campos Gouveia Filho (em coautoria com Eduardo José da Fonseca Costa e Ravi Peixoto, que não estiveram no colóquio, mas com ele escreveram o texto que serviu de base para parte de sua palestra), Rodrigo da Cunha Lima Freire.

Há, ainda, os textos dos seguintes professores portugueses: José Lebre de Freitas, Maria José Capelo e Miguel Teixeira de Sousa, além do texto da Doutora Maria dos Prazeres Pizarro Beleza, Juíza do Supremo Tribunal de Justiça de Portugal.

A tudo isso acresce a saudação do Professor Doutor Rui Manuel Moura Ramos, que abriu o evento.

Esse foi o primeiro evento internacional da Associação Norte e Nordeste de Professores de Processo (ANNEP), marcando o início de uma jornada com objetivo de intercâmbio acadêmico entre docentes brasileiros e portugueses.

Tomara que haja muitos outros ainda!

Recife, Nordeste do Brasil, agosto de 2017.

SUMÁRIO

A PROVA: (IN)SUBSISTÊNCIA DOS MODELOS DECLARATÓRIO E CONSTITUTIVO DO FATO

Beclaute Oliveira Silva 1

O NOVO CÓDIGO DE PROCESSO CIVIL, RACIONALISMO E OS MEIOS ADEQUADOS DE RESOLUÇÃO DE DISPUTAS NO BRASIL

João Luiz Lessa Neto 29

A ESTABILIZAÇÃO DAS DECISÕES JUDICIAIS DECORRENTE DA PRECLUSÃO E DA COISA JULGADA NO NOVO CPC: REFLEXÕES NECESSÁRIAS

José Henrique Mouta Araújo 49

A INVERSÃO DO CONTENCIOSO NOS PROCEDIMENTOS CAUTELARES

José Lebre de Freitas 77

NORMAS FUNDAMENTAIS NO NOVO CPC BRASILEIRO

Leonardo Carneiro da Cunha 89

RECURSOS CONTRA DECISÕES DE PRIMEIRA INSTÂNCIA NO NOVO CPC BRASILEIRO

Marco Aurélio Ventura Peixoto 139

O DEVER DE FUNDAMENTAÇÃO DAS DECISÕES JUDICIAIS NO NOVO CPC PORTUGUÊS

Maria dos Prazeres Pizarro Beleza 167

PRINCIPAIS NOVIDADES SOBRE PROVAS NO NOVO CÓDIGO DE PROCESSO CIVIL PORTUGUÊS

Maria José Capelo 183

PRECLUSÃO E CASO JULGADO

Miguel Teixeira de Sousa 211

OS NEGÓCIOS PROCESSUAIS TÍPICOS E ATÍPICOS NO NOVO CÓDIGO DE PROCESSO CIVIL BRASILEIRO E O REGRAMENTO DOS NEGÓCIOS PROCESSUAIS NO CÓDIGO DE PROCESSO CIVIL PORTUGUÊS

Osvir Guimarães Thomaz 237

AS SÚMULAS NO DIREITO PROCESSUAL CIVIL BRASILEIRO: PASSADO, PRESENTE E FUTURO

Renata Cortez Vieira Peixoto 261

ESTABILIZAÇÃO, IMUTABILIDADE DAS EFICÁCIAS ANTECIPADAS E EFICÁCIA DE COISA JULGADA: UMA VERSÃO APERFEIÇOADA

Roberto P. Campos Gouveia Filho, Ravi Peixoto e Eduardo José da Fonseca Costa 307

O DEVER DE FUNDAMENTAÇÃO DAS DECISÕES JUDICIAIS NO CPC BRASILEIRO

Rodrigo da Cunha Lima Freire 329

A PROVA: (IN)SUBSISTÊNCIA DOS MODELOS DECLARATÓRIO E CONSTITUTIVO DO FATO

Beclaute Oliveira Silva

Sumário: Introdução – 1. Os modelos de verificação da verdade segundo Michel Foucault: 1.1. Sistema da prova (provação – desafio); 1.2. Sistema de inquérito; 1.3. Sistema de exame – 2. Concepção declaratória de análise da prova: 2.1. Prova como situação no mundo fenomênico; 2.2. Prova como argumento – 3. Concepção constitutiva da análise da prova – 4. Conclusão: análise crítica das duas correntes e proposta de solução: 4.1. (In)subsistência da concepção declaratória; 4.2. (In)subsistência da concepção constitutiva; 4.3. Proposta dialógica: prova como enunciado – Referências.

INTRODUÇÃO

A questão do fato, no processo, é ponto central da cognição judicial. Desde os primórdios o homem se serve de modelos para aptos a estabelecê-los como fundamento de uma tomada de decisão. O que se conhece passa pelo que se prova.

A prova tem preocupações antigas. No Pentateuco, no decálogo, por exemplo, Deus estabelece dois mandamentos que tinha por objeto a questão da prova, qual seja: "não tomarás o nome do Senhor teu Deus em vão; porque o Senhor não terá por inocente aquele que tomar o seu nome em vão" (Dt. 5, 11); não darás falso testemunho contra teu próximo (Dt. 5, 20). Saliente-se que não tomar o nome da divindade em vão é algo presente nas culturas mediterrâneas, como fica registrado na Ilíada, de Homero, que será adiante explicitado.

A despeito de ser um tema antigo, longe se está de se chegar a um consenso sobre ele, já que o tema prova envolve análise que transcende as quadras do direito.

O objeto central do presente trabalho é analisar os modelos declaratórios e constitutivos de prova, com intuito de demonstrar sua relevância e insuficiência. Para realizar o referido objetivo, em primeiro lugar, far-se-á incursão sobre o problema dos sistemas de verdade, a partir do pensamento de Michel Foucault. Ele servirá como ponto de referência para se analisar os modos de compreensão da prova.

No segundo capítulo, far-se-á uma análise do modelo demonstrativo de coloração declaratória. Já no terceiro capítulo será exposta a concepção demonstrativa constitutiva da prova. No capítulo dedicado à conclusão será ultimada uma análise crítica sobre os dois modelos e uma proposta de superação de ambos, ao lançar os traços do modelo dialógico, a luz do pensamento de Mikhail Bakhtin.

1. OS MODELOS DE VERIFICAÇÃO DA VERDADE SEGUNDO MICHEL FOUCAULT

A necessidade de se teorizar sobre a prova surge porquanto a decisão jurídica necessita de uma justificação distinta do uso da força em seu estado bruto, físico. Por essa razão, a análise que possui por escopo explicar o fenômeno probatório tem sido tema recorrente nos estudos do direito, tanto no passado como hodiernamente.

A relação direito, decisão jurídica, verdade e prova acaba por gerar uma estrutura de interdependência e, por isso, a forma como se vê o direito vai, em certo grau, interferir no modo como se analisa a decisão judicial, bem como na maneira como a prova é analisada, já que esta é condicionante para a aferição da denominada verdade dos fatos.

Interessante análise foi feita por Michel Foucault, quando percebeu como a verdade e sua forma de aferição, condicionantes da decisão jurídica, eram admitidas, historicamente. A verdade é vista como um procedimento apto a legitimar as práticas humanas num determinado contexto social, histórico e econômico. Tal procedimento, em um determinado momento, passa a se valer da prova como sua condicionante, como segue.

1.1. Sistema da prova (provação – desafio)

O aludido sistema consistia em produzir a verdade mediante o artifício de um dos oponentes lançar um desafio para o outro. Aqui o termo prova não está sendo utilizado no sentido de demonstração, mas de desafio. Se o desafio não é aceito, tem-se que o proponente da prova sai vencedor. Aceito o desafio, este pode ser vencido ou não pelo desafiado. Se lograr êxito, está com a razão; caso contrário, o desafiante se encontra com a verdade e vence a querela.[1] Essa maneira de produção do acertamento do fato também é denominada juramento.[2]

Para ilustrar o sistema, que vigorou na sociedade grega arcaica e na Alta Idade Média – *e.g.*: as ordálias –, Foucault toma um episódio relatado em *A Ilíada*.[3] Trata-se da contenda entre Antíloco e Menelau, por ocasião de uma corrida de carros cujo vencedor foi Antíloco. Ao final, Menelau afirma que seu oponente cometera irregularidades. Apesar de a competição possuir um árbitro apto a atestar a regularidade ou não da corrida, Menelau propôs ao seu adversário uma prova:

> Antíloco, vem cá, discípulo de Zeus, como é de regra e, em pé, diante dos cavalos e do carro, com o chicote nas mãos, flexível, graças ao qual conduzias há bocado, tocando nos teus cavalos, jura por Aquele que sustém e sacode a terra que não entravaste voluntariamente, e por manha, o meu carro.[4]

Em resposta, Antíloco renuncia ao desafio, reconhecendo o cometimento de irregularidade. Caso jurasse e Zeus não o fulminasse com um raio, venceria a querela. Se Zeus o fulminasse, Menelau restaria vencedor.

Malgrado na sociedade atual esse sistema não seja mais utilizado na ciência, ele tinha por função aferir a verdade – no caso, a acusação de que o oponente agiu de forma irregular.[5] Vale salientar que tal sistema ainda é utilizado socialmente, máxime nas sociedades cristãs, em face da estipulação do segundo mandamento do Decálogo: "Não pronunciarás em vão o nome do Senhor, teu Deus; porque o Senhor não terá por inocente aquele que tiver pronunciado em vão o seu nome" (Dt 5, 11).[6] Trata-se de uma regra de procedimento decisório, já que a falsidade no juramento implicará condenação. Claro que a aludida prescrição só terá sentido para os seguidores da fé cristã. O que se quer pontuar é que tal sistema não se encontra tão longe de nossa

---

1 FOUCAULT, Michel. *A verdade e as formas jurídicas*. Trad. Roberto Machado e Eduardo Morais. Rio de Janeiro: Nau Editora, 2003. p. 32-33.

2 LOPES, João Batista. *A prova no direito processual civil*. 3. ed. rev., atual. e ampl. São Paulo: RT, 2006. p. 20.

3 FOUCAULT, Michel. *A verdade e as formas jurídicas* cit., p. 31-33.

4 HOMERO. *A Ilíada*. Trad. Cascais Franco. 2. ed. Sintra: Publicações Europa-América, 1988. p. 332.

5 FOUCAULT, Michel. *A verdade e as formas jurídicas* cit., p. 32.

6 BÍBLIA. Português. *Bíblia Sagrada*. Trad. Centro Bíblico Católico. 57. ed. São Paulo: Ave Maria, 1987. p. 221.

realidade, já que os cristãos, em suas práticas, recorrem a esse preceito religioso de conteúdo nitidamente processual. A propósito, no decálogo, outro mandamento sobre prova está inserto no mandamento: "não levantarás falso testemunho".

O sistema de prova (provação), como descrito, não constitui um sistema de perquirição da verdade, mas, se a prova acontece e o desafiado vence, atestar-se-ia a assertiva como verdadeira, nos seguintes termos: "certa pessoa tendo dito a verdade tem razão, uma outra tendo dito uma mentira não tem razão".[7]

O procedimento se restringe à existência ou não da prova e, existindo, verificar-se-á se obteve fracasso ou sucesso. Cabe ao magistrado atestar o procedimento.[8] Nesse sistema se atesta não quem realmente tem razão, mas quem é mais forte, permitindo-se a passagem da força ao direito, tendo-se como o mais forte aquele que tem razão. Noutros termos: confere à força o valor verdade. Esse sistema foi útil na Alta Idade Média, já que o modo de circulação de riqueza não era o comércio, mas a rapinagem, a guerra, a herança etc.[9]

A pesquisa – a demonstração – será objeto de outro modelo, que encontra raízes na Grécia clássica e também na Idade Média, tendo reflexo em nosso mundo: o inquérito.

1.2. Sistema de inquérito

Assevera Foucault que a modalidade inquérito vai surgir na Grécia clássica e toma como marco importante o relato na peça de Sófocles, Édipo Rei. Na peça há um deslocamento da verdade: do divino/profético para o empírico, mesmo que o detentor do saber seja um escravo e um pastor.[10] O escravo afirma que Édipo não é filho de Políbo[11], e o pastor atesta que dera àquele escravo uma criança, filho de Jocasta e de Laio.[12]

Valoriza-se aqui o detentor do conhecimento, seja porque em contato com os deuses (profeta), com os fatos, seja porque, mediante a contempla-

7 FOUCAULT, Michel. *A verdade e as formas jurídicas* cit., p. 61.

8 FOUCAULT, Michel. *A verdade e as formas jurídicas* cit., p. 62.

9 FOUCAULT, Michel. *A verdade e as formas jurídicas* cit., p. 62-63.

10 FOUCAULT, Michel. *A verdade e as formas jurídicas* cit., p. 40.

11 SÓFOCLES. Édipo Rei. *Trilogia Tebana*. Tradução do grego por Mário da Gama Kury. 8. ed. Rio de Janeiro: Jorge Zahar Editor, 1998. p. 71.

12 SÓFOCLES. Édipo Rei. *Trilogia Tebana* cit., p. 82.

ção do mundo das ideias, teve acesso ao conhecimento, aqui já numa visão nitidamente platônica, a reminiscência.

Na Idade Média, o inquérito vai ser utilizado pela Igreja (inquérito eclesiástico) e pelo Estado na época carolíngia (inquérito administrativo), e depois generalizado. A influência do Direito Canônico, que disseminará o denominado processo "romano-canônico", trará o aludido modelo aos nossos dias.[13]

Nele se destaca a existência de um poder político ou eclesial que 'não sabe', e por isso necessita inquirir 'quem sabe', no caso, os notáveis (indivíduos 'capazes de saber' devido à idade, à riqueza, à notabilidade de conhecimento, os dignos de confiança etc.).[14] No inquérito administrativo, a participação dos notáveis é espontânea.[15]

O aludido procedimento passou a ser o instrumento apto a generalizar o denominado "flagrante delito" – quando o indivíduo era surpreendido na prática do delito.[16] Como na maioria das vezes o flagrante delito real não era possível, passou-se a utilizar o inquérito como forma de se construir o flagrante, mesmo que não se estivesse presente ao acontecimento. Com isso era possível, mediante o uso da prova (aqui não se utiliza o termo no sentido de desafio, mas de algo apto a reconstituir o passado), tornar "[...] presente, sensível, imediato, verdadeiro, o que aconteceu, como se estivéssemos presenciando [...]".[17] A prova passou a ser um artifício para se voltar no tempo. Reconstitui-se o passado mediante a linguagem da prova, ou, simplesmente, constitui-se o passado mediante a linguagem da prova. Neste sentido, o acontecido é, segundo a construção linguística do denominado flagrante.

Estabelece-se um novo modelo, pautado na demonstração. Essa mudança não foi uma evolução, mas uma necessidade.[18] Nas palavras de Foucault: "o inquérito na Europa Medieval é sobretudo um processo de governo, uma técnica de administração, uma modalidade de gestão; em outras palavras, o inquérito é uma determinada maneira de o poder se exercer".[19] A premissa

---

13 PACHECO, José da Silva. *Evolução do processo civil brasileiro*. 2. ed. Rio de Janeiro: Renovar, 1999. p. 38-40.

14 No processo civil brasileiro atual nem todos são admitidos como testemunha, como se depreende do art. 447 do CPC: "podem depor como testemunhas todas as pessoas, exceto as incapazes, impedidas ou suspeitas".

15 FOUCAULT, Michel. *A verdade e as formas jurídicas* cit., p. 69.

16 FOUCAULT, Michel. *A verdade e as formas jurídicas* cit., p. 68.

17 FOUCAULT, Michel. *A verdade e as formas jurídicas* cit., p. 69.

18 FOUCAULT, Michel. *A verdade e as formas jurídicas* cit., p. 72.

19 FOUCAULT, Michel. *A verdade e as formas jurídicas* cit., p. 73.

que fez necessária a construção do modelo inquérito, por ainda estar presente nos dias atuais, possibilita hodiernamente sua utilização, principalmente nos processos judiciais.

O mencionado procedimento, de matriz judicial, foi relevante para a economia, a demografia, a geografia, a astronomia, a climatologia, a medicina, a botânica, a zoologia e outros campos do saber.[20]

À medida que o sistema de inquérito se impôs, o sistema da prova (desafio) caiu em desuso. Mesmo a tortura chegou a ser utilizada para se conseguir a confissão.[21] Era um método usado largamente no sistema inquisitivo. A mudança de perspectiva que se opera com o sistema inquérito vai fazer com que a alquimia, que utilizava o sistema da prova, perca sua utilidade, dada a necessidade do conhecimento empírico. Alega Foucault que a crise da universidade medieval pode ser vista sob esse prisma – a superação do sistema de prova. A universidade medieval utilizava o sistema de prova sob a forma da *disputatio* – vencia o desafiante que trouxesse um número maior de autores favoráveis a sua tese – como modelo de atestar o saber. No século XVI, essa forma foi abandonada nas universidades, porquanto não era mais útil.

Com relação ao fato e ao direito, na decisão judicial o sistema de inquérito se impõe, já que se constitui em uma forma de atestar um saber, sob o prisma da demonstração, trazendo aos autos o acontecimento que estava oculto nas brumas do tempo.

1.3. Sistema de exame

O terceiro modelo, exame, também denominado vigilância, surge a partir do século XVIII e domina o modelo de produção do saber nas denominadas sociedades disciplinares.

Ele se manifesta sob a forma de vigilância permanente sobre os indivíduos, por alguém que exerce algum tipo de poder, seja ele o mestre-escola, o chefe de oficina, o médico, o psiquiatra, o diretor de prisão etc. Aqui há o surgimento do modelo *panopticon*. Mediante o exame, atesta-se se os vigiados evoluíram ou regrediram. Em outros termos, testifica-se se são ou não normais, ou seja, conforme a norma.[22] Segundo Foucault, esse modelo vai permear as ciências humanas como a psiquiatria, a psicologia, a sociologia, a criminologia etc.[23]

---

20 FOUCAULT, Michel. *A verdade e as formas jurídicas* cit., p. 74-75.

21 Hoje tal prática não possui respaldo jurídico.

22 FOUCAULT, Michel. *A verdade e as formas jurídicas* cit., p. 88.

23 FOUCAULT, Michel. *A verdade e as formas jurídicas* cit., p. 88.

Tal sistema se impõe porque serve para um novo tipo de riqueza. Antes a economia tinha por lastro a propriedade imobiliária, mas com o advento do capitalismo industrial surge uma nova forma determinante, a mercadoria.[24] O latifúndio, no capitalismo, só tem sentido se for produtivo, ou seja, apto a produzir mercadoria e, via de consequência, gerar riqueza. Para garantir a segurança e evitar o dano é que foi criado o sistema de vigilância. Aqui o vigilante se antecipa ao fato.[25]

Do ponto de vista epistêmico, o exame extrai do indivíduo saberes pessoais que serão incorporados à produção, além de reproduzir o sistema de controle. Foucault usa como exemplo as invenções e as novas técnicas desenvolvidas pelo operário, que são apropriadas pelo empregador, na escala produtiva.[26]

Ademais, a observação sobre os indivíduos fez nascerem as ciências que tomam o homem, melhor dizendo, o comportamento humano, como objeto de conhecimento, como o caso da psicologia, da psiquiatria, da criminologia etc.[27]

Embora esse sistema tenha diversas implicações para o direito, como a sociologia do direito, a criminologia, a psiquiatria forense, a psicologia forense etc., para o presente estudo a ênfase não terá por ponto esse modelo, mas aquele que se constitui a partir do sistema inquérito.

No denominado sistema inquérito, a função demonstrativa impera. Esse modelo é utilizado, como se verá, pela ciência processual, que tem por premissa a perspectiva objetivista. Entretanto, a relação entre a prova e o fato a ser provado é analisada de modo distinto. Cada corrente teórica pode fazer uso diferente do aludido aparato. Há correntes teóricas que vislumbram na prova a função de demonstrar a verdade do fato, logo a prova é estranha ao fato. Pode ocorrer que a prova seja utilizada para constituir o fato, mesmo assim mantendo uma relação distinta, como ocorre na teoria que toma o fato prova como fato jurídico em sentido lato, distinto do fato jurídico em sentido estrito, exposta no primeiro item. Na aludida concepção, o estranhamento também ocorre. Embora haja a distinção, existe uma relação de referibilidade entre a prova e o fato demonstrado.

A função demonstrativa presente no sistema inquérito, na doutrina pátria, manifesta-se de duas formas: uma declaratória e outra constitutiva. Passa-se a explanar as referidas concepções.

---

24 FOUCAULT, Michel. *A verdade e as formas jurídicas* cit., p. 100-101.

25 FOUCAULT, Michel. *A verdade e as formas jurídicas* cit., p. 100-107.

26 FOUCAULT, Michel. *A verdade e as formas jurídicas* cit., p. 121.

27 FOUCAULT, Michel. *A verdade e as formas jurídicas* cit., p. 121 e 125.

2. CONCEPÇÃO DECLARATÓRIA DE ANÁLISE DA PROVA

A prova pode ser veiculada como imersa em uma concepção declaratória. Na mencionada concepção a prova terá a função de tornar clara uma determinada situação e pode ser tomada de duas formas:

a) como uma situação no mundo fenomênico, ontologizada;
b) como um argumento.

São perspectivas distintas, mas que utilizam a prova como critério apto a declarar a existência ou não de um evento. Expõem-se as duas formas:

2.1. Prova como situação no mundo fenomênico

A prova pode ser tomada como uma situação existencial no mundo fenomênico. A mencionada concepção não aparece de forma uníssona, isso porque a prova tinha por função chegar à verdade, que era definida como *adequatio intelectus et rei*. Na aludida concepção de verdade há uma relação direta entre o pensamento e o real, em um vínculo que importa identidade mediada pela objetividade da prova. Essa objetividade da prova decorre do fato de ela ser distinta do sujeito cognoscente, já que dele é exterior. Neste ponto, a prova tem papel essencial na objetivação da assertiva produzida pelo julgador, já que esta é, segundo Malatesta, "o meio objetivo pelo qual o espírito humano se apodera da verdade".[28] É o modelo desenvolvido por Malatesta que serve de base para a técnica dos níveis de cognição, que será exposto em momento oportuno.

Constata-se na obra de Malatesta a já clássica gradação entre ignorância – ausência de conhecimento sobre o fato; credulidade – existência de motivos que autorizam atestar a existência do fato, bem como sua inexistência em igual medida; probabilidade – prevalência de motivos que autorizam atestar a existência dos fatos; e certeza – conhecimento afirmativo sobre o fato.[29] O aludido autor faz, entretanto, a ressalva de que a certeza, como as demais situações, é uma crença, de natureza subjetiva, que pode ser distinta da verdade real.[30] Neste ponto a verdade é algo que está fora do sujeito, possuindo

---

[28] MALATESTA, Nicola Framarino dei. *A lógica das provas em matéria criminal*. Trad. Ricardo Rodrigues Gama. Campinas: LZN Editora, 2003. p. 15.

[29] MALATESTA, Nicola Framarino dei. *A lógica das provas em matéria criminal* cit., p. 16.

[30] MALATESTA, Nicola Framarino dei. *A lógica das provas em matéria criminal* cit., p. 17.

um caráter eminentemente objetivo. Já a certeza possui um aspecto subjetivo. No entanto, Malatesta não abandona o conceito clássico de verdade como conformidade entre a ideia e a realidade, já que a correspondência ocorre, e a certeza se ampara na verdade.[31] Assevera:

> A certeza é, por natureza, subjetiva, mas pode considerar-se do ponto de vista de suas relações objetivas. Do ponto de vista objetivo, confunde-se com a verdade; é a verdade enquanto seguramente percebida. Por isso, com objetividade, única, em si, da certeza, não se revela a nosso espírito senão através de uma *conformidade simples e sem contraste* entre a noção ideológica e a realidade ontológica e que dá lugar, sob o primeiro aspecto, com verdades instituídas, sejam contingentes ou necessárias e, portanto, como certezas instituídas[32] (destaques no original).

O aludido tratadista repudia o uso da probabilidade na decisão judicial penal apta a condenar, já que nela o magistrado não conseguiu descartar o divergente. Para Malatesta, o verossímil ingressa como o primeiro grau de probabilidade. Depois, faz uma gradação que se inicia no verossímil, passa pelo provável, até chegar ao probabilíssimo.

Como salientado, a prova é o dado determinante da produção daquilo que Malatesta denominou certeza, bem como probabilidade. De certa forma, Mittermaier tem posição similar, já que partindo da ideia de verdade, considera o ato de provar como "querer, em substância, demonstrar a verdade e convencer o juiz, o qual para decidir há mister de adquirir plena certeza".[33] Idêntica premissa é utilizada por Eduardo J. Couture. Nele a prova é um método de verificação, averiguação e convicção.[34] Acrescente-se que o termo verificar possui em seu radical a expressão *veri*, que é o radical da expressão latina *veritas*.

Na perspectiva de Malatesta, encontra-se também o pensamento de Jeremías Bentham que vê na prova um fato que leva à conclusão de outro fato.[35] A relação entre um fato e outro toma como marca a identidade que vai

---

31 MALATESTA, Nicola Framarino dei. *A lógica das provas em matéria criminal* cit., p. 19.

32 MALATESTA, Nicola Framarino dei. *A lógica das provas em matéria criminal* cit., p. 53-54.

33 MITTERMAIER, C. J. A. *Tratado da prova em matéria criminal*. Trad. Hebert Wüntzel Heirich. 2.ª tir. Campinas: Bookseller, 2007. p. 59.

34 COUTURE, Eduardo J. *Fundamentos de derecho procesal civil*. 4. ed. Buenos Aires: B de F, 2002. p. 177-178.

35 BENTHAM, Jeremías. *Tratado de las pruebas judiciales*. Trad. Manuel Ossorio Florit. Buenos Aires: El Foro, 2003. p. 23.

implicar verdade. No mesmo contexto, o pensamento exposto por Antonio Dellepiane, quando assevera: "acabamos de dizer que a verdade, no tocante aos fatos, existe sempre que a ideia que deles forma o juiz coincide exatamente com a realidade".[36] Outro argentino afirmará que "probar es establecer la existencia dela verdad".[37]

Boa parte dos estudiosos da prova, no direito pátrio, desde o século XIX, tomou o caminho trilhado pelos autores acima mencionados, no sentido de ter na prova um instrumento demonstrativo apto a declarar uma verdade. Toma-se, por exemplo, um dos primeiros trabalhos versando sobre a temática, veiculado no Brasil em meados do século XIX:

"Segundo estes princípios, podemos definir as provas no seu sentido lato: – o meio pelo qual a intelligencia chega á descoberta da verdade. No seu sentido jurídico, porém, define-as a nossa lei civil – a demonstração da verdade dos factos allegados em juízo".[38]

Percebe-se no excerto transcrito que há uma vinculação entre a prova, a cognição e a verdade acerca dos fatos. Assim, a prova ingressa como elemento objetivo, distinta do sujeito cognoscente, apta a revelar uma verdade que vai colocar no sujeito cognoscente uma certeza. Saliente-se que o termo que Francisco Augusto das Neves Castro utiliza é descoberta. A função da prova é ser um meio para revelar ao espírito a verdade, que é imanente e se encontra no real.

Já no século XX e até mesmo no atual, a forma de trabalhar a prova ainda deita raízes nas premissas anteriormente lançadas, havendo mudança, muitas vezes, no enfoque conferido à verdade, já que esta pode ser vista, hodiernamente, como correspondência, coerência, consenso etc. Não é objeto desta pesquisa analisar as inúmeras concepções de verdade, mas demarcar que a concepção de prova está a ela ligada, seja qual for o conceito que lhe for atribuído. Ademais, a prova ingressa como fator fundamental da produção da decisão judicial sobre o fato.

Pode-se perceber essa forma oitocentista ainda vigente em diversos autores que influenciam a doutrina pátria no que tange à matéria da prova, como se expõe. Em Pontes de Miranda, colhe-se a seguinte assertiva: "a prova

---

36 DELLEPIANE, Antonio. *Nova teoria da prova*. Trad. Érico Maciel. 2. ed. Rio de Janeiro: José Konfino Editor, 1958. p. 42.

37 SILVA, Carlos Martinez. *Tratado de pruebas judiciales*. Buenos Aires: Atalaya, 1947. p. 21.

38 CASTRO, Francisco Augusto das Neves e. *Theoria das provas*. Atualizado por Pontes de Miranda. 2. ed. Rio de Janeiro: Jacinto Ribeiro dos Santos Editor, 1917. p. 14.

refere-se a fatos".[39] Após, esclarece: "as provas destinam-se a convencer da verdade; tal fim".[40]

Na mais volumosa obra escrita sobre prova, no Brasil, Moacyr Amaral Santos, com forte base em Malatesta, afirmará que provar é o "meio pelo qual a inteligência chega à descoberta da verdade. É um meio utilizado para persuadir o espírito de uma verdade".[41] Já se mostra a função retórica da prova, que é voltada à verdade como correspondência entre a ideia e a realidade.[42] Noutra passagem, vai pontuar: "a questão de fato se decide pelas provas".[43]

A forma de trabalhar a aludida categoria se repete em outros autores, até mesmo nos atuais, como Ana Maria Campo Torres,[44] André Almeida Garcia,[45] Andrea Proto Pisani,[46] Arruda Alvim,[47] Eduardo Cambi,[48] Flávio Luiz Yarshell,[49] Gildo dos Santos,[50] Graciela Iurk Marins,[51] Humberto The-

---

39 PONTES DE MIRANDA, Francisco Cavalcanti. *Comentários ao Código de Processo Civil*. Atualizada por Sérgio Bermudes. 3. ed. rev. e aum. São Paulo: Forense, 1997. t. IV, p. 245.

40 PONTES DE MIRANDA, Francisco Cavalcanti. *Comentários ao Código de Processo Civil* cit., p. 246.

41 AMARAL SANTOS, Moacyr. *Prova judiciária no cível e comercial*. 2. ed. corr. e atual. São Paulo: Max Limonad, 1952. v. I, p. 12.

42 AMARAL SANTOS, Moacyr. *Prova judiciária no cível e comercial* cit., p. 12.

43 AMARAL SANTOS, Moacyr. *Prova judiciária no cível e comercial* cit., p. 15.

44 TORRES, Anamaria Campos. Devido processo legal e natureza da prova. In: BRANDÃO, Cláudio; CAVALCANTI, Francisco; ADEODATO, João Maurício (Coord.). *Princípio da legalidade*: da dogmática jurídica à teoria do direito. Rio de Janeiro: Forense, 2009. p. 423; Idem. Natureza da prova: da verdade, da certeza, da convicção, da probabilidade. Do convencimento judicial – o atual sistema do livre convencimento. In: SILVA, Ivan Luiz da; CARDOZO, Teodomiro Noronha; HIRECHE, Gamil Föppel el. *Ciências criminais no século XXI*: estudos em homenagem aos 180 anos da Faculdade de Direito de Recife. Recife: Editora Universitária UFPE, 2007. p. 56-64.

45 GARCIA, André Almeida. *Prova civil*. São Paulo: Saraiva, 2009. p. 30.

46 PROTO PISANI, Andrea. *Lezioni di diritto processuale civile*. 3. ed. Napoli: Jovene, 1999. p. 432.

47 ALVIM, Arruda. *Manual de direito processual civil*: processo de conhecimento. 9. ed. rev., atual. e ampl. São Paulo: RT, 2005. p. 381.

48 CAMBI, Eduardo. *A prova civil*: admissibilidade e relevância. São Paulo: RT, 2006. p. 19.

49 YARSHELL, Flávio Luiz. *Antecipação da prova sem requisito da urgência e direito autônomo à prova*. São Paulo: Malheiros, 2009. p. 249-250.

50 SANTOS, Gildo dos. *A prova no processo civil*. 3. ed. rev., atual. e ampl. São Paulo: RT, 2008. p. 25.

51 MARINS, Graciela Iurk. *Produção antecipada de provas*. São Paulo: RT, 2004. p. 38.

edoro Jr.,[52] Jaime Guasp,[53] João Batista Lopes,[54] Ovídio Araújo Baptista da Silva,[55] Paulo Celso B. Bonilha,[56] Rossana Teresa Curioni Mergulhão,[57] Rui Portanova,[58] Vicente Higino Neto[59] etc.

É sempre importante salientar que a forma de pensar de Malatesta é a inspiração que norteia a teoria dos níveis de cognição adotada pela doutrina pátria.[60]

2.2. Prova como argumento

Ainda sob o prisma declarativo, encontra-se uma perspectiva que vem ganhando força no Brasil. Ela enfoca a prova como meio destinado a demonstrar os argumentos sobre os fatos, e não os fatos propriamente ditos alegados no processo, já que estes não podem ser apreendidos, pois se exaurem no tempo e no espaço, são efêmeros.

Neste contexto, os fatos existem ou não existem. Sua existência ou inexistência não tem que ver com a verdade. O que pode ser verdadeiro ou falso são os argumentos sobre os fatos. Tal assertiva já encontra ressonância na obra de Sentis Molendo, que afirma ser a prova destinada a verificar as afirmações sobre fatos.[61] No pensamento de Michele Taruffo, o fato é visto como algo externo e objetivamente posto,[62] entretanto, no processo, o magis-

---

52 THEODORO JR., Humberto. *Curso de direito processual civil*. 50. ed. Rio de Janeiro: Forense, 2009. p. 414-415.

53 GUASP, Jaime; ARAGONESES, Pedro. *Derecho procesal civil*. 6. ed. Madrid: Civitas, 2003. t. I, p. 349-350.

54 LOPES, João Batista. *A prova no direito processual civil* cit., p. 25.

55 SILVA, Ovídio Araújo Baptistada. *Curso de direito processual civil*: processo de conhecimento. 6. ed. rev. e atual. São Paulo: RT, 2002. p. 336.

56 BONILHA, Paulo Celso B. *Da prova no processo administrativo tributário*. 2. ed. São Paulo: Dialética, 1997. p. 68-69.

57 MERGULHÃO, Rossana Teresa Curioni. *A produção da prova no direito processual*. Belo Horizonte: Del Rey, 2010. p. 34-36.

58 PORTANOVA, Rui. *Princípios do processo civil*. 5. ed. Porto Alegre: Livraria do Advogado, 2003. p. 198.

59 HIGINO NETO, Vicente. Ônus da prova. Curitiba: Juruá, 2010. p. 83.

60 DINAMARCO, Cândido Rangel. *A reforma do* Código de *Processo Civil*. São Paulo: Malheiros. p. 143.

61 MELENDO, Santiago Sentis. *La prueba*: los grandes temas del derecho probatorio. Buenos Aires, 1979. p. 16.

62 TARUFFO, Michele. *La semplice verità*: il giudice e la construcione dei fatti. Bari: Laterza, 2009. p. 197 e 205; Idem. *La prova dei fatti giuridici*. Milano: Giuffè, 1992. p. 96.

trado constrói a narrativa do fato, competindo à prova confirmar a verdade da aludida descrição.[63] Essa narrativa possui nítida função demonstrativa, rechaçando o autor a tese que vê na construção da narrativa do fato uma função persuasiva.[64] Ainda com relação à narrativa, no entanto, entende que possui relação com a verdade dos fatos, já que o acertamento do fato é requisito essencial para uma decisão fundamentada e condição para o que denomina processo justo.[65] A narrativa construída não deixa de possuir relação de correspondência com o fato, o que leva a reputar a construção de Michele Taruffo como uma concepção que está entre a visão clássica da prova, presente em Malatesta, e a visão que vislumbra no argumento a aferição do valor verdade. Autores, como é o caso de Juan Montero Aroca, admitem o fato ora como acontecimento, ora como argumento. Isso se dá da seguinte forma: se o que se quer provar é o antecedente da norma jurídica, a prova se dirige ao fato; caso o que se deseja demonstrar é o tema da prova, tem-se que o objeto é o argumento e não o fato.[66]

Usando a linha que toma o fato como argumento, tem-se a concepção desenvolvida por Alessandro Giuliani,[67] Luiz Guilherme Marinoni e Sérgio Cruz Arenhart,[68] Cândido Rangel Dinamarco,[69] Ronaldo Porto Macedo,[70] Antonio Carratta[71] etc. Até mesmo Pontes de Miranda deixa antever tal

---

[63] TARUFFO, Michele. *La semplice verità* cit., p. 245; Idem. Il fatto e l'interpretazione. *Revista da Faculdade de Direito do Sul de Minas*, Pouso Alegre, v. 26, n. 2, p. 202, jul.-dez. 2010.

[64] TARUFFO, Michele. *La semplice verità* cit., p. 205; Idem. *Sui confini*: scritti sulla giustizia civile. Bologna: Il Mulino, 2002. p. 327-328.

[65] TARUFFO, Michele. *La semplice verità* cit., p. 116.

[66] AROCA, Juan Montero. *La prueba en el proceso civil.* 5. ed. Madrid: Civitas, 2007. p. 71.

[67] GIULIANI, Alessandro. *Il concetto di prova* (contributo alla logica giuridica). Milano: Giuffrè, 1971. p. 253.

[68] MARINONI, Luiz Guilherme; ARENHART, Sérgio Cruz. *Prova*. São Paulo: RT, 2009. p. 52-53.

[69] DINAMARCO, Cândido Rangel. *Instituições de direito processual.* 6. ed. rev. e atual. São Paulo: Malheiros, 2009. v. III, p. 46. No mesmo sentido, DIDIER JR., Fredie; BRAGA, Paula Sarno; OLIVEIRA, Rafael. *Curso de direito processual civil*: teoria da prova, direito probatório, teoria do precedente, decisão judicial, coisa julgada e antecipação de tutela. 5. ed. Salvador: JusPodivm, 2010. p. 44.

[70] MACEDO, Ronaldo Porto. Prova dos atos jurídicos. *Revista de Processo*, São Paulo: RT, ano 4, n. 16, p. 61, out-.dez. 1979.

[71] CARRATTA, Antonio. Funzione dimostrativa della prova (veritá del fato nel processo e sistema probatório). *Rivista di Diritto Processuale*, Milani: Cedam, ano LVI, n. 1, p. 73-74, gen.-mar. 2001.

situação, quando afirma: "o que alega tem de provar a alegação".[72] Esta forma de pensar – provam-se argumentos – encontra-se positivada em vários dispositivos do CPC. Isso se percebe quando o texto legal trata da petição inicial[73] e da contestação.[74] Percebe-se desta feita que a questão gera problemas também no campo legislativo. Essa questão aqui posta é o reconhecimento jurídico positivo de uma nova técnica que vai reputar o fato como argumento e não como acontecimento que se dá no plano fenomênico.

A análise feita por Luiz Guilherme Marinoni e Sérgio Cruz Arenhart tem uma peculiaridade que merece destaque. Eles agregam à prova uma característica persuasiva, ao defini-la como "todo meio retórico, regulado pela lei e dirigido, dentro dos parâmetros fixados pelo direito e de critérios racionais, a convencer o Estado-juiz da validade das proposições, objeto de impugnação, feitas no processo".[75] Embora Luiz Guilherme Marinoni e Sérgio Cruz Arenhart utilizem outras premissas, já que colocam a prova como argumento, o tema verdade, que é rechaçado pelos processualistas paranaenses, é substituído por validade das proposições.[76] Usam para embasar o respectivo rechaço a chancela de Michel Foucault.[77] Percebe-se que o termo validade não foi colocado pelos autores ora analisados como sendo valência deôntica, mas como sentido de verdade, malgrado dele os autores tentem fugir. A tentativa de efetivar o corte se mostra frustrada, já que usam Michel Foucault para fundamentar a mudança de perspectiva. Tal tentativa é problemática e indica um retorno à questão da verdade no que se refere à prova, uma vez que o filósofo francês utilizado para dar lastro à sua conclusão não abandona a verdade, apenas a vê como uma instância de poder, como restou assentado anteriormente.[78] Ou seja, o tema verdade, embora negado por Luiz Guilherme

---

[72] PONTES DE MIRANDA, Francisco Cavalcanti. *Comentários ao Código de Processo Civil* cit., p. 248.

[73] Art. 319. A petição inicial indicará: I – (*omissis*); II – (*omissis*); III – (*omissis*); IV – (*omissis*); V – (*omissis*); VI – as provas com que o autor pretende demonstrar a verdade dos fatos alegados; VII – (*omissis*).

Art. 330, § 1.º Considera-se inepta a petição inicial quando: I – (*omissis*); II – (*omissis*); III – da narração dos fatos não decorrer logicamente a conclusão; IV – (*omissis*).

[74] Art. 307. Não sendo contestado o pedido, os fatos alegados pelo autor presumir-se-ão aceitos pelo réu como ocorridos, caso em que o juiz decidirá dentro de 5 (cinco) dias.

[75] MARINONI, Luiz Guilherme; ARENHART, Sérgio Cruz. *Prova* cit., p. 57.

[76] MARINONI, Luiz Guilherme; ARENHART, Sérgio Cruz. *Prova* cit., p. 54.

[77] MARINONI, Luiz Guilherme; ARENHART, Sérgio Cruz. *Prova* cit., p. 54.

[78] FOUCAULT, Michel. *Microfísica do poder*. Trad. Roberto Machado. 25. ed. São Paulo: Graal, 2008. p. 12-14.

Marinoni e Sérgio Cruz Arenhart, permanece subentendido, na contradição entre o que restou afirmado e a concepção teórica adotada. Ademais, no final do capítulo, quando Luiz Guilherme Marinoni e Sérgio Cruz Arenhart se propuseram a definir prova, asseveram que "a busca pela certeza e pela verdade ideal sempre será a meta do juiz na perquirição dos argumentos probatórios encartados no processo".[79] O tema verdade retoma sob o prisma de verdade real, visto como meta. Nesse contexto, o fim da cognição é buscar realizar no processo a verdade real, mediante a prova.

A definição de prova veiculada por Luiz Guilherme Marinoni e Sérgio Cruz Arenhart também padece de outro problema, que é a restrição da prova aos fatos controvertidos, pois ficam de fora as provas que são veiculadas no processo, mas que não são impugnadas pela outra parte. A referida restrição é corrente em diversos autores, possivelmente influenciada pela estipulação contida no art. 374 do vigente CPC.[80]

A análise do dispositivo, entretanto, não autoriza a restrição, já que sua prescrição tem por função não exigir prova daquilo que fora reputado como já provado. Tomando por exemplo o fato confessado, este realmente independe de nova prova, porque já fora provado, pelo meio de prova confissão. No caso da presunção, a prova é necessária, mesmo que seja para provar a sua existência ou o indício que lhe serve de lastro.

Ainda tratando a prova como argumento, há o trabalho de Luis Alberto Reichelt, que afirma:

> A prova se constitui em um argumento que exerce a função de persuadir o magistrado de maneira que este acabe por concluir no sentido de que está diante da situação necessária para a produção da consequência jurídica que constitui o objeto do pedido de tutela jurisdicional.[81]

Verifica-se também, do trecho transcrito, que a prova exerce um papel persuasivo específico, já que tem por fim tornar necessária uma decisão que lhe seja compatível. Neste caso, a prova surge como argumento com pretensão de irrefutabilidade, não possuindo propensão ao diálogo. Além

---

79 MARINONI, Luiz Guilherme; ARENHART, Sérgio Cruz. *Prova* cit., p. 59.

80 Art. 374. Não dependem de prova os fatos:
I – notórios; II – afirmados por uma parte e confessados pela parte contrária; III – admitidos, no processo, como incontroversos; IV – em cujo favor milita presunção legal de existência ou de veracidade.

81 REICHELT, Luis Alberto. *A prova no direito processual civil.* Porto Alegre: Livraria do Advogado, 2009. p. 119.

disso, deixa de fora a função dissuasiva e aquela tendente não à certeza, mas a suscitar a dúvida. Isto ocorre nas defesas de mérito veiculadas pelo réu, no processo, com o intuito de rechaçar o pedido do autor ou de aduzir fatos que extingam, modifiquem ou impeçam o pleito autoral, como o uso da já mencionada contraprova. A prova assim persuade e também dissuade, já que é um enunciado a espera de uma resposta.

Até aqui a doutrina analisada utiliza a prova como meio apto a declarar a verdade, com o fim de convencer o destinatário ou simplesmente demonstrar o alegado ou o próprio fato. Percebem-se nitidamente duas correntes declaratórias. A primeira, que tem por objeto a demonstração do fato alegado nos autos, e a segunda, que tem por objeto a demonstração da alegação sobre o fato – ambas com pretensão de verdade, que não deixa de ser correspondência.

3. CONCEPÇÃO CONSTITUTIVA DA ANÁLISE DA PROVA

Outra perspectiva sobre a prova pode ser percebida a partir da obra de Carnelutti, que elabora uma visão constitutiva da prova. Ele não despreza a função de constatação, mas ela terá por finalidade fixar, estipular o fato. No processualista italiano acima destacado, o objeto da prova seriam, em regra, os fatos controvertidos.[82] É pertinente a ele, neste ponto, a mesma crítica feita a Luiz Guilherme Marinoni e Sérgio Cruz Arenhart.

No pensamento carneluttiano, a denominada verdade formal ou convencional, aquela produzida segundo os preceitos jurídicos positivos,[83] é tida como uma metáfora, já que esta ou corresponde à verdade material, logo verdade, ou dela discrepa, logo falsidade. Assim identificará a verdade formal como verdade material.[84] Após, acrescenta:

> [...] o processo de busca submetido às normas jurídicas que obrigam e deformam sua pureza lógica, não pode ser considerada como um meio para o conhecimento da verdade dos fatos, senão para uma *fixação ou determinação dos próprios fatos*, que pode coincidir ou não com a verdade dos mesmos e que permanece por completo independente deles.[85]

---

82 CARNELUTTI, Francesco. *A prova civil*. Trad. Lisa Pary Scarpa. 2. ed. Campinas: Bookseller, 2002. p. 44.

83 CARNELUTTI, Francesco. *A prova civil* cit., p. 47.

84 CARNELUTTI, Francesco. *A prova civil* cit., p. 72-73.

85 CARNELUTTI, Francesco. *A prova civil* cit., p. 48.

Assevera que "as provas (*probare*) são fatos presentes sobre os quais se constrói a probabilidade da existência ou da inexistência de um fato passado".[86] Por ser a prova um fato presente, (re)presenta, tornando presente o passado.[87] A isso Michel Foucault denominou de constituição do flagrante delito.[88] Por ter função representativa, a prova aparece como um signo. A representação não deixa de ser, no aludido autor, uma repetição de algo que ocorreu no passado, numa relação de identidade. Noutra passagem, após definir prova como "demonstração da verdade legal de um fato",[89] assevera:

> Dizer, portanto, que prova em sentido jurídico é a demonstração da verdade formal ou judicial, ou dizer, entretanto, que é a determinação dos fatos discutidos, é no fundo, a mesma coisa: aquela é somente uma expressão figurada, e esta uma expressão direta de um conceito essencialmente idêntico.[90]

O autor já deixa antever que a prova se dirige ao alegado sobre o fato.[91] Em obra posterior essa questão fica evidente, quando vaticina que "a prova serve para comprovar um juízo por meio da lei".[92] No Brasil, trabalhos como o de Daisson Flach adotam a postura desenvolvida pelo jurista italiano.[93]

A função constitutiva da prova sofre críticas de Luiz Guilherme Marinoni e Sérgio Arenhart, já que, segundo esses autores, a reconstrução do fato não seria possível, pois este se perderia no tempo e no espaço,[94] isso porque eles identificam o fato não como evento linguístico, mas como acontecimento do mundo fenomênico.

A perspectiva constitutiva aparece no engenho kelseniano, quando afirmará "o reconhecimento de que também a averiguação do fato delitual é uma função do tribunal plenamente constitutiva".[95] Noutro momento vai

---

86 CARNELUTTI, Francesco. *Como se faz um processo*. Trad. Hiltomar Martins Oliveira. 2. ed. Belo Horizonte: Líder, 2002. p. 50.

87 CARNELUTTI, Francesco. *Como se faz um processo* cit., p. 51.

88 FOUCAULT, Michel. *A verdade e as formas jurídicas* cit., p. 68-69.

89 CARNELUTTI, Francesco. *A prova civil* cit., p. 72.

90 CARNELUTTI, Francesco. *A prova civil* cit., p. 73.

91 CARNELUTTI, Francesco. *A prova civil* cit., pp. 61, 67-68 e 71.

92 CARNELUTTI, Francesco. *Direito processual civil e penal*. Trad. Júlia Jimenes Amador. São Paulo: Péritas Editora, 2001. p. 165.

93 FLACH, Daisson. *A verossimilhança no processo civil*. São Paulo: RT, 2009. p. 50-51.

94 MARINONI, Luiz Guilherme; ARENHART, Sérgio Cruz. *Prova* cit., p. 57.

95 KELSEN, Hans. *Teoria pura do direito*. Trad. João Baptista Machado. 4. ed. São Paulo: Martins Fontes, 1995. p. 265.

aduzir que "o fato que condiciona a sanção é produzido no processo judicial".[96] Tratar-se-ia de um ato decisório. A aludida constituição pressupõe procedimento previamente estabelecido e autoridade competente, mediado pela verificação.[97] Ao comentar a postura kelseniana, Jordi Ferrer Beltrán aduz que os efeitos jurídicos da decisão independem da verdade dos enunciados, aqui vista como correspondência,[98] isso porque a decisão tomada pode pautar-se em fato constituído com base em situação que efetivamente não aconteceu; mesmo assim a decisão terá caráter vinculativo, até que outra decisão venha retirá-la do sistema. Malgrado a construção de Jordi Ferrer Beltrán, Hans Kelsen encontra certo paralelismo entre o processo de produção de conhecimento e o processo de produção judicial.[99] A questão da verdade fica, mesmo como papel secundário, latente no processo de constituição do fato.

Outra vertente, mas com lastro na filosofia da linguagem, vai conferir nova roupagem à discussão. No Brasil, uma das referências neste modo de pensar é Paulo de Barros Carvalho.[100] Nele, a prova ingressa como um enunciado linguístico apto a constituir o fato. Tal qual Hans Kelsen, a prova se insere no processo de positivação do direito.[101]

Esta elaboração já se encontra, de forma embrionária, em Carnelutti,[102] mas não com a radicalidade proposta por Paulo de Barros Carvalho, já que este toma o fato como relato linguístico do evento e, por isso, deve ser vertido em linguagem competente, sendo esta aquela estipulada pela ordem jurídica.[103]

Sua função é constituir o fato, que deixa de ser um elemento do mundo fenomênico e passa a ser uma categoria da linguagem. Estipula-se uma dicotomia entre evento e fato. O primeiro é irrepetível e efêmero, pois se dá no mundo fenomênico. Consome-se na cadeia temporal dos acontecimentos.

---

96 KELSEN, Hans. *Teoria pura do direito* cit., p. 269.

97 KELSEN, Hans. *Teoria pura do direito* cit., p. 266.

98 BELTRÁN, Jordi Ferrer. *Prueba y verdad en el derecho*. 2. ed. Madrid: Marcial Pons, 2005. p. 21.

99 KELSEN, Hans. *Teoria pura do direito* cit., p. 268.

100 A forma de analisar o fenômeno jurídico veiculada por Paulo de Barros Carvalho tem feito surgir inúmeros trabalhos sobre prova, como o de Susy Gomes Hoffmann, Maria Rita Ferragut, Fabiana del Padre Tomé, Márcio Prestana etc.

101 CARVALHO, Paulo de Barros. *Direito tributário*: linguagem e método. São Paulo: Noeses, 2008. p. 824.

102 CARNELUTTI, Francesco. *A prova civil* cit., p. 30; Idem. *Direito processual civil e penal* cit., p. 165-167.

103 CARVALHO, Paulo de Barros. *Direito tributário*: fundamentos da incidência. 4. ed. São Paulo: Saraiva, 2006. p. 106.

Já o segundo é um relato daquilo que foi percebido pelo sujeito cognoscente. Assim, o fato não é o evento, mas o que dele se diz.[104] Cabe ao magistrado, na cognição, estabelecer a relação entre prova relato e fato relato. Acaba a dicotomia fato (evento do mundo fenomênico) e alegação sobre o fato, instaurando-se outra, como já salientado.

A distinção entre fato e evento deita raízes na lição de Tércio Sampaio Ferraz Júnior, que afirma: "fato não é pois algo concreto, sensível, mas um elemento linguístico capaz de organizar uma situação existencial como realidade".[105] Mais. Sobre a premissa habermasiana, que Paulo de Barros Carvalho utiliza como fundamento, o fato é visto como enunciado com pretensão de verdade,[106] e a existência do fato depende da prova, enquanto linguagem admitida pelo sistema como linguagem competente.[107]

A linguagem é capaz de constituir fatos para o futuro (situações fantásticas), mas no processo judicial volta-se para o passado. Tal assertiva pode ser constatada em nossos dicionários, como já assinalado, que põem como sinônimo de fato a expressão feito, realizado.[108]

Nas sendas de Paulo de Barros Carvalho, Fabiana del Padre Tomé afirmará que "provado o fato, tem-se o reconhecimento de sua veracidade".[109] Verdade, em última análise, aparece nesta perspectiva como categoria inerente ao fato. Noutros termos: fato provado = fato verdadeiro = fato. Conclui-se que o fato não provado é um não fato, uma contradição. Mais. A expressão fato provado é uma redundância.

4. CONCLUSÃO: ANÁLISE CRÍTICA DAS DUAS CORRENTES E PROPOSTA DE SOLUÇÃO

O relato de diversos modos de ver a prova e modo de sua aferição não só tem o condão de demonstrar a importância da temática e seu papel no contexto da cognição, como também de evidenciar que ela, embora com coloração distinta, possui um fio condutor que a orienta: a vinculação da

---

104 CARVALHO, Paulo de Barros. *Direito tributário*: fundamentos da incidência cit., p. 93-94.

105 FERRAZ JÚNIOR, Tercio Sampaio. *Introdução ao estudo do direito*. Técnica, decisão, dominação. 2. ed. São Paulo: Atlas, 1996. p. 278.

106 CARVALHO, Paulo de Barros. *Direito tributário*: fundamentos da incidência cit., p. 105.

107 CARVALHO, Paulo de Barros. *Direito tributário*: fundamentos da incidência cit., p. 106.

108 HOLANDA, Aurélio Buarque de. *Novo dicionário Aurélio da língua portuguesa*. 2. ed. rev. e ampl. 36.ª reimp. Rio de Janeiro: Nova Fronteira, 1986. p. 761.

109 TOMÉ, Fabiana del Padre. *A prova no direito tributário*. São Paulo: Noeses, 2005. p. 35.

prova à verdade ou a algo que se lhe assemelha, tais como verossimilhança ou probabilidade. Mesmo em Hans Kelsen, a função verificadora, enquanto procedimento, existe, malgrado possua função constitutiva.

A coincidência com relação a este ponto acaba por conferir um caráter necessário à relação. Neste contexto, a prova depende do sucesso na realização do fim. Se o fim não é alcançado, o meio é inidôneo. Noutros termos, a prova insuficiente a demonstrar o ocorrido acaba sendo uma espécie de não prova. Ademais, a função probatória tem se dirigido apenas aos fatos controvertidos, como se no incontroverso ela não existisse. Ora, a existência ou não do incontroverso é fato, logo necessita de comprovação, ou seja, de prova, ainda que isso seja posto de lado. Ademais, se é incontroverso é porque de alguma forma está provado. Dispensa-se a prova, pois admitido como provado, está.

4.1. (In)subsistência da concepção declaratória

Como demonstrado, diversos estudos sobre o tema probatório partem da ideia de que existe uma verdade nos objetos, distinta das variações subjetivas que obscurecem o sentido intrínseco das coisas, pois se encontra pautada em outra realidade, objetivada pela prova, vista como um dado que se reporta a um fenômeno passado, conferindo, na atualidade, uma imagem idêntica ao ocorrido.

Essa maneira de vislumbrar o fenômeno probatório tem sofrido resistência, pois coloca a prova como elemento condicionante, mas distinto do fato que ela busca comprovar, além de desprezar a participação do sujeito na determinação do que é verdadeiro, já que a verdade é objetiva, está no objeto, coloca-se como uma categoria ontológica.

Entretanto, se se tomar a construção ontológica, percebe-se a formação de uma tautologia que torna sem sentido uma teoria que separa a prova do fato. Explica-se. A teoria propõe o seguinte: tendo em vista o fato "x", então o fato "z".[110] O "fato x" é a prova, e o "fato z" o acontecimento demonstrado, e, por isso, verdadeiro. O fato "z" será verdadeiro se o fato "x" existir. Para que o fato "x" exista, ele deve ser também verdadeiro, já que a concepção utilizada pelos autores clássicos parte da verdade como correspondência entre o real e o ideal. Neste caso, reduz-se o fato "fato z" ao "fato x". Um é igual ao outro, em uma relação de identidade, sendo desnecessária a separação prova e fato provado, já que idênticos.

---

[110] BENTHAM, Jeremías. *Tratado de las pruebas judiciales* cit., p. 23.

A constatação acima lançada quer mostrar apenas que a concepção clássica acaba por gerar, no plano lógico, uma tautologia, que nada acrescenta ao objeto identificado, sendo um igual ao outro.

Melhor sorte não possui a concepção que toma a prova com função declarativa, mas como argumento. No caso é um argumento que fundamenta outro argumento, em uma relação que pode ser assim descrita: se o argumento "x", então o argumento "z". A questão passou da comparação no plano das categorias reais para categorias argumentativas. A consequência é a mesma: tautologia, já que implica identidade.

Tal situação, em ambas as hipóteses, gera ambiguidade, porquanto a classificação identifica como diferente o que é idêntico e fere o princípio lógico da não contradição.[111]

Outra questão que deve ser levada em consideração é que, se a prova é tratada como argumento tendente a persuadir, fica de fora aquele que tem por função dissuadir ou produzir dúvidas, como ocorre no *in dubio, por reo*, no âmbito, penal, por exemplo. Tais funções são relevantes ao processo, tanto que utilizadas.

4.2. (In)subsistência da concepção constitutiva

Diante da concepção constitutiva percebe-se que a prova constrói ou determina o fato. Mantém-se a dicotomia prova e fato, como nas concepções anteriores. Muda-se, entretanto, a instância, já que ambas, prova e fato, não são categorias do mundo fenomênico, mas categorias linguísticas produzidas segundo critérios previamente estipulados pela ordem jurídica. O fato assim não é efêmero, aquilo que se dilui como evento, no tempo e no espaço, mas constituído no processo de positivação do direito, na decisão jurídica.

A manutenção da dicotomia não se justifica, já que fato seria aquele constituído segundo a linguagem competente das provas. As provas enquanto enunciados são utilizadas para criar o enunciado fato. Se a linguagem competente da prova constitui o fato, prova e fatos acabam por ser categorias idênticas.[112] Como salienta Fabiana del Padre Tomé, "prova é fato que atesta outro fato".[113] Alega que o fato provado seria um metafato em relação à prova

---

111 TUGENDHAT, Ernst; WOLF, Ursula. *Propedêutica lógico-semântica*. Trad. Fernando Augusto da Rocha Rodrigues. Petrópolis: Vozes, 1996. p. 43.

112 TOMÉ, Fabiana del Padre. *A prova no direito tributário* cit., p. 71 e 79.

113 TOMÉ, Fabiana del Padre. *A prova no direito tributário* cit., p. 71. BENTHAM, Jeremías. *Tratado de las pruebas judiciales* cit., p. 23.

(fato).[114] Mas como é meta (prefixo que designa além, fora etc.) se é intra, já que a prova constitui o fato? Eis um problema.

Outra questão que se põe é que a relação entre fato prova e fato provado se dá por implicação.[115] Essa operação impõe uma relação condicional "se, ... então". Tomando-se a ideia de prova como enunciado linguístico constitutivo do fato, a prova ingressa como elemento do fato e, possivelmente, único. Neste passo, a relação não seria de implicação, mas de identidade. Então para que a diferença se são iguais?

4.3. Proposta dialógica: prova como enunciado

As concepções rechaçadas utilizam a dicotomia entre fato e prova no intuito de justificar uma teoria da verdade, em certa medida ligada à concepção da verdade correspondência. Tal relação, entretanto, mostra-se logicamente tautológica, pelo menos nos modelos explicativos até agora lançados, já que o fato provado é o fato verdadeiro, que é o fato. Indo em sentido oposto, em obra publicada originariamente em 1879, há a interessante perspectiva lançada por Adolf Wach, que se transcreve: "la comprobación de la verdad – ya lo hemos dito anteriormente – no es la finalidad de proceso civil y no puede serlo. Esa comprobación es un resultado contigente".[116] Por essa razão, os critérios de uma verdade teorética não são o fim do processo, mesmo quando o magistrado é chamado para declarar se um documento é falso ou verdadeiro. Tal declaração não tem função apofântica, mas deôntica, já que estabelece normativamente uma situação, que deve ser.

Entretanto, a questão da verdade tem sido posta dentro do discurso jurídico, tanto que ela vai interferir no denominado processo cognitivo, a ser desenvolvido pelo magistrado, porquanto este emitirá um juízo de valor sobre os fatos trazidos pelas partes, mediante a linguagem da prova. Geralmente o tema verdade ingressa como correspondência, apesar de ela não ser determinante para a estipulação da decisão judicial, como bem lembrado por Adolf Wach. A insistência em modelos inspirados nas ciências naturais, para a resolução dos casos, no direito, acaba por criar teorias inconsistentes inaptas para explicar o modo de funcionamento do aparato jurídico-decisório.

---

114 TOMÉ, Fabiana del Padre. *A prova no direito tributário* cit., p. 72.

115 TOMÉ, Fabiana del Padre. *A prova no direito tributário* cit., p. 71-72. No mesmo sentido: FERRAGUT, Maria Rita. *Presunções no direito tributário*. São Paulo: Dialética, 2001. p. 46-47.

116 WACH, Adolf. *Conferencias sobre la ordenanza procesal civil alemana*. Trad. Ernesto Krotoschin. Buenos Aires: Europa-América, 1958. p. 224.

Outro caminho cognitivo deve ser levado em consideração, já que a prova ingressa como enunciado, que deverá ter o condão de participar da formação de outros enunciados, no bojo do processo cognitivo. As aludidas pretensões de verdade delineadas pela doutrina de diversas colorações perdem de certa forma a referência de que, no processo, as proposições que dão base à decisão jurídica possuem pretensão de validade deôntica, como bem lançou Lourival Vilanova.[117] Por essa razão a pertinente lição de Adolf Wach, que percebeu ser a prova um argumento sem pretensão de verdade, mas apto a construir uma decisão jurídica. Assim, a prova deve ser tratada como enunciado que participa da formação do enunciado decisório, máxime a parcela do enunciado que estabelece os antecedentes da norma jurídica primária e da norma jurídica secundária. Se o enunciado pode vir a ser correspondente ou não ao dado do real, se é que isso existe, é um problema do "real".

Desta feita, a relação entre prova e fato são relações estabelecidas entre enunciados (enunciados provas e enunciados fatos) que irão compor a decisão jurídica. Isso se revela interessante, pois nada impede que um sentido do enunciado que não fora utilizado pelo magistrado para construir a norma solução para o caso, seja depois usado, pelo tribunal, para construir nova decisão.

REFERÊNCIAS

ALVIM, Arruda. *Manual de direito processual civil*: processo de conhecimento. 9. ed. rev., atual. e ampl. São Paulo: RT, 2005.

AMARAL SANTOS, Moacyr. *Prova judiciária no cível e comercial*. 2. ed. corr. e atual. São Paulo: Max Limonad, 1952. v. I e IV.

ARAÚJO, Clarice von Oertzen de. Fato e evento tributário – uma análise semiótica. *Curso de especialização em direito tributário*: estudos analíticos em homenagem a Paulo de Barros Carvalho. Rio de Janeiro: Forense, 2005.

AROCA, Juan Montero. *La prueba en el proceso civil*. 5. ed. Madrid: Civitas, 2007.

BELTRÁN, Jordi Ferrer. *Prueba y verdad en el derecho*. 2. ed. Madrid: Marcial Pons, 2005.

BENTHAM, Jeremías. *Tratado de las pruebas judiciales*. Trad. Manuel Ossorio Florit. Buenos Aires: El Foro, 2003.

BÍBLIA. Português. *Bíblia Sagrada*. Trad. Centro Bíblico Católico. 57. ed. São Paulo: Ave Maria, 1987.

[117] VILANOVA, Lourival. *Estruturas lógicas e sistema de direito positivo*. 2. ed. São Paulo: Max Limonad, 1997.

BOBBIO, Norberto. *Teoria do ordenamento jurídico*. Trad. Maria Celeste Cordeiro Leite dos Santos. 1.ª reimp. Brasília: Polis e Editora Universidade de Brasília, 1990.

BONILHA, Paulo Celso B. *Da prova no processo administrativo tributário*. 2. ed. São Paulo: Dialética, 1997.

CAMBI, Eduardo. *A prova civil*: admissibilidade e relevância. São Paulo: RT, 2006.

______. *Direito constitucional à prova*. São Paulo: RT, 2001.

CARNELUTTI, Francesco. *A prova civil*. Trad. Lisa Pary Scarpa. 2. ed. Campinas: Bookseller, 2002.

______. *Como se faz um processo*. Trad. Hiltomar Martins Oliveira. 2. ed. Belo Horizonte: Líder, 2002.

______. *Direito processual civil e penal*. Trad. Júlia Jimenes Amador. São Paulo: Péritas Editora, 2001.

CARRATTA, Antonio. Funzione dimostrativa della prova (veritá del fato nel processo e sistema probatório). *Rivista di Diritto Processuale*, Milani: Cedam, ano LVI, n. 1, gen.-mar. 2001.

CARVALHO, Paulo de Barros. *Direito tributário*: linguagem e método. São Paulo: Noeses, 2008.

______. *Direito tributário*: fundamentos da incidência. 4. ed. São Paulo: Saraiva, 2006.

CASTRO, Francisco Augusto das Neves e. *Theoria das provas*. Atualizado por Pontes de Miranda. 2. ed. Rio de Janeiro: Jacinto Ribeiro dos Santos Editor, 1917.

COUTURE, Eduardo J. *Fundamentos de derecho procesal civil*. 4. ed. Buenos Aires: B de F, 2002.

DELLEPIANE, Antonio. *Nova teoria da prova*. Trad. Érico Maciel. 2. ed. Rio de Janeiro: José Konfino Editor, 1958.

DIDIER JR., Fredie; BRAGA, Paula Sarno; OLIVEIRA, Rafael. *Curso de direito processual civil*: teoria da prova, direito probatório, teoria do precedente e antecipação dos efeitos da tutela. 5. ed. Salvador: JusPodivm, 2010. v. 2.

______; ______; ______. *Curso de direito processual civil*: teoria da prova, direito probatório, teoria do precedente, decisão judicial, coisa julgada e antecipação de tutela. 5. ed. Salvador: JusPodivm, 2010.

DINAMARCO, Cândido Rangel. *A reforma do Código de Processo Civil*. São Paulo: Malheiros.

______. *Instituições de direito processual*. 6. ed. rev. e atual. São Paulo: Malheiros, 2009. v. III.

FERRAGUT, Maria Rita. *Presunções no direito tributário*. São Paulo: Dialética, 2001.

FERRAZ JR., Tercio Sampaio. *Introdução ao estudo do direito*. Técnica, decisão, dominação. 2. ed. São Paulo: Atlas, 1996.

FIORIN, José Luiz. *As astúcias da enunciação*. 2. ed. São Paulo: Ática, 1999.

______. *Aulas de português*: perspectivas inovadoras. Org. André Valente. Petrópolis: Vozes, 1999.

FLACH, Daisson. *A verossimilhança no processo civil.* São Paulo: RT, 2009.

FOUCAULT, Michel. *A verdade e as formas jurídicas.* Trad. Roberto Machado e Eduardo Morais. Rio de Janeiro: Nau Editora, 2003.

______. *Microfísica do poder*. Trad. Roberto Machado. 25. ed. São Paulo: Graal, 2008.

GARCIA, André Almeida. *Prova civil.* São Paulo: Saraiva, 2009.

GIULIANI, Alessandro. *Il concetto di prova* (contributo alla logica giuridica). Milano: Giuffrè, 1971.

GREIMAS, A. J.; COUTÉS, J. *Dicionário de semiótica.* Trad. Vários tradutores. São Paulo: Contexto, 1985.

GUASP, Jaime; ARAGONESES, Pedro. *Derecho procesal civil.* 6. ed. Madrid: Civitas, 2003. t. I.

HIGINO NETO, Vicente. Ônus da prova. Curitiba: Juruá, 2010.

HOFFMANN, Susy Gomes. *Teoria da prova no direito tributário.* São Paulo: Copola, 1999.

HOLANDA, Aurélio Buarque de. *Novo dicionário Aurélio da língua portuguesa.* 2. ed. rev. e ampl. 36.ª reimp. Rio de Janeiro: Nova Fronteira, 1986.

HOMERO. *A Ilíada.* Trad. Cascais Franco. 2. ed. Sintra: Publicações Europa-América, 1988.

IVO, Gabriel. *Norma jurídica*: produção e controle. São Paulo: Noeses, 2006.

KELSEN, Hans. *Teoria pura do direito.* Trad. João Baptista Machado. 4. ed. São Paulo: Martins Fontes, 1995.

LOPES, João Batista. *A prova no direito processual civil.* 3. ed. rev., atual. e ampl. São Paulo: RT, 2006.

MACEDO, Ronaldo Porto. Prova dos atos jurídicos. *Revista de Processo*, São Paulo: RT, ano 4, n. 16, out-.dez. 1979.

MADEIRA, Dhenis Cruz. *Processo de conhecimento e cognição*: uma inserção no Estado Democrático de Direito. Curitiba: Juruá, 2008.

MALATESTA, Nicola Framarino dei. *A lógica das provas em matéria criminal.* Trad. Ricardo Rodrigues Gama. Campinas: LZN Editora, 2003.

MARINONI, Luiz Guilherme; ARENHART, Sérgio Cruz. *Prova.* São Paulo: RT, 2009.

MARINS, Graciela Iurk. *Produção antecipada de provas.* São Paulo: RT, 2004.

MELENDO, Santiago Sentis. *La prueba*: los grandes temas del derecho probatorio. Buenos Aires, 1979.

MERGULHÃO, Rossana Teresa Curioni. *A produção da prova no direito processual.* Belo Horizonte: Del Rey, 2010.

MITTERMAIER, C. J. A. *Tratado da prova em matéria criminal.* Trad. Hebert Wüntzel Heirich. 2.ª tir. Campinas: Bookseller, 2007.

PACHECO, José da Silva. *Evolução do processo civil brasileiro*. 2. ed. Rio de Janeiro: Renovar, 1999. p. 38-40.

PONTES DE MIRANDA, Francisco Cavalcanti. *Comentários ao Código de Processo Civil*. Atualizada por Sérgio Bermudes. 3. ed. rev. e aum. São Paulo: Forense, 1997. t. IV.

______. *Tratado de direito privado*. 4. ed. 2.ª tiragem. São Paulo: RT, 1983. t. II.

PORTANOVA, Rui. *Princípios do processo civil*. 5. ed. Porto Alegre: Livraria do Advogado, 2003.

PROTO PISANI, Andrea. *Lezioni di diritto processuale civile*. 3. ed. Napoli: Jovene, 1999.

REICHELT, Luis Alberto. *A prova no direito processual civil*. Porto Alegre: Livraria do Advogado, 2009.

ROSS, Alf. *Sobre el derecho y la justicia*. Trad. Genaro Carrió. 2. ed. Buenos Aires: Eudeba, 1997.

SANTOS, Gildo dos. *A prova no processo civil*. 3. ed. rev., atual. e ampl. São Paulo: RT, 2008.

SILVA, Carlos Martinez. *Tratado de pruebas judiciales*. Buenos Aires: Atalaya, 1947.

SILVA, Ivan Luiz da; CARDOZO, Teodomiro Noronha; HIRECHE, Gamil Föppel el. *Ciências criminais no século XXI*: estudos em homenagem aos 180 anos da Faculdade de Direito de Recife. Recife: Editora Universitária UFPE, 2007.

SILVA, Ovídio Araújo Baptista da. *Curso de direito processual civil*: processo de conhecimento. 6. ed. rev. e atual. São Paulo: RT, 2002.

SÓFOCLES. Édipo Rei. *Trilogia Tebana*. Tradução do grego por Mário da Gama Kury. 8. ed. Rio de Janeiro: Jorge Zahar Editor, 1998.

TARUFFO, Michele. Il fatto e l'interpretazione. *Revista da Faculdade de Direito do Sul de Minas*, Pouso Alegre, v. 26, n. 2, p. 195-208, jul.-dez. 2010.

______. *La prova dei fatti giuridici*. Milano: Giuffè, 1992.

______. *La semplice verità*: il giudice e la construcione dei fatti. Bari: Laterza, 2009.

______. *Sui confini*: scritti sulla giustizia civile. Bologna: Il Mulino, 2002.

THEODORO JR., Humberto. *Curso de direito processual civil*. 50. ed. Rio de Janeiro: Forense, 2009.

TOMÉ, Fabiana del Padre. *A prova no direito tributário*. São Paulo: Noeses, 2005.

TORRES, Anamaria Campos. Devido processo legal e natureza da prova. In: BRANDÃO, Cláudio; CAVALCANTI, Francisco; ADEODATO, João Maurício (Coord.). *Princípio da legalidade*: da dogmática jurídica à teoria do direito. Rio de Janeiro: Forense, 2009.

______. Natureza da prova: da verdade, da certeza, da convicção, da probabilidade. Do convencimento judicial – o atual sistema do livre convencimento. In: SILVA, Ivan Luiz da; CARDOZO, Teodomiro Noronha; HIRECHE, Gamil Föppel el.

Ciências criminais no século XXI: estudos em homenagem aos 180 anos da Faculdade de Direito de Recife. Recife: Editora Universitária UFPE, 2007.

TUGENDHAT, Ernst; WOLF, Ursula. *Propedêutica lógico-semântica*. Trad. Fernando Augusto da Rocha Rodrigues. Petrópolis: Vozes, 1996.

VILANOVA, Lourival. *Estruturas lógicas e sistema de direito positivo*. 2. ed. São Paulo: Max Limonad, 1997.

WACH, Adolf. *Conferencias sobre la ordenanza procesal civil alemana*. Trad. Ernesto Krotoschin. Buenos Aires: Europa-América, 1958.

WATANABE, Kazuo. *Da cognição no processo civil*. 2. ed. atual. Campinas: Bookseller, 2000.

YARSHELL, Flávio Luiz. *Antecipação da prova sem requisito da urgência e direito autônomo à prova*. São Paulo: Malheiros, 2009.

O NOVO CÓDIGO DE PROCESSO CIVIL, RACIONALISMO E OS MEIOS ADEQUADOS DE RESOLUÇÃO DE DISPUTAS NO BRASIL

João Luiz Lessa Neto

Sumário: 1. Uma introdução: o paradigma racionalista e o processo civil – 2. O movimento de reforma do processo civil no Brasil – 3. A difusão dos meios alternativos de resolução de disputa – 4. Implementação dos meios alternativos – 5. Algumas notas conclusivas: superando antigas ideias? – 6. Referências bibliográficas.

1. UMA INTRODUÇÃO: O PARADIGMA RACIONALISTA E O PROCESSO CIVIL

O processo civil e o próprio Poder Judiciário encontram-se em um momento de redefinição e abertura para novas possibilidades. Se o processo moderno foi pensado como instrumento para aplicação da lei (que seria clara e racional) e a atribuição do judiciário seria julgar casos, no final do século XX e início do século XIX verifica-se uma redefinição destas concepções. Por um lado, o amadurecimento da hermenêutica, da filosofia e teoria da linguagem no direito questionam a ideia de certeza e de um julgamento racional. Por outro lado, observa-se, em nível mundial, o Poder Judiciário estimulando a utilização de outras técnicas de resolução de disputas, além do julgamento estatal. Muitas vezes, o próprio processo judicial passa a ser moldado para priorizar não o julgamento do caso, mas a resolução da disputa pelas próprias partes.

Ovídio Baptista muito escreveu sobre a influência de um paradigma – no sentido próprio cunhado por Thomas Kuhn[1] – sobre o modelo processual construído na modernidade[2]. A noção de um processo civil eminentemente formalista e dedicado à aplicação da lei foi, em grande medida, fruto de um modelo racionalista incorporado no pensamento jurídico e na doutrina processual, particularmente com a preocupação de construção de uma ciência do processo.

A feição do modelo racionalista de direito está ligada ao ideário moderno da possibilidade de construção de um direito científico, tal qual as ciências naturais. A ideologia racionalista reside na possibilidade do homem, enquanto ser racional, atingir a essência da verdade[3]. O homem não é mais visto como uma mera criação divina, mas como um ser natural dotado de razão, por isso, a pretensão moderna de conhecimento de leis naturais é estendida à sociedade, devendo ser formuladas leis o seu regramento com a imutabilidade das deduções matemáticas[4]. O objetivo era a construção de um corpo de normas harmonioso e coerente entre si e capaz de normatizar todos os aspectos das relações sociais[5].

Por um lado, observou-se uma preocupação de contenção do espaço de discricionariedade decisória do juiz e, por outro, uma tentativa de identificação entre lei e direito e uma construção idealista de certeza da lei. A lei seria clara e racional, ao juiz caberia aplicá-la. Rigorosamente não haveria espaço para múltiplos significados ou soluções a partir de um dado texto, qualquer discordância quanto ao sentido representaria uma percepção política e não técnico-jurídica[6].

Identifica-se uma pretensão de uniformidade do direito, com a aplicação da mesma lei para todos, enquanto medida de igualdade, isso implica a

---

1 Vide: KUHN, Thomas. *A função do dogma na investigação científica*. Curitiba: UFPR-SCHLA, 2012.

2 O tema é recorrente em toda a sua obra, mas um de seus livros tem esse tema por objeto específico: SILVA, Ovídio Baptista da. *Processo e ideologia:* o paradigma racionalista. 2. ed. Rio de Janeiro: Forense, 2006.

3 SILVA, Ovídio Baptista da. *Processo e ideologia:* o paradigma racionalista. 2. ed. Rio de Janeiro: Forense, 2006. p. 7.

4 WIEACKER, Franz. *História do direito privado moderno*. 4. ed. Lisboa: Fundação Calouste Gulbenkian, 2010. p. 288.

5 COSTA, Mário Júlio de Almeida. *História do direito português*. 4. ed. Coimbra: Almedina, 2010. p. 460-461.

6 SILVA, Ovídio Baptista da. *Processo e ideologia:* o paradigma racionalista. 2. ed. Rio de Janeiro: Forense, 2006. p. 21.

abolição dos privilégios e direitos próprios, característicos do antigo regime. A pretensão de liberdade e igualdade, enquanto programas próprios da revolução francesa, só seria alcançável com juízes passivos e um direito claro e evidente, a todos aplicável[7].

Nesse contexto, a lei poderia efetivamente ser aplicada erroneamente, o sistema recursal servira para sanar erros do direito de fundo ou de direito processual - *error in judicando* ou *error in procedendo.* A lei seria tão correta e com um significado unívoco que a alteração de uma decisão em grau de recurso seria o mesmo que sanar um erro[8]. O problema da justiça seria do legislador, e não do jurista.

O processo seria, portanto, um espaço de aplicação da lei. Esta aplicação teria um caráter eminentemente intelectual e conceitual. O processo se encerraria não com a prática de atos concretos que alterem a realidade material (o mundo dos fatos - aceitando um dualismo), mas com a prolação de uma sentença que resolveria a lide, aplicando abstratamente a lei ao caso. Daí um sistema recursal extremamente complexo no qual todos os casos chegariam aos órgãos de cúpula (e controle) do Poder Judiciário.

O paradigma racionalista, na percepção ovidiana, representaria a vitória de um modelo de processo ordinário sobre as formas de tutela de evidência e com base na probabilidade, daí a desnaturação do processo cautelar e da tutela interdital tão bem conhecidos pelos romanos. Para se chegar à certeza seria necessário um processo sempre longo e com ampla dilação probatória para esclarecer os fatos. Processo ligar-se-ia às noções de certeza, verdade e estabilidade. Certeza na aplicação e declaração da lei.

Daí, também, a compartimentalização do processo e a impossibilidade de um processo executivo antes da cognição profunda e abrangente da matéria discutida. Não se poderia executar, antes de se ter um juízo de certeza sobre o discutido[9].

No entanto, ao se investigar a influência do paradigma racionalista sobre o direito e sobre o processo judicial, observa-se a redução do papel das partes no curso do processo. Tal redução ocorre tanto pelo uso de uma linguagem jurídica esotérica quanto pela noção de que o papel do processo

---

7 CARBASSE, Jean-Marie. *Manuel d'introduction historique au droit.* 4. ed. Paris: PUF, 2011. p. 244.

8 SILVA, Ovídio Baptista da. *Processo e ideologia:* o paradigma racionalista. 2. ed. Rio de Janeiro: Forense, 2006. p. 245.

9 SILVA, Ovídio Baptista da. *Jurisdição e execução na tradição romano-canônica.* 3. ed. Rio de Janeiro: Forense, 2007. p. 91.

é aplicar a lei ao caso concreto: declarar o direito. Nesse contexto, o foco não está no *conflito* vivenciado pelas partes, nem há uma preocupação com a adequada *solução* desse conflito. O caso é transformado em um objeto sobre o qual deve ser aplicada a lei. Aplicada a lei – enquanto fenômeno ideativo –, estaria resolvida a lide. A concepção carneluttiana de pretensão resistida, a partir de um interesse, é que dita os limites decisionais[10]. O processo servira para o julgamento (não resolução) de disputas.

Daí a ainda vigente distinção entre *questões de fato* e *questões de direito*. O papel do jurista durante o processo seria determinar o direito para o caso concreto. A sentença seria, por excelência, declaração do direito (ainda quando constitutiva ou condenatória), sendo necessário outro processo (chamado de execução), sempre posterior ao de conhecimento, para serem praticados atos materiais tendentes à alteração do mundo fático para a conformação com o teor da sentença.

Entretanto, a realidade não é tão simples assim. As partes certamente vão ao Judiciário para materialmente obter uma decisão que favorável, para ver certificada a sua visão e desfecho sobre os fatos, mas tal percepção não apreende adequadamente o sentido e complexidade do *conflito* existente. A linguagem jurídica é um redutor de complexidade e representa uma metalinguagem normativa, mas daí pretender que a simples prolação de uma sentença resolva o conflito é desprezar completamente a realidade.

A realidade material ou dos fatos seria ou menos importante ou não pertinente ao direito, que cuidaria de um mundo abstrato, normativo e conceitual. Daí um afastamento do direito da "realidade".

Outro importante fator da modernidade é a afirmação do papel do Estado enquanto centro decisório e a redução do sentido de direito ao senso de direito estatal. Direito seria criação do Estado. Isso justifica, também, o paradigma racionalista e a identificação do processo judicial (estatal) como o *locus* próprio para a solução de conflitos.

A modernidade representou a afirmação do Estado sobre outras ordens sociais, isso implicou uma apropriação do Estado sobre a atuação de resolução de disputas. As disputas deveriam ser solucionadas pelo e no Estado, com a aplicação do direito estatal[11]. Menos do que com os fatos e com as conse-

---

[10] FREITAS, José Lebre de. *Introdução ao processo civil:* conceitos e princípios gerais. 2. ed. Coimbra: Coimbra Editora, 2009. p. 50-52.

[11] Vide: ROBERTS, Simon; PALMER, Michel. *Dispute processes:* ADR and the primary forms of decision-making. Cambridge: Cambridge University Press, 2008. p. 11-19.

quências e danos do processo sobre as partes, existia uma preocupação com as próprias regras de processo e com a higidez do direito como um todo.

É natural, nesse contexto, portanto, o processo ser delineado de maneira formalista. O foco estava completamente sobre as normas e sobre sua aplicação, pouco sobrava para o caso, para o que efetivamente estaria sendo vivido pelas partes, seus reais interesses, emoções, angústias. Tudo isso seria menos importante em comparação com o papel mais nobre do processo: pacificação social, aplicação da lei e preservação da higidez do sistema jurídico.

O direito, apropriado pelos juristas, estava longe das partes, o mesmo acontecendo com as próprias regras processuais. Se o problema está eminentemente na aplicação do direito, o processo naturalmente cuidaria de discussões sobre as regras e, naturalmente, muito tempo se gastaria discutindo as próprias regras do jogo: questões processuais.

Tal situação não é facilmente percebida pelos juristas. É que, como observado pelo próprio Kuhn, "ao aceitar um paradigma, a comunidade científica adere como um todo, conscientemente ou não, à atitude de considerar que todos os problemas resolvidos, o foram de fato, de uma vez para sempre"[12]. Isto também ocorre com os paradigmas vigentes sobre o direito.

Entretanto, tornou-se indisfarçável a ineficiência do processo civil e surgiram os anseios por reformas que permitissem um processo e uma atividade jurídica (tendo o processo como *locus*) mais efetivos.

2. O MOVIMENTO DE REFORMA DO PROCESSO CIVIL NO BRASIL

Muitas são as mudanças e críticas ao modelo construído na modernidade. Nos limites deste trabalho não trataremos das importantes transformações operadas no campo da hermenêutica e da epistemologia jurídica, nem mesmo da linguística ou do importante impacto de diversas correntes de pensamento do século XX sobre o direito. Nossa meta é mais modesta. Muito brevemente, falaremos da forte alteração do modelo brasileiro de processo civil, a partir da edição do Código de 1973 até a adoção de um modelo multiportas pelo Código de 2015, mesmo ano em que foi aprovado o Marco Legal da Mediação, pela Lei 13.140/2015.

Muitas, aliás, foram as alterações enfrentadas pelo processo civil brasileiro nas últimas décadas. Na esteira de uma onda reformatória mundial,

---

12 Vide: KUHN, Thomas. *A função do dogma na investigação científica*. Curitiba: UFPR-SCHLA, 2012. p. 29.

a doutrina processual, o Poder Judiciário e o legislador brasileiros trataram de reformar seguidamente o processo e o Sistema de Justiça Civil no País.

A constatação de que o processo deveria cuidar mais do direito das partes e do caso discutido, do que do próprio rigor da técnica processual ensimesmada, deu-se com o movimento da instrumentalidade do processo[13] e com o formalismo valorativo[14]. Tratou-se de um grande avanço. A forma do processo, realçada sua importância, serviria para garantir a aplicação do direito material. O processo deixou de ser visto como um fim em si mesmo.

Por outro lado, o movimento de acesso à justiça foi acolhido no Brasil, procurou-se criar assistências jurídicas gratuitas e reduzir os custos (diretos e indiretos) de se tornar parte em um processo judicial. Também, surgiu a preocupação sobre como se resguardar e proteger os direitos coletivos e difusos. Curiosamente, a terceira onda do acesso à justiça foi relativamente relegada por um longo período[15].

Tornou-se generalizado o sentimento de que o processo não estava alcançando os seus fins (embora nem sempre fique ideologicamente claro quais seriam esses). Tornou-se indisfarçável a necessidades de reforma do sistema brasileiro de justiça. Ao lado do avanço doutrinário, o Código de Processo Civil foi reiteradamente reformado. Mudou-se a vetusta sistemática dos agravos. Institucionalizou-se a antecipação dos efeitos da tutela. Alterou-se o processo de execução e construiu-se um processo sincrético. Execução e conhecimento poderiam ocorrer concomitantemente, quebrou-se o dogma da execução *a posteriori*. Tal reforma implicou uma profunda modificação do modelo inicial do Código de Processo Civil de 1973.

Mais recentemente, surgiu a noção de que não apenas o processo não deveria ser formalista, mas também que o contraditório deveria ser uma atividade cooperativa[16]. As partes (e o juiz!) deveriam cooperar para o bom

---

13 O principal representante desse movimento é a clássica obra de Cândido Rangel Dinamarco. Vide: DINAMARCO, Cândido Rangel. *A instrumentalidade do processo.* 15. ed. São Paulo: Malheiros, 2013.

14 OLIVEIRA, Carlos Alberto Alvaro. *Do formalismo no processo civil:* proposta de um formalismo-valorativo. 3. ed. São Paulo: Saraiva, 2009.

15 A terceira onda do acesso à justiça consistiria no oferecimento de alternativas para a resolução de disputas. Vide: CAPPELLETTI, Mauro. Alternative Dispute Resolution Processes within the Framework of the World-Wide Access-to-Justice Movement. *The Modern Law Review*, Londres: Blackwell, n. 56, v. 282, 1993.

16 MITIDIERO, Daniel. *Colaboração no processo civil:* pressupostos sociais, lógicos e éticos. 2. ed. São Paulo: RT, 2011; DIDIER JR., Fredie. *Fundamentos do princípio da cooperação no direito processual civil português.* Coimbra: Coimbra Editora, 2010.

andamento do processo, a boa-fé e a cooperação passaram a dar a tônica e a requerer um posicionamento ético dos envolvidos no processo. Surgiu claramente a preocupação com um processo civil democrático[17].

Em paralelo, observou-se uma massificação das relações sociais e o surgimento de inúmeros casos repetitivos[18]. Casos em tudo muito parecidos passaram a chegar ao Judiciário aos milhares, observando-se o fenômeno das situações jurídicas homogêneas. Esses milhares de casos passaram a abarrotar o judiciário e a reclamar meios e técnicas próprias para o seu tratamento. O processo individual não cuida adequadamente das demandas de massa. O Código de Defesa do Consumidor criou um microssistema processual para o tratamento dos processos coletivos, definindo um regime próprio para a processualização dos direitos coletivos em sentido largo.

Além disso, a Emenda Constitucional 45/2004 alterou a conformação do Poder Judiciário. Foram criados filtros para a admissibilidade dos recursos extremos. Criou-se o Conselho Nacional de Justiça, órgão encarregado de velar pelo bom funcionamento do Poder Judiciário.

Em 2010, tomou-se a decisão política de elaborar um Novo Código de Processo Civil, durante a tramitação do projeto tornou-se claro que um novo modelo é proposto; um modelo que procura valorizar os precedentes (como se intrinsecamente eles fossem melhor que a lei), mas que abre espaço para um processo cooperativo e que procura tratar dos processos repetitivos.

Ou seja, há uma preocupação em melhorar o processo civil adjudicatório, uma preocupação em oferecer uma sentença de qualidade e uma execução *a contento tempore*. Tais iniciativa e esforço são salutares e indispensáveis. Ao lado disso, há a iniciativa de alteração do perfil dos fóruns e da criação de um sistema de justiça amplo, para além do processo adjudicatório.

O ano de 2015 foi fundamental para a afirmação dos meios adequados de resolução de disputas no Brasil. O Novo Código de Processo Civil estabelece um novo modelo de justiça civil, um modelo multiportas. Além disso, foi aprovada a Lei 13.140/2015, o Marco Legal da Mediação, que traz regras

---

17 NUNES, Dierle José Coelho. *Processo jurisdicional democrático*: uma análise crítica das reformas processuais. Curitiba: Juruá, 2008.

18 "As causas repetitivas, que consistem numa realidade a congestionar as vias judiciais, necessitam de um regime processual próprio, com dogmática específica, que se destines a dar-lhes solução prioritária, racional e uniforme" (CUNHA, Leonardo José Carneiro da. Anotações sobre o incidente de resolução de demandas repetitivas previsto no projeto de novo Código de Processo Civil. *Revista de Processo*, São Paulo: RT, v. 193, p. 258, mar. 2011).

estruturais para a mediação que seja realizada tanto no âmbito extrajudicial quanto no judicial.

3. A DIFUSÃO DOS MEIOS ALTERNATIVOS DE RESOLUÇÃO DE DISPUTA

A reforma no sistema brasileiro de justiça para a difusão dos mecanismos alternativos de resolução de disputa não é uma experiência isolada, ao contrário, mantém paralelo com a reforma realizada em diversos países, como a Inglaterra, Portugal e os Estados Unidos.

Dois movimentos iniciados a partir da década de 1970 merecem particular destaque pela difusão e alcance de suas ideias. O primeiro é o movimento de acesso à justiça e o segundo o modelo de processo multiportas.

A clássica obra de Mauro Cappelletti e Braynt Garth[19] impulsionou a busca por reformas e alternativas no sistema de justiça civil. A proposta dos autores inclui a facilitação do acesso ao próprio Poder Judiciário, com a redução dos custos do processo e o auxílio jurídico aos necessitados, o adequado tratamento dos direitos difusos e coletivos e, em uma terceira onda, a expansão dos mecanismos alternativos de resolução de disputas.

A terceira onda visaria tratar de um obstáculo processual, decorrente da impossibilidade de certos tipos de conflitos serem adequadamente tratados por meio do processo adjudicatório estatal[20]. Daí a necessidade de serem aplicados outros métodos e técnicas para o tratamento desses conflitos. O ocidente sempre elevou a noção de se lutar pelo direito, entretanto algumas áreas merecem uma aproximação diferente, em uma justiça coexistencial. O sistema de perde e ganha não responde adequadamente a determinadas situações.

Frank Sander, ao propor o modelo do processo civil multiportas, em seu famoso discurso na Pound Conference de 1976[21], é considerado, por

---

19 CAPPELLETTI, Mauro; GARTH, Bryant. *Acesso à justiça*. Porto Alegre: Fabris, 1988.

20 "By 'procedural obstacle' I mean the fact that, in certain areas or kinds of controversies, the normal solution – the traditional contentious litigation in court – might not be the best possible way to provide effective vindication of rights. Here the search must be for real *(stricto sensu) alternatives* to the ordinary courts and the usual litigation procedures" (CAPPELLETTI, Mauro. Alternative Dispute Resolution Processes within the Framework of the World-Wide Access-to-Justice Movement. *The Modern Law Review*, Londres: Blackwell, n. 56, v. 282, p. 287, 1993).

21 SANDER, Frank. Varieties of dispute processing. In: LEVIN, A. Leo; WHEELER, Russell R. *The pound conference*: perspectives on justice in the future. Saint Paul: West Publishing, 1979.

vezes, como o impulsionador do movimento em prol dos *Meios Alternativos de Resolução de Disputas*[22].

Sander propôs a criação de um esquema de um fórum multiportas, no qual, ao chegar com um conflito, o cidadão fosse encaminhado para a porta ou mecanismo mais adequado para o tratamento de seu caso. Daí a imagem de um átrio de fórum com uma porta na qual houvesse serviços de mediação, outra com o juiz para julgar, em outra a possibilidade de arbitragem, por exemplo.

A partir dessas ideias, foram tomadas várias iniciativas reformatórias no Poder Judiciário americano, com diversos Estados passando a prestar serviços de ADR ligado às atividades forenses (*court-annexed ADR*).

Tratou-se de uma reforma impactante do sistema americano de justiça, embora não tenha sido um movimento isento de críticas, sendo possível identificar diversas vozes que resistiram à ideia.

Um dos principais nomes críticos ao movimento de ADR, ainda na década de 1980, foi Owen Fiss. Fiss entendia que encorajar os ADRs significaria sucumbir às condições de uma sociedade de massas e que o acordo alcançado pelas partes seria facilmente distorcido pela inequidade na posição das partes, gerando o risco de um acordo injusto[23]. O processo adjudicatório não sofreria com tal problema pois, ainda que presente um desequilíbrio na posição das partes, a presença e atuação do juiz minimiza esse impacto[24].

Para Fiss, o processo judicial, para além de julgar casos individuais, deve ser entendido de maneira ampla. O objetivo do processo não seria apenas julgar e pacificar casos individuais, mas estaria ligado à construção de significado dos valores constitucionais. Por isso, investir dinheiro público em técnicas que propiciem o acordo e transação entre as partes significaria que a sociedade receberia menos do que deveria pelos recursos investidos. O processo adjudicatório daria sentido aos Direitos e seria o meio para transformar uma realidade recalcitrante conforme os ideais propostos pela sociedade[25-26].

---

22 MOFFIT, Michel L. Before the Big Bang: The Making of an ADR Pioneer. *Negotiation Journal*, Cambridge: Harvard University, out. 2006.

23 FISS, Owen. A Against settlement. *Yale Law Journal*, New Haven: Yale University, v. 93, p. 1076-1077, 1984.

24 FISS, Owen. Against settlement. *Yale Law Journal*, New Haven: Yale University, v. 93, p. 1077-1078, 1984.

25 FISS, Owen. Against settlement. *Yale Law Journal*, New Haven: Yale University, v. 93, p. 1089, 1984.

26 Para uma discussão subsequente das ideias de Owen Fiss vide: MACTHENIA, Andrew; SHAFFER, Thomas. For reconciliation. *Yale Law Journal*, New Haven: Yale

A despeito das críticas, o movimento de difusão dos mecanismos alternativos de resolução de disputas continuou não apenas nos Estados Unidos, mas também na Europa e ao redor do mundo.

Na Inglaterra foram editadas *Civil Procedure Rules* em 1999. As regras foram diretamente influenciadas pelas ideias contidas no relatório sobre acesso à justiça elaboradas por Lord Woolf.

Lord Woolf entende que as partes devem ser estimuladas a utilizar os meios mais apropriados para resolver os seus conflitos e apenas devem recorrer à um julgamento judicial como última medida[27]. Tal concepção está fortemente retratada nas regras sobre processo civil da Inglaterra. O processo civil está organizado de maneira à que as partes sempre que possível encontrem uma solução consensual para o litígio[28].

Os tribunais na Inglaterra e no País de Gales têm um papel relevante de condução do caso (*case management)* e há um dever para os tribunais de encorajarem o uso de ADR e, em paralelo, há um dever para as partes de, de boa-fé, tomarem parte no esforço de resolução consensual da disputa. Há um forte estímulo à composição amigável do conflito e a recusa injustificada em participar de uma mediação influencia diretamente no pagamento dos custos processuais[29].

Na França, também, há uma busca pela consolidação de meios alternativos ao processo adjudicatório. Há um ganho de espaço para a negociação e para a solução negociada dos conflitos, como uma retomada do cidadão do papel de protagonista da resolução de suas próprias desavenças[30].

Tal movimento também chegou aos países lusófonos. Portugal recentemente editou uma nova lei sobre mediação (a Lei 29/2013) e a arbitragem

---

University, v. 94, 1985; FISS, Owen. Out of Eden. *Yale Law Journal,* New Haven: Yale University, v. 94, 1985.

27 WOOLF, Lord. Access to Justice – final report (1996). Disponível em: <http://webarchive.national archives.gov.uk/+/http://www.dca.gov.uk/civil/final/contents.htm:. Acesso: 19 nov. 2013.

28 ANDREWS, Neil. Mediation in Modern English Practice. Disponível em: <http://www.dike.fr/IMG/p df/Mediation_in_England_by_N_1_._H._Andrews_Cambridge_.pdf>. Acesso em: 10 jan. 2014.

29 GLADWELL, David. Alternative Dispute Resolution and the Courts. *Civil Court News,* Londres: Civil Court, v. 27, n. 1, maio 2004.

30 CADIET, Loïc; NORMAND, Jacques; MEKKI, Soraya Amrani. *Théorie générale du procès.* 2. ed. Paris: PUF, 2013. p. 209 e ss.

tem florescido. Os meios alternativos de resolução de disputas são hoje parte do sistema português de justiça[31].

No Brasil tal opção foi claramente percebida pela modernização da legislação de arbitragem na década de 1990, com a edição da atual lei de arbitragem, e nos anos 2000 com a ratificação da Convenção de Nova Iorque sobre o Reconhecimento e Execução de Sentenças Arbitrais Estrangeiras de 1958.

O Brasil foi um dos últimos grandes países no cenário mundial a apresentar uma legislação de arbitragem mais adequada. Isso revela certa resistência e desconfiança arraigada na cultura jurídica nacional por meios privados de solução de conflitos. O Estado é que seria o local para resolver disputas e, no regime anterior, qualquer sentença arbitral precisaria ser homologada.

A mediação e a conciliação não são uma novidade em nosso sistema jurídico. Pelo contrário, historicamente, na tradição luso-brasileira, há diversos exemplos legislativos que tratam de mediação e conciliação, às vezes como fase prévia à admissibilidade do processo judicial. A lei dos Juizados Especiais Cíveis cuida do tema, como, aliás, fazem outros diplomas legais, incluindo o próprio Código de Processo Civil de 1973[32]. A novidade não está em conhecer a existência da mediação e conciliação ou mesmo de que podem as partes transacionar. O que é novo é o impulso decisivo para a implementação dessas técnicas, desenvolvidas por pessoal próprio e profissionais habilitados (mediadores e conciliadores), como parte da justiça civil e a preocupação com o meio mais adequado para cada caso. Está na preocupação em efetivamente *resolver* os conflitos.

Apenas recentemente é que se passou a decisivamente incentivar os meios consensuais de resolução de disputas, com a identificação de que são meios mais adequados em muitos casos.

A Resolução 125, de 29.11.2010, estabeleceu uma política nacional para o tratamento adequado de conflitos no âmbito do Poder Judiciário. Ou seja, o Poder Judiciário não seria mais um local apenas para o julgamento, mas para o tratamento adequado de conflitos. Tratamento adequado significa perceber as particularidades de cada caso e as potencialidades de cada técnica e meio. A questão da autocomposição no âmbito judicial passou a ser tratada como verdadeira política pública.

---

31 GOUVEIA, Mariana França. *Curso alternativo de resolução de disputas.* Coimbra: Almedina, 2011. p. 28-33.

32 Cf. CARNEIRO, Athos Gusmão. A conciliação no novo Código de Processo Civil. *Revista de Processo.* São Paulo: RT, v. 2, p. 95-96, 1976.

O Novo Código de Processo Civil e o Marco Legal da Mediação (Lei 13.140/2015) aprofundaram essas reformas, para estruturar um modelo de integração entre meios de resolução de disputas e para estabelecer que a maioria dos casos transacionáveis, antes de prosseguirem para uma solução adjudicatória, sejam submetidos aos processos de solução consensual.

O art. 3.º do NCPC estabeleceu que a solução adequada de conflitos é uma norma fundamental do processo civil brasileiro e diversas regras ao longo do NCPC densificam o *princípio da primazia da resolução consensual do conflito*. O novo modelo processual brasileiro preconiza a solução consensual das disputas, estruturando o procedimento comum de maneira a que a autocomposição seja tentada, de maneira prioritária, em praticamente todos os casos.

O procedimento comum no NCPC está organizado em duas fases. A primeira fase é de esforço para a resolução consensual da disputa. Apenas se não for possível a solução consensual, o processo seguirá para a segunda fase, litigiosa, voltada para instrução e julgamento adjudicatório do caso.

A primeira fase será conduzida pelo mediador ou conciliador, sem a participação direta do juiz. Distribuída a petição inicial, o juiz verificará o preenchimento dos seus requisitos e, não sendo caso de improcedência liminar, determinará a realização de uma audiência de mediação ou conciliação, designada com antecedência mínima de 30 (trinta dias). A audiência será de mediação nos casos em que houver vínculo anterior entre as partes e de conciliação quando inexistir tal vínculo (NCPC – art. 165, §§ 2.º e 3.º).

O réu será citado para comparecer à audiência de conciliação ou mediação – e não para contestar, como ocorria no código antigo. O réu não apresentará sua contestação até que todos os esforços para a solução consensual do litígio tenham sido adotados. O objetivo é evitar o agravamento do conflito, decorrente da apresentação da resposta do réu.

A realização da audiência de mediação ou conciliação é a regra para o procedimento comum e a presença das partes é obrigatória. A ausência injustificada de qualquer das partes, que devem estar acompanhadas por advogados, representa ato atentatório à dignidade da justiça e será sancionada com a multa, pelo juiz, de até dois por cento da vantagem econômica pretendida ou do valor da causa, revertida em favor da União ou do Estado. A parte poderá constituir preposto ou mandatário com poderes específicos para negociar e transigir.

Apenas excepcionalmente a audiência não será realizada. Para que não se realize a audiência, é necessário que o direito não seja passível de autocomposição ou que as duas partes manifestem o desinteresse na sua realização. As partes têm que expressamente requerer por escrito para que a audiência não seja realizada. Caso exista litisconsórcio, será necessário que todas as partes manifestem o desinteresse na realização da audiência para que ela seja dispensada. Basta uma delas não se pronunciar ou requerer sua realização, que será designada audiência.

Como se vê, no NCPC a audiência de mediação e conciliação é a regra geral. O objetivo é implementar efetivamente o modelo multiportas e levar as partes a terem efetivo contato com as técnicas de negociação assistida, propiciando a efetiva solução adequada dos conflitos.

A audiência deve ser realizada no centro judiciário de solução consensual de conflitos (art. 165 do NCPC). A audiência será conduzida pelo mediador ou conciliador, sem a participação, presença ou conhecimento do juiz em relação ao que for dito, discutido e apresentado.

Com o NCPC e o Marco Legal da Mediação, os meios alternativos passam a ser parte da rotina do Poder Judiciário brasileiro. Verifica-se uma integração entre mecanismos adjudicatórios e consensuais de resolução de disputas. Por isso, não se deve mais falar *no meio* de resolução e suas *alternativas*; deve-se observar o meio mais *adequado* para cada caso. Efetivamente, o modelo processual brasileiro passa a privilegiar a solução consensual das disputas.

A mudança de concepção proposta pelas tendências reformatórias do Sistema Civil de Justiça passa por um redimensionamento do processo e do próprio papel do fórum e do juiz. Em vez de se criar um modelo preocupado exclusivamente com a aplicação da lei pelo juiz, com o julgamento de conflitos, cria-se um modelo no qual as partes detêm uma maior autonomia na escolha do meio pelo qual querem resolver o seu conflito. Resolver conflitos assume um significado mais amplo e rico do que o de julgar.

Trata-se de uma mudança paradigmática. Redimensiona-se o papel do processo e do Poder Judiciário.

O Poder Judiciário passa a oferecer "serviços" que não lhe seriam próprios, em uma concepção moderna. Mais do que um local onde se julgam casos, o papel do Poder Judiciário é oferecer uma série de meios e técnicas para o tratamento adequado de conflitos. Cada caso, com sua peculiaridade, deve ser encaminhado para a técnica mais adequada.

4. IMPLEMENTAÇÃO DOS MEIOS ALTERNATIVOS

Não é fácil o caminho para o bom funcionamento dos mecanismos adequados de resolução de disputas de maneira integrada ao processo adjudicatório tradicional. Há uma resistência velada e uma dificuldade de implantação desses mecanismos, além da inadequada formação do profissional jurídico para lidar com eles.

Ainda são poucas as faculdades de direito que oferecem as disciplinas relativas aos meios adequados como parte de suas grades curriculares, as aulas de processo, por outro lado, de modo geral, estão ligadas à exegese e análise do próprio Código de Processo Civil. Há uma deficiência de formação do profissional jurídico. Os alunos aprendem a litigar, mas não sabem negociar adequadamente, a partir de uma análise jurídica dos possíveis desfechos do caso.

Por isso, talvez, ainda persiste uma resistência dos operadores jurídicos que veem os mecanismos consensuais ou como "uma justiça de segunda linha" ou como algo que é incapaz de atingir um resultado justo. O paradigma, como algo arraigado e comumente compartilhado, não é quebrado facilmente.

Muitas das críticas feitas aos mecanismos consensuais de ADR (mas também à arbitragem) envolvem a questão da "justiça" da solução. O receio de que as partes não possuam paridade para negociar e encontrar um desfecho "justo" para o caso. A transação seria um substituto inadequado para a sentença e execução. Entretanto, tais críticas partem de uma generalização inadequada. Primeiro por entenderem que apenas a sentença é capaz de entregar uma solução "justa" para o conflito, segundo por enfatizarem a distorção decorrente de um acordo que não represente a vontade das partes.

Na verdade, este tipo de pensamento revela uma concepção estatista e mesmo autoritária de direito e de processo. As partes seriam incapazes de resolver os seus próprios problemas, dependeriam sempre da intervenção do Estado para encontrar uma solução.

Evidentemente, é desejável um processo judicial adjudicatório célere e efetivo e existem casos que só podem ser adequadamente tratados por meio de uma decisão impositiva (basta pensar na situação em que uma das partes simplesmente se recusa a negociar ou nas implicações criminais de um caso). Reconhecer a importância dos meios consensuais de resolução de disputas em nada significa desconhecer a relevância do processo adjudicatório[33].

Casos diferentes merecem tratamento e aplicação de mecanismos de solução diferentes. Bons exemplos são os casos de direito de família, de direito de vizinhança e, de modo geral, nos quais as partes mantêm uma relação próxima e continuativa. Quando surge um conflito, há muito mais do que a necessidade de aplicar a lei ao caso concreto e a solução legalmente prevista nem sempre é a melhor. Cada arranjo familiar é único, há uma importante

---

[33] Tal ponto é percebido pelo próprio Frank Sander (SANDER, Frank; ALLEN, H. William; HENSLER, Debra. Judicial (mis)use of adr? A debate. *University of Toledo Law Review,* Toledo: University of Toledo, n. 27, p. 893, 1996).

relação afetiva e psicológica entre os envolvidos, há, por vezes, o interesse das crianças, enfim há fatores metajurídicos imponderáveis.

Nas relações de vizinhança há o interesse de convivência pacífica na comunidade ou condomínio, há uma um microssistema social. São situações em que possivelmente as partes é que sabem efetivamente qual arranjo lhes será mais satisfatório. A justiça não precisa necessariamente funcionar em um sistema de certo e errado, vencedor e sucumbente. É interessante o *dictum* da *Court of Appeal* inglesa no caso *Faidi v. Elliot Corporation*[34]:

> [...] evidentemente há casos nos quais uma estrita determinação de direitos e responsabilidades é o que as partes requerem. Os tribunais devem estar prontos a entregar tal serviço aos litigantes e devem fazê-lo de modo tão expedito e econômico quanto possível. Entretanto, antes de embarcarem em uma sangrenta batalha adversarial, as partes deveriam primeiro explorar a possibilidade de um acordo. Em disputas de vizinhança, como este caso (do qual eu já conheci vários iguais), se a negociação direta falha, mediação é o caminho mais óbvio para um desfecho construtivo [...]

Rigorosamente, não se deve focar na questão de em quais casos se deveria tentar um dos mecanismos alternativos, mas mediação e conciliação devem ser tentadas e oferecidas as partes em todos os casos que possam ser resolvidos consensualmente, através de transação das partes[35].

E negociações e acordos, muitas vezes com a assistência de um terceiro, são sociologicamente muito comuns. Esse papel é exercido diuturnamente pelo padre ou pastor, pelo líder comunitário, e, por vezes de modo distorcido, por agentes públicos, como o comissário[36]. Apenas em uma concepção legalista é que se pode desconhecer a juridicidade dessas situações e soluções.

Entretanto, o Poder Judiciário é o *locus* por excelência no qual o Estado pretende exercer uma manifestação de seu Poder e oferecer um serviço público de resolução de conflitos. Democraticamente tal espaço deve valorizar o papel do cidadão como protagonista de sua vida, e não um mero espectador do jogo jurídico travado em uma linguagem esotérica e distante. Daí a necessidade

---

[34] [2012] EWCA Civ 287. Tradução nossa de trecho da decisão de Lord Jackson.

[35] MARRIOT, Arthur. Mandatory ADR and access to justice. *Arbitration,* Londres: Seweet & Maxwell, v. 71, n. 4, p. 312, 2005.

[36] Basta lembrar da clássica pesquisa e texto do Prof. Luciano Oliveira que trata do papel da delegacia de polícia, que vai além do papel de receber denúncias e investigar crimes (OLIVEIRA, Luciano. *Sua Excelência o comissário e outros ensaios de sociologia jurídica.* Rio de Janeiro: Letra Legal, 2004).

de um fórum que seja composto não apenas por juízes, mas por mediadores, conciliadores, assistentes sociais, psicólogos, enfim por profissionais aptos a adequadamente encontrar soluções para os conflitos.

Em uma sociedade democrática o fórum deve não apenas propiciar um espaço de julgamento e de afirmação do direito estatal (deve fazer isso também), mas deve proporcionar um esquema que possibilite o adequado tratamento de conflitos.

Dá-se um entrelaçamento de mecanismos e técnicas. O modelo multiportas proposto por Frank Sander preconiza que cada caso seja enviado para o mecanismo mais adequado. Esse entrelaçamento faz com que a expressão Meios *Alternativos* de Resolução de Disputas possa ser substituída por Meios *Adequados* de Resolução de Disputas.

A noção de alternatividade está certamente vinculada com a concepção de que o processo adjudicatório estatal é "o" meio de resolução de disputas, os outros são alternativas a este. Esse modelo e visão é própria da identificação paradigmática entre direito e lei, o paradigma racionalista de um direito ideal(izado) a ser aplicado enquanto abstração.

A lei não está ausente dos processos de mediação e conciliação (nem mesmo na negociação direta entre as partes), pelo contrário ela representa fortemente uma baliza para as negociações, particularmente quando as partes estão assistidas por advogados. Por isso diz-se que as partes barganham na sombra da lei[37]. As prescrições legais influenciam de maneira determinante o comportamento das partes no processo negocial. O desfecho decorrente de uma mediação ou a transação obtida não está à margem da lei, ao contrário é reconhecido juridicamente e o seu próprio teor sofre uma influência da legislação estatal.

O desfecho de um processo consensual de resolução de disputas não é, nem precisa ser, uma cópia da sentença que se obteria no processo adjudicatório. São processos diferentes, com lógicas diferentes. A condução adequada de um processo de solução consensual pode levar a uma solução muito mais satisfatória para as partes, por envolver consenso e aceitação e por trabalhar sobre *a disputa* e o *conflito* e não sobre a *lide*.

---

[37] Mnookin e Kornhauser, no final da década de 1970, publicaram um texto hoje célebre sobre como a sombra da lei influencia a tomada de decisão num processo de negociação (ainda que assistida por um terceiro, como ocorre na mediação) em uma fase pré-processual. Vide: MNOOKIN, Robert. H.; KORNHAUSER, Lewis. Bargaining in the Shadow of the Law: The Case of Divorce. *Yale Law Journal*, New Haven: Yale University, v. 88, 1979.

Muitas das críticas que recaem sobre o estímulo ao uso dos meios alternativos de resolução de disputas versam sobre o risco de as partes serem forçadas a transigir. A crítica recai sobre a distorção. Se há coação, não há consenso, nem vontade livre. A crítica análoga seria dizer que a sentença e o processo judicial tradicional não traz justiça pois os juízes podem ser subornados. Se há juízes corruptos, que sejam punidos, mas isso não diminui em nada a importância do processo adjudicatório, considerado em si mesmo.

Entretanto, há uma preocupação na implementação dos mecanismos adequados de resolução de disputas no ambiente judiciário que desperta cautela e merece uma reflexão: é a alegação corrente de que a mediação e a conciliação importarão em celeridade processual e trarão economia de recursos.

Tal concepção é perigosa e potencialmente prejudicial ao próprio desenvolvimento dos mecanismos adequados de resolução de disputas[38]. A implementação de centros judiciário de difusão dos mecanismos adequados de resolução de disputas pode até trazer a consequência de reduzir o volume de processos judiciais ou pode representar uma solução mais rápida para alguns casos. Mas, esse não pode ser o motivo e razão para sua implementação.

O que se deve procurar é a construção de um espaço dialético que estimule a resolução da disputa. Deve-se mediar e conciliar para encontrar uma composição dos interesses, não para evitar que processos sejam julgados. Há uma grande diferença entre o entrelaçamento construtivo, que pressupõe diálogo e alternativas, e a massificação que ocorre em muitos "mutirões de conciliação"[39].

O foco na implementação dos meios adequados de resolução de disputas deve estar em oferecer um melhor sistema de justiça civil, mais amplo e completo. Um sistema de justiça que seja capaz de entender as demandas sociais e a complexidade envolvida em cada conflito e oferecer alternativas de tratamento. Os meios adequados de resolução de disputa não são a so-

---

38 PRESS, Sharon. Institutionalization: savior or saboteur of mediation? *Florida State University Law Review,* Tallahassee: Florida State University, v. 24, n. 4, p. 904-906, 1997.

39 PINHO, Humberto Dalla Bernardino; PAUMGARTTEN, Michele Pedrosa. O papel da mediação no século de vocação da jurisdição e no (re)dimensionamento da democratização do processo civil. In: SPENGLER, Fabiana Marion; PINHO, Humberto Dalla Bernardino (Org.). *Acesso à justiça, jurisdição (in)eficaz e mediação*: a delimitação e a busca de outras estratégias na resolução de conflitos. Curitiba: Multideia, 2013. p. 172.

lução para os problemas do processo judicial, são uma complementação do sistema de justiça civil.

5. ALGUMAS NOTAS CONCLUSIVAS: SUPERANDO ANTIGAS IDEIAS?

A sociedade mudou e tornou-se indisfarçável a necessidade de reforma e de modernização do processo civil brasileiro.

Há a possibilidade de reconfiguração do próprio papel do Poder Judiciário, com a quebra do paradigma racionalista e da redução absoluta da complexidade da vida social a um objeto para aplicação da lei (declaração do Direito).

O paradigma racionalista pressupõe a ideia de uma lei clara e racional (produzida por um legislador iluminado): o trabalho jurídico seria apenas encontrar o sentido da lei e aplicar ao caso concreto. Tal concepção não é mais exata dentro da percepção do direito enquanto fenômeno linguístico e da possibilidade de, a partir de um mesmo texto, se obterem diversos significados válidos. Os meios consensuais de resolução de disputa, por seu turno, atuam em uma lógica diferente e em um campo, de certo modo, mais abrangente. A sombra da lei é um dado importante em qualquer processo negocial, mas resolver uma disputa não é o mesmo que *julgar* uma lide.

Daí a onda reformatória apontar uma tendência mundial de integração dos meios consensuais de resolução de disputas ao processo civil, reconfigurando o papel e atuação do Poder Judiciário.

No Brasil o Novo Código de Processo Civil e o Marco Legal da Mediação pretendem instituir de modo definitivo um novo modelo processual, cooperativo e que permita uma prestação jurisdicional mais eficiente. Os mecanismos adequados de resolução de disputas aparecem como uma forma de democratização do próprio *modus operandi* do processo civil.

O modelo legalista e racionalista, que definiu o contorno do processo civil e do Poder Judiciário, é incapaz de apreender a complexidade da vida. Ao se modificar o perfil do fórum, com a criação de um modelo multiportas, fomenta-se um espaço mais rico e abrangente, no qual o foco não está apenas na aplicação da lei, mas no tratamento adequado de conflitos em toda a sua complexidade.

6. REFERÊNCIAS BIBLIOGRÁFICAS

ANDREWS, Neil. Mediation in Modern English Practice. Disponível em: <http://www.dike.fr/IMG/pdf/Mediation_in_England_by_N_1_._H._Andrews_Cambridge_.pdf>. Acesso em: 10 jan. 2014.

CADIET, Loïc; NORMAND, Jacques; MEKKI, Soraya Amrani. *Théorie générale du procès*. 2. ed. Paris: PUF, 2013.

CAPPELLETTI, Mauro. Alternative Dispute Resolution Processes within the Framework of the World-Wide Access-to-Justice Movement. *The Modern Law Review*, Londres: Blackwell, n. 56, v. 282, 1993.

______; GARTH, Bryant. *Acesso à justiça*. Porto Alegre: Fabris, 1988.

CARBASSE, Jean-Marie. *Manuel d'introduction historique au droit*. 4. ed. Paris: PUF, 2011.

CARNEIRO, Athos Gusmão. A conciliação no novo Código de Processo Civil. *Revista de Processo*. São Paulo: RT, v. 2, 1976.

COSTA, Mário Júlio de Almeida. *História do direito português*. 4. ed. Coimbra: Almedina, 2010.

CUNHA, Leonardo José Carneiro da. Anotações sobre o incidente de resolução de demandas repetitivas previsto no projeto de novo Código de Processo Civil. *Revista de Processo*, São Paulo: RT, v. 193, mar. 2011.

DIDIER JR., Fredie. *Fundamentos do princípio da cooperação no direito processual civil português*. Coimbra: Coimbra Editora, 2010.

DINAMARCO, Cândido Rangel. *A instrumentalidade do processo*. 15. ed. São Paulo: Malheiros, 2013.

FISS, Owen. Against settlement. *Yale Law Journal*, New Haven: Yale University, v. 93, 1984.

______. Out of Eden. *Yale Law Journal*, New Haven: Yale University, v. 94, 1985.

FREITAS, José Lebre de. *Introdução ao processo civil:* conceitos e princípios gerais. 2. ed. Coimbra: Coimbra Editora, 2009.

GLADWELL, David. Alternative Dispute Resolution and the Courts. *Civil Court News*, Londres: Civil Court, v. 27, n. 1, maio 2004.

GOUVEIA, Mariana França. *Curso alternativo de resolução de disputas*. Coimbra: Almedina, 2011.

KUHN, Thomas. *A função do dogma na investigação científica*. Curitiba: UFPR-SCHLA, 2012.

MACTHENIA, Andrew; SHAFFER, Thomas. For reconciliation. *Yale Law Journal*, New Haven: Yale University, v. 94, 1985.

MARRIOT, Arthur. Mandatory ADR and access to justice. *Arbitration*, Londres: Seweet & Maxwell, v. 71, n. 4, 2005.

MITIDIERO, Daniel. *Colaboração no processo civil:* pressupostos sociais, lógicos e éticos. 2. ed. São Paulo: RT, 2011.

MOFFIT, Michel L. Before the Big Bang: The Making of an ADR Pioneer. *Negotiation Journal*, Cambridge: Harvard University, out. 2006.

MNOOKIN, Robert. H.; KORNHAUSER, Lewis. Bargaining in the Shadow of the Law: The Case of Divorce. *Yale Law Journal*, New Haven: Yale University, v. 88, 1979.

NUNES, Dierle José Coelho. *Processo jurisdicional democrático*: uma análise crítica das reformas processuais. Curitiba: Juruá, 2008.

OLIVEIRA, Carlos Alberto Alvaro. *Do formalismo no processo civil:* proposta de um formalismo-valorativo. 3. ed. São Paulo: Saraiva, 2009.

OLIVEIRA, Luciano. *Sua Excelência o comissário e outros ensaios de sociologia jurídica.* Rio de Janeiro: Letra Legal, 2004.

PINHO, Humberto Dalla Bernardino; PAUMGARTTEN, Michele Pedrosa. O papel da mediação no século de vocação da jurisdição e no (re)dimensionamento da democratização do processo civil. In: SPENGLER, Fabiana Marion; PINHO, Humberto Dalla Bernardino (Org.). *Acesso à justiça, jurisdição (in)eficaz e mediação*: a delimitação e a busca de outras estratégias na resolução de conflitos. Curitiba: Multideia, 2013.

PRESS, Sharon. Institutionalization: savior or saboteur of mediation? *Florida State University Law Review,* Tallahassee: Florida State University, v. 24, n. 4, 1997.

ROBERTS, Simon; PALMER, Michel. *Dispute processes:* ADR and the primary forms of decision-making. Cambridge: Cambridge University Press, 2008.

SANDER, Frank. Varieties of dispute processing. In: LEVIN, A. Leo; WHEELER, Russell R. *The pound conference*: perspectives on justice in the future. Saint Paul: West Publishing, 1979.

______; ALLEN, H. William; HENSLER, Debra. Judicial (mis)use of adr? A debate. *University of Toledo Law Review,* Toledo: University of Toledo, n. 27, 1996.

SILVA, Ovídio Baptista da. *Jurisdição e execução na tradição romano-canônica.* 3. ed. Rio de Janeiro: Forense, 2007.

______. *Processo e ideologia:* o paradigma racionalista. 2. ed. Rio de Janeiro: Forense, 2006.

WIEACKER, Franz. *História do direito privado moderno.* 4. ed. Lisboa: Fundação Calouste Gulbenkian, 2010.

WOOLF, Lord. Access to Justice – final report (1996). Disponível em: <http://webarchive.nationalarchives.gov.uk/+/http://www.dca.gov.uk/civil/final/contents.htm>. Acesso: 19 nov. 2013.

A ESTABILIZAÇÃO DAS DECISÕES JUDICIAIS DECORRENTE DA PRECLUSÃO E DA COISA JULGADA NO NOVO CPC: REFLEXÕES NECESSÁRIAS

José Henrique Mouta Araújo

Sumário: 1. Introdução – 2. A preclusão das interlocutórias no CPC/2015 – 3. Os vícios no curso do processo e o sistema de preclusão: a impugnação na apelação e nas contrarrazões – 4. As decisões parciais de mérito, a preclusão e a coisa julgada progressiva – 5. Os limites da coisa julgada e as questões prejudiciais: inovação a ser observada com cautela – Conclusões – Referências bibliográficas.

1. INTRODUÇÃO

Um dos temais mais importantes e complexos do CPC/2015 diz respeito ao sistema de estabilização das decisões judiciais, incluindo a ampliação das situações jurídicas atingidas pelo fenômeno da coisa julgada.

A rigor, existem alguns textos[1] em que se procura enfrentar o tema ligado à recorribilidade das interlocutórias e à preclusão das questões decididas no curso do processo. Com o CPC/2015, ocorreram modificações importantes ligadas diretamente a esses temas, que acabaram por provocar a necessidade de reanálise completa dos mesmos.

Dessarte, do ponto de vista histórico, os questionamentos ligados à estabilização decorrente da preclusão e da coisa julgada, com reflexos na recorribilidade das decisões no curso do processo, ganharam espaço com

---

[1] Sobre o tema ver, dentre outros ARAÚJO, José Henrique Mouta. *Coisa julgada progressiva & resolução parcial de mérito*. Curitiba: Juruá, 2007; e, do mesmo autor, o artigo Tutela antecipada do pedido incontroverso: estamos preparados para a nova sistemática processual? *Revista de Processo*, São Paulo: RT, n. 116, 2004.

as reformas ocorridas ainda durante a vigência do CPC/1973. Naquele momento, várias modificações nos artigos ligados ao sistema recursal foram consagradas para, de um lado, garantir a atribuição de efeito suspensivo ao agravo pelo próprio relator (art. 527, II, c/c o art. 558 do CPC/1973) e, de outro, permitir a conversão do agravo instrumental em retido, quando não atendidos os regramentos previstos no sistema processual. Naquele momento, o CPC determinava a interposição de agravo (retido ou por instrumento), contra as interlocutórias proferidas no curso do processo.

Agora, com o CPC/2015, novos paradigmas são estabelecidos, especialmente no que respeita a extinção do agravo retido e a previsão expressa das hipóteses de cabimento de agravo de instrumento contra as interlocutórias de 1.º grau. Além disso, expressamente o diploma processual estabelece que algumas interlocutórias são recorríveis de imediato e outras, só ao final, ampliando, com isso, o efeito devolutivo do recurso de apelação e das contrarrazões recursais (arts. 1.009 e 1.015 do CPC/2015).

Destarte, o CPC/2015 acabou ampliando o efeito devolutivo da apelação (e das contrarrazões – art. 1.009), além de provocar maiores debates acerca do cabimento de Mandado de Segurança contra decisão judicial.

De outro prisma, mudanças significativas foram consagradas em relação à estabilização decorrente da coisa julgada, que também merecem reflexão e debate.

Vamos aos argumentos.

2. A PRECLUSÃO DAS INTERLOCUTÓRIAS NO CPC/2015

O primeiro aspecto a ser enfrentado neste ensaio diz respeito ao esvaziamento da recorribilidade imediata e em separado das interlocutórias de 1.º grau, o que gera, como consequência, a revisão do sistema de preclusão das decisões proferidas no curso do processo e a ampliação da devolutiva do recurso contra a decisão final.

Vale lembrar que, pelo sistema do CPC/1973, as interlocutórias de 1.º grau estavam sujeitas a agravo (*retido* – escrito ou oral, ou por *instrumento* – arts. 522 e seguintes), sob pena de *preclusão imediata*. Contudo, com o CPC/2015, resta bem esvaziado o cabimento de recurso imediato em relação às interlocutórias de 1.º grau, ao consagrar: a) maior restrição ao recurso de agravo de instrumento (art. 1.015); b) extinção do agravo retido; c) revisão do regime de preclusão; d) a ampliação do efeito devolutivo por profundidade do recurso de apelação (art. 1.009)[2] e das respectivas contrarrazões.

---

[2] "Entendemos que tal inovação possui o condão de simplificar a recorribilidade das decisões interlocutórias. Afinal, se, sob a égide do CPC de 1973, cabe à parte ratificar

Em suma: o novo sistema estabelece que seja "diferida a preclusão do direito de impugnar as decisões interlocutórias não sujeitas a agravo de instrumento, ao incluir a recorribilidade no âmbito do recurso de apelação"[3].

Nestes casos, o momento da apreciação das questões decididas no curso do processo será feito em conjunto com a decisão final, e também a sua impugnação fará parte de um capítulo do recurso de apelação ou contrarrazões recursais.

Portanto, resta claro que o CPC/2015 atinge o regime de preclusão temporal tendo em vista que, à exceção das hipóteses expressamente previstas no art. 1.015, as interlocutórias não serão recorríveis de imediato, mas apenas como um capítulo do recurso de apelação interposto contra a sentença ou nas contrarrazões recursais.

Aliás, vale fazer uma crítica em relação à redação do art. 1.009 do CPC/2015, tendo em vista que, em vez da expressão *não estar coberta pela preclusão*, o correto é entender que o novo diploma processual apenas *adia a sua ocorrência*, para o momento da interposição da apelação ou a apresentação das contrarrazões (que poderão conter um *pedido contraposto recursal* – como restará claro em outra passagem). Na verdade, está *diferida* a preclusão, para momento posterior (razões ou contrarrazões de apelação), não sendo cabível a recorribilidade em separado e imediata[4].

Vale ressaltar que, durante a tramitação do projeto do novo CPC, foi tentada a inclusão do *protesto* como instrumento para evitar a preclusão ime-

---

o agravo retido na preliminar de apelação/contrarrazões, mais simples se afigura dispensá-la de interpor previamente o recurso de agravo retido, concentrando a impugnação das decisões interlocutórias no próprio recurso de apelação" (HILL, Flávia Pereira. Breves comentários às principais inovações quanto aos meios de impugnação das decisões judiciais no novo CPC. In: DIDIER JR., Fredie (Coord.--geral); MACÊDO, Lucas Buril de; PEIXOTO, Ravi; FREIRE, Alexandre (Org.). *Novo CPC*: doutrina selecionada. Processo nos tribunais e meios de impugnação às decisões judiciais. Salvador: JusPodivm, 2015. v. 6, p. 367).

3 BARIONI, Rodrigo. Preclusão diferida, o fim do agravo retido e a ampliação do objeto da apelação no novo Código de Processo Civil. *Revista de Processo*, São Paulo: RT, n. 243, p. 269-280, 2015.

4 Alexandre Freitas Câmara entende que: "as decisões interlocutórias que não se enquadram no rol taxativo, porém sendo não agraváveis, são irrecorríveis *em separado*, só podendo ser objeto de impugnação em apelação ou em contrarrazões de apelação. E Este é um ponto que precisa ser destacado: a afirmação de que certa decisão interlocutória não é agravável não implica dizer que é ela irrecorrível. Contra as interlocutórias não agraváveis será admissível a interposição de apelação autônoma ou inserida na mesma peça que as contrarrazões)" (*O novo processo civil brasileiro*. São Paulo: Atlas, 2015. p. 520).

diata[5], o que, de uma maneira ou de outra, ocuparia o lugar do *agravo retido* do regime do CPC/1973. Se esta redação tivesse sido aprovada, o novo CPC estaria consagrando a preclusão imediata das interlocutórias não submetidas ao *protesto*. Contudo, na redação aprovada do art. 1.009 do CPC/2015, não há a menção à necessidade de *protesto* em relação aos pronunciamentos judiciais não enquadrados na recorribilidade imediata do art. 1.015 do CPC/2015.

Assim, o texto aprovado não indica qualquer necessidade de *protesto* o que, inclusive, pode ser objeto de severas críticas e, a meu ver, de interpretação futura dos órgãos do Poder Judiciário em relação a sua necessidade prática, até mesmo como forma de atender às diretrizes do sistema de nulidades *(art. 278 do CPC/2015 estabelece a necessidade de alegação da nulidade na primeira oportunidade, sob pena de preclusão).*

Aliás, há certa incongruência e contradição entre os arts. 1.009, § 1.º, 1.015 e 278 do CPC/2015, especialmente em relação aos pronunciamentos interlocutórios não recorríveis imediatamente. Como adiar a recorribilidade da interlocutória para momento posterior se o art. 278 estabelece a sua imediata impugnação, sob pena de preclusão?

De outro prisma, a restrição da recorribilidade imediata vai gerar, como consequência, a ampliação do efeito devolutivo do recurso de apelação, não deixando sujeitas à preclusão as questões processuais resolvidas na fase cognitiva, que não se enquadrem no rol do art. 1.015 *(isso se não for caso de obrigar a parte, fazendo intepretação do art. 278 do CPC/2015, a apresentar o protesto imediato)*. Esta hipótese merece detida reflexão, tendo em vista que, como mencionado, altera o regime da preclusão temporal e o próprio efeito devolutivo recursal.

Três perguntas devem ser feitas: será que a nova sistemática vai gerar um número elevado de processos anulados em decorrência do provimento de apelações, discutindo vícios ocorridos na fase cognitiva, como nos casos de cerceamento de defesa, incompetência etc.? O CPC/2015 não está abrindo oportunidade para a impetração de mandado de segurança contra ato judicial[6], a partir do momento em que veda o cabimento do agravo imediatamente após a decisão interlocutória? O rol das situações jurídicas agraváveis (art. 1.015 do CPC/2015) é taxativo ou exemplificativo?

Tentaremos enfrentá-las a partir deste momento.

---

5 Art. 1.022, § 2.º, do então projeto do novo CPC – versão Câmara Federal.

6 Sobre o tema, ver ARAÚJO, José Henrique Mouta. *Mandado de segurança.* 5. ed. Salvador: JusPodivm, 2015. p. 363-379; e CHEIM JORGE, Flávio. *Teoria geral dos recursos.* 7. ed. São Paulo: RT, 2015. p. 290.

3. OS VÍCIOS NO CURSO DO PROCESSO E O SISTEMA DE PRECLUSÃO: A IMPUGNAÇÃO NA APELAÇÃO E NAS CONTRARRAZÕES

Como já mencionado, a sistemática recursal do CPC/2015 pretende, de um lado, diminuir o número de interlocutórias agraváveis e, de outro, ampliar a devolutividade da apelação ou das contrarrazões recursais.

É dever ressaltar, por oportuno, que a restrição prevista no art. 1.015 do CPC/2015 apenas se aplica às interlocutórias da fase de conhecimento, eis que, em seu *parágrafo único*, consta expressamente que o agravo de instrumento será cabível contra as interlocutórias na fase de liquidação ou de cumprimento de sentença, no processo de execução e no processo de inventário.

Além disso, há que se defender uma das alternativas processuais para as demais interlocutórias não previstas nos incisos do art. 1.015 do CPC: *ou o rol é meramente exemplificativo (cabendo o agravo em outras situações excepcionais), ou o novo sistema processual acaba por ampliar a utilização do cabimento de mandado de segurança contra decisão judicial.*

No CPC/2015 existem três situações distintas, a saber: (i) *interlocutórias com preclusão imediata*, caso não seja interposto agravo de instrumento; (ii) *interlocutórias com preclusão no momento da apresentação das razões ou contrarrazões de apelação*; (iii) *interlocutórias atingidas pela eficácia preclusiva da coisa julgada*, em caso de capítulos de mérito julgados antecipadamente (*v.g.*, como ocorre nas hipóteses previstas no art. 356 do CPC/2015). As duas primeiras situações serão tratadas neste momento e a terceira, no item seguinte.

Com efeito, o novo Código elenca a possibilidade de interlocutórias apeláveis ou mesmo impugnadas nas contrarrazões de apelação, o que, a rigor, se trata de novidade no sistema processual. No CPC/1973, a existência de agravo retido provocava a necessidade de interposição imediata do recurso e sua confirmação (ratificação) na apelação ou nas contrarrazões. Agora, com o novo sistema processual, não existe recorribilidade imediata das interlocutórias não previstas no art. 1.015, adiando a impugnação recursal para momento posterior (*preliminar* da apelação ou das contrarrazões recursais[7]).

---

[7] Vale, no tema, transcrever as lições de Rodrigo Barioni: "apesar da menção ao termo 'preliminar', o que encerraria hipótese de a matéria ser deduzida antes dos fundamentos concernentes à sentença, deve ser reputada válida a alegação mesmo após os fundamentos relacionados à sentença, desde que em capítulo próprio do recurso ou das contrarrazões. Aplica-se, ao caso, o princípio da instrumentalidade das formas, também consagrado no art. 277 do CPC/2015. O importante é que o apelante faça constar a impugnação como objeto do recurso de apelação. Caso omisso o recurso

Assim, nos termos da redação dos arts. 1.009, § 1.º, e 1.015 do CPC/2015, poderão existir múltiplos capítulos impugnativos na apelação e nas contrarrazões, a saber:

a) *interposição bipartida*, com um capítulo preliminar[8] visando discutir a interlocutória e, em seguida, em caso de não acolhimento do primeiro, outro impugnando a própria sentença;

b) *interposição apenas com um capítulo discutindo a interlocutória*: neste caso, dependendo do resultado do apelo, a decisão do Tribunal fará coisa julgada em relação à sentença não recorrida[9]. Esta, portanto, ficará aguardando o resultado da apelação interposta contra o capítulo referente à interlocutória anterior[10]. Nada impede, outrossim, que a parte vencedora requeira o cumprimento provisório da sentença irrecorrida, desde que ocorra uma das hipóteses do art. 1.012 do CPC/2015. É importante observar que o cumprimento de sentença é

---

sobre o ponto, a questão não integrará o efeito devolutivo do recurso de apelação e, portanto, não poderá ser examinada pelo órgão *ad quem*, ainda que venha a ser arguida pelo apelante em sustentação oral" (Preclusão diferida, o fim do agravo retido e a ampliação do objeto da apelação no novo Código de Processo Civil. *Revista de Processo*, São Paulo: RT, n. 243, p. 269-280, 2015).

[8] *Preliminar* em relação à irresignação contida na apelação. Contudo, este capítulo *preliminar*, também tem o seu *mérito recursal*, ligado à questão resolvida no curso do processo e que poderá, dependendo do resultado do julgado, prejudicar a análise do *mérito recursal* ligado ao capítulo que o recorrente impugna os vícios da sentença.

[9] Vale citar as lições de Fredie Didier Jr. e Leonardo Carneiro da Cunha: "É possível, ainda, que o vencido interponha apelação *apenas para atacar alguma interlocutória não agravável, deixando de recorrer da sentença.* Não é incomum haver decisão interlocutória que tenha decidido uma questão preliminar ou prejudicial a outra questão resolvida ou decidida na sentença – a decisão sobre algum pressuposto de admissibilidade do processo, por exemplo. Impugnada a decisão interlocutória, a sentença, mesmo irrecorrida, ficará sob condição suspensiva: o desprovimento ou não conhecimento da apelação contra a decisão interlocutória; se provida a apelação contra a decisão interlocutória, a sentença *resolve-se*; para que a sentença possa transitar em julgado, será preciso aguardar a solução a ser dada ao recurso contra a decisão interlocutória não agravável, enfim" (Apelação contra decisão interlocutória não agravável: a apelação do vencido e a apelação subordinada do vencedor. *Revista de Processo*, São Paulo: RT, v. 241, p. 235, mar. 2015).

[10] Como mencionado anteriormente, em que pese o art. 1.009, § 1.º, mencionar que a impugnação relativa à questão decidida no curso do processo deve ser feita em *preliminar de apelação*, nada impede que o *mérito recursal* seja somente esta questão, ficando a sentença aguardando o resultado deste julgamento para transitar em julgado. Em suma: a irresignação pode ser feita em preliminar, quando há mérito relativo aos eventuais vícios da sentença.

provisório, em que o vencido não ter impugnado o capítulo de mérito contido na sentença, tendo em vista que o resultado da apelação pode desconstituir o *título executivo judicial*, *v.g.*, na hipótese de reconhecimento de cerceamento de defesa e determinação de retorno ao grau de origem para a produção da prova que foi indeferida[11];

c) *interposição de apelação com apenas o capítulo impugnando a sentença*: neste caso, ocorrerá a preclusão da interlocutória não recorrida. O julgamento do Tribunal não pode reapreciar aquela decisão anterior, em decorrência de sua *estabilização* no curso do processo (art. 1.009 do CPC/2015);

d) *apresentação de contrarrazões bipartida (impugnação recursal e recurso contra a interlocutória não recorrida de imediato)*[12]: o recorrido apresenta, de um lado, a irresignação ao recurso do adversário e, em caso de provimento daquele, pugna pela análise da interlocutória *recorrida* nas contrarrazões (capítulo com pedido próprio da peça de impugnação recursal). Neste caso, ocorre um recurso de apelação do vencedor no bojo da contrarrazões[13], ficando, em regra[14], subordinada

---

[11] Questão interessante é indagar se esta apelação tem ou não efeito suspensivo *legal*, eis que, apesar de ser manejada contra a sentença, tem o seu *móvel* uma interlocutória que não era agravável no momento de sua prolatação.

[12] No tema, escreve Vinicius Silva Lemos: "existe, de forma excepcional, a hipótese do vencido interpor apelação somente para falar sobre a decisão interlocutória, sem mencionar a sentença. É uma possibilidade um tanto arriscada processualmente, se a apelação for provida, consequentemente, há impacto na sentença, com possível anulação e retorno do processo àquele momento da decisão. De todo modo, com o improvimento, sem impugnação sobre a sentença, o tribunal não obteve a devolutividade sobre esta, não podendo julgar nada sobre ato sentencial" (*Recursos e processos nos tribunais no novo CPC.* São Paulo: Lexia, 2015. p. 153).

[13] Como bem explica Rogério Licastro Torres de Mello, ao comentar o § 1.º do art. 1.009 do CPC/2015, "pode haver, nas contrarrazões, por assim dizer, uma defesa (relativamente à apelação da outra parte) e um possível ataque (relativamente às interlocutórias que o recorrido entenda por bem impugnar). Disto pensamos decorrer uma importante circunstância: se, por alguma razão, a apelação é inadmitida por intempestividade por exemplo, ou deixa de existir por qualquer outro motivo (desistência do recurso), não necessariamente as contrarrazões deixarão de ter utilidade e relevância: se nas contrarrazões houve o apelado suscitado impugnação relativamente a alguma decisão interlocutória, e se for pertinente sua apreciação pelo tribunal pois ainda não foi extinto o interesse recursal do apelado a respeito, pensamos que as contrarrazões que contenham impugnação de decisão interlocutória, mesmo que a apelação não mais exista, deverão ser apreciadas pelo tribunal, demonstrando-se que remanesce o interesse de agir, repita-se, do apelado a respeito" (Comentários ao art. 1.009, § 1.º, do CPC/2015. In: WAMBIER, Teresa Arruda Alvim; DIDIER JR., Fredie; TALAMINI, Eduardo; DANTAS, Bruno (Coord.). *Breves comentários ao novo Código de Processo Civil.* São Paulo: RT, 2015. p. 2236).

[14] Considerando que as contrarrazões possuem um capítulo recursal subordinado, parece-me que a desistência recursal (art. 998 do CPC/2015) pode ser apresentada e

a sua apreciação ao resultado do julgamento do recurso de vencido (apelação subordinada). Outrossim, se o apelante requerer a desistência recursal (art. 998 do CPC/2015), deverá ser analisada a manutenção do interesse para o julgamento do recurso subordinado apresentado nas contrarrazões do apelado[15]. Será, portanto, um *recurso apresentado nas contrarrazões à apelação, sem pagamento de custas, preparo* etc., cujo interesse recursal pode permanecer mesmo em caso de desistência do apelante. Aliás, neste aspecto, não pode ser confundido com o *recurso adesivo*, em que, em relação ao capítulo principal, houve sucumbência recíproca[16]. Em termos comparativos, as contrarrazões impugnando interlocutória anteriormente irrecorrível, guarda semelhança, inclusive no que respeita ao não impedimento de julgamento, ao caso de desistência da ação, estando pendente de apreciação o pedido contraposto formulado pelo réu[17]. É possível concluir, portanto, que se trata de um *pedido contraposto recursal nas contrarrazões à apelação do vencido*;

---

trará, como consequência, na maioria das vezes, o julgamento prejudicado do apelo do recorrido, em decorrência de sua dependência. A propósito, não há nenhum prejuízo imediato a este, tendo em vista que o recurso impugnado decisão interlocutória em demanda que, ao final, a sentença foi a seu favor. Contudo, em algumas situações o interesse no julgamento do *recurso contido nas contrarrazões* pode permanecer. Sobre esta subsistência de interesse recursal, vale citar a seguinte passagem: "as interlocutórias impugnáveis nas contrarrazões serão devolvidas ao Tribunal. Pode, é claro, acontecer que o 'recurso' (= contrarrazões de apelação) não seja conhecido por falta de interesse. Mas pode haver casos em que o interesse sobreviva. Imagine-se que o juiz tenha fixado um valor para a causa no início do processo, por meio de decisão de que não cabe recurso. Afinal, na sentença, fixam-se os honorários com base nesse valor. Mesmo que o apelante desista da apelação, as contrarrazões terão devolvido a impugnação a esta interlocutória e o vencedor no mérito tem direito a ver esta questão apreciada pelo Tribunal" (WAMBIER, Teresa Arruda Alvim; CONCEIÇÃO, Maria Lúcia Lins; RIBEIRO, Leonardo Ferres da Silva; MELLO, Rogério Licastro Torres de. *Primeiros comentários ao novo Código de Processo Civil* – artigo por artigo. São Paulo: RT, 2015. p. 1440).

15 "Qual a condição para julgar a apelação do vencedor, constante nas contrarrazões? O provimento da apelação do vencido. É uma condição, somente nesta hipótese há o julgamento daquele recurso interposto" (LEMOS, Vinicius Silva. *Recursos e processos nos tribunais no novo CPC*. São Paulo: Lexia, 2015. p. 155).

16 Nada impede que, em determinada situação concreta, o apelado parcialmente derrotado apresente, no prazo das contrarrazões, a antítese ao recurso do apelante, a sua impugnação em face da interlocutória anterior (art. 1.009, § 1.º) e a apelação adesiva (art. 997, § 1.º). Apenas este último não será conhecido automaticamente em caso de desistência ou inadmissibilidade da apelação principal (art. 997, § 2.º, III).

17 Rogério Licastro Torres de Mello, ao comentar o § 1.º do art. 1.009 do CPC/2015, faz a mesma comparação (Comentários ao art. 1.009, § 1.º, do CPC/2015. In: WAMBIER, Teresa Arruda Alvim; DIDIER JR., Fredie; TALAMINI, Eduardo; DANTAS, Bruno (Coord.). *Breves comentários ao novo Código de Processo Civil*. São Paulo: RT, 2015. p. 2237).

e) *contrarrazões com apenas um capítulo*, impugnando a interlocutória: neste caso, sendo provida a apelação do adversário, deve ser julgada a tese recursal contida na peça do apelado, tendo em vista a possibilidade de decretação de nulidade da sentença em decorrência de vício do processo (ex. *cerceamento de defesa*). Aqui também é caso de *pedido contraposto recursal contido nas contrarrazões ao recurso do vencido)*;

f) *contrarrazões com apenas um capítulo, impugnando o recurso do vencido*: neste caso, ocorrerá a preclusão em relação á decisão interlocutória não impugnada (art. 1.009, § 1.º, do CPC/2015);

g) *em caso de sucumbência recíproca*, como já mencionado, poderão existir até três peças apresentadas pelas partes: razões de apelação; recurso adesivo (referente ao capítulo que o recorrido foi derrotado – art. 997, §§ 1.º e 2.º, do CPC/2015); contrarrazões à apelação, impugnando o recurso do adversário e, se for o caso, suscitando um capítulo referente à interlocutória não agravável de imediato.

Como se percebe, a solução dada pelo CPC/2015 em relação às interlocutórias irrecorríveis de imediato gera uma multiplicidade de alternativas e pela revisão dos conceitos ligados à preclusão e ao efeito devolutivo da apelação e das contrarrazões. Além disso, pode ensejar um número maior de sentenças anuladas em decorrência de vícios processuais constantes do andamento do processo[18].

4. AS DECISÕES PARCIAIS DE MÉRITO, A PRECLUSÃO E A COISA JULGADA PROGRESSIVA

Neste momento, vale enfrentar o sistema de *preclusão* e de *coisa julgada* das questões que, mesmo sendo proferidas no curso do processo, são definitivas em relação a alguns *capítulos de mérito*.

---

[18] Vale citar passagem do ensaio de Rogério Rudiniki Neto: "Não obstante, as disposições do novo Código acerca da irrecorribilidade imediata, em regra, das decisões interlocutórias geram duas ordens de preocupações na doutrina. Para alguns, a nova sistemática poderá ocasionar a elevação do número de processos anulados quando do julgamento das apelações. Para outros, há decisões não inclusas no taxativo rol do art. 1.015 cuja revisão não pode aguardar o julgamento do recurso de apelação, como a que suspende o prosseguimento do feito em 1.º grau em função da ocorrência de prejudicialidade externa. Nessas situações, será corriqueira a impetração de manado de segurança contra ato jurisdicional" (O efeito devolutivo do recurso de apelação no novo Código de Processo Civil. In: DIDIER JR., Fredie (Coord.-geral); MACÊDO, Lucas Buril de; PEIXOTO, Ravi; FREIRE, Alexandre (Org.). *Novo CPC*: doutrina selecionada. Processo nos tribunais e meios de impugnação às decisões judiciais. Salvador: JusPodivm, 2015. v. 6, p. 575).

É mister, para tanto, visitar o que estabelece o Código em relação aos conceitos dos pronunciamentos judiciais.

O art. 203 do CPC/2015 procura classificá-los e, em resumo, passa a indicar que sentença é o *pronunciamento por meio do qual o juiz encerra a fase cognitiva do procedimento comum, bem como extingue a execução*. Por outro lado, *decisão interlocutória é qualquer procedimento judicial decisório que não se enquadre na descrição de sentença*.

Portanto, é razoável entender que o CPC/2015 pretende colocar a última pá de cal na discussão existente no CPC/1973 acerca da existência de *sentença parcial*, tendo em vista que, em várias passagens, menciona a possibilidade de cisão do julgamento de mérito e a sua irresignação por meio de agravo de instrumento.

O novel diploma processual deixa clara a possibilidade de, no curso da relação processual, ocorrer decisão com caráter definitivo parcial (*como no caso do julgamento antecipado parcial – art. 356*), sendo conceituada como *interlocutória de mérito* e não *sentença parcial de mérito*, estando sujeita ao recurso de agravo de instrumento[19]. Neste caso, o agravo tem a mesma função da apelação e, se não for interposto, poderá gerar a formação da coisa julgada parcial em relação ao capítulo de mérito resolvido na forma do art. 356 do CPC/2015.

No tema, vale citar o Enunciado 103 do Fórum Permanente de Processualistas Civis:

> **103.** (arts. 1.015, II, 203, § 2.º, 354, parágrafo único, 356, § 5.º) A decisão parcial proferida no curso do processo com fundamento no art. 487, I, sujeita-se a recurso de agravo de instrumento. (*Grupo: Sentença, Coisa Julgada e Ação Rescisória; redação revista no III FPPC-Rio.*)

E quais seriam os reflexos desse entendimento? Penso que será possível, reafirmando um posicionamento anterior[20], a formação progressiva da coisa

---

[19] Vale citar as lições de Alexandre Câmara, em relação às hipóteses de julgamento parcial do mérito: "também se admite agravo de instrumento contra decisões interlocutórias que versem sobre o mérito do processo. É que no sistema processual inaugurado pelo CPC de 2015 existe a possibilidade de cindir-se a apreciação do mérito da causa (que o dispositivo chama de 'mérito do processo'), de forma que uma parcela seja apreciada em decisão interlocutória enquanto outra parcela será resolvida na sentença" (*O novo processo civil brasileiro*. São Paulo: Atlas, 2015. p. 521).

[20] ARAÚJO, José Henrique Mouta. *Coisa julgada progressiva & resolução parcial de mérito*. Curitiba: Juruá, 2007; além do ensaio intitulado O cumprimento de sentença

julgada (em capítulos) e a possibilidade de execução definitiva *de partes do mérito* resolvidas e imunizadas em momentos diferenciados.

Com efeito, a partir do momento em que o CPC/2015 estabelece a possibilidade de decisão interlocutória de mérito, também passa a consagrar a formação progressiva de coisa julgada e a multiplicidade de momentos para o cumprimento das decisões proferidas no curso do processo.

Ora, na formação do título executivo, a natureza do provimento jurisdicional é menos importante do que a consequência processual dele decorrente, razão pela qual pouco importa se o caso concreto diz respeito a uma *sentença* propriamente dita ou uma *decisão interlocutória*: *possuindo conteúdo meritório e cognição suficiente para a formação de coisa julgada, é possível seu cumprimento definitivo*. Assim, em que pese a Parte Especial, Livro I, Título II, do CPC/2015 mencionar *cumprimento de sentença*, é dever afirmar que as disposições lá contidas são cabíveis também para as decisões interlocutórias de mérito.

Aliás, é possível a formação prematura de título executivo *parcial* em decorrência de conduta da própria parte, que deixou, por exemplo, de interpor agravo de instrumento contra decisão parcial de mérito ou apresentou recurso parcial diante de uma sentença em *capítulos* (arts. 1.015, II, 1.008 e 1.013, § 1.º, do CPC/2015).

Nestes casos, os capítulos não impugnados podem, desde já e dependendo do caso concreto, ensejar execução definitiva, mesmo inexistindo o trânsito em julgado *total* da sentença[21].

Aliás, o Enunciado 100 do Fórum Permanente de Processualistas Civis, expressa que:

> **100.** (art. 1.013, § 1.º, parte final) Não é dado ao tribunal conhecer de matérias vinculadas ao pedido transitado em julgado pela ausência de impugnação. *(Grupo: Ordem dos Processos no Tribunal, Teoria Geral dos Recursos, Apelação e Agravo.)*

---

e a 3.ª etapa da reforma processual – primeiras impressões. *Revista de Processo*, São Paulo: RT, n. 123, p. 156-158.

21 No mesmo sentido, observa Nery Junior Jr. que: "entendemos ser possível a *execução definitiva* da parte da sentença já transitada em julgado, em se tratando de recurso parcial, desde que observadas certas condições: a) cindibilidade dos capítulos da decisão; b) autonomia entre a parte da decisão que se pretende executar e a parte objeto de impugnação; c) existência de litisconsórcio não unitário ou diversidade de interesses entre os litisconsortes, quando se tratar de recurso interposto por apenas um deles" (*Teoria geral dos recursos*. 6. ed. São Paulo: RT, 2004. p. 454).

Em suma: há a possibilidade de fracionamento dos *capítulos de mérito* e dos *momentos de formação da coisa julgada.*

Outra questão importante é a análise da recorribilidade das *questões processuais* discutidas anteriormente à *decisão parcial de mérito* (art. 356 do CPC/2015). *In casu,* seria necessária a impugnação no agravo de instrumento ou podem ser suscitadas na apelação ou contrarrazões (art. 1.009, § 1.º, do CPC/2015) que serão apresentadas futuramente e estarão ligadas a outros capítulos de mérito? O art. 1.009, § 1.º, é aplicável às hipóteses de agravo de instrumento interposto contra decisão parcial de mérito?

Vejamos um exemplo: demanda proposta com pedidos cumulados. O juiz do feito *indefere a produção de provas requeridas na contestação pelo réu* em relação a um deles e, em momento posterior, resolve julgá-lo procedente de forma antecipa, pois, a seu ver, estava em condições de imediato julgamento (art. 356, II, do CPC/2015), deixando os demais para análise após a fase instrutória. O agravo de instrumento (art. 356, § 5.º[22]), deve impugnar o indeferimento de prova, sob pena de preclusão, ou esta questão poderá ser suscitada no recurso de apelação ou contrarrazões em relação a outros capítulos da demanda que foram deixados para momento posterior (art. 1009, § 1.º, do CPC/2015)?

Acredito que, para responder a esta pergunta, devem ser sopesadas duas situações jurídicas: a) questão processual exclusiva do capítulo resolvido antecipadamente (ex. *indeferimento de produção de prova apenas em relação ao pedido que foi julgado antecipadamente, sob o argumento de que comportava tal solução processual*); b) questão processual comum (ex. *indeferimento de produção de prova relativa a todos os pedidos cumulados*).

Em relação à primeira hipótese, entendo que o art. 1.009, § 1.º, do CPC/2015 deve ser estendido ao agravo de instrumento contra decisão parcial de mérito. Portanto, o agravante, ao manejar seu apelo (art. 356, § 5.º, do CPC/2015), necessariamente deverá impugnar a questão anterior relativa ao indeferimento de produção de prova, eis que, quando foi assim decidido

---

[22] Duas contradições existem no sistema das interlocutórias de mérito agraváveis que merecem destaque: a) há a indicação de que o cumprimento provisório pode ser sem caução (art. 356, § 2.º, do CPC/2015), inovando em relação às situações jurídicas em que ela pode ser dispensada (art. 521 do CPC/2015); b) não há o efeito suspensivo legal, ao contrário do recurso de apelação (art. 1.012 do CPC/2015). Portanto, é possível afirmar que, se os pedidos cumulados forem julgados em conjunto, a apelação terá efeito suspensivo legal. Por outro lado, se ocorrer o julgamento antecipado parcial, o agravante terá que requerer o efeito suspensivo judicial (art. 1.019, I, do CPC/2015).

pelo magistrado de 1.º grau, a interlocutória não estava sujeita ao agravo de instrumento.

Por outro lado, se não houver o agravo de instrumento contra a decisão parcial de mérito ou se este for improvido (ou mesmo não conhecido), a *coisa julgada* deste capítulo (art. 502 do CPC/2015) ensejará a *eficácia preclusiva decorrente da coisa julgada em relação ao indeferimento da prova* (arts. 507 e 508 do CPC/2015); ou seja, o capítulo de mérito apreciado antecipadamente gera reflexos em relação às questões processuais a ele ligadas e resolvidas em momento anterior. Não será possível, neste caso, deixar para impugnar a *questão processual relativa ao indeferimento da produção de prova* apenas quando for apresentada a apelação ou contrarrazões, tendo em vista que estas não poderão desconstituir a coisa julgada relativa ao capítulo julgado antecipadamente (e as questões processuais relativas a este julgamento antecipado parcial - arts. 507 e 508 do CPC/2015).

Assim, é razoável afirmar que o sistema processual, ao consagrar a irrecorribilidade imediata das interlocutórias não previstas no art. 1.015 do CPC/2015, acaba por ampliar o efeito devolutivo da apelação (ou contrarrazões) e do agravo de instrumento (ou contrarrazões – art. 1.015, II) contra decisão parcial de mérito, em decorrência da interpretação dada ao art. 1.009, § 1.º, do CPC.

Por outro lado, se a questão processual for comum, a resolução antecipada de um dos capítulos não impede que seja suscitada na apelação ou contrarrazões futuras, exclusivamente em relação ao capítulo de mérito constante na sentença. De fato, a ampliação do efeito devolutivo, prevista no art. 1.009, § 1.º, fica adstrita ao capítulo de mérito resolvido na sentença, não impedindo que a análise feita em relação a capítulo de mérito resolvido antecipadamente possa ser imunizada pela coisa julgada parcial (art. 356, § 3.º, do CPC/2015).

Seguindo o exemplo proposto acima, o indeferimento da produção de prova comum pode ser suscitado na apelação futura, em relação ao capítulo de mérito resolvido na sentença, não impedindo que ocorra a *eficácia preclusiva* em relação ao mesmo tema, relativamente ao capítulo julgado antecipadamente e não recorrido e que já restou imunizado pela coisa julgada, ou que fora atingido pelo improvimento do agravo de instrumento[23].

---

23 Vale ressaltar que o grupo de recursos do FPPC (coordenado pelo Professor Luiz Volpe Camargo), realizado em Curitiba, nos dias 23 a 25.10.2015, propôs um Enunciado sobre o assunto, o qual foi objetado na Plenária. A proposta do enunciado foi apresentada pela Professora Renata Cortez e o teor era o seguinte: "(Art. 354, parágrafo

5. OS LIMITES DA COISA JULGADA E AS QUESTÕES PREJUDICIAIS: INOVAÇÃO A SER OBSERVADA COM CAUTELA

O CPC/2015 também trouxe modificações importantes ligadas à estabilização decorrente da coisa julgada e seus limites subjetivos e objetivos, inclusive no que respeita à imunização[24-25] das chamadas *questões prejudiciais* incidentais.

único; art. 356, § 5.º; arts. 1.009, §§ 1.º e 2.º; art. 1.015, II). Na hipótese de decisão parcial com fundamento no art. 485 ou no art. 487, as questões a ela relacionadas e resolvidas anteriormente, quando não recorríveis de imediato, devem ser impugnadas em preliminar do agravo de instrumento ou nas contrarrazões". Apesar da objeção, sou favorável à sua redação. Entendo que esta proposta de enunciado bem explica as situações apresentadas neste ensaio e consagra o entendimento ligado a temas como *coisa julgada parcial; eficácia preclusiva da coisa julgada; resolução parcial de mérito, efeito devolutivo dos recursos etc.*

[24] Na verdade, o CPC/2015 gera reflexão em relação ao sistema de imunização das decisões judiciais, tendo em vista que, além dos institutos da coisa julgada e da preclusão, prevê também as hipóteses de estabilização das tutelas antecipadas antecedentes (art. 304 do CPC). Aliás, o § 4.º do art. 304 expressamente consagra que a estabilização da tutela não fará coisa julgada e estará sujeita à outra ação judicial, no prazo de dois anos. Sobre esta *estabilização da tutela antecipada*, vale indicar os seguintes, dentre outros, os seguintes ensaios: CAVALCANTI NETO, Antônio de Moura. Estabilização da tutela antecipada antecedente: tentativa de sistematização. In: COSTA, Eduardo José da Fonseca; PEREIRA, Mateus Costa; GOUVEIA FILHO, Roberto P. Campos (Coord.). *Tutela provisória*. Salvador: JusPodivm, 2015. p. 195-222; PEIXOTO, Ravi. Por uma análise dos remédios jurídicos processuais aptos a impedir a estabilização da tutela antecipada antecedente de urgência. In: COSTA, Eduardo José da Fonseca; PEREIRA, Mateus Costa; GOUVEIA FILHO, Roberto P. Campos (Coord.). *Tutela provisória*. Salvador: JusPodivm, 2015. p. 243-256; GOMES, Frederico Augusto; RUDINIKI NETO, Rogério. Estabilização da tutela de urgência: algumas questões controvertidas. In: MACÊDO, Lucas Buril de; PEIXOTO, Ravi; FREIRE, Alexandre (Coord.). *Doutrina selecionada*: procedimentos especiais, tutela provisória e direito transitório. Salvador: JusPodivm, 2015. v. 4, p. 170; GRECO, Leonardo. A tutela da urgência e a tutela da evidência no código de processo civil de 2015. In: MACÊDO, Lucas Buril de; PEIXOTO, Ravi; FREIRE, Alexandre (Coord.). *Doutrina selecionada*: procedimentos especiais, tutela provisória e direito transitório. Salvador: JusPodivm, 2015. v. 4; NUNES, Dierle José Coelho; ANDRADE, Érico. Os contornos da estabilização da tutela provisória de urgência antecipatória no novo CPC e o mistério da ausência de formação da coisa julgada. In: MACÊDO, Lucas Buril de; PEIXOTO, Ravi; FREIRE, Alexandre (Coord.). *Doutrina selecionada*: procedimentos especiais, tutela provisória e direito transitório. Salvador: JusPodivm, 2015.

[25] No CPC/2015, é possível enfrentar mais duas situações de estabilização, a saber: a) a estabilização da decisão de saneamento (art. 357, § 1.º); b) a estabilização dos

De início, é possível aduzir que a coisa julgada atinge o objeto litigioso do processo, a questão principal (art. 503 do CPC/2015), não estabilizando as questões apenas conhecidas e não decididas. A cognição atinge as questões prévias; contudo, a coisa julgada apenas atingirá o objeto litigioso do processo (questão *principaliter tantum)*[26].

De outra banda, com a formação da coisa julgada, haverá também preclusão envolvendo todas as questões suscitadas, discutidas e mesmo suscitáveis no processo[27].

Vejamos um exemplo: "A" move demanda indenizatória em face de "B", com base em procedimento de cognição plena e exauriente. Este, em contestação, impugnou os argumentos de 1 a 5. Por vontade própria ou mesmo por desídia, deixou de suscitar os pontos[28] 6 a 8, desatendendo, desta forma, o princípio da eventualidade previsto no art. 336 do CPC/2015[29]. Com a sua condenação e o trânsito em julgado, a coisa julgada atinge todas as questões decididas e os pontos não apreciados, exceto as hipóteses ensejadoras de ação rescisória.

Apontando hipótese semelhante, ensina Barbosa Moreira, em artigo publicado em seu primeiro *Temas de direito processual civil* (de 1977):

> [...] entre os dois riscos que se deparam – o de comprometer a segurança da vida social e o de consentir na eventual cristalização de injustiças –, prefere o ordenamento assumir o segundo. Não chega a pôr a coisa julgada, em termos absolutos, ao abrigo de *qualquer* impugnação; permite, em casos de extrema gravidade, que se afaste o obstáculo ao rejulgamento: aí estão, no direito brasileiro, as hipóteses de rescindibilidade da sentença, arro-

---

julgamentos das causas repetitivas (arts. 927, §§ 2.º a 4.º, 986 etc.). Esses assuntos por certo provocarão muitos debates entre os estudiosos do direito processual.

26 Daí ser necessário distinguir o *objeto da cognição* e *objeto de decisão*. Sobre o assunto, ver DIDIER JR., Fredie. Cognição, construção de procedimentos e coisa julgada: os regimes diferenciados de formação da coisa julgada no direito processual civil brasileiro. *Genesis*, Curitiba, n. 22, p. 709-734, out.-dez. 2001.

27 Como afirma Giuseppe Chiovenda: "precluída no está solamente l ala facultad de renovar las cuestiones que fueron planteadas y decididas, sino que precluída está también la facultad de proponer cuestiones no planteadas y que habrían podido plantearse" (CHIOVENDA, Giuseppe. *Cosa juzgada y preclusión*. Ensayos de derecho procesal. Buenos Aires: Ejea, 1949. v. 3, p. 229).

28 Aqui são pontos, e não questões, tendo em vista que não foram impugnados pelo demandado.

29 Fala-se em destoar, tendo em vista que na contestação há o momento precluso para a referida impugnação.

ladas no art. 485 do Código de Processo Civil em vigor desde 1.º.1.1974. Torna-a, porém, imune, em linha de princípio, às dúvidas e contestações que se pretenda opor ao resultado do processo findo, *mesmo com base em questões que nele não hajam constituído objeto de apreciação*. Se o resultado é injusto, paciência: o que passou, passou[30].

Outro caso interessante é apontado por Eduardo Couture e merece transcrição: "em uma ação proposta por A contra B para cobrar uma quantia em dinheiro discute-se a causa lícita ou ilícita de determinada obrigação cambial que deu origem à demanda; o juiz, em sua sentença, afirma, entre outros motivos de nulidade da obrigação, como um argumento a mais dentre os muitos que formulada, que todas as obrigações cambiárias subscritas pelo réu tinham causa ilícita, motivo pelo qual é de presumir que a que deu origem ao litígio também a tivesse. É evidente, em nossa opinião, que essa premissa de que todas as obrigações cambiárias do devedor têm causa ilícita não faz coisa julgada em outra ação que o mesmo credor venha intentar contra o mesmo devedor para cobrar outra obrigação cambiária, diversa da que fora objeto do processo anterior. Neste novo feito, o réu não poderá defender-se invocando a premissa, assentada no processo anterior, de que todas as obrigações têm causa ilícita. O objeto da nova demanda é diverso e o seu conteúdo jurídico não foi motivo de debate ou decisão alguma, expressa ou implícita, no dispositivo da sentença anterior[31].

Com base em todos esses exemplos é possível concluir que a estabilidade decorrente da *auctoritas rei iudicatae* atinge o objeto principal (aqui entendido como *principaliter tantum* – art. 503 do CPC/2015*)*, mas gera preclusão em relação às questões suscitadas, discutidas e mesmo suscitáveis no processo[32].

---

30 BARBOSA MOREIRA, José Carlos. A eficácia preclusiva da coisa julgada material no sistema do processo civil brasileiro. *Temas de direito processual civil*. São Paulo: Saraiva, 1977. p. 99.

31 COUTURE, Eduardo J. *Fundamentos do direito processual civil*. Trad. Benedicto Giaccobini. Campinas: Red Livros, 1999. p. 358-359.

32 Em outra passagem, observa Barbosa Moreira ainda sobre a formação da coisa julgada e as questões suscitáveis, que: "ora, se assim é no tocante às questões (distintas da principal) *efetivamente* apreciadas, por mais forte razão é também assim no que concerne àquelas outras de que o órgão judicial *nem sequer chegou a conhecer* – relevantes que fossem, caso suscitadas pelas partes ou enfrentadas de ofício, para o julgamento da causa. O que se passa com a solução de semelhantes questões, após o trânsito em julgado da sentença definitiva, é o mesmo que se passa com a das questões que o juiz tenha apreciado unicamente para assentar as premissas da sua conclusão: nem a umas nem a outras se estende a *auctoritas rei iudicatae*, mas todas se submetem à *eficácia preclusiva* da coisa julgada. Nesse sentido, e somente nele, é exato dizer que

Caso contrário, poder-se-ia gerar sério risco de perpetuação das demandas, podendo a parte interessada alegar que não suscitou certo ponto e utilizá-lo para nova provocação judicial[33].

Seguindo este raciocínio, a questão prejudicial caso seja conhecida, mas não decidida, ficará adstrita aos fundamentos do *decisum* e, portanto, não ficará imunizada, exceto se a situação for enquadrada no art. 503 do CPC/2015[34].

---

a *res iudicata* 'cobre o deduzido e o deduzível'" (BARBOSA MOREIRA, José Carlos. A eficácia preclusiva da coisa julgada material no sistema do processo civil brasileiro. *Temas de direito processual civil.* São Paulo: Saraiva, 1977. p. 100). Já Giuseppe Chiovenda assevera que: "a coisa julgada contém, pois, em si, a preclusão de qualquer questão futura: o instituto da preclusão é a base prática da eficácia do julgado; vale dizer que a coisa julgada *substancial* (obrigatoriedade nos futuros processos) tem por pressuposto a coisa julgada *formal* (preclusão das impugnações). A relação, portanto, entre coisa julgada e preclusão de questões pode assim formular-se: *a coisa julgada é um bem da vida reconhecido ou negado pelo juiz; a preclusão de questões é o expediente de que se serve o direito para garantir o vencedor no gozo do resultado do processo* (ou seja, o gozo do bem reconhecido ao autor vitorioso, a liberação da pretensão adversária ao réu vencedor)" (CHIOVENDA, Giuseppe. *Instituições de direito processual civil.* Campinas: Bookseller, 2000. v. 1, p. 452).

33 Proto Pisani observa que a coisa julgada atinge o suscitado e o suscitável, ao ensinar que: "questo principio, se inteso in modo corretto (il che non sempre avviene), non influisce in modo alcuno nel senso di restringere o ampliare i limiti oggetivi del giudicato: individuato (alla stregua di criteri cui è del tutto estraneo il principio ora in esame) l'ambito oggettivo del giudicato, il principio secondo cui il giudicato copre il dedotto e deducibile ci sta a dire solo che il risultato del primo processo non potrà essere rimesso in discussione e peggio diminuito o disconosciuto attraverso la deduzione in un secondo giudizio di questioni (di fatto o di diritto, rilevabili d'ufficio o solo su eccezione di parte, di merito o di rito) rilevanti ai fini dell'oggetto del primo giudicato e che sono state proposte (dedotto) o che si sarebbero potute proporre (deducibile) nel corso del primo giudizio" (PROTO PISANI, Andrea. *Lezioni di diritto processuale civile.* 4. ed. Napoli: Jovene, 2002. p. 63).

34 Diferenciando *ponto* e *questão prejudicial*, assim se manifesta Antônio Scarance Fernandes: "havendo dúvida sobre o ponto, seja ela suscitada pelas partes que podem manifestar sua controvérsia, seja ela levantada de ofício pelo juiz, ele se transforma em questão. A questão é o ponto duvidoso. Assim também a questão prejudicial. É a dúvida sobre o ponto prejudicial. Diferentemente do ponto prejudicial, que é visto pelo juiz como algo já assentado, a questão prejudicial deverá ser por ele apreciada, emitindo finalmente um juízo a seu respeito. O juiz decide incidentalmente a respeito da questão prejudicial para que seja possível a solução da questão prejudicada" (*Prejudicialidade*: conceito, natureza jurídica, espécies de prejudiciais. São Paulo: RT, 1988. p. 59). Já Enrico Tullio Liebman, em seu clássico *Manuale*, ensina que: "È un'affermazione troppo ampia, perchè non sono coperte dal giudicato le più o meno numerose questioni di fatto e di diritto che il giudice ha dovuto esaminare per

Pela leitura dos arts. 503 e 504 do CPC/2015, é possível chegar à seguinte conclusão em relação aos limites objetivos da coisa julgada: imunizam e estabilizam a questão principal expressamente decidida. Aqui, há a necessidade de entender que deve ocorrer a expressa manifestação judicial sobre o objeto, sobre a questão principal.

Destarte, não resta dúvida que a questão principal expressamente decidida ficará sujeita à coisa julgada (art. 503 do CPC/2015), enquanto as questões suscitadas e suscitáveis (de fato e/ou de direito)[35] ficam sujeitas ao efeito preclusivo decorrente da coisa julgada, nos termos dos arts. 505 e 507 do CPC/2015[36].

De outra banda, como mencionado anteriormente, uma das grandes inovações do CPC/2015 se refere à possibilidade, desde que atendidos alguns requisitos específicos, da estabilização decorrente da coisa julgada atingir a

---

decidire la causa, le quali hanno rappresentato il cammino logico da lui percorso per pervenire alla conclusione, ma perdono ogni importanza dopo che egli ha pronunciato la sua decisione. Tra l'altro, ache le questioni pregiudiziali eventualmente sorte nel processo subiscono analogo trattamento. Conciene ricordare cha di regola le questioni pregiudiziali vanno conosciute *incidenter tantum*, sono cioè oggetto di cofnizione, ma non di decisione, con efficacia logica, ma non imperativa" (LIEBMAN, Enrico Tullio. *Manuale di diritto processuale civile*. 3. ed. Milano: Giuffrè, 1976. v. 3, p. 168-169).

35 Sobre a eficácia preclusiva da coisa julgada atingindo questões de fato e de direito, ver BARBOSA MOREIRA, José Carlos. A eficácia preclusiva da coisa julgada material no sistema do processo civil brasileiro. *Temas de direito processual civil*. São Paulo: Saraiva, 1977. p. 103-106. Ainda sobre o assunto, assevera Ovídio Baptista da Silva identificando uma ação de mútuo (*com indicação do Código Civil de 1916*): "Imaginemos que, numa ação de cobrança de mútuo, o réu pudesse alegar contra o autor que: a) o contrato era anulável por dolo; b) também o era por erro (art. 147 do CC); c) que a dívida estava já prescrita; d) que a ação era improcedente porque o réu já havia pagado a dívida; e) ou que o credor renunciara ao seu crédito; f) ou que houvera novação (art. 999 do CC)". Em seguida conclui: "todas essas defesas seriam *pertinentes* para elidir a ação de cobrança de mútuo. Eram *questões da lide* abrangida pela disposição do art. 474 do CPC; se o réu não as suscitou na ação, não poderá evitar a execução da sentença arguindo-as por meio da ação de *embargos do devedor*, para que o Juiz o libere da ação executória, pois a tanto o impedirá a coisa julgada. As causas de extinção da obrigação, capazes de elidir a demanda executória, hão de ser posteriores à sentença do processo de conhecimento (art. 741, VI, do CPC)" (SILVA, Ovídio A. Baptista da; GOMES, Fábio. *Teoria geral do processo*. 2. ed. São Paulo: RT, 2000. p. 241).

36 Em uma só frase: a eficácia preclusiva atinge o deduzido e o deduzível. No direito italiano fala-se que "il giudicato copre il dedotto e il deducible". Sobre o assunto, indica-se obra de: PROTO PISANI, Andrea. Appunti sul giudicato civile e soui limiti oggettivi. *Rivisa di Diritto Processuale*, Padova: Cedam, v. 45, p. 389 et seq., 1990.

questão prejudicial que não foi apreciada como objeto principal, mas como um antecedente.

A rigor, na tradição do CPC de 1973, a *questão prejudicial* decidida de forma incidental não ficava atingida pelos limites objetivos da coisa julgada, podendo ser objeto de outra ação judicial. Por outro lado, se a questão fizesse parte do objeto litigioso do processo, era atingida pela imutabilidade como preconizava os arts. 325 e 470 do CPC/1973.

Contudo, o CPC/2015, no art. 503, § 1.º, traz a possibilidade de ampliação dos limites objetivos para fazer com que a estabilidade decorrente da coisa julgada alcance a questão prejudicial, desde que atendidos os seguintes requisitos: a) sua apreciação ser condicionante ao julgamento do mérito (do objeto principal); b) existência de contraditório prévio e efetivo, o que não ocorre em caso de revelia; c) o juiz do feito for competente em razão da matéria e pessoa para apreciar a questão prejudicial como objeto principal. Ademais, o § 2.º do mesmo dispositivo indica que não se aplica nos casos em que existir limite cognitivo que impeça o aprofundamento da análise da questão prejudicial.

Uma coisa é certa: o objetivo do CPC/2015 é simplificar o entendimento de quando a questão prejudicial será atingida pelos limites objetivos da coisa julgada, sendo vedada sua apreciação em outra demanda judicial. Contudo, há a necessidade de muita cautela na análise e interpretação destes dispositivos.

Ratifica-se, outrossim, que a ampliação dos limites objetivos apenas ocorrerá nos casos em que se discute a questão prejudicial de forma incidental e não como objeto principal.

Assim, por exemplo, uma coisa é a propositura de demanda com pedidos cumulados de declaração de existência de contrato com cobrança de valores (em que o pedido prejudicial – contrato – será atingido diretamente pelos efeitos objetivos da coisa julgada – art. 503 do CPC/2015) e outra, completamente diferente, é o ajuizamento de ação de cobrança de valores, em que a discussão sobre a existência ou não de contrato é feita de forma incidental (como condicionante ao julgamento do mérito).

Pelo CPC/2015, é possível ampliar os limites objetivos para fazer como que a coisa julgada alcance a própria discussão incidental sobre a existência ou não de vínculo obrigacional, impedindo que o tema seja objeto de nova demanda judicial, desde que seja garantido o contraditório prévio e efetivo acerca da prejudicial.

Como citado anteriormente, esta ampliação não ocorrerá nas causas em que existir limitação cognitiva; ou seja, em processos em que o limite cognitivo horizontal vedar a ampla discussão sobre a questão prejudicial, como nas ações de desapropriação, mandado de segurança, possessórias etc.

E mais. Deve existir a garantia de ampla discussão sobre a questão prejudicial, o que o § 1.º, II, do art. 503 do CPC/2015, veda nos casos em que ocorrer a revelia. Indaga-se: o que é este contraditório prévio e efetivo? É razoável afirmar que se trata de ampla possibilidade de discussão sobre a questão prejudicial, inclusive no que respeita à eventual produção de prova. Naquele caso citado acima, a análise da prejudicial *existência ou não de contrato* é condicionante ao julgamento do mérito *(dever jurídico de pagar ou não valor)*, pelo que deve ser garantido o contraditório e a ampla defesa em relação ao contrato.

Acredita-se que muita polêmica prática vai gerar este dispositivo[37]. Por cautela, o julgador deverá, até para evitar dúvida quanto aos limites de sua decisão, informar, na fundamentação, de que houve a garantia do contraditório prévio e efetivo, como forma de atender ao previsto neste art. 503 do CPC/2015, e fazer com que a estabilização também alcance a questão prejudicial. Essa extensão da coisa julgada independe de provocação da parte, sendo consequência com contraditório efetivo[38].

Por outro lado, nada impede que o prejudicado procure, por meio de outra demanda, uma declaração judicial de que os efeitos da coisa julgada não atingiram a questão prejudicial em decorrência da ausência do contraditório prévio.

Este é um risco decorrente da interpretação do CPC/2015. Poderá existir eternização de discussão judicial visando compreender se efetivamente houve o contraditório prévio para a extensão da coisa julgada em relação à questão prejudicial decidida incidentalmente.

Além disso, devem estar presentes as demais requisitos: condicionamento (*a prejudicial deve condicionar o julgamento da questão principal*) e a competência (*do juízo em razão da matéria e pessoa*). Esta competência deve ser para ambas as questões discutidas: a incidental e prejudicial (condicionante) e a principal (e condicionada).

---

[37] Fredie Didier Jr., Paula Sarno Braga e Rafael Alexandria de Oliveira escrevem que: "não há problema algum com a criação de um regime especial de coisa julgada: trata-se de uma legítima opção legislativa, com nítido propósito de estabilizar a discussão em torno de uma questão que tenha sido debatida em contraditório, ainda que não seja questão principal" (*Curso de direito processual civil.* 10. ed. Salvador: JusPodivm, 2015. v. 2, p. 534).

[38] Assim está redigido o Enunciado 165 do PFFC: (art. 503, §§ 1.º e 2.º) A análise de questão prejudicial incidental, desde que preencha os pressupostos dos parágrafos do art. 503, está sujeita à coisa julgada, independentemente de provocação específica para o seu reconhecimento. *(Grupo: Coisa Julgada, Ação rescisória e Sentença; redação revista no VI FPPC-Curitiba.)*

Outra reflexão se refere às causas envolvendo a fazenda pública. Como bem consagra o Enunciado 439 do FPPC[39], a coisa julgada em relação a esta questão prejudicial está condicionada, quando for o caso, à remessa necessária, exceto quando o caso incorrer em uma das hipóteses de dispensa de sua reanálise pelo tribunal (art. 496, §§ 3.º e 4.º).

Por derradeiro, vale enfrentar os limites subjetivos da coisa julgada. A indagação a ser feita é a seguinte: *quem será atingido pela estabilidade e imutabilidade decorrentes da coisa julgada?*

No tema, houve importante alteração em relação ao que estava previsto no CPC/1973. No regramento anterior, a coisa julgada não poderia *prejudicar* nem *beneficiar* terceiros. Além disso, existia uma hipótese específica, na parte final do art. 472, relativa às causas de estado.

Contudo, esta interpretação literal gerava, na prática, a necessidade de ajustes em relação às demandas transindividuais, onde o limite subjetivo da coisa julgada poderia gerar benefícios a terceiros. O Código de Defesa do Consumidor, aliás, prevê expressamente a chamada eficácia *in utilibus* decorrente da coisa julgada (arts. 103 e 104 da Lei 8.078/1990). Assim, em caso de procedência da ação coletiva, os efeitos da coisa julgada podem beneficiar as vítimas e sucessores, mas não poderão prejudicá-los, desde que atendidos os regramentos constantes no CDC.

O novo CPC, portanto, passou a consagrar, no seu art. 506, que os limites subjetivos da coisa julgada não podem prejudicar terceiros. Nada impede, portanto, que os efeitos decorrentes da imutabilidade possam beneficiar terceiros, o que está em conformidade com as previsões oriundas do CDC e atende, também, a outras situações jurídicas do dia a dia forense.

Na mesma pisada, foi retirado o regramento que existia na parte final do art. 472 do CPC/1973. Não há qualquer tratamento diferenciado em relação às ações de estado. Nestas, deve ocorrer a citação de todos os interessados para que a coisa julgada lhes atinja. Não poderá prejudicar, consequentemente, quem não foi citado.

O novo CPC, em verdade, consagra a eficácia expandida da coisa julgada individual para beneficiar terceiros. Além dos casos já previstos no CDC, esta expansão dos efeitos subjetivos pode ocorrer: a) em casos repetitivos,

---

[39] E. 439. (art. 503, §§ 1.º e 2.º): Nas causas contra a Fazenda Pública, além do preenchimento dos pressupostos previstos no art. 503, §§ 1.º e 2.º, a coisa julgada sobre a questão prejudicial incidental depende de remessa necessária, quando for o caso. (*Grupo: Impacto do novo CPC e os processos da Fazenda Pública.*)

em decorrência do caráter vinculante da decisão; b) em relações materiais idênticas[40-41].

Importante observar que, em determinado caso concreto, a coisa julgada pode beneficiar um *terceiro* e prejudicar *outro*, hipótese em que não poderá ocorrer o efeito extensivo. A passagem dos comentários de Antonio do Passo Cabral ao art. 506 do CPC/2015, vale a pena ser citada:

> [...] é certo que nem sempre o terceiro pretenderá valer-se da coisa julgada produzida *inter alia* contra uma das partes que participou do processo em que formada a coisa julgada. É possível que a coisa julgada formada, por exemplo, num processo de A contra B, e que beneficia os interesses do terceiro C, seja por este invocada contra um outro sujeito D, que também não participou do processos em que se produziu a *res iudicata*. Nesta caso, a coisa julgada, embora beneficie um terceiro, prejudica outro, e sendo ambos terceiros, a proibição do art. 506 impede que a coisa julgada seja invocada, não porque beneficia C, mas porque prejudica D. Ora, se um terceiro opuser o resultado estável que lhe beneficia a outro sujeito que também não participou do processo, este também seria um "terceiro" à disputa primitiva, e portanto não poderia ser atingido pela coisa julgada que o prejudique[42].

Por fim, vale ressaltar que o art. 1.068 do CPC/2015, alterando o art. 274 do Código Civil, estabelece que os efeitos benéficos da coisa julgada individual envolvendo um dos credores solidários, pode aproveitar os demais. Aquele que provocar a jurisdição estará submetido ao regime da coisa julgada e os demais, apenas nos casos benéficos (*in utilibus)*.

Estas e outras situações podem ser incluídas na interpretação dos efeitos benéficos decorrente da coisa julgada individual, previstos no art. 506 do CPC/2015.

---

40 O art. 601, parágrafo único, do CPC/2015 pode ser indicado como um exemplo dessa extensão da coisa julgada, ao estabelecer que "a sociedade não será citada se todos os seus sócios o forem, mas ficará sujeita aos efeitos da decisão e à coisa julgada".

41 Em verdade, este efeito expansivo pode prejudicar também o terceiro, em determinadas situações concretas, em detrimento do que estabelece o regramento geral do art. 506 do CPC. Como exemplo, podemos citar os casos daqueles que são atingidos pela decisão vinculante em casos repetitivos (art. 927), o adquirente de coisa litigiosa (art. 109, § 3.º, do CPC/2015), ou mesmo a previsão contida na nota anterior (art. art. 601, parágrafo único, do CPC/2015).

42 CABRAL, Antonio do Passo. Comentários ao art. 506 do CPC/2015. In: WAMBIER, Teresa Arruda Alvim; DIDIER JR., Fredie; TALAMINI, Eduardo; DANTAS, Bruno (Coord.). *Breves comentários ao novo Código de Processo Civil.* São Paulo: RT, 2015. p. 1305.

CONCLUSÕES

O CPC/2015 estabelece novos paradigmas ligados à estabilização das decisões judiciais, especialmente no que respeita a extinção do agravo retido e a previsão expressa das hipóteses de cabimento de agravo de instrumento contra as interlocutórias de 1.º grau. Além disso, expressamente o diploma processual estabelece que algumas interlocutórias são recorríveis de imediato e outras, só ao final, ampliando, com isso, o efeito devolutivo do recurso de apelação e das contrarrazões recursais (arts. 1.009 e 1.015 do CPC/2015).

Pelo sistema do CPC/1973, as interlocutórias de 1.º grau estavam sujeitas a agravo (*retido* - escrito ou oral, ou por *instrumento* - arts. 522 e seguintes), sob pena de *preclusão imediata*. Contudo, o novo CPC esvaziou o cabimento de recurso imediato em relação às interlocutórias de 1.º grau, ao consagrar: a) maior restrição ao recurso de agravo de instrumento (arts. 1.015); b) extinção do agravo retido; c) revisão do regime de preclusão; d) a ampliação do efeito devolutivo por profundidade do recurso de apelação (art. 1.009) e das respectivas contrarrazões.

A restrição da recorribilidade imediata vai gerar, como consequência, a ampliação do efeito devolutivo do recurso de apelação, não deixando sujeitas à preclusão as questões processuais resolvidas na fase cognitiva, que não se enquadrem no rol do art. 1.015 *(isso se não for caso de obrigar a parte, fazendo intepretação do art. 278 do CPC/2015, a apresentar o protesto imediato)*. Esta hipótese merece detida reflexão, tendo em vista que, como mencionado, altera o regime da preclusão temporal e o próprio efeito devolutivo recursal.

O novo Código elenca a possibilidade de interlocutórias apeláveis ou mesmo impugnadas nas contrarrazões de apelação, o que, a rigor, se trata de novidade no sistema processual. No CPC/1973, a existência de agravo retido provocava a necessidade de interposição imediata do recurso e sua confirmação (ratificação) na apelação ou nas contrarrazões. Agora, com o novo sistema processual, não existe recorribilidade imediata das interlocutórias não previstas no art. 1.015, adiando a impugnação recursal para momento posterior (*preliminar* da apelação ou das contrarrazões recursais).

Como demonstrado no texto, a solução dada pelo CPC/2015 em relação às interlocutórias irrecorríveis de imediato gera uma multiplicidade de alternativas e pela revisão dos conceitos ligados à preclusão e ao efeito devolutivo da apelação e das contrarrazões.

Por outro lado, a partir do momento em que o CPC/2015 estabelece a possibilidade de decisão interlocutória de mérito, também passa a consagrar a formação progressiva de coisa julgada e a multiplicidade de momentos para o cumprimento das decisões proferidas no curso do processo.

É razoável afirmar que o sistema processual, ao consagrar a irrecorribilidade imediata das interlocutórias não previstas no art. 1.015 do CPC/2015, acaba por ampliar o efeito devolutivo da apelação (ou contrarrazões) e do agravo de instrumento (ou contrarrazões – art. 1.015, II) contra decisão parcial de mérito, em decorrência da interpretação dada ao art. 1.009, § 1.º, do CPC.

Outrossim, a estabilidade decorrente da *auctoritas rei iudicatae* atinge o objeto principal (aqui entendido como *principaliter tantum* - art. 503 do CPC/2015), mas gera preclusão em relação às questões suscitadas, discutidas e mesmo suscitáveis no processo. Caso contrário, poder-se-ia gerar sério risco de perpetuação das demandas, podendo a parte interessada alegar que não suscitou certo ponto e utilizá-lo para nova provocação judicial.

Pela leitura dos arts. 503 e 504 do CPC/2015, é possível chegar à seguinte conclusão em relação aos limites objetivos da coisa julgada: imunizam e estabilizam a questão principal expressamente decidida. Aqui, há a necessidade de entender que deve ocorrer a expressa manifestação judicial sobre o objeto, sobre a questão principal.

Por outro lado, o CPC/2015, no art. 503, § 1.º, traz a possibilidade de ampliação dos limites objetivos para fazer com que a estabilidade decorrente da coisa julgada alcance a questão prejudicial, desde que atendidos os seguintes requisitos: a) sua apreciação ser condicionante ao julgamento do mérito (do objeto principal); b) existência de contraditório prévio e efetivo, o que não ocorre em caso de revelia; c) o juiz do feito for competente em razão da matéria e pessoa para apreciar a questão prejudicial como objeto principal. Ademais, o § 2.º do mesmo dispositivo indica que não se aplica nos casos em que existir limite cognitivo que impeça o aprofundamento da análise da questão prejudicial.

Acredita-se que muita polêmica prática vai gerar este dispositivo. Por cautela, o julgador deverá, até para evitar dúvida quanto aos limites de sua decisão, informar, na fundamentação, de que houve a garantia do contraditório prévio e efetivo, como forma de atender ao previsto neste art. 503 do CPC/2015, e fazer com que a estabilização também alcance a questão prejudicial. Essa extensão da coisa julgada independe de provocação da parte, sendo consequência com contraditório efetivo.

O novo CPC passou a consagrar, no seu art. 506, que os limites subjetivos da coisa julgada não podem prejudicar terceiros. Nada impede, portanto, que os efeitos decorrentes da imutabilidade possam beneficiar terceiros, o que está em conformidade com as previsões oriundas do CDC e atende, também, a outras situações jurídicas do dia a dia forense.

Por fim, vale ressaltar que o art. 1.068 do CPC/2015, alterando o art. 274 do Código Civil, estabelece que os efeitos benéficos da coisa julgada individual envolvendo um dos credores solidários, pode aproveitar os demais. Aquele que provocar a jurisdição estará submetido ao regime da coisa julgada e os demais, apenas nos casos benéficos (*in utilibus*).

REFERÊNCIAS BIBLIOGRÁFICAS

ANDRADE, Érico; NUNES, Dierle. Os contornos da estabilização da tutela provisória de urgência antecipatória no novo CPC e o mistério da ausência de formação da coisa julgada. In: MACÊDO, Lucas Buril de; PEIXOTO, Ravi; FREIRE, Alexandre (Coord.). *Doutrina selecionada*: procedimentos especiais, tutela provisória e direito transitório. Salvador: JusPodivm, 2015.

ARAÚJO, José Henrique Mouta. *Coisa julgada progressiva & resolução parcial de mérito*. Curitiba: Juruá, 2007.

______. *Mandado de segurança*. 5. ed. Salvador: JusPodivm, 2015.

______. O cumprimento de sentença e a 3.ª etapa da reforma processual – primeiras impressões. *Revista de Processo*, São Paulo: RT, n. 123.

______. Tutela antecipada do pedido incontroverso: estamos preparados para a nova sistemática processual? *Revista de Processo*, São Paulo: RT, n. 116, 2004.

BARBOSA MOREIRA, José Carlos. A eficácia preclusiva da coisa julgada material no sistema do processo civil brasileiro. *Temas de direito processual civil*. São Paulo: Saraiva, 1977.

BARIONI, Rodrigo. Preclusão diferida, o fim do agravo retido e a ampliação do objeto da apelação no novo Código de Processo Civil. *Revista de Processo*, São Paulo: RT, n. 243, 2015.

BRAGA, Paula Sarno; DIDIER JR., Fredie; OLIVEIRA, Rafael Alexandria de. *Curso de direito processual civil*. 10. ed. Salvador: JusPodivm, 2015. v. 2, p. 534.

CABRAL, Antonio do Passo. Comentários ao art. 506 do CPC/2015. In: WAMBIER, Teresa Arruda Alvim; DIDIER JR., Fredie; TALAMINI, Eduardo; DANTAS, Bruno (Coord.). *Breves comentários ao novo Código de Processo Civil*. São Paulo: RT, 2015.

CÂMARA, Alexandre Freitas. *O novo processo civil brasileiro*. São Paulo: Atlas, 2015.

CAVALCANTI NETO, Antônio de Moura. Estabilização da tutela antecipada antecedente: tentativa de sistematização. In: COSTA, Eduardo José da Fonseca; PEREIRA, Mateus Costa; GOUVEIA FILHO, Roberto P. Campos (Coord.). *Tutela provisória*. Salvador: JusPodivm, 2015.

CHEIM JORGE, Flávio. *Teoria geral dos recursos*. 7. ed. São Paulo: RT, 2015.

CHIOVENDA, Giuseppe. *Cosa juzgada y preclusión*. Ensayos de derecho procesal. Buenos Aires: Ejea, 1949. v. 3.

______. *Instituições de direito processual civil*. Campinas: Bookseller, 2000.

CONCEIÇÃO, Maria Lúcia Lins; WAMBIER, Teresa Arruda Alvim; RIBEIRO, Leonardo Ferres da Silva; MELLO, Rogério Licastro Torres de. *Primeiros comentários ao novo Código de Processo Civil* – artigo por artigo. São Paulo: RT, 2015.

COUTURE, Eduardo J. *Fundamentos do direito processual civil.* Trad. Benedicto Giaccobini. Campinas: Red Livros, 1999.

CUNHA, Leonardo Carneiro da; DIDIER JR., Fredie. Apelação contra decisão interlocutória não agravável: a apelação do vencido e a apelação subordinada do vencedor. *Revista de Processo*, São Paulo: RT, v. 241, mar. 2015.

DIDIER JR., Fredie. Cognição, construção de procedimentos e coisa julgada: os regimes diferenciados de formação da coisa julgada no direito processual civil brasileiro. *Genesis*, Curitiba, n. 22, out.-dez. 2001.

______; BRAGA, Paula Sarno; OLIVEIRA, Rafael Alexandria de. *Curso de direito processual civil.* 10. ed. Salvador: JusPodivm, 2015. v. 2.

______; CUNHA, Leonardo Carneiro da. Apelação contra decisão interlocutória não agravável: a apelação do vencido e a apelação subordinada do vencedor. *Revista de Processo*, São Paulo: RT, v. 241, mar. 2015.

FERNANDES, Antônio Scarance. *Prejudicialidade*: conceito, natureza jurídica, espécies de prejudiciais. São Paulo: RT, 1988.

GOMES, Fábio; SILVA, Ovídio A. Baptista da. *Teoria geral do processo.* 2. ed. São Paulo: RT, 2000.

GOMES, Frederico Augusto; RUDINIKI NETO, Rogério. Estabilização da tutela de urgência: algumas questões controvertidas. In: MACÊDO, Lucas Buril de; PEIXOTO, Ravi; FREIRE, Alexandre (Coord.). *Doutrina selecionada*: procedimentos especiais, tutela provisória e direito transitório. Salvador: JusPodivm, 2015. v. 4.

GRECO, Leonardo. A tutela da urgência e a tutela da evidência no código de processo civil de 2015. In: MACÊDO, Lucas Buril de; PEIXOTO, Ravi; FREIRE, Alexandre (Coord.). *Doutrina selecionada*: procedimentos especiais, tutela provisória e direito transitório. Salvador: JusPodivm, 2015. v. 4.

HILL, Flávia Pereira. Breves comentários às principais inovações quanto aos meios de impugnação das decisões judiciais no novo CPC. In: DIDIER JR., Fredie (Coord.-geral); MACÊDO, Lucas Buril de; PEIXOTO, Ravi; FREIRE, Alexandre (Org.). *Novo CPC*: doutrina selecionada. Processo nos tribunais e meios de impugnação às decisões judiciais. Salvador: JusPodivm, 2015. v. 6.

LEMOS, Vinicius Silva. *Recursos e processos nos tribunais no novo CPC.* São Paulo: Lexia, 2015.

LIEBMAN, Enrico Tullio. *Manuale di diritto processuale civile.* 3. ed. Milano: Giuffrè, 1976. v. 3.

MELLO, Rogério Licastro Torres de. Comentários ao art. 1.009, § 1.º, do CPC/2015. In: WAMBIER, Teresa Arruda Alvim; DIDIER JR., Fredie; TALAMINI, Eduardo;

DANTAS, Bruno (Coord.). *Breves comentários ao novo Código de Processo Civil.* São Paulo: RT, 2015.

______; RIBEIRO, Leonardo Ferres da Silva; CONCEIÇÃO, Maria Lúcia Lins; WAMBIER, Teresa Arruda Alvim. *Primeiros comentários ao novo Código de Processo Civil - artigo por artigo.* São Paulo: RT, 2015.

NERY JUNIOR, Nelson. *Teoria geral dos recursos.* 6. ed. São Paulo: RT, 2004.

NUNES, Dierle José Coelho; ANDRADE, Érico. Os contornos da estabilização da tutela provisória de urgência antecipatória no novo CPC e o mistério da ausência de formação da coisa julgada. In: MACÊDO, Lucas Buril de; PEIXOTO, Ravi; FREIRE, Alexandre (Coord.). *Doutrina selecionada*: procedimentos especiais, tutela provisória e direito transitório. Salvador: JusPodivm, 2015.

OLIVEIRA, Rafael Alexandria de; BRAGA, Paula Sarno; DIDIER JR., Fredie. *Curso de direito processual civil.* 10. ed. Salvador: JusPodivm, 2015. v. 2.

PEIXOTO, Ravi. Por uma análise dos remédios jurídicos processuais aptos a impedir a estabilização da tutela antecipada antecedente de urgência. In: COSTA, Eduardo José da Fonseca; PEREIRA, Mateus Costa; GOUVEIA FILHO, Roberto P. Campos (Coord.). *Tutela provisória.* Salvador: JusPodivm, 2015.

PROTO PISANI, Andrea. Appunti sul giudicato civile e soui limiti oggettivi. *Rivisa di Diritto Processuale*, Padova: Cedam, v. 45, 1990.

______. *Lezioni di diritto processuale civile.* 4. ed. Napoli: Jovene, 2002.

RIBEIRO, Leonardo Ferres da Silva; CONCEIÇÃO, Maria Lúcia Lins; WAMBIER, Teresa Arruda Alvim; MELLO, Rogério Licastro Torres de. *Primeiros comentários ao novo Código de Processo Civil* - artigo por artigo. São Paulo: RT, 2015.

RUDINIKI NETO, Rogério. O efeito devolutivo do recurso de apelação no novo Código de Processo Civil. In: DIDIER JR., Fredie (Coord.-geral); MACÊDO, Lucas Buril de; PEIXOTO, Ravi; FREIRE, Alexandre (Org.). *Novo CPC*: doutrina selecionada. Processo nos tribunais e meios de impugnação às decisões judiciais. Salvador: JusPodivm, 2015. v. 6.

______; GOMES, Frederico Augusto. Estabilização da tutela de urgência: algumas questões controvertidas. In: MACÊDO, Lucas Buril de; PEIXOTO, Ravi; FREIRE, Alexandre (Coord.). *Doutrina selecionada*: procedimentos especiais, tutela provisória e direito transitório. Salvador: JusPodivm, 2015. v. 4.

SILVA, Ovídio A. Baptista da; GOMES, Fábio. *Teoria geral do processo.* 2. ed. São Paulo: RT, 2000.

WAMBIER, Teresa Arruda Alvim; CONCEIÇÃO, Maria Lúcia Lins; RIBEIRO, Leonardo Ferres da Silva; MELLO, Rogério Licastro Torres de. *Primeiros comentários ao novo Código de Processo Civil* - artigo por artigo. São Paulo: RT, 2015.

A INVERSÃO DO CONTENCIOSO NOS PROCEDIMENTOS CAUTELARES

José Lebre de Freitas

1. A providência, de natureza declarativa ou executiva, solicitada ao tribunal mediante a propositura da ação não pode ser imediatamente realizada. Pode mesmo acontecer que, por razões inerentes a uma boa composição do litígio, pelo uso sistemático de expedientes dilatórios ou por inadequação da máquina judiciária à observância do prazo razoável imposto pelo art. 2-1[1], muito tempo decorra entre a propositura da ação e o termo do processo. A demora na satisfação do direito ou interesse protegido pode prejudicar o autor (*periculum in mora*) e, por isso, a lei faculta-lhe a solicitação de providências, de natureza **provisória**, que acautelem o seu direito ou, mais latamente, "o efeito útil da ação" (art. 2-2). Estas providências **cautelares** são solicitadas nos **procedimentos cautelares**.

O procedimento cautelar pode ser instaurado antes de proposta a ação de que dependa ou já na sua pendência.

No primeiro caso, é **preliminar** da ação, que, em regra, tem de ser proposta no prazo indicado no art. 373-1-a, adiante referido, sob pena de caducidade da providência que nele seja ordenada, e corre **autonomamente**, devendo, porém, ser **apensado** ao processo da ação principal quando ela é proposta, esteja ou não findo o procedimento cautelar – o que implica a sua remessa para o tribunal da ação, quando este for outro.

---

1 Os artigos citados sem indicação do diploma pertencem ao Código de Processo Civil português (CPC) de 2013.

No segundo caso, diz o art. 364-1 que constitui um **incidente** da ação; mas esta qualificação corresponde a uma utilização muito lata do termo, que o descaracteriza. O conceito de incidente não tem como único requisito constituir uma sequência de atos que exorbite da tramitação normal dum processo pendente; além deste elemento **estrutural**, define-o um elemento **funcional**, consistente em visar a resolução de questões que, não fazendo parte do encadeado lógico necessário à resolução do pleito, tal como ele é inicialmente desenhado pelas partes, se relacionam, porém, de algum modo com o objeto do processo, tanto assim que a sua solução é suscetível de ter influência na decisão final e pode acabar por constituir mesmo um pressuposto desta[2], ainda que apenas quanto a aspetos acessórios (como é o caso da condenação em custas, influenciada pela decisão do incidente do valor da causa): a habilitação dum sucessor, a intervenção principal dum terceiro ou a contradita duma testemunha, por exemplo, podem, no final, ser determinantes para o conteúdo da decisão a proferir. Ora a decisão da providência cautelar, embora o objeto desta se desenhe em função do objeto da causa, não tem qualquer influência na decisão final que nesta seja proferida (art. 364-4). O procedimento cautelar nunca constitui, portanto, rigorosamente um incidente, embora se articule, tal como o incidente, com a causa de que é dependência.

A ação principal de que o procedimento cautelar depende tem, na grande maioria dos casos, natureza **declarativa**, mesmo quando a providência cautelar pretendida antecipa uma providência de natureza executiva (arresto, arrolamento ou outra apreensão), a ter lugar após a obtenção, na ação declarativa, duma sentença de mérito favorável, que constitui o título da futura execução. Mas pode ser uma ação **executiva**, caso em que a necessidade da providência cautelar se põe sobretudo quando a penhora (ou outro ato de apreensão de bens a que haja lugar) seja precedida da citação do executado, liminarmente ordenada pelo juiz (art. 726-6): uma providência cautelar pode ser aconselhável para, mais rapidamente e até sem conhecimento prévio do executado, se realizar a apreensão provisória do bem. De qualquer modo, há que ter em conta que a lei portuguesa faculta ao exequente a obtenção, na fase inicial da ação executiva, da dispensa da citação prévia do executado, com fundamento no receio da perda da garantia patrimonial do seu crédito se o executado for previamente citado (art. 727), o que corresponde à realização na própria execução duma finalidade cautelar; mas circunstâncias especiais podem justificar o pedido duma providência cautelar, entre elas se contando o início das férias judiciais e a dificuldade que o exequente possa concreta-

---

2 CASTRO MENDES. *Limites objetivos do caso julgado*. Lisboa: Ática, 1968. p. 198-199.

mente encontrar em convencer o tribunal de que a não efetivação imediata da apreensão executiva pode representar dano irreparável, e por isso se deve fazer em férias, por aplicação do art. 137-2.

2. Tradicionalmente, o requerente da providência, quando esta fosse decretada preliminarmente, tinha **sempre** o ónus de propor a ação principal, sob pena de caducidade. Para isso dispunha do prazo de 30 dias, contados a partir da notificação ao requerente do decretamento da providência, ainda que esta fosse impugnada por embargos ou recurso. Com a grande revisão do CPC de 1961 nos anos de 1995-1996, este prazo manteve-se nos procedimentos em que o requerido fosse previamente ouvido; mas deu lugar a um prazo de 10 dias, contados da notificação ao requerente de que o requerido havia sido notificado do decretamento da providência, quando só posteriormente este fosse ouvido. No CPC de 2013 de novo o prazo foi unificado, mas agora os 30 dias contam-se da data em que tenha sido notificado o trânsito em julgado da decisão que a decreta (art. 373-1-a).

A necessidade de observar sempre o prazo de propositura da ação principal, sob pena de caducidade da providência, dava lugar a situações algo caricatas, de que constituíram exemplo os procedimentos cautelares instaurados para proibir a morte do touro em certas touradas realizadas numa vila do Alentejo: concedida a providência antes da corrida, o requerente continuava onerado com a propositura da ação principal, embora todo o efeito pretendido (evitar a morte) se tivesse já produzido (ou, se a ordem do tribunal não tivesse sido respeitada, se tratasse apenas de discutir as consequências jurídicas da sua violação); nomeadamente, se tivesse sido evitada a tourada de morte, o requerente que não propusesse a ação principal arriscava-se a que lhe fosse movida uma ação de indemnização pelos prejuízos causados por uma decisão que deixara caducar.

Por outro lado, muitos procedimentos cautelares são um duplo das ações principais de que dependem, sob o ponto de vista dos fundamentos alegados e das provas apresentadas, o que redunda em prejuízo para a economia processual.

Por isso, o CPC de 2013 adotou a solução de permitir a inversão do contencioso principal: segundo o n.º 1 do novo art. 369,

> Mediante requerimento, o juiz, na decisão que decrete a providência, pode dispensar o requerente do ónus de propositura da ação principal se a matéria adquirida no procedimento lhe permitir formar convicção segura acerca da existência do direito acautelado e se a natureza da providência decretada for adequada a realizar a composição definitiva do litígio;

e, segundo o art. 371-1,

> Sem prejuízo das regras sobre a distribuição do ónus da prova, logo que transite em julgado a decisão que haja decretado a providência cautelar e invertido o contencioso, é o requerido notificado, com a advertência de que, querendo, deve intentar a ação destinada a impugnar a existência do direito acautelado nos 30 dias subsequentes à notificação, sob pena de a providência decretada se consolidar como composição definitiva do litígio[3].

Permite-se assim ao requerente da providência cautelar, verificados certos requisitos e condicionadamente à não propositura da ação pelo requerido, obter uma decisão definitiva sem necessidade da ação principal, afastando-se os termos tradicionais da dependência do procedimento cautelar em relação a esta (arts. 364-1 e 373-1).

A epígrafe "inversão do contencioso" designa a inversão do ónus de propositura da ação principal, que deixa de ser do requerente da providência cautelar (como seria normal, já que é este o titular do direito invocado) para passar a ser do requerido; e essa inversão também pressupõe uma "conversão do contencioso", pois este, "que, por princípio, seria transitório, passa a assumir natureza (potencialmente) definitiva"[4].

3. Este regime teve antecedentes recentes na legislação portuguesa.

Segundo o art. 121-1 do Código de Processo dos Tribunais Administrativos,

> Quando a manifesta urgência na resolução definitiva do caso, atendendo à natureza das questões e à gravidade dos interesses envolvidos, permita concluir que a situação não se compadece com a adoção de uma simples providência cautelar e tenham sido trazidos ao processo todos os elementos necessários para o efeito, o tribunal pode, ouvidas as partes pelo prazo de 10 dias, antecipar o juízo sobre a causa principal.

---

3 Sobre os antecedentes da nova solução legislativa, veja-se LYNCE, Rita. Apreciação da proposta de inversão do contencioso cautelar apresentada pela comissão de reforma do Código de Processo Civil. *Estudos em homenagem ao Prof. Doutor José Lebre de Freitas*. 2013. v. I, p. 1139-1153.

4 SILVA, Lucinda Dias da. As alterações no regime dos procedimentos cautelares, em especial a inversão do contencioso. *O novo processo civil.* Caderno I – Contributos da doutrina para a compreensão do novo Código de Processo Civil. 2. ed. CEJ, dez. 2013. p. 131 (http://www.cej.mj.pt).

Por seu lado, no campo do processo civil, já o art. 16 do DL 108/2006, de 8 de junho, que instituiu um – hoje revogado – regime processual civil de natureza experimental, determinava que

> Quando tenham sido trazidos ao procedimento cautelar os elementos necessários à resolução definitiva do caso, o tribunal pode, ouvidas as partes, antecipar o juízo sobre a causa principal.

Mas o novo regime afasta-se destes seus antecedentes em três pontos: faz depender da iniciativa do requerente da providência a obtenção da decisão definitiva; o juiz do procedimento cautelar não julga a causa principal, mas decreta uma providência que pode convolar-se numa decisão definitiva; esta convolação fica dependente da não propositura da ação principal pelo requerido.

Na medida em que prevê a convolação da providência decretada em decisão definitiva, esta solução afasta-se também da do art. 669-*octies* do CPC italiano, que, a propósito do *provvedimento di accoglimento* de natureza antecipatória e do embargo de obra nova, permite a continuação da produção dos efeitos da providência, **enquanto tal**, ainda que a ação principal não seja proposta ou se extinga, podendo a ação principal ser proposta **a todo o tempo**, sem prejuízo das caducidades ou prescrições de direito substantivo. Entre nós, passado o prazo de 30 dias concedido ao requerido para a propositura da ação principal sem que esta seja proposta, a providência decretada converte-se em decisão definitiva do litígio, mudando assim de natureza e, embora a lei evite dizê-lo, ganhando a eficácia própria do caso julgado material. Transfere-se do requerente para o requerido o ónus de propor a ação principal, em lugar de, pura e simplesmente, se suprimir o ónus do requerente.

4. Para que a decisão definitiva seja obtida através deste mecanismo inovador, exige-se, em primeiro lugar, que o requerente formule o correspondente **pedido** (de dispensa de proposição da ação principal ou de inversão do contencioso: qualquer das formulações será equivalente) no procedimento cautelar, até ao encerramento da audiência final, a que equivale, nos procedimentos sem audição prévia do requerido, o ato de produção de prova em contraditório. Não é portanto possível decretar oficiosamente a inversão do contencioso.

É necessário, em segundo lugar, que o tribunal adquira a **convicção segura** da existência do direito acautelado, o que significa que não basta a probabilidade séria da existência do direito – esta, nos termos do art. 368-1, é exigida para o decretamento da providência cautelar, mas já não será suficiente para que esse decretamento seja acompanhado de dispensa de proposição da ação principal pelo requerente – e que o tribunal não exerce um poder discricionário quando decreta a inversão do contencioso[5]. A convicção do tribunal deve formar-se com base no material de facto e nas provas trazidas ao procedimento cautelar para a decisão deste, não sendo lícito ao juiz recorrer a novos factos ou a novos meios de prova apenas para decidir sobre a inversão do contencioso: factos ou provas **suplementares** (não necessárias à decisão em sede cautelar) estão excluídas[6]. Isso explicará a utilização do termo "pode" (e não "deve") na redação do n.º 1, não obstante o poder do juiz não ser discricionário[7].

Não obstante ter sido obtida, no procedimento cautelar, uma "convicção segura" acerca da existência do direito acautelado, tal não conduz à inversão do ónus da prova na ação principal: aquele que invoca o direito continua, nos termos gerais, a suportar o ónus de provar o respetivo facto constitutivo, e aquele contra quem o direito é invocado a suportar o ónus de provar os respetivos factos impeditivos, modificativos e extintivos (art. 342 CC[8], n.os 1 e 2). Di-lo expressamente a lei de processo (art. 371-1), embora não precisasse de o dizer, visto que se trata de mera aplicação do regime substantivo da distribuição do ónus da prova; mas, dizendo-o expressamente, a lei desfaz qualquer dúvida que ao intérprete pudesse surgir.

As partes têm, pois, os mesmos ónus na ação principal proposta pelo requerente e na proposta pelo requerido, não tendo o julgamento da matéria de facto, nem a decisão final proferida no procedimento cautelar, qualquer influência no julgamento da ação principal, nos termos do art. 364-4.

Em terceiro lugar, a obtenção de decisão definitiva no procedimento cautelar pressupõe que a natureza da providência decretada seja **adequada** a realizar a composição definitiva do litígio. Este pressuposto não significa que

---

5 TEIXEIRA DE SOUSA. As providências cautelares e a inversão do contencioso. Disponível em: <https://sites.google.com/site/ippcivil/recursos-bibliograficos/5-papers>, p. 10. Em contrário: RAMOS DE FARIA; LOUREIRO, Luísa. *Primeiras notas ao novo Código de Processo Civil*. Coimbra: Almedina, 2013. I, n.º 2 da anotação ao art. 369.

6 RAMOS DE FARIA; LOUREIRO, Luísa. cit., n.º 3.2.1 da anotação ao art. 369. Na jurisprudência, rejeita o uso de um poder discricionário nesta matéria o ac. do TRL de 08.10.2015 (Rui da Ponte Gomes), www.dgsi.pt, proc. 8069/14.

7 A prova necessária para o decretamento da inversão do contencioso "tem de situar-se num patamar de exigência idêntico ao que é necessário para as decisões da matéria de facto nas ações de processo comum" (ac. do TRP de 10.03.2015, M. Pinto dos Santos, proc. 560/14).

8 Código Civil.

só as providências ditas antecipatórias (por contraposição às denominadas conservatórias) admitam a inversão do contencioso, porquanto o arbitramento de reparação provisória, que constitui uma providência antecipatória, não a consente e a suspensão de deliberações sociais e o embargo de obra nova, qualificáveis como conservatórias, admitem-na (art. 376-4).

Segundo uma decisão judicial[9], o critério que permitiria identificar as providências insuscetíveis de inversão do contencioso seria o seu "sentido manifestamente conservatório", na medida em que, sendo esse o seu sentido, a tutela definitiva e a tutela cautelar cumpririam funções totalmente distintas e prosseguiriam objetivos completamente diferentes, o que arredaria a possibilidade daquela inversão. Mas este critério é de difícil, senão impossível, aplicação prática, dado que toda a providência cautelar é simultaneamente conservatória e antecipatória[10]. Certo é tão só que as providências que visam a mera conservação dos bens para uma ulterior execução (arresto, arrolamento, apreensão do bem litigioso) não podem, por natureza, assumir caráter definitivo.

Melhor critério é o de Ramos de Faria - Luísa Loureiro[11]: "a natureza da providência decretada é adequada a realizar a composição definitiva do litígio quando o **interesse do demandante** se encontra realizado com a mera produção do seu **efeito prático**".

Em quarto lugar, a obtenção de decisão definitiva no procedimento cautelar exige uma **omissão** do requerido, consistente na não proposição da ação principal no de 30 dias, contados da sua notificação, na não promoção dos termos desta ou na não proposição de nova ação após absolvição da instância (art. 371-2).

---

9 Ac. do TRP de 19.05.14 (Manuel Domingos Fernandes), www.dgsi.pt, proc. 2727/13.

10 Por **providência conservatória** entende-se aquela que visa manter inalterada a situação, de facto ou de direito, existente, evitando alterações prejudiciais, e por **providência antecipatória** entende-se aquela que antecipa a decisão ou uma providência executiva futura, sem prejuízo de, no primeiro caso, a providência poder também antecipar, de outro modo, a realização do direito acautelado. Mas, se, bem se vir, as providências conservatórias ordenadas na dependência da ação declarativa antecipam, em parte, a decisão; nomeadamente, a suspensão da deliberação social e a da obra nova integram-se no âmbito da ineficácia da deliberação social declarada nula ou anulada e da ordem de demolição da obra. Por sua vez, o arresto constitui antecipação da penhora, enquanto o arrolamento de bens (não o de documentos) e a apreensão da coisa litigiosa antecipam a apreensão na ação executiva para entrega de coisa certa; também aqui função conservatória e função antecipatória acabam por convergir.

11 *Primeiras notas* cit, n.º 3.3 da anotação ao art. 369.

5. Este regime não constitui, a meu ver, a melhor opção que o legislador português podia tomar. Concordo com a libertação do requerente do ónus de propor, em todos os casos, a ação principal. Mas já não concordo com a transferência deste ónus para o requerido.

A solução francesa do *référé*, em que a Itália e o Brasil se inspiraram, é a melhor: sem a ação principal, a decisão do procedimento conserva a sua eficácia, mas esta nunca excede a natureza cautelar que lhe é própria. De caso julgado (material), como expressamente se lê no CPC brasileiro, não se pode falar. A decisão da providência cautelar constitui **caso julgado formal**. Por isso, não é admissível, na dependência da mesma causa, a repetição de providência que haja sido julgada injustificada ou tenha caducado, como determina, desde a revisão de 1995-1996, o preceito atualmente no art. 362-4. É interessante referir que este preceito conheceu uma primeira redação no DL 329-A/95, onde se proibia requerer "nova providência, com **objeto** idêntico". O subsequente DL 180/96, que com o primeiro constitui o par de diplomas consubstanciadores da revisão de 1995-1996 do CPC de 1961, deixou de falar de identidade de objeto, expressão substituída pela de "repetição da providência", por se entender melhor reservar a sua utilização para a causa principal. De "repetição da causa" falam os arts. 580-1 e 581-1, ao tratarem, no âmbito das ações declarativas, da exceção de caso julgado. As duas expressões são paralelas, mas não coincidentes. A ideia de repetição inculca que o que é vedado é requerer providência com o mesmo **conteúdo** da anteriormente caducada ou julgada injustificada e baseada no mesmo **fundamento de facto**, tal como repetir a ação é deduzir o mesmo **pedido** fundado na mesma **causa de pedir**; mas, enquanto o pedido tem um elemento material e um elemento processual e só o primeiro é determinante para a formação do caso julgado material[12], o conteúdo da providência cautelar tem natureza exclusivamente processual, de tal modo que o mesmo direito substantivo pode levar a requerer providências distintas, e sobre esse conteúdo processual ergue-se o caso julgado formal, mas não o caso julgado material[13].

Convolar a decisão cautelar em decisão definitiva equivale a conferir-lhe o efeito de caso julgado, sem suporte teórico consistente, nomeadamente na perspetiva dos princípios gerais do processo civil. Quanto ao princípio do dispositivo, dir-se-á que não é ofendido por ser necessária a manifestação da

---

12 LEBRE DE FREITAS. *Introdução ao processo civil*. Coimbra: Coimbra Editora, 2013. n.º I.4.6, a p. 64-65.

13 LEBRE DE FREITAS. Providência cautelar, desistência do pedido, repetição e caso julgado. *Estudos sobre direito civil e processo civil*. Coimbra: Coimbra Editora, 2009. I, p. 771-791.

vontade do requerente para que a inversão do contencioso se dê. Mas o princípio do dispositivo não vem apenas ao encontro do interesse da parte que requer; atende também ao interesse da parte contrária, que tem de saber, no momento processual adequado, quais as pretensões que contra ela são dirigidas. No procedimento cautelar, o requerido defende-se de pretensões **cautelares**, não de pretensões **de mérito**. Ao requerido é sempre dada a oportunidade de responder ao requerimento de inversão ou de se opor à inversão já decretada, e, no caso de procedimento em que não haja contraditório prévio, o requerido pode pronunciar-se sobre a inversão decretada na própria oposição à providência (arts. 369-2 e 372-2); mas, quando há contraditório prévio e o pedido de inversão do contencioso não é feito no requerimento inicial, a oposição do requerido não tem em conta a possibilidade duma inversão que ainda não foi requerida e a própria opção de se opor, ou não, é tomada sem a considerar. Ora a perspetiva da inversão pode mudar completamente o seu interesse em se opor.

Do ponto de vista prático, a consideração da possibilidade da inversão do contencioso pode levar as partes a trazer para o procedimento cautelar a complexidade da ação principal, o que não é desejável e pode frustrar a urgência do procedimento. Veja-se que a "convicção segura" exigida pelo art. 369-1, a formar perante os elementos existentes no processo (sem que o juiz possa a outros recorrer), dificilmente corresponderá a mais do que um **reforço** da verosimilhança exigida para o decretamento das providências cautelares, se o material do procedimento se mantiver no âmbito da pretensão cautelar.

Melhor seria, dizia eu, optar pela solução do direito francês, italiano ou brasileiro. Mas a obsessão do legislador português pelo princípio da preclusão levou a criar mais esta, a meu ver bem evitável e indesejável.

6. Os procedimentos cautelares dividem-se, no CPC português, em procedimento comum e procedimentos nominados, sendo estes a restituição provisória de posse, a suspensão de deliberações sociais, os alimentos provisórios, o arbitramento de reparação provisória, o arresto, o embargo de obra nova e o arrolamento. Outros exemplos, fora do código, são a apreensão de veículos automóveis (arts. 15 a 22 do DL 54/75, de 12 de fevereiro), a entrega judicial no termo da locação financeira (art. 21 do DL 149/95, de 24 de junho) e os procedimentos cautelares especificados do processo de trabalho (arts. 32 a 47 do Código de Processo do Trabalho).

O art. 376-4 determina que

> [...] o regime de inversão do contencioso é aplicável, com as devidas adaptações, à restituição provisória da posse, à suspensão de deliberações sociais, aos alimentos provisórios, ao embargo de obra nova, bem como às

demais providências previstas em legislação avulsa cuja natureza permita realizar a composição definitiva do litígio.

De fora da possibilidade de inversão do contencioso ficou assim o arbitramento de reparação provisória, o arresto e o arrolamento, bem como, por não permitirem realizar a composição definitiva do litígio, os procedimentos de apreensão de veículos automóveis e de entrega judicial no termo da locação financeira.

Estranhar-se-á a exceção consignada para o arbitramento de reparação provisória, que tem lugar na dependência da ação de indemnização fundada em morte ou lesão corporal, quando se verifique uma situação de necessidade em consequência dos danos sofridos (art. 388). Perante essa exceção, poder-se-á pensar que a providência decretada não é apta a consolidar-se como composição definitiva do litígio, na medida em que a reparação provisória é fixada equitativamente pelo tribunal (art. 388-3), não tendo portanto como medida a diferença entre a situação patrimonial do lesado, na data mais recente que puder ser atendida, e a que teria nessa data se não existissem danos (art. 566-2 CC). Mas, o mesmo acontecendo nos alimentos provisórios (art. 2007-1 CC), tal não chega para justificar um diferente tratamento. Talvez este se explique antes por a indemnização (definitiva) em renda ser excecional, dependendo esta modalidade de indemnização, não só do requerimento do lesado (que, neste caso, equivaleria ao pedido de inversão do contencioso), mas também da apreciação do tribunal (art. 567-1 CC), o qual não tem opção pela indemnização *in totum* no âmbito da reparação provisória.

Já no caso do arresto e do arrolamento, ambos antecipam a apreensão de bens, respetivamente, na ação executiva para pagamento de quantia certa e na ação executiva para entrega de coisa certa, e não qualquer decisão de composição do litígio na ação declarativa, ainda que o seu decretamento pressuponha um juízo de probabilidade séria da existência do direito (de crédito ou real) a acautelar, pelo que a exclusão é compreensível[14].

Poderá estranhar-se também que a suspensão de deliberações sociais esteja entre as providências adequadas a compor definitivamente o litígio,

---

[14] COSTA E SILVA, Paula. Cautela e certeza: breve apontamento acerca do proposto regime de inversão do contencioso na tutela cautelar. *Debate sobre a reforma do processo civil*. Sindicato dos Magistrados do Ministério Público, 2012. p. 139-149, p. 141, preconiza, porém, que o juiz profira imediatamente decisão condenatória do réu no cumprimento, acrescida do decretamento do arresto, quando o requerente para ele carreie todos os elementos que permitam ao juiz atingir um juízo de certeza acerca do direito de crédito, sendo possível formular durante o procedimento o pedido de condenação no cumprimento da obrigação.

atendendo a que o efeito da suspensão fica aquém do efeito da declaração de nulidade ou ineficácia, ou do da anulação, da deliberação social; mas da suspensão pode resultar a produção do mesmo efeito **prático** que resulta da nulidade, anulação ou ineficácia da deliberação, de acordo com o critério acima perfilhado, o que justifica a sua inclusão entre as providências adequadas (praticamente) à composição definitiva do litígio.

A ação a propor no caso de decretamento da inversão do contencioso não é obviamente uma ação de declaração de nulidade ou de anulação da deliberação social, mas de declaração da respetiva **validade** (isto é, uma ação de simples apreciação positiva), sob o prisma do fundamento da nulidade ou anulabilidade invocada. Se for julgada procedente, determinará a caducidade da providência, nos termos do art. 371-3[15]. Não sendo essa ação proposta, a consolidação da providência significa a suspensão da deliberação *ad aeternum*, o que, por poder não ser suficiente para compor definitivamente o litígio, nem sempre permitirá o próprio decretamento da inversão do contencioso; é o que acontece quando a providência de suspensão seja instrumental em relação à ação anulatória e, como tal, o seu conteúdo não corresponda à antecipação provisória da sentença anulatória[16].

O n.º 2 do art. 382 confere legitimidade para propor a ação subsequente à inversão do contencioso ou nela intervir a quem, além do requerido (que já a tem, de acordo com o art. 371-1), teria legitimidade para a ação de nulidade ou anulação das deliberações sociais. O preceito não distingue legitimidade ativa e legitimidade passiva. Deverá entender-se que para propor a ação tem legitimidade quem teria legitimidade passiva na ação de declaração de nulidade ou de anulação e que para nela intervir tem legitimidade quem a teria para intervir na mesma ação[17].

Para a ação de declaração de nulidade ou anulação de deliberações das assembleias gerais das sociedades comerciais regem os arts. 57 (legitimidade ativa para a ação de declaração de nulidade), 59-1 (legitimidade ativa para a ação de anulação) e 60-1 (legitimidade passiva) do Código das Sociedades Comerciais. Vê-se aí que, além dos sócios, pode propor a ação o órgão de fiscalização da sociedade (e, na sua falta, tratando-se de nulidade, qualquer gerente), sendo a legitimidade passiva fechada: a ação é proposta contra a

---

15 XAVIER, Rita Lobo. Suspensão de deliberações sociais e inversão do contencioso. *Direito das Sociedades em Revista*, 11, p. 86-87, 2014.

16 Idem, p. 88-90.

17 RAMOS DE FARIA; LOUREIRO, Luísa. *Primeiras notas* cit., n.º 2 da anotação ao art. 382.

sociedade – o que é interpretado como significando que **só** contra ela, sem a possibilidade de intervenção principal passiva dos sócios não proponentes, mas sem prejuízo de, cumulado o pedido de declaração de nulidade ou anulação com o pedido de indemnização por dano causado com a deliberação, poder este ser dirigido contra o sócio que votou a deliberação[18].

Consequentemente, invertido o contencioso, a ação principal só pela sociedade pode ser proposta, contra o requerente da providência cautelar e com possibilidade de intervenção principal, ao lado deste, dos outros sócios e do órgão de fiscalização.

BIBLIOGRAFIA

CASTRO MENDES. *Limites objetivos do caso julgado*. Lisboa: Ática, 1968.

COSTA E SILVA, Paula. Cautela e certeza: breve apontamento acerca do proposto regime de inversão do contencioso na tutela cautelar. *Debate sobre a reforma do processo civil*. Sindicato dos Magistrados do Ministério Público, 2012. p. 139-149.

LEBRE DE FREITAS. *Introdução ao processo civil*. Coimbra: Coimbra Editora, 2013. n.º I.4.6, p. 64-65.

LEBRE DE FREITAS. Providência cautelar, desistência do pedido, repetição e caso julgado. *Estudos sobre direito civil e processo civil*. Coimbra: Coimbra Editora, 2009. I, p. 771-791.

LYNCE, Rita. Apreciação da proposta de inversão do contencioso cautelar apresentada pela Comissão de Reforma do Código de Processo Civil. *Estudos em homenagem ao Prof. Doutor José Lebre de Freitas*. 2013. v. I, p. 1139-1153.

RAMOS DE FARIA; LOUREIRO, Luísa. *Primeiras notas ao novo Código de Processo Civil*. Coimbra: Almedina, 2013.

SILVA, Lucinda Dias da. As alterações no regime dos procedimentos cautelares, em especial a inversão do contencioso. *O novo processo civil*. Caderno I – Contributos da doutrina para a compreensão do novo Código de Processo Civil. 2. ed. CEJ, dez. 2013. p. 131.

TEIXEIRA DE SOUSA. As providências cautelares e a inversão do contencioso. Disponível em: <https://sites.google.com/site/ippcivil/recursos-bibliograficos/5--papers>, p. 10.

XAVIER, Rita Lobo. Suspensão de deliberações sociais e inversão do contencioso. *Direito das Sociedades em Revista*, 11, p. 86-87, 2014.

---

[18] Acs. do STJ de 27.06.1962 (Ricardo Lopes), *BMJ*, 119, p. 399, e do TRC de 16.06.2009 (Graça Santos Silva), www.dgsi.pt, proc. 1718/08.

NORMAS FUNDAMENTAIS NO NOVO CPC BRASILEIRO

Leonardo Carneiro da Cunha

Sumário: 1. Abrangência normativa do novo Código de Processo Civil brasileiro – 2. O CPC e seus fundamentos – 3. Normas fundamentais da Constituição Federal e sua aplicação ao processo civil – 4. Instauração do processo por iniciativa da parte – 5. As diversas normas contidas no art. 3.º do CPC: 5.1. Reprodução de dispositivo constitucional; 5.2. As ADRs e o sistema de justiça multiportas; 5.3. Arbitragem; 5.4. Política pública de estímulo à solução consensual dos conflitos; 5.5. Princípio do estímulo da solução por autocomposição; 5.6. Dever de estímulo à solução consensual do conflito; 5.7. Mediação e conciliação nos Juizados Especiais – 6. Princípios da duração razoável do processo, da efetividade da jurisdição e da primazia do julgamento de mérito – 7. Princípio da boa-fé processual – 8. O princípio da cooperação e o modelo colaborativo de processo – 9. Princípio da igualdade – 10. Os diversos princípios previstos no art. 8.º do CPC – 11. O princípio do contraditório – 12. Princípio da publicidade e regra da motivação das decisões judiciais – 13. Ordem cronológica dos julgamentos.

1. ABRANGÊNCIA NORMATIVA DO NOVO CÓDIGO DE PROCESSO CIVIL BRASILEIRO

A Lei 13.105, de 16.03.2015, aprovou o Código de Processo Civil – CPC, cuja vigência teve início, segundo entendimento manifestado pelo Conselho Nacional de Justiça e pelo Superior Tribunal de Justiça, em 18.03.2016.

O CPC regula os processos que veiculam pretensões individuais. Não trata das ações coletivas. Estas têm um regime jurídico próprio, derivado da conjugação da Lei 4.717/1965, que regula a *ação popular,* com a Lei 7.347/1985, que disciplina a *ação civil pública,* além da *ação de improbidade administrativa,* regulada pela Lei 8.429/1992, bem como do *mandado de segurança coletivo* e das disposições processuais contidas no Código de Defesa do Consumidor, que formam o microssistema do direito processual coletivo. Embora não trate das demandas coletivas, o CPC contém normas que se aplicam aos processos coletivos e interferem em sua condução, a começar pelas normas fundamentais.

Diante do fenômeno de litigiosidade em massa e das situações homogêneas, as demandas individuais são, muitas vezes, repetitivas, congestionando as vias judiciais. Essas demandas, embora repetitivas, são individuais. A disciplina legislativa destinada às causas individuais é insuficiente para regular as demandas repetitivas. Para estas, é preciso que se conceba um regime processual próprio, com dogmática específica, que se destine a dar-lhes solução prioritária, racional e uniforme. Tal regime é composto por várias regras, aqui contidas. Para fins deste CPC, o regime de causas repetitivas é composto pelo conjunto das regras que disciplinam o IRDR e os RE e REsp repetitivos (CPC, art. 928), sendo certo que o julgamento de casos repetitivos podem ter por objeto questão de direito material ou processual (CPC, art. 928, parágrafo único).

A disciplina processual dos Juizados Especiais mantém-se em legislação própria. O sistema dos Juizados Especiais dos Estados e do Distrito Federal é formado pelos Juizados Especiais Cíveis, pelos Juizados Especiais Criminais e Juizados Especiais da Fazenda Pública. A par disso, há, ainda, os Juizados Especiais Federais, que cuidam de demandas propostas contra entes federais. Os Juizados Especiais Cíveis são regidos pela Lei 9.099/1995 e, subsidiariamente, pelo CPC. Os Juizados Especiais Federais são regidos pelo conjunto das regras contidas na Lei 9.099/1995 e na Lei 10.259/2001; aplica-se a Lei 10.259/2001 e, subsidiariamente, a Lei 9.099/1995 e o CPC. Por sua vez, os Juizados Especiais Estaduais da Fazenda Pública regem-se pela Lei 12.153/2009 e, subsidiariamente, pelo CPC, pela Lei 9.099/1995 e pela Lei 10.259/2001. Embora o CPC não trate dos procedimentos que tramitam nos Juizados Especiais, há normas nele contidas que repercutem no âmbito dos Juizados.

O CPC adota um modelo cooperativo de processo, com equilíbrio nas funções dos sujeitos processuais e necessidade de cumprimento de deveres pelas partes e pelo juiz. O juiz deve atender aos deveres de esclarecimento, prevenção, consulta e auxílio. Como as partes devem ser consultadas para que se evite decisão-surpresa, ao juiz se impõe, consequentemente, o dever de fundamentação reforçada, exigido no § 1.º do art. 489 do CPC. Tal dispositivo, que consagra o imperativo constitucional de fundamentação das decisões judiciais, é igualmente aplicável no âmbito dos Juizados Especiais[1]. Se o juiz do Juizado entender que deve dinamizar ou inverter o ônus da prova, haverá de, seguindo a diretriz cooperativa, aplicar o disposto no § 1.º do art. 373 do novo CPC, dando oportunidade à parte de se desincumbir do ônus que lhe foi atribuído. É preciso, na verdade, compatibilizar tal previsão com a dinâmica do procedimento dos Juizados: como, nos Juizados, o juiz e as partes participam, conjuntamente, de

---

1 Nesse sentido, o Enunciado 309 do Fórum Permanente de Processualistas Civis: "O disposto no § 1.º do art. 489 do CPC é aplicável no âmbito dos Juizados Especiais".

uma única audiência, na qual tudo ocorre (apresentação de defesa, instrução e julgamento), deverá a dinamização ou a inversão do ônus da prova ser decretada na própria audiência, cujo prosseguimento será, então, adiado, a fim de que a parte a quem se atribuiu o ônus possa providenciar suas provas, trazendo, na próxima sessão, testemunhas e as demais provas de que dispuser para desincumbir-se do seu ônus. Quer isso dizer que, nos Juizados Especiais, também devem ser evitadas "decisões-surpresa", ajustando-se o procedimento ao modelo cooperativo de processo, em observância ao ideal democrático, ao contraditório substancial e ao devido processo legal. Como exigência da cooperação, incumbe ao réu, ao alegar sua ilegitimidade passiva *ad causam*, indicar quem é o sujeito passivo, a integrar o processo em seu lugar. Tal dever, imposto ao réu em decorrência da cooperação, está previsto no art. 339 do CPC, aplicável aos Juizados Especiais, segundo o enunciado 42 do Fórum Permanente de Processualistas Civis.

Com base na cláusula geral do art. 190, é possível defender a existência de negócios processuais também nos Juizados Especiais Cíveis. O procedimento dos Juizados Especiais constitui uma forma de *flexibilização procedimental* para adequá-lo às peculiaridades da disputa, que é mais simples, menos complexa e de pequeno valor. A adaptação, nesse caso, é feita pelo legislador: a lei já elege algumas hipóteses mais simples, sobretudo em razão de o valor ser de pequena monta, simplificando e agilizando o procedimento, mediante a adoção de informalidade e de maior facilitação de acesso à justiça e aos instrumentos procedimentais. A opção legislativa pela adoção de um procedimento mais simples para causas de menor complexidade e de pequeno valor não impede que as partes façam outros ajustes convenientes ao caso concreto. Aliás, o art. 13 da Lei 9.099/1995 dispõe que "os atos processuais serão válidos sempre que preencherem as finalidades para as quais forem realizados, atendidos os critérios indicados no art. 2.º desta Lei". Daí se percebe que é possível haver, no procedimento dos Juizados Especiais Cíveis, a celebração de negócios processuais, desde que não haja ofensa às normas orientadoras e norteadoras do seu regime jurídico. Assim, é possível haver, nos Juizados, negócios processuais concernentes à redistribuição do ônus da prova, que permitam ser a audiência de conciliação ou de mediação feita em dia diverso do da audiência de instrução ou que optem por audiência única de conciliação, instrução e julgamento, que elejam o foro competente, que veiculem renúncia mútua ao direito de recorrer ou que simplifiquem a forma de intimação. Em outras palavras, é possível haver negócios jurídicos processuais no âmbito dos Juizados Especiais, desde que preservem as normas fundamentais do procedimento. O CPC reforça e estimula a celebração de tais negócios como forma de flexibilizar e adaptar o procedimento ao caso concreto.

Na contagem do prazo em dias, computam-se apenas os dias úteis (CPC, art. 219). Tal regra, que se aplica apenas aos prazos processuais, incide no procedimento dos Juizados Especiais. Nesse sentido, o Enunciado 415 do FPPC:

"Os prazos processuais no sistema dos Juizados Especiais são contados em dias úteis". De igual modo, o Enunciado 416 do FPPC: "A contagem do prazo processual em dias úteis prevista no art. 219 aplica-se aos Juizados Especiais Cíveis, Federais e da Fazenda Pública". O art. 220 do CPC dispõe que se suspende o curso do prazo processual nos dias compreendidos entre 20 de dezembro e 20 de janeiro, inclusive. Segundo anotado no enunciado 269 do FPPC, "a suspensão de prazos de 20 de dezembro a 20 de janeiro é aplicável aos Juizados Especiais".

O art. 332 do CPC trata dos casos de improcedência liminar do pedido. Nesses casos, o juiz, antes mesmo da citação do demandado, já julga improcedente o pedido formulado pelo demandante na sua petição inicial. Tal dispositivo é aplicável no âmbito dos Juizados Especiais. O art. 332 do CPC autoriza o julgamento de improcedência liminar, quando o pedido contrariar determinados precedentes, tenha ou não o entendimento sido consagrado em enunciado de súmula. O art. 332 deve ser interpretado em conjunto com o art. 927, ambos do CPC. No âmbito dos Juizados, além do disposto no art. 927 do CPC, devem ser considerados também os precedentes da Turma Nacional de Uniformização – TNU. Nesse sentido, o enunciado 549 do FPPC: "O rol do art. 927 e os precedentes da Turma Nacional de Uniformização dos Juizados Especiais Federais deverão ser observados no âmbito dos Juizados Especiais". Se o juiz julgar liminarmente improcedente o pedido, o autor pode interpor apelação e mostrar a necessidade de ser feita a distinção em seu caso, o que pode acarretar a retratação pelo próprio juiz ou a reforma da decisão pelo tribunal. A propósito, cumpre observar o teor do enunciado 508 do FPPC: "Interposto recurso inominado contra sentença que julga liminarmente improcedente o pedido, o juiz pode retratar-se em cinco dias". Como se vê, o art. 332 do CPC aplica-se nos Juizados Especiais, de modo que o juiz pode proferir julgamento de improcedência liminar. De sua sentença cabe recurso, que permite ao juiz retratar-se.

2. O CPC E SEUS FUNDAMENTOS

O novo Código de Processo Civil foi o primeiro editado sob os auspícios da atual Constituição Federal.

Os anteriores Códigos de Processo Civil estavam inseridos numa época constitucional bem diversa, quando o padrão do direito era o legislador. Os elementos componentes do direito cingiam-se à lei, impondo uma postura metodológica em que a atividade judicial era meramente declaratória dos enunciados normativos[2].

---

[2] ZAGREBELSKY, Gustavo. *Il diritto mite*. Torino: Einaudi, 1992. p. 208.

O atual estágio constitucional decorre da transformação do Estado de Direito legislativo dos oitocentos no Estado Constitucional dos novecentos[3]. O produto do desenvolvimento constitucional no atual momento histórico é o Estado Constitucional[4].

Uma das características do Estado Constitucional é a garantia de proteção dos direitos fundamentais. Estes, tal como lhes concebe a doutrina e a jurisprudência constitucionais desenvolvidas na segunda metade do século XX, passaram a compor o cerne de todos os ordenamentos jurídicos.

Se o Estado Liberal consagrou a ideia de liberdade e o Estado Social primou pela igualdade material, o Estado Constitucional teve como vetor a noção de solidariedade, como valor objetivo a ser perseguido pelo Estado e pelos particulares.

Fundados na dignidade humana, os direitos de solidariedade não são apenas concebidos como direitos de defesa do cidadão nem, por outro lado, tão só direitos a prestações exercíveis em face do Estado. São, de igual modo, direitos que visam à construção de uma sociedade mais justa, igualitária e democrática. É nesse cenário de efetivação do princípio da solidariedade, erigido como objetivo da República brasileira, no art. 3.º, inciso I, da Constituição Federal, que o direito brasileiro adota a teoria da aplicabilidade das normas constitucionais sobre o ordenamento jurídico processual.

O reconhecimento dessa força normativa da Constituição, juntamente com a nova hermenêutica constitucional e com a ampliação da jurisdição constitucional, são os três elementos que viabilizaram a constitucionalização do direito, entendida como um fenômeno de expansão da aplicabilidade das normas constitucionais, cujo conteúdo axiológico se irradia, com força normativa, sobre todo o sistema jurídico. Os princípios constitucionais passam a condicionar a validade e o sentido de todo o ordenamento.

Reconhece-se, no atual momento doutrinário, que a Constituição efetivamente ocupa o centro do sistema jurídico, de onde passa a irradiar valores objetivos através dos quais devem ser criadas, interpretadas e aplicadas as normas jurídicas, aí incluídas aquelas que dizem respeito ao Direito Processual Civil.

O novo Código de Processo Civil insere-se nesse contexto, devendo refletir os fundamentos do Estado Constitucional.

O Estado Constitucional é, a um só tempo, Estado de direito e Estado democrático. Nos termos do art. 1.º da Constituição Federal de 1988, "[a] República

---

3 Ibidem, passim.

4 CANOTILHO, J. J. Gomes. *Direito constitucional e teoria da Constituição.* 7. ed. Coimbra: Almedina, 2003. p. 87.

Federativa do Brasil, formada pela união indissolúvel dos Estados e Municípios e do Distrito Federal, constitui-se em Estado Democrático de Direito...".

O texto constitucional brasileiro atualmente em vigor reconhece a existência de um Estado Constitucional, ao afirmar que a República Federativa do Brasil constitui-se em Estado *Democrático* de *Direito*. O Estado Constitucional é um Estado com *qualidades*. É um Estado constitucional democrático de direito. Há, nele, duas grandes qualidades: Estado de direito e Estado democrático[5].

O Estado de direito caracteriza-se pela submissão do Estado ao ordenamento jurídico com a finalidade de garantir segurança jurídica a seus cidadãos[6]. Por sua vez, a principal característica do Estado democrático, sem embargo do pluralismo político, está na prévia participação de todos[7].

Do Estado de direito extraem-se os princípios da legalidade, da igualdade, da segurança jurídica e da confiança legítima. Já do Estado democrático defluem a liberdade, a legitimidade e a participação.

Para que se possa garantir obediência ao princípio da legalidade, é preciso que se disponibilizem mecanismos para que as normas sejam criadas, concebidas e aplicadas de modo uniforme a todos que, *no mesmo contexto histórico-social*, encontrem-se na mesma situação.

Em outras palavras, para que haja obediência ao princípio da legalidade, deve-se respeitar a isonomia. Com isso, obtém-se segurança e garante-se a confiança legítima.

Já a participação, inerente à ideia democrática, reclama que o poder seja exercido com a colaboração de todos que se apresentem como interessados no processo de decisão. A participação, como esclarece Francisco Fernandez Segado, desborda dos limites estritamente políticos para projetar-se em todas as manifestações da vida em comunidade[8].

É pela participação que se legitima a conduta dos agentes de Estado que implementam o quanto deliberado nas instâncias próprias. Quer isso dizer que a atuação do Estado, para ser legítima, há de decorrer das deliberações democráticas.

O novo CPC insere-se no contexto do Estado Constitucional e encampa suas características. Como já restou demonstrado, o Estado Constitucional é, a um só tempo, Estado de direito e Estado democrático. Como Estado de

---

5 CANOTILHO, J. J. Gomes. *Direito*... cit., p. 92-93.

6 SEGADO, Francisco Fernandez. *El sistema constitucional español*. Madrid: Dykinson, 1992. p. 110.

7 Ibidem, p. 117.

8 SEGADO, Francisco Fernandez. *El sistema*... cit., p. 118.

direito, o Estado Constitucional impõe observância aos princípios da legalidade, isonomia, segurança jurídica e confiança legítima.

Nesse sentido, o novo CPC reclama obediência aos princípios da legalidade e da isonomia. E, para assegurar isonomia, o projeto preocupa-se com a segurança jurídica, prevendo normas que estimulam a uniformização e a estabilização da jurisprudência.

Assim, o art. 926 do CPC estabelece que devem os tribunais velar pela uniformização e pela estabilidade da jurisprudência, devendo editar enunciados de sua súmula de jurisprudência dominante e seguir a orientação firmada em precedentes de seus próprios órgãos internos e dos tribunais superiores. A mudança de entendimento sedimentado na jurisprudência há de observar a necessidade de fundamentação adequada e específica, considerando a estabilidade das situações jurídicas.

A uniformização e a estabilização da jurisprudência revelam-se sobremodo relevantes em causas repetitivas. Com a finalidade de obter maior racionalidade e uniformidade, o CPC manteve várias das regras existentes no Código revogado, a cujo lado faz acrescer o chamado *incidente de resolução de demandas repetitivas* a ser instaurado perante o tribunal em razão de provocação do juiz, do relator, de uma das partes, do Ministério Público ou da Defensoria Pública, com a finalidade de ser fixada a tese jurídica a ser aplicada aos diversos casos repetitivos.

O Estado democrático, característica do Estado Constitucional, funda-se na liberdade e na participação. Inserido nesse contexto, o novo CPC confere poderes às partes para transacionarem sobre o direito material discutido no caso, bem como sobre o próprio processo, dispondo sobre direitos, deveres, ônus e faculdades processuais.

Exemplo disso é a possibilidade de as partes, em conjunto, sob a coordenação do juiz, estipularem o calendário processual, determinando, previamente, os momentos em que os atos processuais serão realizados. Tome-se, ainda, como exemplo a liberdade de as partes indicarem o perito que elaborará o correspondente laudo, cabendo ao juiz fiscalizar a higidez do procedimento.

Da ideia de Estado democrático extrai-se a boa-fé objetiva ou, simplesmente, *boa-fé lealdade*, que se relaciona com a honestidade, probidade ou lealdade com a qual a pessoa mantém em seu comportamento. Todos devem atuar com retidão, colaborando para a decisão final, sendo certo afirmar que o princípio da boa-fé atua como norma legitimadora do processo.

Ora, na medida em que o processo se funda na boa-fé objetiva, proíbe-se o comportamento contraditório, não se permitindo que o sujeito pratique um ato que contradiga uma conduta anterior. A participação, além de efetiva, deve ser proba.

Também nesse sentido consagra-se, em combinação com o princípio do contraditório, a obrigatória discussão prévia da solução do litígio, conferindo às partes oportunidade de influenciar as decisões judiciais, evitando, assim, a prolação de "decisões-surpresa". Às partes deve-se conferir oportunidade de, em igualdade de condições, participar do convencimento do juiz.

O processo há, enfim, de ser cooperativo. A necessidade de participação, que está presente na democracia contemporânea, constitui o fundamento do princípio da cooperação. A colaboração assenta-se no Estado Constitucional[9].

Além da vedação de decisão-surpresa, o processo cooperativo impõe que o pronunciamento jurisdicional seja devidamente fundamentado, contendo apreciação completa das razões invocadas por cada uma das partes para a defesa de seus respectivos interesses[10].

Seguindo a previsão contida no Código de Processo Civil português[11], da qual se extrai a existência da cooperação das partes com o tribunal, bem como da do tribunal com as partes[12], o novo CPC brasileiro contém dispositivos que estabelecem ter o juiz o *dever de esclarecimento*, o *dever de prevenção*, o *dever de consulta* e o *dever de auxílio*, havendo, enfim, um *dever* de cooperação[13].

Esses são os principais fundamentos do novo Código de Processo Civil brasileiro, merecendo destaque os dispositivos que exigem a valorização da jurisprudência, com observância dos precedentes, bem como os que tratam do contraditório como influência e dos que se referem aos deveres da cooperação.

3. NORMAS FUNDAMENTAIS DA CONSTITUIÇÃO FEDERAL E SUA APLICAÇÃO AO PROCESSO CIVIL

O novo CPC brasileiro, claramente inspirado no CPC português, dedicou o seu primeiro capítulo a apresentar um pequeno elenco com as normas

---

9 MITIDIERO, Daniel. Colaboração no processo civil como *prêt-à-porter*? Um convite ao diálogo para Lenio Streck. *Revista de Processo,* São Paulo: RT, v. 194, p. 61, abr. 2011.

10 MITIDIERO, Daniel. *Colaboração no processo civil*: pressupostos sociais, lógicos e éticos. São Paulo: RT, 2009. p. 137.

11 Para maiores detalhes, consultar, DIDIER JR., Fredie. *Fundamentos do princípio da cooperação no direito processual civil português.* Coimbra: Ed. Coimbra, 2010. passim.

12 SOUSA, Miguel Teixeira de. Apreciação de alguns aspectos da "revisão do processo civil – projecto". *Revista da Ordem dos Advogados,* Lisboa, ano 55, p. 361, jul. 1995.

13 Sobre os deveres de cooperação, consultar GOUVEIA, Lúcio Grassi. A função legitimadora do princípio da cooperação intersubjetiva no processo civil brasileiro. *Revista de Processo,* São Paulo: RT, v. 172, p. 33-36, jun. 2009; SANTOS, Igor Raatz dos. Os deveres de esclarecimento, prevenção, consulta e auxílio como meio de resolução das desigualdades no processo civil. *Revista de Processo,* São Paulo: RT, v. 192, p. 62-73, fev. 2011.

fundamentais do processo civil brasileiro: os arts. 1.º a 12 inserem-se num capítulo dedicado às normas fundamentais do processo civil. Como registrado no enunciado 369 do Fórum Permanente de Processualistas Civis, não é exaustivo o rol de normas fundamentais previsto nesse capítulo do novo CPC brasileiro. Há outras tantas normas fundamentais, previstas no texto constitucional ou no próprio Código de Processo Civil.

Tais normas fundamentais podem ser princípios ou regras[14]. Há, por exemplo, a previsão do princípio da duração razoável do processo (CPC, art. 4.º). Por outro lado, há a previsão da regra do respeito à ordem cronológica de conclusão (CPC, art. 12). Há, enfim, regras e há princípios. Todos são normas jurídicas. Alguns dispositivos do novo CPC consistem em reprodução de enunciados da Constituição Federal (assim, por exemplo, os seus arts. 3.º e 11).

Nos termos do art. 1.º do CPC, o processo civil deve ser estudado, ordenado, aplicado, disciplinado e interpretado a partir das normas contidas na Constituição Federal. O dispositivo encerra uma obviedade. Não somente as normas processuais, mas qualquer outra há de ser construída e interpretada de acordo com a Constituição da República. São várias as normas da Constituição Federal que contemplam preceitos de ordem processual. As normas fundamentais constitucionais aplicam-se ao processo. O art. 1.º do CPC refere-se a "normas" estabelecidas na Constituição. A expressão é adequada, abrangendo tanto regras como princípios constitucionais. *Norma* é gênero do qual são espécies as *regras* e os *princípios*. A Constituição contém tanto regras como princípios.

Se o juiz ou tribunal não aplicar nem interpretar as normas processuais conforme a Constituição, haverá ofensa ao art. 1.º do CPC, ou ao correspondente dispositivo constitucional, ou a ambos? Em outras palavras, caberá a interposição de recurso especial, de recurso extraordinário ou de ambos? Nesse caso, não cabe o recurso especial, mas apenas o extraordinário. O conteúdo do art. 1.º do CPC é constitucional. Violá-lo é violar a Constituição. Por isso, não cabe recurso especial por violação ao disposto no art. 1.º do CPC, cabendo, isto sim, recurso extraordinário por afronta ao correspondente dispositivo que trate do direito fundamental não respeitado no caso concreto. De todo modo, se for interposto recurso especial, este não deverá ser inadmitido; cabe ao STJ, aplicando o disposto no art. 1.032 do CPC, conceder prazo de quinze dias para que o recorrente converta seu recurso em extraordinário, demonstrando a existência de repercussão geral e manifestando-se sobre a questão constitucional. Em seguida, o recurso deve ser remetido ao STF.

---

14 Nesse sentido, o Enunciado 370 do Fórum Permanente de Processualistas Civis: "Norma processual fundamental pode ser regra ou princípio".

O art. 1.º do CPC enuncia que o processo civil será ordenado, disciplinado e interpretado conforme os "valores" estabelecidos na Constituição da República. Valores não são normas. As normas têm caráter deontológico, enquanto valores ostentam caráter axiológico[15]. Ao passo que as normas podem ser reduzidas a um conceito deôntico básico, que é o de dever ou de dever-ser, os valores reduzem-se ao conceito de bom[16]. Os valores que eventualmente norteiam o sistema jurídico só têm significado prático se forem incorporados seletivamente a normas jurídicas, transformando-se a complexidade indeterminada (valorativa) em complexidade determinada (programada)[17].

A utilização, no art. 1.º do CPC, do termo "valores" não é boa, pois poderia dar margem a decisionismos, fragilizando a autonomia do direito e facilitando o solipsismo judicial[18]. Na verdade, o processo civil será ordenado, disciplinado e interpretado conforme as normas fundamentais estabelecidas na Constituição da República. Tais normas já incorporam os valores que são caros ao sistema brasileiro. O processo civil e, de resto, as decisões judiciais não devem basear-se em "valores", mas em "normas". Não é sem razão, aliás, que o art. 8.º do CPC determina que o juiz deve observar a legalidade, que há de ser entendida como *juridicidade*, ou seja, deve o juiz observar todo o ordenamento jurídico, mais propriamente as *normas* que o compõem.

4. INSTAURAÇÃO DO PROCESSO POR INICIATIVA DA PARTE

O art. 2.º do CPC consagra duas regras tradicionais no sistema processual civil brasileiro: a instauração do processo depende de iniciativa da parte, mas se desenvolve por impulso oficial.

A primeira parte do dispositivo confirma a regra tradicional de que o processo começa por iniciativa da parte. É com o protocolo da petição inicial que se considera proposta a demanda, iniciando-se aí o processo (CPC, art. 312). Há quem chame essa regra de *princípio da inércia*. Há quem prefira chamá-la de *princípio da demanda*. Embora seja tradicionalmente denominada *princípio*, trata-se de uma regra que tem por fundamento o *"princípio" dispositivo*[19]. A regra *da inércia* ou da *demanda* é consagrada não apenas pelo

---

15 ZANETI JR., Hermes. *O valor vinculante dos precedentes*. Salvador: JusPodivm, 2015. n. 3.2.3.6, p. 306-308.

16 ALEXY, Robert. *Teoria dos direitos fundamentais*. Trad. Virgílio Afonso da Silva. 2. ed. São Paulo: Malheiros, 2012. p. 144-153.

17 NEVES, Marcelo. *Entre Hidra e Hércules*: princípios e regras constitucionais. São Paulo: Martins Fontes, 2013. p. 40-41.

18 STRECK, Lenio L. *Verdade e consenso*. 5. ed. São Paulo: Saraiva, 2014. p. 524-525.

19 É conhecida a diferença entre princípios e regras, que constituem normas jurídicas. O "princípio" dispositivo não é categoria normativa. Não se trata de princípio como

art. 2.º do CPC, mas também pelos arts. 141 e 492, que impedem ao juiz proferir sentença aquém, além ou fora dos limites do pedido e da causa de pedir.

O referido art. 2.º faz a ressalva de que haveria exceções previstas em lei, ou seja, haveria casos em que o próprio juiz daria início ao processo. No CPC/1973, o art. 989 permitia que o juiz desse início ao processo de inventário. O art. 1.129 autorizava o magistrado a, de ofício, ordenar ao detentor de testamento que o exibisse em juízo, instaurando-se aí um processo de exibição de documento. O atual CPC não tem dispositivos equivalentes; não há mais essas exceções no sistema processual brasileiro. Pode haver exceções ao impulso oficial, tal como ocorre com a instauração do cumprimento da sentença que impõe o pagamento de quantia certa e no negócio processual que o impeça ou limite.

O cumprimento da sentença para pagamento provisório ou definitivo de quantia certa, também depende de provocação da parte (CPC, art. 513, § 1.º). Já no cumprimento da sentença que imponha prestação de fazer, não fazer ou de entregar coisa não há necessidade de provocação da parte, podendo iniciar-se de ofício (CPC, arts. 536 e 538).

O juiz ou tribunal pode dar início a incidentes processuais sem que haja provocação da parte. É o que ocorre no: (a) incidente de arguição de inconstitucionalidade (CPC, art. 948); (b) conflito de competência (CPC, art. 951); (c) incidente de resolução de demandas repetitivas (CPC, art. 976).

Da mesma forma que a instauração do processo depende de iniciativa da parte, sua desistência também. A desistência é uma revogação da demanda, devendo ser expressamente manifestada pelo autor. A desistência da ação não produz efeitos imediatos, devendo ser homologada pelo juiz (CPC, art. 200, parágrafo único).

O processo instaura-se por iniciativa da parte, mas se desenvolve por impulso oficial, sem precisar de novas provocações da parte.

A instauração de recurso depende também de provocação do interessado, não decorrendo do impulso oficial. Interposto o recurso, seu processamento, porém, desenvolve-se por impulso oficial, não sendo necessárias novas provocações do recorrente.

O processo desenvolve-se por impulso oficial, mas deve ser extinto, sem resolução do mérito, se "ficar parado durante mais de um ano por negligência das partes" (CPC, art. 485, II). O processo não precisa da manifestação constante das partes para ser impulsionado; impulsiona-se de ofício. Se, entretanto, ficar paralisado por mais de um ano, sem qualquer manifestação das partes,

---

norma, mas como fundamento de norma. Usa-se, aqui, a expressão no sentido mais tradicional. Quando se alude ao termo *princípio dispositivo* não se está dizendo que se trata de um princípio como norma, mas como fundamento de norma.

poderá ser extinto sem resolução do mérito, desde que sejam intimadas pessoalmente para suprir a falta, mas não o façam (CPC, art. 485, § 1.º).

O juiz deve impulsionar o processo, porém este será extinto quando, "por não promover os atos e as diligências que lhe incumbir, o autor abandonar a causa por mais de trinta dias" (CPC, art. 485, III), desde que, intimado pessoalmente, não supra a falta (CPC, art. 485, § 1.º). O autor somente será intimado para manifestar interesse se os atos e as diligências que lhe couberem forem realmente indispensáveis para o julgamento da causa, ou seja, se sua inércia efetivamente inviabiliza a análise do mérito. A advertência é importante, pois não se deve extinguir o processo sem resolução do mérito se a demora não for imputável ao autor. Também é importante a advertência em relação à *prescrição intercorrente*. O processo deve desenvolver-se por impulso oficial. Logo, se a paralisação do processo for imputada a deficiências do serviço judiciário, não se consuma a prescrição intercorrente. Esta somente se consuma se a paralisação decorrer de ato que deveria ser praticado, mas não foi, pelo autor.

O CPC contém diversas normas que prestigiam a autonomia da vontade das partes, permitindo que elas negociem sobre o processo, de modo mais evidente do que no CPC/1973. O autorregramento da vontade no processo é permitido, assegurado e respeitado. O atual CPC é estruturado de maneira a estimular a solução do conflito pela via que parecer mais adequada a cada caso, não erigindo a jurisdição como necessariamente a melhor opção para eliminar a disputa de interesses. É possível, nesse sentido, haver negócios processuais atípicos. Em razão da cláusula geral prevista no art. 190 do CPC, as partes podem negociar regras processuais, convencionando sobre ônus, poderes, faculdades e deveres processuais, além de poderem, juntamente com o juiz, fixar o calendário processual. As partes podem, enfim, reestruturar negocialmente o processo. Nessa restruturação, as partes podem limitar o impulso oficial do juiz, estabelecendo a necessidade de provocações constantes ou de provocações específicas para determinados atos.

O impulso oficial não impede que o autor desista da ação, acarretando, assim, a extinção do processo sem resolução do mérito (CPC, art. 485, VIII).

5. AS DIVERSAS NORMAS CONTIDAS NO ART. 3.º DO CPC

5.1. Reprodução de dispositivo constitucional

O art. 3.º do CPC reproduz o texto do inciso XXXV do art. 5.º da Constituição Federal. Tal norma não constou das Constituições Federais de 1824, 1891, 1934, nem na de 1937. O princípio da proteção jurisdicional somente veio a ser inserido na CF/1946, cujo art. 141, § 4.º, assim dispunha: "a lei não poderá excluir da apreciação do Poder Judiciário qualquer lesão de direito individual". O texto normativo do qual se constrói esse princípio repetiu-se no art. 150, §

4.º, da CF/1967 e no art. 153, § 4.º, da EC 1/1969. A CF/1988 repetiu o referido texto normativo, inserindo a expressão "ameaça a direito" e suprimindo a locução "direito *individual*". Com isso, restou evidente que a lei, além de não poder excluir *lesão*, não poderá igualmente excluir *ameaça a direito* da apreciação jurisdicional. A supressão do termo "direito *individual*" teve, ademais, a clara finalidade de destacar a proteção conferida aos direitos difusos e coletivos.

A disposição dirige-se ao legislador e ao juiz. O dispositivo dirige-se ao legislador, proibindo-o de editar regra jurídica que permita a indiscutibilidade de decisão proferida em processo administrativo ou de ato praticado em inquérito, de modo a excluir a revisão da questão pelo Poder Judiciário. A lei não pode excluir da apreciação judicial as próprias leis ou quaisquer outras regras jurídicas, nem a defesa dos direitos individuais e coletivos que se fundem em normas constitucionais ou infraconstitucionais. De igual modo, o dispositivo destina-se ao juiz, sendo-lhe vetada a possibilidade de se eximir de responder ao pedido de tutela jurisdicional.

Do texto do mencionado art. 3.º constrói-se o princípio da inafastabilidade do controle jurisdicional. É possível que o legislador não tenha imaginado determinado problema que se apresente, não estabelecendo a técnica processual adequada à sua solução. Nesse caso, cabe ao juiz encontrar a técnica processual idônea à proteção do direito material. A garantia da inafastabilidade do controle jurisdicional reclama sejam conferidos poderes ao juiz para suprir a omissão legislativa e conferir a devida proteção judicial. Não é sem razão que o art. 536 contém uma cláusula geral, permitindo que o juiz, ao aplicar seu § 1.º, estabeleça a medida coercitiva adequada e suficiente à satisfação do direito material. Tal poder é igualmente conferido ao juiz pelo art. 497.

Do dispositivo também se constrói o princípio do livre acesso à justiça. O acesso à justiça deve ser garantido, inclusive com a desoneração dos custos e despesas para os que não dispõem de recursos financeiros suficientes para sua cobertura. O custo do processo não deve, enfim, impedir o acesso às vias judiciais. O direito de ação é garantido não apenas com a remoção de obstáculos financeiros, mas com a instituição de técnicas processuais adequadas à satisfação do alegado direito material.

O texto do dispositivo permite que dele se construa também a existência do princípio da efetividade. O direito de acesso à justiça não se concretiza apenas na facilitação do próprio acesso, mas na viabilização de uma solução eficiente, com a adoção das técnicas próprias à satisfação do direito material afirmado em juízo. Em razão da efetividade, deve-se perseguir a implementação prática das resoluções judiciais, com a necessidade de uma dogmática processual voltada para um processo de resultados concretos. É preciso haver instrumentos destinados a uma maior efetividade.

5.2. As ADRs e o sistema de justiça multiportas

Costumam-se chamar de "meios alternativos de resolução de conflitos" a mediação, a conciliação e a arbitragem (*Alternative Dispute Resolution – ADR*). Estudos mais recentes demonstram que tais meios não seriam "alternativos", mas sim *integrados*, formando um modelo de sistema de justiça *multiportas*. Para cada tipo de controvérsia seria adequada uma forma de solução, de modo que há casos em que a melhor solução há de ser obtida pela mediação, enquanto outros, pela conciliação, outros, pela arbitragem e, finalmente, os que se resolveriam pela decisão do juiz estatal.

Há casos, então, em que o meio *alternativo* é que seria o da justiça estatal. A expressão *multiportas* decorre de uma metáfora: seria como se houvesse, no átrio do fórum, várias portas; a depender do problema apresentado, as partes seriam encaminhadas para a porta da mediação, ou da conciliação, ou da arbitragem, ou da própria justiça estatal.

5.3. Arbitragem

O art. 3.º do CPC prevê que a arbitragem é permitida na forma da lei. A arbitragem está atualmente prevista e regulada na Lei 9.307/1996 alterada pela Lei 13.129/2015. O dispositivo confirma que tal diploma legal continua a reger a arbitragem. Ao assim dispor, deixa claro que o processo arbitral submete-se a um microssistema jurídico, previsto naquela lei, servindo o CPC como diploma de aplicação subsidiária e supletiva.

A respeito da natureza jurídica da arbitragem, há, tradicionalmente, duas correntes doutrinárias: uma, considerando a arbitragem meio privado e alternativo de solução de controvérsias, enquanto a outra lhe atribui natureza jurisdicional. Prevalece o entendimento de que arbitragem ostenta cariz jurisdicional. É certo que o árbitro não tem poder de império, não podendo executar suas próprias sentenças. Essa circunstância – que, para alguns, afastaria a natureza jurisdicional da arbitragem – não lhe retira a condição de atividade jurisdicional. Para o entendimento majoritário, deve-se distinguir o poder jurisdicional do poder de império, por ser possível que alguém disponha de jurisdição, embora despido do *imperium*[20].

O árbitro é, pela legislação brasileira, juiz de direito e de fato, estando submetido às regras de impedimento e suspeição e equiparado aos servidores públicos para efeitos penais. É desnecessária a homologação judicial da sentença arbitral, que produz efeitos imediatamente. A sentença arbitral é título executivo judicial. As sentenças arbitrais estrangeiras podem ser reconhecidas e executadas.

---

[20] VALENÇA FILHO, Clávio de Melo. *Poder Judiciário e sentença arbitral*. Curitiba: Juruá, 2002. p. 48-50. No mesmo sentido: CARMONA, Carlos Alberto. *Arbitragem e processo*: um comentário à Lei n. 9.307/96. 2. ed. São Paulo: Atlas, 2004. p. 46.

A sentença arbitral torna-se imutável e indiscutível pela coisa julgada material. Poderá ser invalidada, mas, decorrido o prazo de noventa dias para a ação anulatória, a coisa julgada torna-se soberana. Exatamente por causa disso tudo, a arbitragem ostenta natureza jurisdicional. Trata-se de jurisdição exercida por particulares, com autorização do Estado e em decorrência do exercício do direito fundamental de autorregramento da vontade[21]. O Superior Tribunal de Justiça, ao julgar o CC 111.230/DF, reconheceu a natureza jurisdicional da arbitragem.

Em razão do art. 5.º, XXXV, da CF, já se cogitou se a arbitragem não seria inconstitucional, pois estaria afastando da apreciação do Poder Judiciário a apreciação de determinada disputa entre duas partes. Ao apreciar determinado pedido de homologação de sentença arbitral estrangeira, o STF deparou-se com a necessidade de manifestar-se sobre a constitucionalidade da arbitragem, concluindo pela ausência de inconstitucionalidade. Segundo entendeu, não há inconstitucionalidade, pois a arbitragem é voluntária e decorre da livre manifestação de vontade de pessoas capazes em relação a direitos patrimoniais disponíveis[22].

A arbitragem, enfim, somente é constitucional, se for voluntária. Sendo obrigatória, ou seja, caso a lei imponha a arbitragem, aí tal imposição é inconstitucional, por ofensa ao disposto no art. 5.º, XXXV, da CF. Esta é a conclusão que se extrai do entendimento do STF, secundada pela grande maioria da doutrina brasileira[23].

Convém destacar que a Medida Provisória 2.221, de 2001, inseriu um art. 30-F à Lei 4.591, de 1964, para impor arbitragem obrigatória aos litígios decorrentes de contratos de incorporação imobiliária. Em virtude da forte resistência da comunidade jurídica e do alto risco da proclamação de inconstitucionalidade, tal dispositivo veio a ser revogado expressamente pela Lei 10.931, de 2004. Só se admite, enfim, a arbitragem voluntária, sendo inconstitucional a obrigatória.

5.4. Política pública de estímulo à solução consensual dos conflitos

O § 2.º do art. 3.º do CPC enuncia uma declaração legal de instituição de uma política pública. O dispositivo ratifica a Resolução 125, de 2010, do CNJ, que dispõe sobre a *política judiciária nacional de tratamento adequado dos conflitos de interesses no âmbito do Poder Judiciário.*

---

21 DIDIER JR., Fredie. *Curso de direito processual civil.* 16. ed. Salvador: JusPodivm, 2014. v. 1, p. 115-119.

22 STF, Pleno, SE 5.206 AgR, Rel. Min. Sepúlveda Pertence, *DJ* 30.04.2004, p. 29.

23 Conferir, a propósito, com amplas referências doutrinárias, SZKLAROWSKY, Leon Frejda. A arbitragem – uma visão crítica. *Revista de Processo,* São Paulo: RT, v. 212, p. 228-229, out. 2012.

Nos termos da citada resolução, cabe aos órgãos judiciários oferecer mecanismos de solução de controvérsias, em especial os chamados meios consensuais, como a mediação e conciliação, além de prestar atendimento e orientação ao cidadão. Na implementação dessa política judiciária nacional, serão observadas a centralização das estruturas judiciárias, a adequada formação e treinamento de servidores, conciliadores e mediadores, bem como o acompanhamento estatístico específico. O CNJ auxiliará os tribunais na organização dos serviços de mediação e conciliação, podendo ser firmadas parcerias com entidades públicas e privadas. A política nacional instituída pela mencionada resolução procura conferir tratamento adequado aos conflitos de interesses no âmbito do Poder Judiciário, preocupando-se com a qualidade dos serviços a serem oferecidos. Daí por que há regras explícitas sobre a capacitação dos mediadores e conciliadores.

A disciplina contida na Resolução 125, de 2010, do CNJ denota que a conciliação e mediação devem ser organizadas com a finalidade não de solucionar a crise de morosidade da Justiça, mas como um método para se dar tratamento mais adequado aos conflitos de interesses que ocorrem na sociedade[24].

Tais meios são *adequados* para solução de controvérsias. O problema é que, tradicionalmente, estabeleceu-se, no Brasil, um *excesso de litigância* ou uma *judicialização dos conflitos*, acarretando uma quantidade avassaladora de processos instaurados perante o Poder Judiciário. Só que, muitas vezes, a solução adjudicada pelo juiz estatal não é a mais adequada, com resultados insatisfatórios. É preciso estimular e orientar as pessoas a resolverem, por si próprias, seus conflitos, devendo o Judiciário, em algumas hipóteses, ser o meio *alternativo*[25].

5.5. Princípio do estímulo da solução por autocomposição

O § 2.º do art. 3.º do CPC dispõe que "o Estado promoverá, sempre que possível, a solução consensual dos conflitos". É possível construir daí a existência de um princípio do estímulo da solução por autocomposição, a orientar a atividade estatal na solução das disputas. Nem sempre será possível ou adequada a solução consensual. Daí o texto normativo valer-se da expressão "sempre que possível". Sendo possível, adequada ou recomendável, cumpre construir regras que contribuam para a obtenção da autocomposição.

---

[24] WATANABE, Kazuo. Política judiciária nacional de tratamento adequado dos conflitos de interesses: utilização dos meios alternativos de resolução de controvérsias. *O processo em perspectiva*: jornadas brasileiras de direito processual. São Paulo: RT, 2013. p. 243.

[25] CÂMARA, Alexandre Freitas. Mediação e conciliação na Res. 125 do CNJ e no projeto de Código de Processo Civil. *O processo em perspectiva*: jornadas brasileiras de direito processual. São Paulo: RT, 2013. p. 40.

Embora sirva para regular a solução jurisdicional do conflito, o CPC reforça a necessidade de se buscar a melhor e a mais adequada solução do conflito, que pode não ser necessariamente obtida pela decisão judicial. A partir do princípio do estímulo à solução por autocomposição, foram estruturadas regras que contribuem para a consecução de tal finalidade. Há, então, um capítulo inteiro sobre a mediação e a conciliação (arts. 165 a 175), em cujo âmbito estimula-se a autocomposição no âmbito da própria Administração Pública, com a previsão de instalação de câmaras administrativas de conciliação (art. 174). Ademais, o procedimento comum foi estruturado de modo a conter uma etapa inicial destinada à tentativa de autocomposição (arts. 334 e 695). Permitem-se os negócios processuais atípicos (art. 190), bem como a homologação judicial de acordo extrajudicial de qualquer natureza (art. 515, III; art. 725, VIII) e, bem ainda, que se inclua, no acordo judicial, matéria estranha ao objeto litigioso do processo (art. 515, § 2.º).

5.6. Dever de estímulo à solução consensual do conflito

O § 3.º do art. 3.º do CPC é uma norma promocional, aplicando-se tanto no âmbito judicial como no extrajudicial. Caberá aos magistrados, advogados e membros do Ministério Público, inclusive no curso do processo judicial, estimular o uso da conciliação, mediação e demais mecanismos consensuais de resolução de conflitos (a exemplo da negociação direta), sendo dever do Estado promover a solução consensual dos conflitos.

O Estado deverá *promover* o uso das *ADRs* e os profissionais da área jurídica deverão *estimular* o seu uso. Isso inclui um esforço de capacitação de pessoal, criação de estrutura física, esclarecimento da população e treinamento dos servidores e dos profissionais do meio jurídico em geral. Não apenas estimula o uso da *ADR* em âmbito judicial, mas também no âmbito extrajudicial, devendo ser conjugado com o art. 174, que estabelece que a União, os Estados, o Distrito Federal e os Municípios deverão criar câmaras de mediação e conciliação, com atribuições relacionadas à solução consensual de conflitos no âmbito administrativo.

Assim, há a construção de um verdadeiro sistema de resolução de disputas, composto pelo Poder Judiciário e por instituições públicas e privadas dedicadas ao desenvolvimento de mediação, conciliação e arbitragem. Por outro lado, abrem-se novas possibilidades de atuação para as profissões jurídicas: os advogados e defensores públicos terão de oferecer aos seus clientes *opções* e *caminhos* possíveis para a solução do seu conflito, dentro do dever profissional de esclarecimento.

A regra harmoniza-se com o disposto nos arts. 139, V, 359 e 784, IV, todos deste CPC, bem como com o art. 2.º, parágrafo único, VI, do Código de Ética da OAB e com o art. 4.º, II, da Lei Complementar 80, de 1994. Com efeito, o art. 139, V, do CPC reafirma o dever de estímulo à solução consensual, ao impor ao juiz a promoção, a qualquer tempo, da autocomposição, preferencialmente com auxílio de conciliadores e mediadores. O art. 784, IV, por sua vez, atribui a natureza de título executivo extrajudicial ao instrumento de acordo celebrado pelo Ministério Público, pela Defensoria Pública, pela Advocacia Pública, pelos advogados dos transatores ou por conciliador ou mediador credenciado pelo tribunal. Já o art. 2.º, parágrafo único, V, do Código de Ética e Disciplina da OAB impõe ao advogado o dever ético de "estimular a conciliação entre os litigantes, prevenindo, sempre que possível, a instauração de litígios". É função institucional da Defensoria Pública, nos termos do art. 4.º, II, da Lei Complementar 80/1994, a promoção, em caráter prioritário, da solução extrajudicial dos litígios, visando à composição entre as pessoas em conflito de interesses, por meio de mediação, conciliação, arbitragem e demais técnicas de composição e administração de conflitos.

5.7. Mediação e conciliação nos Juizados Especiais

A Lei 9.099, de 1995, que trata dos Juizados Especiais Cíveis, estimula a autocomposição, estabelecendo, em seu art. 2.º, que o processo deve buscar, sempre que possível, a conciliação ou a transação. Além disso, seu art. 3.º dispõe que o Juizado Especial Cível tem competência para *conciliação*, processo e julgamento das causas cíveis de menor complexidade, mencionando, no seu art. 7.º, a presença do conciliador como auxiliar do juiz. Seus arts. 21 e 22 tratam da conciliação.

Quando a Lei 9.099, de 1995, foi promulgada, era outra a noção que se tinha sobre a autocomposição. A partir de uma concepção mais democrática do acesso à justiça e da incorporação da necessidade de eficiência na atividade judicial, há, atualmente, importante mudança de conceito e orientação: o foco deixa de estar (apenas) no *julgamento* e passa para a efetiva *solução* do conflito.

A mediação e a conciliação não devem ser encaradas como medidas destinadas a desafogar o Poder Judiciário. Há disputas que são melhor e mais adequadamente resolvidas pela mediação, enquanto há outras que se resolvem mais apropriadamente pela conciliação, sendo certo que há outras ainda que só se resolvem mais adequadamente pelo julgamento realizado por um juiz. A mediação e a conciliação não devem ser encaradas como alternativas a quem não foi bafejado com as melhores condições de aguardar um desfecho demorado de um processo judicial. Constituem, na realidade, medidas aptas e adequadas a resolver conflitos em determinados casos. Há, efetivamente, casos que são melhores resolvidos por esses meios.

Os dispositivos da Lei 9.099, de 1995, que tratam da conciliação devem ser relidos para que se harmonizem com as normas do CPC relativas à conciliação e à mediação. No âmbito dos Juizados, não deve haver apenas a adoção da conciliação, mas também da mediação, sendo cada uma adotada nos casos em que for respectivamente adequada, com a observância dos princípios já referidos. A aplicação das normas relativas à mediação e à conciliação aos Juizados Especiais não implica a alteração no procedimento, que continua sendo regulado pelo conjunto das Leis 9.099, de 1995, 10.259, de 2001, e 12.153, de 2009.

6. PRINCÍPIOS DA DURAÇÃO RAZOÁVEL DO PROCESSO, DA EFETIVIDADE DA JURISDIÇÃO E DA PRIMAZIA DO JULGAMENTO DE MÉRITO

O art. 4.º do CPC, que não tem correspondente no CPC/1973, reproduz, em parte, o disposto no art. 5.º, LXXVIII, da Constituição Federal.

O dispositivo reproduz a previsão de que o processo deve ter duração razoável. Significa que um processo somente pode ser qualificado de devido, justo ou équo, se ostentar uma razoável duração. Aliás, passou a ser comum – tornando-se mesmo um *slogan* – dizer que um processo excessivamente demorado é um processo injusto, indevido, que não atende aos anseios do jurisdicionado, nem ao interesse público. O juiz e as partes, para que se atenda à exigência de duração razoável do processo, devem evitar e eliminar as dilações indevidas no curso do procedimento em contraditório, deixando de praticar atos inúteis, impertinentes e desnecessários. A necessidade de eliminar as dilações indevidas decorre do próprio devido processo legal, que garante um processo justo e efetivo.

Em virtude de previsões contidas em convenções internacionais, as Constituições de vários países já preveem, expressamente, o princípio da duração razoável dos processos ou o princípio do processo sem dilações indevidas. O que se revelava implícito na cláusula do *due process of law* passou a figurar como texto explícito em vários diplomas constitucionais. Segundo esclarece Luigi Paolo Comoglio, tal princípio tem em mira, substancialmente, a racionalização técnica dos mecanismos processuais e, igualmente, a economia da política judiciária, razão pela qual se impõe a adoção de meios (normativos ou instrumentais) que sejam oportunamente capazes de assegurar a máxima economia possível de atos, de recursos e de energia no exercício de direitos, poderes e deveres não somente no desenvolvimento do processo, mas também na administração da justiça[26].

A duração razoável não significa celeridade nem rapidez do processo. O processo há de ser adequado ao caso, com a realização de todos os atos necessários e suficientes à melhor solução possível. A depender do caso,

---

[26] COMOGLIO, Luigi Paolo. *Etica e tecnica del "giusto processo"*. Torino: Giappichelli, 2004. p. 89.

é possível que haja uma demora maior, em respeito ao contraditório e às demais garantias fundamentais do processo. O importante é que não haja dilações indevidas. A duração do processo deve ser *razoável*, e não rápida, expedita, célere, urgente. É preciso ajustar o procedimento às peculiaridades do caso, mantendo sua duração *razoável*, ou seja, adequada e compatível com a complexidade do caso. Não é razoável que um caso simples tenha a mesma duração que um caso complexo.

A litigância de massa é uma realidade dos tempos atuais. É preciso adaptar as regras processuais a essa realidade, com a criação de mecanismos específicos que permitam um tratamento conjunto dos processos, bem como conceber instrumentos que possibilitem um tratamento diferencial de demandas repetitivas, de acordo com suas características. O novo CPC prevê o julgamento de casos repetitivos mediante: (a) os recursos repetitivos; e (b) o incidente de resolução de demandas repetitivas (CPC, art. 928). Tais mecanismos acarretam a suspensão de todos os casos repetitivos até que seja fixada a tese pelo tribunal competente. Fixada a tese, todos os casos devem receber tratamento uniforme, simplificando, agilizando e uniformizando os julgamentos. As técnicas de aplicação de precedentes constituem, no tratamento das causas repetitivas, fator de duração razoável do processo. É preciso, para isso, que os órgãos jurisdicionais cumpram com os deveres de uniformidade, estabilidade, coerência e integridade previstos no art. 926.

O texto do art. 4.º do CPC estabelece que as partes têm direito de obter em prazo razoável "a solução integral do mérito". Além do princípio da duração razoável, pode-se construir do texto normativo também o princípio da primazia do julgamento do mérito, valendo dizer que as regras processuais que regem o processo civil brasileiro devem balizar-se pela preferência, pela precedência, pela prioridade, pelo primado da análise ou do julgamento do mérito.

O juiz deve, sempre que possível, superar os vícios, estimulando, viabilizando e permitindo sua correção ou sanação, a fim de que possa efetivamente examinar o mérito e resolver o conflito posto pelas partes. O princípio da primazia do exame do mérito abrange a instrumentalidade das formas, estimulando a correção ou sanação de vícios, bem como o aproveitamento dos atos processuais, com a colaboração mútua das partes e do juiz para que se viabilize a apreciação do mérito.

A decisão de mérito a ser proferida no processo deve ser fruto de uma comunidade de trabalho entre o juiz e as partes justamente porque, nos termos do art. 6.º do novo CPC, "todos os sujeitos do processo devem cooperar entre si para que se obtenha, em tempo razoável, decisão de mérito justa e efetiva". O processo deve ser cooperativo ou comparticipativo. Várias regras processuais são condições de aplicação do princípio da cooperação, dentre as quais as que exigem o atendimento de deveres pelas partes e, igualmente, pelo juiz. Um dos deveres que se atribui ao juiz é o de *prevenção*, consistente no convite ao aperfeiçoamento pelas partes de suas petições ou alegações. O juiz deve prevenir as partes de eventuais vícios, defeitos e incorreções que devem ser sanados, a fim de possibilitar o exame do mérito e a solução da disputa posta ao seu crivo.

Há várias disposições espalhadas pelo CPC que consistem em condições de aplicação do princípio da precedência do julgamento do mérito. O juiz deve aplicá-las, a fim de viabilizar, tanto quanto possível, o exame do mérito, concretizando o dever de prevenção, decorrente do princípio da cooperação.

Com efeito, incumbe ao juiz, de acordo com o art. 139, IX, "determinar o suprimento de pressupostos processuais e o saneamento de outros vícios processuais". Segundo disposto no § 2.º do art. 282, "quando puder decidir o mérito a favor da parte a quem aproveite a decretação da nulidade, o juiz não a pronunciará nem mandará repetir o ato ou suprir-lhe a falta". Nos termos do art. 317, "Antes de proferir decisão sem resolução de mérito, o juiz deverá conceder à parte oportunidade para, se possível, corrigir o vício". Nesse mesmo sentido, o § 2.º do art. 319 dispõe *que* "A petição inicial não será indeferida se, a despeito da falta de informações a que se refere o inciso II, for possível a citação do réu". Também nesse mesmo sentido, o art. 321 determina seja ordenada a intimação do autor para emendar a petição inicial, corrigindo-lhe os defeitos e evitando-se, assim, o seu indeferimento.

O art. 338 permite a correção da ilegitimidade passiva *ad causam* alegada pelo réu na contestação. Já o art. 352 assim dispõe: "verificando a existência de irregularidades ou vícios sanáveis, o juiz determinará sua correção em prazo nunca superior a trinta dias". O juiz deve, nos termos do § 1.º do art. 485, determinar a intimação da parte para praticar os atos ou diligências que lhe cabem, evitando, assim, a extinção do processo sem resolução do mérito. Extinto o processo sem resolução do mérito, a apelação interposta pelo autor confere ao juiz o poder de retratar-se em cinco dias (CPC, art. 485, § 7.º), com vistas ao exame do mérito. De acordo com o art. 488, "Desde que possível, o juiz resolverá o mérito sempre que a decisão for favorável à parte a quem aproveitaria o pronunciamento nos termos do art. 485".

No tribunal, o relator, antes de considerar inadmissível o recurso, concederá prazo de cinco dias ao recorrente para que seja sanado o vício ou complementada a documentação exigível (CPC, art. 932, parágrafo único). Também no tribunal, sendo constatada a ocorrência de vício sanável, inclusive o que possa ser conhecido do ofício, o relator determinará, nos termos do § 1.º do art. 938, a realização ou a renovação do ato processual, no próprio tribunal ou em primeiro grau; cumprida a diligência, prossegue-se, sempre que possível, no julgamento do recurso.

Postulada a rescisão de decisão substituída por decisão posterior, o autor será intimado para emendar a petição inicial, a fim de adequar o objeto da ação rescisória, daí se seguindo decisão de reconhecimento da incompetência do tribunal, com remessa dos autos ao tribunal competente para julgá-la (CPC, art. 968, § 5.º, II). Tanto a insuficiência como a ausência do preparo não implicam deserção imediata, devendo a parte ser intimada para suprir ou efetuar seu recolhimento (CPC, art. 1.007, §§ 2.º e 4.º). Mesmo sendo caso de nulidade da sentença, o tribunal deve, se a causa estiver em condições de imediato julgamento, decidir desde logo o mérito (CPC, art. 1.013, § 3.º, II e IV).

O STF e o STJ poderão desconsiderar vício formal de recurso tempestivo ou determinar sua correção, desde que não o reputem grave (CPC, art. 1.029, § 3.º). Se o recurso especial versar sobre questão constitucional, o STJ, em vez de inadmiti-lo, deverá intimar o recorrente para que o adapte a recurso extraordinário, remetendo-o, em seguida, ao STF (CPC, art. 1.032). Por sua vez, se o STF considerar reflexa a ofensa à Constituição afirmada no recurso extraordinário, haverá de remetê-lo ao STJ para que o julgue como recurso especial (CPC, art. 1.033).

Todos esses são exemplos de regras que concretizam o princípio da precedência do julgamento do mérito.

O texto normativo contido no art. 4.º do CPC também reforça a aplicação do princípio da efetividade, ao afirmar que as partes têm direito à solução integral do mérito, incluída a atividade satisfativa. Não basta que se profira uma sentença de mérito. É preciso que o direito, além de reconhecido, seja satisfeito, efetivado, cumprido. É preciso, enfim, que haja a efetiva entrega da prestação jurisdicional, com a implementação das medidas adequadas à plena satisfação do direito reconhecido.

7. PRINCÍPIO DA BOA-FÉ PROCESSUAL

É antiga a influência da boa-fé na formação dos institutos jurídicos. A boa-fé contém várias significações na dogmática jurídica. Algumas vezes pode ser um estado subjetivo resultante do conhecimento de certas circunstâncias, outras vezes pode se referir à aquisição de determinados direitos, como o de perceber frutos.

Tradicionalmente, a boa-fé era examinada no seu aspecto subjetivo, relacionado com a *intenção* dos sujeitos de direito. A análise feita sobre a boa-fé tinha por base o psiquismo do sujeito que praticasse o ato jurídico, investigando-se sua consciência e vontade de praticar um ato contrário ao direito. Essa, contudo, consiste na chamada boa-fé *subjetiva*, também conhecida como *boa-fé crença*, fundada no voluntarismo e no individualismo, sendo contraposta à má-fé.

Mais recentemente, a boa-fé passou também a ser considerada no aspecto *objetivo*, preocupando-se com o *comportamento* dos sujeitos de direito, evolvendo a prática de condutas probas, adequadas, coerentes, sem contradição, com um conteúdo ético mais acentuado. A boa-fé *objetiva* ou, simplesmente, *boa-fé lealdade* relaciona-se com a lealdade, honestidade e probidade com a qual a pessoa mantém em seu comportamento. A boa-fé subjetiva é, enfim, uma qualidade reportada ao sujeito, opondo-se à boa-fé objetiva, que traduz uma regra de comportamento[27].

A boa-fé objetiva é considerada norma, sendo, mais propriamente, um princípio. Em razão do princípio da boa-fé, a conduta há de ser coerente, e não contraditória, exigindo-se um conteúdo mais ético que evite a frustração de expectativas legítimas. Tal análise confinou-se, num momento inicial, no âmbito do direito privado, espraiando-se para o direito público, justamente porque a Administração Pública, de qualquer dos poderes, deve pautar-se pelo princípio da moralidade (CF, art. 37), que envolve a prática de condutas probas, adequadas, coerentes, sem contradição. A atividade administrativa há de se realizar por condutas com um conteúdo ético mais acentuado, não sendo compatível com a conduta contraditória, de modo a ser necessária a repressão ao *venire contra factum proprium*[28].

É conhecida a existência de três funções da boa-fé objetiva: a) função hermenêutica e integrativa; b) função limitadora do exercício de direitos subjetivos; c) função criadora de deveres jurídicos.

A incidência do princípio da boa-fé, no direito obrigacional, fez surgir deveres secundários, anexos ou instrumentais, diversos do dever principal de cumprir a prestação. Alguns desses deveres perduram mesmo depois do adimplemento da obrigação principal[29]. Os deveres anexos fundam-se na boa-fé e "[c]onsistem em indicações, atos de proteção, como o dever de afastar danos, atos de vigilância, de guarda, de cooperação, de assistência"[30]. São, enfim, deveres de indicação, de esclarecimento, de cooperação e de auxílio.

Na esteira dos estudos desenvolvidos no âmbito do direito privado e ampliados para o direito público, deve-se considerar a boa-fé como norma a ser observada também no processo. É preciso que, no processo, haja a presença da boa-fé objetiva. Os sujeitos processuais devem atuar com lealdade e retidão,

---

27 MENEZES CORDEIRO, António Manuel da Rocha e. *Da boa-fé no direito civil*. Coimbra: Almedina, 2001.

28 NOBRE JÚNIOR, Edilson Pereira. *O princípio da boa-fé e sua aplicação no direito administrativo brasileiro*. Porto Alegre: Fabris, 2002; FACCI, Lucio Picanço. *Administração Pública e segurança jurídica*: a tutela da confiança nas relações jurídico-administrativas. Porto Alegre: Fabris, 2015.

29 SILVA, Clóvis V. do Couto e. *A obrigação como processo*. Rio de Janeiro: FGV, 2007. p. 91-98.

30 Idem, p. 93.

colaborando para a prolação, em tempo razoável, da decisão de mérito. Em razão da boa-fé objetiva, proíbe-se o comportamento contraditório, não se permitindo que o sujeito pratique um ato que contradiga uma conduta anterior.

O princípio da boa-fé processual tem fundamento constitucional. Para Brunela Vieira de Vicenzi, é o art. 3.º, I, da Constituição Federal que estabelece como objetivo da República Federativa do Brasil a construção de uma sociedade livre, justa e solidária; do dever fundamental de solidariedade decorre o dever de agir com lealdade e não quebrar a confiança[31]. Nelson Rosenvald entende que a boa-fé objetiva decorre da proteção à dignidade da pessoa humana, conferida pelo art. 1.º, III, da Constituição Federal[32]. Para Menezes Cordeiro, agir de acordo com a boa-fé resulta do direito fundamental à igualdade[33]. Segundo Antonio do Passo Cabral, o fundamento da boa-fé processual é o princípio do contraditório[34]. Para o STF, o fundamento da boa-fé processual é o devido processo legal[35-36].

A boa-fé é princípio direcionado a todos os sujeitos que de algum modo participem do processo. Não importa a qualidade do sujeito processual. Seja ele parcial, seja ele imparcial, deve respeitar a boa-fé, atuando com lealdade. Os deveres decorrentes da boa-fé objetiva devem ser observados por todos[37].

Todos os que atuam no processo devem, enfim, observar o princípio da boa-fé, atuando com lealdade e com respeito à confiança legítima. Não somente as partes, mas também o juiz[38], o membro do Ministério Público, os auxiliares da justiça, enfim, todos devem atuar com boa-fé e lealdade processuais.

---

31 VICENZI, Brunela Vieira de. *A boa-fé no processo civil.* São Paulo: Atlas, 2003. p. 163.

32 ROSENVALD, Nelson. *Dignidade humana e boa-fé no Código Civil.* São Paulo: Saraiva, 2005. p. 186 e ss.

33 MENEZES CORDEIRO, António Manuel da Rocha e. *Litigância de má-fé, abuso do direito de acção e culpa* in agendo. Coimbra: Almedina, 2006. p. 51.

34 CABRAL, Antonio do Passo. O contraditório como dever e a boa-fé processual objetiva. *Revista de Processo,* São Paulo: RT, v. 126, p. 59-81, ago. 2005.

35 STF, 2.ª Turma, RE 464.963/GO, Rel. Min. Gilmar Mendes, *DJ* 30.06.2006; STF, 2.ª Turma, AI 529.733/RS, Rel. Min. Gilmar Mendes, *DJ* 1.º.12.2006 (MACÊDO, Lucas Buril de. A concretização direta da cláusula geral do devido processo legal processual no Supremo Tribunal Federal e no Superior Tribunal de Justiça. *Revista de Processo,* São Paulo: RT, v. 216, p. 395-396, fev. 2013).

36 Para análise mais detalhada do tema: DIDIER JR., Fredie. *Fundamentos...* cit., p. 86-90; *Curso...* cit., p. 77-79.

37 SILVA, Paula Costa e. O processo e as situações jurídicas processuais. In: DIDIER JR., Fredie; JORDÃO, Eduardo Ferreira (Coord.). *Teoria do processo*: panorama doutrinário mundial. Salvador: JusPodivm, 2008. p. 784.

38 Nesse sentido, o Enunciado 375 do Fórum Permanente de Processualistas Civis: "O órgão jurisdicional também deve comportar-se de acordo com a boa-fé objetiva".

O disposto no art. 5.º do CPC[39] é uma *cláusula geral*, pois seu consequente normativo é indeterminado; cabe ao juiz ditar a consequência no caso concreto. "Boa-fé" é um exemplo de cláusula geral. O juiz vai construir a norma específica e *determinar* seu alcance no caso concreto, estabelecendo qual a consequência do seu descumprimento: invalidação do ato, sua desconsideração, imposição de uma multa ou outra sanção, enfim, a consequência será estabelecida, concretamente, pelo juiz.

Quando o juiz aplica a boa-fé e estabelece seu consequente normativo, a decisão integra a norma jurídica abstrata. Nesse caso, a decisão constrói a norma concreta a partir da determinação ou concretização de conceito indeterminado contido no enunciado normativo. Para que esteja fundamentada, é preciso que o juiz explique o motivo concreto de sua incidência no caso. Não basta ao juiz dizer, por exemplo, que a situação está de acordo ou não com a boa-fé. Cumpre-lhe explicar o motivo concreto de haver ou não boa-fé. Na fundamentação da sentença, o juiz *especificará de que modo concretizou a boa-fé, sob pena de nulidade, por vício na motivação* (art. 489, § 1.º, II).

O princípio da boa-fé desempenha uma função hermenêutica, servindo para interpretação de atos processuais. É por isso que a interpretação do pedido deve observar a boa-fé objetiva (CPC, art. 322, § 2.º). De igual modo, a decisão deve ser interpretada em conformidade com o princípio da boa-fé (CPC, art. 489, § 3.º). Além disso, o comportamento das partes, no processo ou fora dele, pode, de algum modo, influenciar no convencimento do juiz[40].

O comportamento leal, coerente e transparente, imposto pela boa-fé objetiva, deve ser observado em negócios celebrados em juízo[41]. O princípio da boa-fé processual há de ser observado não somente nos acordos ou transações sobre o objeto litigioso (CPC, art. 487, III, *b*), mas também nos negócios processuais (CPC, art. 190). Aplica-se o disposto no art. 422 do Código Civil.

Do princípio da boa-fé deriva a vedação a comportamentos contraditórios, que consiste na chamada proibição do *venire contra factum proprium*. Não há uma proibição genérica a comportamentos contraditórios. É preciso que tenha havido uma conduta de um dos sujeitos que gerou, na mesma situação

---

39 Nos termos do Enunciado 374 do Fórum Permanente de Processualistas Civis: "O art. 5.º prevê a boa-fé objetiva".

40 Nesse sentido, o Enunciado 378 do Fórum Permanente de Processualistas Civis: "A boa-fé processual orienta a interpretação da postulação e da sentença, permite a reprimenda do abuso de direito processual e das condutas dolosas de todos os sujeitos processuais e veda os comportamentos contraditórios".

41 Nesse sentido, o Enunciado 6 do Fórum Permanente de Processualistas Civis: "O negócio jurídico processual não pode afastar os deveres inerentes à boa-fé e à cooperação".

jurídica ou em situações jurídicas coligadas, uma expectativa legítima no outro sujeito, vindo tal expectativa a ser frustrada por uma segunda conduta. Esta última é, isoladamente considerada, lícita e conforme o direito, mas, uma vez ligada ao caso concreto, torna-se ilícita. Se esta última conduta contradiz a conduta anterior que causou expectativa legítima na parte contrária e lhe acarretou prejuízos, há de ser considerada ilícita[42].

Como já decidiu o STJ, "[e]m direito processual, é vedado às partes a adoção de comportamentos contraditórios (*nemo venire contra factum proprium*)"[43]. No mesmo sentido: "A relação processual é pautada pelo princípio da boa-fé objetiva, da qual deriva o subprincípio da vedação do *venire contra factum proprium* (proibição de comportamentos contraditórios). Assim, diante de um tal comportamento sinuoso, não dado é reconhecer-se a nulidade"[44]. Há, no CPC, *venire contra factum proprium* quando a parte pede a invalidação de ato a cujo defeito deu causa (CPC, art. 276). Também constitui um *venire contra factum proprium*, "[...] quando o juiz, indeferindo a produção de provas requerida, julga antecipadamente a lide, e a pretensão veiculada é considerada improcedente justamente porque a parte não comprovou suas alegações"[45]. Aplica-se também a proibição do *venire contra factum proprium* na vedação do recurso contra uma decisão que se aceitara (CPC, art. 1.000). Outro exemplo seria a impugnação da legitimidade ativa, já aceita em processo anterior[46].

O dever de lealdade é consequência do princípio da boa-fé processual. Tal dever é imputado a todos os sujeitos do processo. O órgão jurisdicional tem o dever de lealdade[47]. As partes também. É por isso que as partes não podem litigar de má-fé (CPC, arts. 79 a 81). O princípio da boa-fé proíbe o abuso de direito no processo. Daí o abuso do direito de recorrer ser hipótese de litigância de má-fé (CPC, art. 80, VII). Do princípio da boa-fé processual decorrem os deveres de cooperação entre os sujeitos do processo.

---

42 ASTONE, Francesco. *Venire contra factum proprium*. Napoli: Jovene, 2006. p. 79-80.

43 STJ, 6.ª Turma, HC 206.706/RR, Rel. Min. Og Fernandes, *DJe* 21.03.2012.

44 STJ, 6.ª Turma, RHC 34.932/GO, Rel. Min. Maria Thereza de Assis Moura, *DJe* 02.05.2014.

45 STJ, 1.ª Turma, AgRg nos EDcl no REsp 1.136.780/SP, Rel. Min. Luiz Fux, *DJe* 03.08.2010. Vale conferir, nesse sentido, o Enunciado 377 do Fórum Permanente dos Processualistas Civis: "A boa-fé objetiva impede que o julgador profira, sem motivar a alteração, decisões diferentes sobre uma mesma questão de fato análogas, ainda que em processos distintos".

46 Exemplo dado por Joan Picó i Junoy, citado por DIDIER JR., Fredie. *Curso*... cit., nota de rodapé n. 91, p. 76.

47 Veja-se, a propósito, o Enunciado 376 do Fórum Permanente de Processualistas Civis: "A vedação do comportamento contraditório aplica-se ao órgão jurisdicional".

8. O PRINCÍPIO DA COOPERAÇÃO E O MODELO COLABORATIVO DE PROCESSO

A cooperação decorre da boa-fé. O art. 6.º do CPC é um corolário do seu art. 5.º. O conjunto de tais dispositivos contempla o dever de cooperação e, igualmente, os de boa-fé e lealdade processuais.

O processo compõe-se de um conjunto de atos destinados a uma finalidade, que é a obtenção de uma sentença de mérito. O desenvolvimento desses atos, polarizado pela sentença de mérito, está condicionado por normas fundamentais. O princípio da boa-fé impõe deveres a serem cumpridos pelos sujeitos do processo, entre os quais se incluem os deveres de cooperação. As partes devem, então, cooperar para que sejam observadas as garantias fundamentais do processo (com o que se terá uma decisão justa); não devem provocar dilações indevidas, atuando com boa-fé e com lealdade para que o processo tenha uma duração razoável e seja efetivo, conferindo solução adequada à disputa[48]. As partes, o juiz (CPC, art. 139, II), os intervenientes, os auxiliares da justiça, enfim, todos devem cooperar entre si para que o processo realize sua função em prazo razoável.

Os deveres de cooperação podem ser divididos em deveres de *esclarecimento, lealdade* e de *proteção*[49]. Há quem os divida em deveres de esclarecimento, prevenção, consulta e auxílio[50].

O dever de esclarecimento aplica-se às partes (a petição inicial deve ser coerente e conter clareza, sob pena de inépcia – art. 330, § 1.º, I, II, III e IV), bem como ao órgão jurisdicional, que deve esclarecer-se junto das partes a respeito das dúvidas que tenha sobre suas alegações, pedidos ou posições em juízo, com o objetivo de evitar decisões que se baseiem em premissas falsas ou equivocadas. Em razão do dever de esclarecimento, é possível haver interrogatório informal das partes, que não se confunde com o depoimento pessoal. Realmente, o juiz, para esclarecer-se melhor, pode determinar, a qualquer tempo, o comparecimento pessoal das partes, para inquiri-las sobre os fatos da causa, hipótese em que não incidirá a pena de confesso (CPC, art. 139, VIII). O juiz não deve apenas esclarecer-se junto das partes, tendo também

---

[48] A propósito, eis o teor do Enunciado 373 do Fórum Permanente de Processualistas Civis: "As partes devem cooperar entre si; devem atuar com ética e lealdade, agindo de modo a evitar a ocorrência de vícios que extingam o processo sem resolução do mérito e cumprindo com deveres mútuos de esclarecimento e transparência".

[49] MENEZES CORDEIRO, António Manuel da Rocha e. *Da boa-fé no direito civil* cit., p. 604; VASCONCELOS, Pedro Pais. *Contratos atípicos.* Coimbra: Almedina, 1995. p. 405.

[50] SOUSA, Miguel Teixeira de. *Estudos sobre o novo processo civil.* 2. ed. Lisboa: Lex, 1997. p. 62-67; MITIDIERO, Daniel. *Colaboração no processo civil...* cit.

o dever de esclarecer seus pronunciamentos para as partes, dever esse que se relaciona com um outro dever: o de fundamentar suas decisões. Enfim, o órgão jurisdicional tem o dever de se esclarecer junto das partes e estas têm o dever de esclarecê-lo. Significa que o *dever de esclarecimento* é recíproco.

Por sua vez, o dever de prevenção consiste no convite, feito pelo juiz ou tribunal, ao aperfeiçoamento pelas partes de suas petições ou alegações. Não se trata de um dever recíproco. É um dever do órgão jurisdicional para com as partes. O dever de prevenção

> [...] vale genericamente para todas as situações em que o êxito da acção a favor de qualquer das partes possa ser frustrado pelo uso inadequado do processo. São quatro as áreas fundamentais em que a chamada de atenção decorrente do dever de prevenção se justifica: a explicitação de pedidos pouco claros, o carácter lacunar da exposição dos factos relevantes, a necessidade de adequar o pedido formulado à situação concreta e a sugestão de uma certa actuação. Assim, por exemplo, o tribunal tem o dever de sugerir a especificação de um pedido indeterminado, de solicitar a individualização das parcelas de um montante que só é globalmente indicado, de referir as lacunas na descrição de um facto, de se esclarecer sobre se a parte desistiu do depoimento de uma testemunha indicada ou apenas se esqueceu dela e de convidar a parte a provocar a intervenção de um terceiro[51].

O CPC, em diversos dispositivos (arts. 76, 317, 932, parágrafo único, 1.017, § 3.º, e 1.029, § 3.º), concretiza o dever de prevenção, reforçando o modelo cooperativo adotado no sistema brasileiro.

Já o *dever de consulta* impõe ao juiz ou tribunal dar às partes a oportunidade de manifestação sobre qualquer questão de fato ou de direito. O juiz, antes de se pronunciar sobre qualquer questão, ainda que seja de conhecimento oficioso, deve dar oportunidade à prévia discussão pelas partes, evitando, desse modo, as chamadas "decisões surpresa". O dever de consulta está expressamente consagrado no art. 10 do CPC.

O órgão jurisdicional tem o *dever de auxiliar* as partes na eliminação ou superação de obstáculos ou dificuldades que impeçam o exercício de direitos ou faculdades ou, ainda, o cumprimento de ônus ou deveres processuais. Deve, portanto, o juiz providenciar a remoção de obstáculo à obtenção de um documento ou informação que seja indispensável para a prática de um ato processual[52]. É o que ocorre, por exemplo, na hipótese prevista no § 1.º do art. 319

---

51 SOUSA, Miguel Teixeira de. *Estudos*... cit., p. 66.

52 SOUSA, Miguel Teixeira de. *Estudos*... cit., p. 67.

do CPC: "Caso não disponha das informações previstas no inciso II, poderá o autor, na petição inicial, requerer ao juiz diligências necessárias a sua obtenção".

Cooperar entre si não é unir-se à parte contrária, ajudá-la, mostrar-lhe simpatia, contribuir para sua atuação. Não se está diante de um compadrio ou de uma reunião de amigos. O termo *cooperar* pode causar essa falsa impressão. É por isso que há quem critique a cooperação no processo, afirmando ser uma utopia, um surrealismo ou uma ingenuidade. Em crítica aos deveres de cooperação no processo, já se chegou a dizer que,

> [...] quando os conflitos chegam a tribunal, estando as partes por via de regra em posições já extremadas, querendo cada uma delas, em termos estratégicos, uma decisão que lhe seja favorável, pretendemos rasurar ou iludir o antagonismo e fingimos que somos todos amigos, que o processo é um alegre passeio de jardim que as partes dão de mãos dadas, na companhia do juiz[53].

Não é esse o sentido dogmático dos deveres de cooperação.

Como já anotado, os deveres de cooperação surgiram no direito obrigacional, não eliminando a existência de interesses contrapostos entre os contratantes. Tais deveres destinam-se a regular melhor o comportamento dos sujeitos envolvidos, evitando abusos de direito e tornando mais leal e mais ética a busca pelo resultado a ser obtido com o processo, seja ele obrigacional, seja ele jurisdicional.

O art. 6.º do CPC prevê o princípio da cooperação, que tem por fundamento os princípios do contraditório, da boa-fé processual e do devido processo legal. Tais princípios fazem o juiz também sujeito do contraditório. O princípio da cooperação consolidou-se a partir do redimensionamento do princípio do contraditório. A participação propiciada pelo contraditório serve não apenas para que cada litigante possa influenciar a decisão, mas também para viabilizar a colaboração das partes com o exercício da atividade jurisdicional. Em razão do contraditório, a atividade jurisdicional deve pautar-se num esquema dialógico, de modo a exigir que o juiz exerça a jurisdição com o auxílio das partes.

A decisão judicial não deve ser fruto de um trabalho exclusivo do juiz, mas resultado de uma atividade conjunta, em que há interações constantes entre diversos sujeitos que atuam no processo. Às partes confere-se oportunidade de participar da formação da decisão do juiz, suportando as consequências desfavoráveis do próprio comportamento inerte e negligente. Em razão do princípio da cooperação, o juiz deixa de ser o autor único e solitário

---

53 MENDONÇA, Luís Correia de. O vírus autoritário. *Julgar*. Lisboa: Associação Sindical dos Juízes Portugueses, 2007. n. 1, p. 90.

de suas decisões. A sentença e, de resto, as decisões judiciais passam a ser fruto de uma atividade conjunta. A aplicação do princípio da cooperação acarreta um redimensionamento da máxima *iura novit curia,* porquanto ao juiz cabe pronunciar-se sobre a norma jurídica a ser aplicada ao caso depois de realizar o necessário diálogo com as parte[54].

Ao juiz cabe aplicar o direito ao caso concreto, mas se lhe impõe, antes de promover tal aplicação, *consultar* previamente as partes, colhendo suas manifestações a respeito do assunto. A cooperação impõe deveres para todos os intervenientes processuais, a fim de que se produza, no âmbito do processo civil, uma "eticização" semelhante à que já se obteve no direito material, com a consagração de cláusulas gerais como as da boa-fé e do abuso de direito. O princípio da cooperação destina-se, enfim, a transformar o processo civil numa "comunidade de trabalho"[55], potencializando o franco diálogo entre todos os sujeitos processuais, a fim de se alcançar a solução mais adequada e justa ao caso concreto[56].

O processo, diante disso, deve ser entendido como uma "comunidade de comunicação", desenvolvendo-se por um diálogo pelo qual se permite uma discussão a respeito de todos os aspectos de fato e de direito considerados relevantes para a decisão da causa[57]. Ao longo de todo o procedimento, deve haver um debate, voltando-se também para o juiz e para todos os agentes estatais no processo.

O art. 6.º do CPC exige a cooperação de todos os sujeitos processuais entre si. Os deveres de cooperação devem estar presentes em todas as situações jurídicas que compõem o processo, seja entre autor e réu, seja entre autor e juiz, seja entre juiz e réu, seja entre juiz e perito, seja entre autor, juiz e réu etc. A necessidade de participação, que está presente na democracia contemporânea, constitui o fundamento do princípio da cooperação. O princípio da cooperação consagra um novo modelo de processo, que é o processo típico do Estado Democrático de Direito[58].

O princípio da cooperação estabelece como o processo civil deve estruturar-se no sistema brasileiro. A cooperação é um princípio que traz consigo um novo modelo de processo[59]. O modelo cooperativo afasta-se da ideia

---

[54] TROCKER, Nicolò. *Processo civile e costituzione*: problemi di diritto tedesco e italiano. Milano: Giuffrè, 1974. p. 683-684.

[55] SOUSA, Miguel Teixeira de. *Estudos*... cit., p. 62.

[56] GERALDES, António Santos Abrantes. *Temas da reforma do processo civil.* 2. ed. Coimbra: Almedina, 2006. v. 1, p. 88.

[57] SILVA, Paula Costa e. *Acto e processo.* Coimbra: Coimbra Editora, 2003. p. 578-579.

[58] BARREIROS, Lorena Miranda. *Fundamentos constitucionais do princípio da cooperação processual.* Salvador: JusPodivm, 2013.

[59] MITIDIERO, Daniel. *Colaboração no processo civil*... cit.; DIDIER JR., Fredie *Fundamentos*... cit.; BARREIROS, Lorena Miranda. *Fundamentos constitucionais do princípio da cooperação processual.* Salvador: JusPodivm, 2013; PEIXOTO, Ravi.

liberal do processo, que tem um juiz passivo, responsável por arbitrar uma "luta" ou "guerra" entre as partes. O modelo cooperativo também se afasta da ideia de um processo autoritário, em que o juiz tem uma postura solipsista, com amplos poderes. Não se está diante de um processo cuja condução é determinada pela vontade das partes (processo dispositivo ou liberal), nem se está diante de uma condução inquisitorial do processo.

O que há é uma condução cooperativa, com uma comunidade de trabalho, sem destaques para qualquer um dos sujeitos processuais. Há, em outras palavras, uma comparticipação[60]. O processo é, enfim, cooperativo. A paridade ou isonomia existe no momento da investigação, do conhecimento, da atividade desenvolvida ao longo do procedimento. A decisão é do juiz, mas é fruto de atividade processual em cooperação. Daí dizer que há paridade na condução do processo, mas assimetria na decisão[61].

O modelo cooperativo impõe deveres de condutas para todos os sujeitos processuais. As partes têm direitos, faculdades e ônus, mas também têm deveres a serem cumpridos. O juiz tem poderes processuais, mas também deveres ou poderes-deveres, que o fazem sujeito do contraditório[62].

9. PRINCÍPIO DA IGUALDADE

O art. 7.º do novo CPC brasileiro contém duas partes. A primeira consagra a aplicação do princípio da igualdade no processo, assegurando às partes paridade de tratamento. Já a segunda impõe ao juiz o dever de zelar pelo efetivo contraditório, reequilibrando as desigualdades eventualmente existentes no processo. A disposição concretiza os princípios da igualdade e do contraditório.

A igualdade processual é assegurada na "paridade de armas" (igualdade formal) e no "equilíbrio processual" (igualdade material). O contraditório há de ser exercido pelas partes em igualdade de condições.

O dispositivo é complementado pelo texto do art. 139, I, do CPC, segundo o qual cabe ao juiz assegurar às partes igualdade de tratamento. Ao juiz se impõe o dever de garantir a igualdade. O juiz deve conferir às partes igualdade de oportunidades, para que, exercendo o contraditório, possam ter a chance de tentar

---

Rumo à construção de um processo cooperativo. *Revista de Processo*, São Paulo: RT, v. 219, p. 93, maio 2013.

60 NUNES, Dierle José Coelho. *Processo jurisdicional democrático*. Curitiba: Juruá, 2008.

61 MITIDIERO, Daniel. *Colaboração no processo civil*... cit., p. 101-103.

62 CABRAL, Antonio do Passo. *Nulidades no processo moderno*. 2. ed. Rio de Janeiro: Forense, 2010. n. 5.1.3.2, p. 227-229.

participar do seu convencimento, trazendo os elementos necessários e suficientes a demonstrar o acerto da respectiva tese ou defesa. Com isso, a imparcialidade é reforçada. A passividade do juiz, diante de uma situação de desequilíbrio ou de desigualdade processual, pode configurar uma parcialidade. Em casos assim, é preciso que o juiz intervenha para reequilibrar a situação, em reforço à sua imparcialidade.

Ao juiz cabe garantir o "equilíbrio processual", procedendo a adequações em situações excepcionais, com vistas a assegurar a igualdade. Nesse sentido, o juiz deve, com fundamento no art. 139, VI, do CPC, "dilatar os prazos processuais", reequilibrando o contraditório em casos em que a parte contrária apresenta excessiva quantidade de documentos, sendo insuficiente o prazo legalmente previsto para sobre eles a parte manifestar-se.

Há regras, no processo, que se apresentam diferenciadas, com vistas a alcançar equilíbrio e adaptar-se às peculiaridades daquela parte que detém uma nota marcante e diferenciada em relação às demais. Daí por que se confere um curador ao réu preso revel, bem como ao réu revel citado por edital ou com hora certa, enquanto não for constituído advogado (CPC, art. 72, II). De igual modo, confere-se curador ao incapaz, se não tiver representante legal ou se os interesses deste colidirem com os daquele, enquanto durar a incapacidade (CPC, art. 72, I). Algumas pessoas não podem, por sua condição, ser citadas por via postal (CPC, art. 247, II, III e IV). Havendo interesse de incapaz, confere-se tratamento diferenciado, exigindo-se a intervenção obrigatória do Ministério Público como fiscal da ordem jurídica (CPC, art. 178, II), a quem se conferem ônus e poderes para requerer diligências e provas que poderão beneficiar o incapaz (CPC, art. 179, II) com prazo em dobro para suas manifestações (CPC, art. 180). Nesse mesmo sentido, há regras especiais conferidas à Fazenda Pública entre as quais se sobressaem a remessa necessária (CPC, art. 496) e a prerrogativa de prazos diferenciados com intimação pessoal (CPC, art. 183). Há regras especiais de competência territorial que se destinam a beneficiar vulneráveis (CPC, art. 53, I, II e III, *e*) e de tramitação prioritária de processos que tenham idosos ou portadores de doença grave como parte ou interessado (CPC, art. 1.048).

O art. 926 do CPC estabelece o dever de os tribunais tutelarem a segurança jurídica, uniformizando sua jurisprudência e mantendo-a estável, íntegra e coerente. Além de concretizar a segurança jurídica, o dever de o tribunal uniformizar sua jurisprudência e observá-la constitui manifestação do princípio da igualdade. Em respeito à própria igualdade, o juiz ou tribunal, ao decidir caso peculiar ou que mereça solução diversa, poderá deixar de seguir o precedente, a súmula ou a jurisprudência firmada em torno do tema, desde que faça a distinção, demonstrando que o caso não se ajusta às razões determinantes que levaram à formação daquele entendimento (CPC, art. 489, § 1.º, VI).

10. OS DIVERSOS PRINCÍPIOS PREVISTOS NO ART. 8.º DO CPC

O art. 8.º do novo CPC contém uma norma sobre interpretação, fornecendo diretivas aos intérpretes de *como* eles devem interpretar. Interpretar é um ato de atribuir sentido ao texto normativo. É possível que o legislador forneça critérios para a atividade interpretativa. Tome-se como exemplo o disposto no art. 5.º da Lei de Introdução às Normas do Direito Brasileiro - LINDB, que assim enuncia: "Na aplicação da lei, o juiz atenderá aos fins sociais a que ela se dirige e às exigências do bem comum". O art. 8.º do CPC reproduziu esse enunciado normativo, substituindo o termo "lei" por "ordenamento jurídico". Há uma pretensão de atualidade no dispositivo.

Além dessa substituição de *lei* por *ordenamento jurídico*, o dispositivo refere-se à dignidade da pessoa humana, bem como à proporcionalidade e à razoabilidade. No texto originário do anteprojeto, tal dispositivo também reproduzia os princípios a que alude o art. 37 da Constituição Federal. Durante a tramitação do projeto no Congresso Nacional, foram suprimidas as referências à impessoalidade e à moralidade, pois a impessoalidade já está contida na exigência de imparcialidade (inerente ao devido processo legal), e a moralidade insere-se no princípio da boa-fé processual, previsto no art. 5.º.

O art. 8.º do CPC aglutina, no texto normativo, sintagmas e expressões de épocas diversas. Como dito, o art. 8.º do CPC reproduz o art. 5.º da LINDB, cujo teor tem sido objeto, ao longo dos tempos, de várias críticas. A doutrina converge em afirmar que o art. 5.º da LINDB consagra a interpretação teleológica; os "fins sociais" denotam a finalidade a ser buscada na interpretação. Já o termo "bem comum" é anacrônico, contido num diploma legal editado em 1942, em pleno Estado Novo, não sendo compatível com a época contemporânea nem com o conjunto das normas atualmente em vigor.

As diversas normas consagradas no CPC conferem grande relevância à vontade e à atuação das partes no processo, a exemplo do princípio da boa-fé processual, do princípio da cooperação, das regras que concretizam o contraditório e do princípio do respeito ao autorregramento da vontade (CPC, art. 190). De todo modo, trata-se de regra de decisão, e não de regra de processo.

O art. 8.º exige do órgão julgador o resguardo e a promoção da dignidade da pessoa humana, que constitui um dos fundamentos da República e um direito fundamental. A dignidade da pessoa humana é desenvolvida pelos direitos fundamentais[63]. Os direitos fundamentais são a própria concretização

---

[63] HESSE, Konrad. *Elementos de direito constitucional da República Federal da Alemanha*. Trad. Luís Afonso Heck. Porto Alegre: Fabris, 1998. p. 244.

da dignidade humana[64]. Por isso "direitos fundamentais são os direitos do ser humano, reconhecidos e positivados na esfera constitucional de determinado Estado, motivando-se numa pretensão geral de respeito e proteção à dignidade da pessoa humana"[65].

Cabe ao juiz *resguardar* a dignidade humana, aplicando-a adequadamente para impedir sua violação, não permitindo, por exemplo, depoimento sob tortura ou coação. Também lhe cabe *promover* a dignidade humana, como, por exemplo, conferir prioridade de tramitação processual a quem seja portador de doença grave que não conste do rol do art. 1.048, I, do CPC. Ao promover a dignidade humana, o juiz interfere no processo. A promoção judicial da dignidade humana impõe fundamentação adequada e específica (CPC, art. 489, § 1.º, I e II). Por ser a *liberdade* um direito fundamental que consiste numa das dimensões da dignidade humana e por ter o CPC prestigiado a autonomia da vontade das partes (art. 190), a promoção judicial da dignidade humana encontra limite no exercício do poder de autorregramento processual das partes, que podem não querer aceitar um comportamento mais ativo do órgão julgador.

A aplicação, no processo, da dignidade humana coincide com a aplicação do devido processo legal. Um processo devido, adequado, eficiente, justo, équo, é um processo que atende à dignidade humana, conferindo tratamento digno às partes e aos demais sujeitos processuais. Um processo em que se assegurem o contraditório, a boa-fé, a imparcialidade, a publicidade, a exigência de fundamentação e, enfim, que respeite as garantias fundamentais do processo atende à dignidade humana.

Em vários dispositivos, o CPC preocupou-se com a dignidade humana. Assim, por exemplo, o disposto no art. 199, que assegura às pessoas com deficiência a acessibilidade aos meios eletrônicos de comunicação processual e aos sítios na rede mundial de computadores; de igual modo, a proibição de perguntas vexatórias à testemunha (CPC, art. 459, § 2.º); bem como a impenhorabilidade de alguns bens (CPC, art. 833); e, bem ainda, a tramitação prioritária de processos que tenham como parte ou interveniente pessoa idosa ou portadora de doença grave (CPC, art. 1.048, I). Além desses e de outros exemplos aqui não citados, as hipóteses previstas no art. 244 do CPC, que vedam a citação nas situações ali indicadas, destinam-se a resguardar a dignidade humana.

---

[64] ANDRADE, José Carlos Vieira de. *Os direitos fundamentais na Constituição Portuguesa de 1976*. 2. ed. Coimbra: Almedina, 2004. p. 101 e ss.

[65] BOTELHO, Guilherme. *Direito ao processo qualificado*: o processo civil na perspectiva do Estado Constitucional. Porto Alegre: Livraria do Advogado, 2010. p. 89.

O dispositivo ainda se refere ao princípio da legalidade. A clássica separação de poderes fez consolidar os princípio da legalidade e da reserva da lei, expressões que possuem, cada vez mais, um sentido diferente do seu significado originário. A legalidade determina que as situações jurídicas sejam estabelecidas mediante a lei, principal fonte do direito por muito tempo. Atualmente, é mais adequado utilizar a expressão *juridicidade,* em vez de *legalidade.* A lei não é *a* fonte do Direito, mas apenas *uma* delas. O Direito deve conformar-se ao *ordenamento jurídico*, tendo a Constituição como a principal fonte. A expressão "princípio da constitucionalidade" também é mais adequada do que "princípio da legalidade". Considerando que o ordenamento compõe-se da Constituição, das leis, de negócios jurídicos, de atos infralegais, o mais adequado mesmo seria o termo "princípio da juridicidade". O CPC, embora no art. 8.º refira-se ao "princípio da legalidade", considera que o paradigma não é mais a lei, e sim o ordenamento jurídico. Não é sem razão que o art. 8.º, ao reproduzir o art. 5.º do Decreto-lei 4.657, de 1942, não utilizou a expressão "aplicar a lei", mas "aplicar o ordenamento jurídico". Em outros enunciados normativos, o CPC substituiu o termo "lei" por "ordem jurídica" ou "ordenamento jurídico".

Enquanto o art. 6.º do CPC/1973 previa que a substituição processual só seria possível se estivesse autorizada "por lei", o art. 18 do novo CPC utiliza-se da expressão "ordenamento jurídico". O art. 126 do CPC/1973 referia-se à lacuna ou obscuridade da "lei", ao passo que o art. 140 do CPC/2015 menciona a lacuna ou obscuridade do "ordenamento jurídico". O Ministério Público não é mais "fiscal da lei", passando a ser identificado como "fiscal da ordem jurídica". Não é mais cabível ação rescisória por violação à "literal disposição da lei", mas por violação à "norma jurídica".

Quando o art. 8.º alude a "princípio da legalidade", está a exigir, em verdade, que o juiz julgue em conformidade com o Direito, com o ordenamento jurídico, com o sistema normativo aplicável ao caso, devendo realizar o controle de constitucionalidade e não aplicar lei inconstitucional. A observância ao princípio da legalidade não significa que a intepretação do texto normativo deva ser literal. Muitas vezes, a interpretação literal é a menos adequada ou a que não satisfaz a situação. Aliás, o art. 8.º, ao determinar que o juiz atenda aos fins sociais e às exigências do bem comum, observando a proporcionalidade e a razoabilidade, impõe a intepretação teleológica ou finalística. Ademais, há normas sem texto; texto e norma não se confundem. Aplicar o princípio da legalidade não é seguir literalmente o texto normativo, mas aplicar o ordenamento jurídico, considerando todo o sistema, tudo demonstrado em decisão devidamente fundamentada (CPC, art. 489, § 1.º).

O princípio da legalidade também se escora na segurança jurídica, conferindo maior *previsibilidade* para casos que possam subsumir-se à norma previamente estabelecida, afastando arbitrariedades ou decisões tomadas ao exclusivo sabor de contingências ou vicissitudes pessoais do julgador. A segurança jurídica pressupõe a existência de uma regulamentação prévia, gerando certeza e previsibilidade. O juiz respeita o "princípio da legalidade" quando observa os precedentes judiciais e a jurisprudência dos tribunais. Os órgãos jurisdicionais têm o dever de decidir sempre levando em consideração os precedentes relacionados com a questão jurídica posta a julgamento, caso existam (CPC, art. 926). Deve haver o que se chama de *autorreferência*, que consiste num *dever específico de fundamentação,* a exigir dos órgãos jurisdicionais o diálogo com os precedentes que tratem do mesmo problema jurídico[66]. Daí a exigência feita pelo art. 489, § 1.º, V e VI, do CPC.

É possível pensar numa dimensão processual do princípio da legalidade ou no princípio da legalidade como norma processual. Os procedimentos seguem um traçado previsto em lei, com etapas bem definidas, com prazos previamente previstos, enfim, com tudo regulado em lei. A dimensão processual do princípio da legalidade coincide com o devido processo legal em seu aspecto processual. A dimensão processual da legalidade ou do devido processo legal não impede que o juiz adapte o procedimento à realidade. Muito pelo contrário. Sendo o devido processo legal uma cláusula geral, é permitido ao juiz ajustar o procedimento às peculiaridades do direito material, conferindo mais *eficiência* aos meios procedimentais postos à sua disposição. O princípio da eficiência reforça a possibilidade de adaptação procedimental.

Ao aplicar o ordenamento jurídico, o juiz deve – nos termos do art. 8.º do CPC – observar a proporcionalidade e a razoabilidade. A proporcionalidade é, frequentemente, encarada como simples sinônimo de razoabilidade, tanto pela doutrina como pela jurisprudência. Rigorosamente, proporcionalidade não é sinônimo de razoabilidade. O devido processo legal tornou-se, ao lado do princípio da isonomia, o principal instrumento de argumentação de que lançaram mão a doutrina e a jurisprudência no processo de transformação do Direito Constitucional nos Estados Unidos da América[67].

No final do século XIX, surgiu uma noção *substancial* do devido processo legal, que contempla o *princípio da razoabilidade.* No século XX, a partir do final da década de 30, o devido processo legal substantivo transfere seu foco das liberdades econômicas para os direitos fundamentais, transformando-se num poderoso

[66] MACÊDO, Lucas Buril de. *Precedentes judiciais e o direito processual civil.* Salvador: JusPodivm, 2015. p. 267-271.

[67] CASTRO, Carlos Roberto de Siqueira. *O devido processo legal e a razoabilidade das leis na nova Constituição do Brasil.* 2. ed. Rio de Janeiro: Forense, 1989. p. 32.

instrumento de controle das normas editadas pelo Poder Legislativo. Esse aspecto substantivo do devido processo legal resulta do entendimento segundo o qual "não basta a existência de um processo segundo a lei, pois o legislativo também deve se submeter a um dever de razoabilidade ao editar seus atos"[68].

Já se vê que é do devido processo legal que se extrai o princípio da razoabilidade, dirigindo-se ao legislador: não deve o legislador editar normas que contenham previsões absurdas, que destoem da razoabilidade. Caso isso ocorra, cabe ao Judiciário controlar o conteúdo da norma, tendo-a por inconstitucional, por afronta ao devido processo legal substancial, em cujo espectro se insere o princípio da razoabilidade.

Com efeito, se determinada norma contiver previsão arbitrária ou caprichosa, restará violado o devido processo legal substantivo, mais precisamente o princípio da razoabilidade, que lhe é ínsito. Em outras palavras, o princípio da razoabilidade dirige-se ao legislador, exigindo que este, ao limitar direitos individuais, verifique a legitimidade dos *fins* da medida adotada, cabendo ao Judiciário examinar essa legitimidade. Essa noção foi absorvida pelo STF brasileiro, que concretiza o devido processo legal substancial de forma ampla e vaga, abrangendo a proibição de leis e decisões aberrantes da razão, bem como a necessidade de se examinar a proporcionalidade no conflito entre dois bens jurídicos[69].

Em suma, desenvolveu-se uma noção substantiva da cláusula do devido processo legal, em contraste com uma noção originária meramente processual. Tudo leva a crer, em um primeiro exame, que não haveria distinção entre a proporcionalidade e a razoabilidade, consistindo num *mesmo* instrumento de limitação do poder estatal. A diferença entre eles residiria apenas nos fundamentos em que cada um se apoia. É exatamente por isso que despontam autores que não veem diferença entre a proporcionalidade e a razoabilidade, já que estariam destinados à mesma finalidade: coibir o arbítrio do Poder Público, invalidando leis e atos administrativos caprichosos, contrários à pauta de valores encampada pela Constituição. Para muitos, a proporcionalidade nada mais é do que o nome dado à razoabilidade pelos autores germânicos, não havendo, pois, distinção entre eles, a não ser a terminologia utilizada[70].

---

[68] SANTOS, Gustavo Ferreira. *O princípio da proporcionalidade na jurisprudência do Supremo Tribunal Federal*: limites e possibilidades. Rio de Janeiro: Lumen Juris, 2004. p. 124.

[69] MATTOS, Sérgio Luís Wetzel de. *Devido processo legal e proteção de direitos*. Porto Alegre: Livraria do Advogado, 2009. p. 97.

[70] BARROS, Suzana de Toledo. *O princípio da proporcionalidade e o controle de constitucionalidade das leis restritivas de direitos fundamentais*. Brasília: Brasília Jurídica, 1996. p. 57.

Há, contudo, diferenças entre a razoabilidade e a proporcionalidade. A razoabilidade trata da legitimidade da *escolha* dos *fins* em nome dos quais o Estado irá agir, enquanto a proporcionalidade averigua se os *meios* são necessários, adequados e proporcionais aos fins já escolhidos. Em outras palavras, enquanto a proporcionalidade permite observar a mera relação meio-fim inerente à medida estatal, a razoabilidade considera a relação da medida estatal (já considerada proporcional) com as situações pessoais dos indivíduos por ela afetados. Na aplicação tanto da razoabilidade como da proporcionalidade há um juízo de ponderação. E a ponderação exige fundamentação detalhada, com a demonstração dos critérios utilizados, tal como exigido pelo art. 489, § 2.º, do CPC.

Há, ainda no art. 8.º do CPC, referência ao *princípio da eficiência*. O art. 37 da Constituição Federal aplica-se à Administração Pública de *qualquer* dos Poderes. A administração dos órgãos que compõem o Poder Judiciário há de ser *eficiente*. É por isso que a promoção de juízes depende da "aferição do merecimento conforme o desempenho e pelos critérios objetivos de produtividade e presteza no exercício da jurisdição e pela frequência e aproveitamento em cursos oficiais ou reconhecidos de aperfeiçoamento" (CF/1988, art. 93, II, *c*). Também é por isso que deve haver "cursos oficiais de preparação, aperfeiçoamento e promoção de magistrados, constituindo etapa obrigatória do processo de vitaliciamento a participação em curso oficial ou reconhecido por escola nacional de formação e aperfeiçoamento de magistrados" (CF/1988, art. 93, IV). A criação do CNJ, pela Emenda Constitucional 45, de 2004, confirma essa dimensão do princípio da eficiência administrativa. Em tal dimensão, o princípio da eficiência constitui norma de Direito Administrativo, fundamentando as regras de gestão administrativa do Poder Judiciário.

Ao lado dessa referida dimensão há outra, que se aplica ao processo jurisdicional, exigindo que sua condução seja eficiente. Existe, então, o *princípio da eficiência processual*, previsto no art. 8.º do CPC. É princípio que se relaciona com a *gestão do processo*. Por ser um princípio, a eficiência possibilita o balizamento e a construção ou reconstrução de regras pelo juiz que estabeleçam *meios* mais apropriados à solução da disputa posta a seu crivo, a fim de melhor gerir o procedimento que deve conduzir[71].

---

[71] Para Humberto Ávila, a eficiência seria um *postulado normativo aplicativo*, e não um princípio. Nesse sentido: *Teoria dos princípios*: da definição à aplicação dos princípios jurídicos. 13. ed. São Paulo: Malheiros, 2012. n. 3.3, p. 155. No mesmo sentido: Moralidade, razoabilidade e eficiência na atividade administrativa. *Revista Eletrônica de Direito do Estado*, Salvador: Instituto de Direito Público da Bahia, n. 4, out.-nov.-dez. 2005.

É possível perceber a existência de, pelo menos, duas perspectivas de eficiência no sistema processual. Segundo Michele Taruffo, a primeira estaria relacionada com a velocidade dos procedimentos e a redução de custos, de sorte que, quanto mais barata e rápida a resolução dos conflitos, maior eficiência seria obtida. Uma segunda perspectiva da eficiência estaria relacionada com a qualidade das decisões e de sua fundamentação, conduzindo à necessidade de adoção de técnicas adequadas, corretas, justas e equânimes. Ambas as perspectivas seriam faces da mesma moeda, mas que são vistas comumente como contraditórias, já que um processo rápido e barato pode acarretar decisões incompletas ou incorretas, enquanto a busca de uma decisão justa, correta e legítima exige um maior dispêndio de tempo e dinheiro. Tal situação costuma impor a escolha de uma das perspectivas da eficiência, com a exclusão da outra[72].

Ao se referir a essa opinião de Taruffo, Dierle Nunes fala da primeira perspectiva como a *eficiência quantitativa*, denominando a segunda perspectiva *eficiência qualitativa*. Acrescenta, ainda, que a *eficiência qualitativa* conduz não apenas à necessidade de técnicas processuais adequadas, corretas, justas e equânimes, mas também, e sobretudo, democráticas para a aplicação do direito, exigindo-se uma atividade comparticipada entre o juiz e os demais sujeitos processuais[73].

A chamada *eficiência quantitativa* confunde-se, na realidade, com o *princípio da duração razoável* e com o *princípio da economia processual*. Talvez por isso, Fredie Didier Jr. defenda que o princípio da eficiência seria um novo nome dado ao princípio da economia processual[74]. Numa perspectiva *quantitativa*, a eficiência confunde-se, realmente, com a economia processual e com a duração razoável do processo.

O princípio da eficiência identifica-se com a chamada *eficiência qualitativa*. A *eficiência* é uma exigência do Estado Democrático de Direito, constituindo, ainda, corolário do devido processo legal.

Como se sabe, o *devido processo legal* é uma cláusula geral constitucional e, como tal, ostenta significação semântica, daí se construindo o correlato princípio, que se concretiza com o estabelecimento de padrões de conduta ou *standards* necessários à revelação de um *processo adequado*. O devido

---

72 TARUFFO, Michele. Orality and writing as factors of efficiency in civil litigation. In: CARPI, Federico; ORTELLS, Manuel (Coord.). *Oralidad y escritura en un processo civil eficiente*. Valencia: Universidad di Valencia, 2008. p. 185 e ss.

73 NUNES, Dierle José Coelho. Precedentes, padronização decisória preventiva e coletivização – paradoxos do sistema jurídico brasileiro: uma abordagem constitucional democrática. In: WAMBIER, Teresa Arruda Alvim (Coord.). *Direito jurisprudencial*. São Paulo: RT, 2012. p. 256-257, nota de rodapé n. 28.

74 DIDIER JR., Fredie. *Curso*... cit., p. 70.

processo legal não se cinge mais, no contexto contemporâneo, a um processo com fases detalhadamente descritas e com rígido procedimento, nem a um processo que se implemente na prática, ainda que de forma inadequada ou retardada. O devido processo legal, nesse contexto, há de ser capaz de flexibilizar-se, adaptar-se ou adequar-se às peculiaridades de cada situação concreta, prestando tutela jurisdicional diferenciada e sendo, enfim, *eficiente*.

O devido processo legal conduz a um processo adequado e *eficiente*. Imagine que o juiz conceda uma tutela provisória para impor o cumprimento de uma obrigação de fazer personalíssima. Embora a norma seja *eficaz* (pois prevê a possibilidade de tutela antecipada que foi realmente concedida pelo juiz) e *efetiva* (pois veio a ser cumprida a medida imposta), este seu cumprimento deu-se depois de muito tempo, sendo *ineficiente,* porquanto o juiz determinou uma medida coercitiva inadequada ou inútil, não sendo criativo na aplicação do disposto no art. 139, IV, do CPC. O meio executivo deve promover a execução de modo satisfatório.

O princípio da eficiência está relacionado com a *gestão do processo* e com o princípio da adequação. O juiz, para livrar-se da rigidez procedimental e para ajustar o processo às particularidades do caso, deve adaptar o procedimento, mas deve fazê-lo de modo eficiente. A *eficiência* deve, ainda, funcionar como diretriz interpretativa: os enunciados normativos da legislação processual devem ser interpretados de maneira a observar a eficiência, permitindo-se que se adotem técnicas atípicas ou, até mesmo, que se pratiquem negócios processuais.

O art. 8.º do CPC refere-se, ainda, ao princípio da publicidade. Os atos processuais devem ser públicos, pois processo devido é processo público. O direito fundamental à publicidade dos atos processuais está garantido no art. 5.º, LX, da Constituição da República. O art. 8.º do CPC reforça essa exigência. O dispositivo determina que o juiz observe a publicidade, exigência que já é feita pelo art. 93, IX, da Constituição Federal. Há uma prodigalidade normativa na previsão da publicidade no processo. O art. 8.º exige sua observância; os arts. 11, 26, III, 189 e 194 reforçam-na.

11. O PRINCÍPIO DO CONTRADITÓRIO

Desde o direito romano, o contraditório consiste no direito da parte de informação para reação no processo. A parte tem o direito de ser informada, sendo-lhe conferida oportunidade de reagir. Do Estado democrático extrai-se o princípio do devido processo legal. É necessária, portanto, obediência ao devido processo legal, daí se extraindo o princípio do contraditório, segundo o qual ninguém poderá ser atingido por uma decisão judicial sem ter a possibilidade de influir na sua formação em igualdade de condições com a parte contrária.

O contraditório compreende, entre outros, a) o direito de ser ouvido e de poder influenciar com o convencimento do julgador; b) o direito de acompanhar os atos processuais; c) o direito de produzir provas; d) o direito de ser informado regularmente dos atos praticados no processo; e) o direito à motivação das decisões; f) o direito de impugnar as decisões.

Além das garantias de ciência e de manifestação, o contraditório também consiste no direito de influência e dever colaborativo. O contraditório, nos tempos atuais, representa o direito de influir, a faculdade da parte de interferir no procedimento e condicionar eficazmente a atuação dos demais sujeitos do processo[75].

O princípio do contraditório, no ambiente da cooperação, confere às partes o direito de influenciar o convencimento do juiz. Por isso, a parte deve ser ouvida antes de uma decisão contra si proferida (CPC, art. 9.º), sendo vedada a prolação de decisão surpresa (CPC, art. 10). Se as partes têm o direito de influência, o juiz tem o dever de consulta (CPC, art. 10) e o de examinar as alegações por elas apresentadas (CPC, art. 489, § 1.º, IV)[76].

O art. 9.º do CPC consagra o direito de a parte ser ouvida antes de uma decisão proferida contra si. Esta é uma das regras que concretizam o princípio do contraditório. O dispositivo não consagra o princípio do contraditório, mas uma das *regras* que o concretizam. O art. 10 consagra outra, que é a proibição de decisão surpresa.

A regra prevista no art. 9.º do CPC exige a oitiva prévia da parte para que se profira uma decisão que lhe seja *contrária*. Sendo a decisão *favorável*, não incide a regra, não havendo necessidade de ser ouvida a parte. Daí ser possível o indeferimento da petição inicial (CPC, art. 330), sem que haja prévia citação do réu. De igual modo, a improcedência liminar do pedido prescinde de citação ou de audiência prévia do réu (CPC, art. 332). O relator pode negar provimento ou não admitir o recurso sem intimação prévia do recorrido (CPC, art. 932, III e IV), mas somente lhe pode dar provimento "depois de facultada a apresentação de contrarrazões" (CPC, art. 932, V). Não há normalmente contrarrazões em embargos de declaração, a não ser que a decisão embargada possa ser modificada (CPC, art. 1.023, § 2.º).

A regra que impõe a audiência prévia da parte adversa para que seja proferida decisão contrária comporta algumas exceções previstas no próprio art. 9.º

---

75 CABRAL, Antonio do Passo. Il principio del contraddittorio come diritto d'ifluenza e dovere dibattito. *Rivista di Diritto Processuale,* anno LX, n. 2, apr.-giug. 2005.

76 WAMBIER, Teresa Arruda Alvim. A influência do contraditório na convicção do juiz: fundamentação de sentença e de acórdão. *Revista de Processo*, São Paulo: RT, v. 168, p. 55, 2009.

do CPC. Nos casos de tutela provisória de urgência, a fim de atender à situação emergencial e garantir a efetividade da jurisdição, o juiz pode dispensar a oitiva prévia e conceder a medida, diferindo o contraditório para um momento posterior. Também pode ser protraído contraditório para um momento seguinte quando se conceder tutela provisória de evidência que aplique tese firmada em julgamento de caso repetitivo ou quando se tratar de pedido reipersecutório fundado em contrato de depósito (CPC, art. 311, parágrafo único). É, ainda, possível diferir o contraditório no caso de expedição de mandado para cumprimento da obrigação em ação monitória (CPC, arts. 701 e 702).

As exceções previstas no art. 9.º do CPC constituem um rol exemplificativo. São casos em que o legislador, já se antecipando a uma ponderação de interesses que pudesse ser feita pelo juiz concretamente, faz prevalecer a efetividade em detrimento do contraditório prévio. Além dessas hipóteses, é possível que surja qualquer outra não imaginada pelo legislador que exija apreciação imediata, não havendo tempo para se instaurar o prévio contraditório, sob pena de suprimir do provimento jurisdicional a efetividade que dele possa resultar. Nesse caso, e para garantir a efetividade do comando judicial postulado, poderá o juiz, imediatamente, deferir o pedido formulado pela parte, dispensando o prévio contraditório.

Afora as exceções previstas no próprio art. 9.º do CPC, há outras previstas nos arts. 562 e 854. Realmente, segundo dispõe o art. 562 do CPC, o juiz, caso a petição inicial esteja devidamente instruída, poderá, sem ouvir o réu, determinar a expedição de mandado liminar de manutenção ou de reintegração de posse. E, segundo o disposto no art. 854 do CPC,

> [p]ara possibilitar a penhora de dinheiro em depósito ou em aplicação financeira, o juiz, a requerimento do exequente, sem dar ciência prévia do ato ao executado, determinará às instituições financeiras [...], que torne indisponíveis ativos financeiros existentes em nome do executado [...].

12. PRINCÍPIO DA PUBLICIDADE E REGRA DA MOTIVAÇÃO DAS DECISÕES JUDICIAIS

O art. 11 do CPC reforça o princípio da publicidade e a regra da motivação das decisões judiciais, reproduzindo a disposição constitucional. Conquanto previsto no Código de Processo Civil, o enunciado normativo é constitucional. O descumprimento da publicidade ou da motivação acarreta ofensa ao art. 93, IX, da Constituição da República, e não a dispositivos da legislação processual. Estes apenas reproduzem a norma constitucional.

O dispositivo reproduz o texto constitucional, acrescentando, no elenco dos que estão autorizados a participar em processos que correm em segredo de justiça, uma menção aos defensores públicos e ao Ministério Público que atuem no caso. Rigorosamente, não há novidade; o acréscimo apenas esclarece o acesso aos atos processuais de quem atua no caso. O princípio da publicidade está previsto no texto constitucional e é reproduzido em diversos dispositivos do CPC. O art. 8.º exige sua observância, o que é reforçado nos arts. 11 e 189. Na cooperação jurídica internacional, deve-se observar a publicidade processual, exceto nas hipóteses de sigilo previstas na legislação brasileira ou na do Estado requerente (CPC, art. 26, III). Os sistemas de automação processual devem, segundo o art. 194 do CPC, respeitar a publicidade dos atos. E nem poderia ser diferente, pois a publicidade há de ser respeitada, independentemente da plataforma adotada para a prática dos atos processuais: sejam os autos de papel, sejam virtuais.

Todas as decisões judiciais devem ser fundamentadas. O dever de fundamentação é exigência do devido processo legal, decorrendo do princípio do contraditório. Daí a imbricação entre o dever de fundamentação, o dever de consulta e a vedação à decisão surpresa (CPC, arts. 9.º e 10). A concretização da regra constitucional da motivação é, em nível infraconstitucional, feita no art. 489 do CPC, com detalhamento e explicitação do que não se considera como fundamentação adequada. A falta de motivação adequada acarreta invalidade da decisão. Para melhor compreensão da concretização da regra da motivação, convém examinar os comentários feitos aos arts. 9.º, 10 e 489.

13. ORDEM CRONOLÓGICA DOS JULGAMENTOS

A ordem cronológica prevista no art. 12 do CPC concretiza o princípio republicano da igualdade, adotando critério objetivo para o julgamento dos processos judiciais. O princípio da impessoalidade, previsto no art. 37 da CF/1988, aplica-se à Administração Pública de todos os Poderes. A previsão de uma ordem cronológica de julgamento concretiza o princípio da impessoalidade na rotina administrativa dos órgãos jurisdicionais. A previsão de ordem cronológica dos julgamentos concretiza, de igual modo, o princípio da duração razoável do processo, evitando prolongamento indefinido para julgamento de processos conclusos há muito tempo[77].

---

[77] CABRAL, Antonio do Passo. A duração razoável do processo e a gestão do tempo no projeto de novo Código de Processo Civil. In: FREIRE, Alexandre; DANTAS, Bruno; NUNES, Dierle José Coelho; DIDIER JR., Fredie; MEDINA, José Miguel Garcia; FUX, Luiz; CAMARGO, Luiz Henrique Volpe; OLIVEIRA, Pedro Miranda de (Org.). *Novas tendências do processo civil*: estudos sobre o projeto do Novo Código de Processo Civil. Salvador: JusPodivm, 2013. p. 90-91.

O dispositivo estabelece um modo de gestão pelo juiz. Ao juiz cabe observar, *preferencialmente*, a ordem cronológica de conclusão. Nada impede, porém, que o juiz valha-se de outros meios de gestão, expressa e previamente estabelecidos e anunciados. Não estabelecido, nem anunciado, expressa e previamente, outro meio de gestão, cabe-lhe, preferencialmente, decidir atendendo à ordem cronológica de conclusão.

Os juízes devem observar a ordem cronológica de conclusão apenas para proferir sentenças. A regra não se aplica a decisões interlocutórias. Desse modo, não é necessário haver ordem cronológica para apreciação de pedidos de tutela provisória, de urgência ou de evidência (CPC, art. 294), nem para a prolação de decisão parcial de mérito (CPC, art. 356), que é, na definição do art. 203, §§ 1.º e 2.º, uma decisão interlocutória.

O dispositivo estabelece que os tribunais devem obedecer à ordem cronológica para proferir acórdão. Da mesma forma que a ordem cronológica somente se aplica para a prolação de sentença, deve ser observada nos tribunais apenas para acórdãos que encerrem o procedimento no tribunal. E assim há de ser, em razão da necessária simetria com a primeira instância, garantindo-se unidade e coerência sistêmicas. Não se sujeita à ordem cronológica, por exemplo, acórdão que concede ou nega liminar em ADIn, ADC ou ADPF; não há julgamento final nessas hipóteses. É possível, ainda, que, em qualquer outra ação ou em algum recurso, o relator conceda a liminar, submetendo-a em seguida ao colegiado para referendo, vindo a ser proferido acórdão que ratifique ou não a medida. Tal acórdão pode ser proferido sem que tenha havido observância à ordem cronológica. Assim, quando o dispositivo enuncia que os tribunais devem obedecer à ordem cronológica para proferir acórdão, está a referir-se a acórdão final, e não a acórdãos proferidos durante o procedimento da ação, do incidente, da remessa necessária ou do recurso.

O critério adotado para a ordem cronológica é a conclusão do processo para julgamento final. Como se sabe, conclusão é o ato praticado pela secretaria ou unidade judiciária que certifica estar o processo pronto para o pronunciamento do juiz. Toda a atividade de secretaria foi concluída, sendo os autos encaminhados ao juiz para decisão. A regra estabelece que o juiz deve julgar de acordo com a ordem cronológica de conclusão, sendo aplicada a qualquer tipo de processo, eletrônico ou não. Na primeira instância, é a conclusão para a prolação de sentença; nos tribunais, a conclusão para acórdão. Rigorosamente, o *julgamento* difere do *acórdão*. O *julgamento* antecede o *acórdão*. Colhidos os votos dos integrantes do órgão julgador, haverá o *julgamento*, que será, posteriormente, reduzido a escrito, recebendo, então, a denominação *acórdão*. O *acórdão* é, enfim, a materialização do *julgamento*, consistindo na redução a escrito da solução dada pelos integrantes do colegiado. Nos termos do art. 204 do CPC, o acórdão é o julgamento colegiado proferido pelos tribunais. A decisão colegiada proferida por tribunal recebe a denominação de acórdão. É nesse sentido que o art. 12 do CPC refere-se a acórdão. A ordem cronológica deve considerar a conclusão para o *julgamento colegiado*, e não para a lavratura do acórdão, que é a documentação do que foi julgado. A lavratura do acórdão ocorre depois do julgamento. Só que a ordem cronológica é para o julgamento. De acordo com o art. 931 do CPC, uma vez distribuídos, os autos serão de imediato conclusos ao relator, que, em trinta dias, depois de elaborar o voto, restitui-los-á, com relatório, à secretaria. É essa conclusão que deve servir de parâmetro para a ordem cronológica.

A lista de ordem cronológica há de ser elaborada com base nessa conclusão. Ocorre, porém, que tal regra, contida no art. 931, aplica-se aos recursos que já chegam ao tribunal com todo o procedimento consumado. É o caso da apelação, do recurso ordinário, do recurso especial e do recurso extraordinário. O agravo de instrumento, o conflito de competência, as ações originárias e outros casos devem ser processados no tribunal; a conclusão para julgamento não é feita logo após a distribuição. Depois de todo o processamento é que haverá a conclusão para julgamento, passando, então, o caso a integrar a lista de ordem cronológica prevista no art. 12 do CPC.

O disposto no art. 12 do CPC trata da ordem cronológica de conclusão para acórdão. Essa ordem cronológica aplica-se ao gabinete de cada relator; não se confunde com a ordem da pauta de julgamento. A lista prevista no art. 12 deve ser feita a partir da conclusão ao relator para elaboração de relatório e do voto. Elaborados o relatório e o voto, o relator pedirá inclusão em pauta ao presidente do órgão julgador (CPC, art. 934).

Feita a inclusão em pauta pelo presidente, os recursos, a remessa necessária e as causas de competência originária serão julgados pela ordem prevista no art. 936 do CPC: primeiro, aqueles em que houver sustentação oral, observada a ordem dos requerimentos; depois, os que tiverem pedido de preferência apresentado até o início da sessão de julgamento; em seguida, os que tenham tido julgamento iniciado em sessão anterior e, por fim, os demais na ordem da pauta.

O parâmetro para a ordem cronológica é a conclusão para proferir sentença ou acórdão. No início de vigência do Código, é preciso observar o que dispõe o § 5.º do seu art. 1.046: "a primeira lista de processos para julgamento em ordem cronológica observará a antiguidade da distribuição entre os já conclusos na data da entrada em vigor deste Código". Ao órgão julgador cabe reunir os processos conclusos e elaborar a lista de ordem cronológica pela antiguidade da distribuição.

O órgão jurisdicional deve manter disponível a lista cronológica da ordem de conclusão, divulgando-a em cartório e garantindo-lhe ampla publicidade, inclusive na rede mundial de computadores. A divulgação e a publicidade dessas informações são fundamentais para viabilizar transparência e controle do cumprimento da regra.

Elaborada a lista de ordem cronológica, eventual requerimento feito por qualquer das partes ao juiz ou relator não retira o processo da lista nem altera a ordem cronológica. A regra evita a conduta da parte que tente impedir o julgamento com a apresentação de qualquer requerimento após a inclusão do processo na lista. O requerimento acarreta a retirada do processo da lista ou altera a ordem cronológica se implicar a reabertura da instrução ou a conversão do julgamento em diligência.

O requerimento previsto no § 4.º do art. 12 pode consistir na alegação de um fato superveniente que deve ser levado em conta pelo órgão julgador. Tal fato superveniente também pode ser constatado de ofício pelo juiz ou tribunal (CPC, art. 493). Alegado ou conhecido de ofício, cabe ao juiz determinar a intimação das partes para manifestarem-se sobre o fato superveniente, em razão do contraditório e da vedação à decisão surpresa (CPC, arts. 9.º e 10). Constatada a sua ocorrência durante o procedimento de um recurso, aplica-se o disposto no art. 933 do CPC: o relator intimará as partes para que se manifestem no prazo de cinco dias. Se a constatação ocorrer durante a sessão de julgamento, este será imediatamente suspenso a fim de que as partes se manifestem especificamente. Se a constatação se der em vista dos autos, deverá a questão ser encaminhada ao relator, que determinará a intimação das partes para manifestarem-se sobre o fato superveniente, sendo, em seguida, feita nova inclusão em pauta para prosseguimento do julgamento. Em qualquer dessas hipóteses, o julgamento é, como se percebe, convertido em diligência, devendo o processo ser retirado da lista de ordem cronológica para que se ultime o contraditório e, então, seja feita nova conclusão para julgamento, perdendo o processo seu lugar na lista de ordem cronológica.

A regra da ordem cronológica é excepcionada no § 2.º do art. 12 do CPC. Tais exceções concretizam o próprio princípio da isonomia, tendo ainda por fundamento o princípio da eficiência e, numa perspectiva inversa, o da duração razoável do processo. Há situações que merecem tratamento prioritário, devendo ser excluídas da ordem cronológica.

As exceções estão descritas ou ordenadas no § 2.º, e não conceituadas ou classificadas. O legislador exprimiu-se numa dimensão tipológica ou ordenatória, valendo-se de *tipos legais*. Os tipos consistem em modelos, exemplos, paradigmas, *standards*. A aplicação dessas exceções deve levar em conta o pensamento tipológico, com aproximação, graduação e analogia. As hipóteses que se encaixem no mesmo tipo ou que sejam semelhantes devem ser aproximadas, receber a devida graduação e submeter-se ao mesmo tratamento normativo. O modo de operar do tipo é tipológico-comparativo, funcionando com base na *semelhança*: o objeto é "mais ou menos" o tipo, assemelhando-se a ele. A análise do caso diante do tipo é comparativa, feita por semelhança, consistindo num processo analógico. A comparação pressupõe um critério de igualdade ou desigualdade. É a *isonomia* que irá estabelecer se o caso ajusta-se ao tipo e se merece receber o tratamento normativo a ele destinado. Os enunciados normativos a respeito das exceções à ordem cronológica constituem *tipos,* funcionando com base na semelhança, por não possuírem elementos normativos rígidos ou determinados com rigor. Não há, nesses casos, uma descrição rigorosa, rígida, exaustiva, minuciosa do tipo, enquadrando-se na hipótese legal todos aqueles que se assemelhem à previsão normativa.

Nos termos do art. 191 do CPC, as partes, juntamente com o juiz, podem calendarizar o procedimento, fixando datas para a realização dos atos processuais, que ficam todos agendados. Por outro lado, o art. 12 estabelece que os juízes devem observar a ordem cronológica de conclusão para proferir sentenças. Se a sentença somente pode ser proferida de acordo com a ordem cronológica, como se pode fixar, no calendário processual, a data para a prolação da sentença? Como, em outras palavras, compatibilizar o calendário processual fixado entre as partes e o juiz (CPC, art. 191) com o respeito à ordem cronológica de julgamento (CPC, art. 12)? Não é possível fixar, no calendário, uma data para a prolação da sentença sem observância da ordem cronológica, pois isso atinge terceiros que aguardam, na fila formada a partir das conclusões, a sentença de seus processos. Na verdade, a sentença não é ato que possa ser inserido no calendário processual.

14. BIBLIOGRAFIA

ALEXY, Robert. *Teoria dos direitos fundamentais.* Virgílio Afonso da Silva (Trad.). 2. ed. São Paulo: Malheiros, 2012.

ANDRADE, José Carlos Vieira de. *Os direitos fundamentais na Constituição Portuguesa de 1976.* 2. ed. Coimbra: Almedina, 2004.

ASTONE, Francesco. *Venire contra factum proprium.* Nápoles: Jovene, 2006.

ÁVILA, Humberto. *Teoria dos princípios*: da definição à aplicação dos princípios jurídicos. 13. ed. São Paulo: Malheiros, 2012.

______. Moralidade, razoabilidade e eficiência na atividade administrativa. *Revista Eletrônica de Direito do Estado,* Salvador: Instituto de Direito Público da Bahia, n. 4, out.-nov.-dez. 2005.

BARREIROS, Lorena Miranda. *Fundamentos constitucionais do princípio da cooperação processual.* Salvador: JusPodivm, 2013.

BARROS, Suzana de Toledo. *O princípio da proporcionalidade e o controle de constitucionalidade das leis restritivas de direitos fundamentais*. Brasília: Brasília Jurídica, 1996.

BOTELHO, Guilherme. *Direito ao processo qualificado*: o processo civil na perspectiva do Estado Constitucional. Porto Alegre: Livraria do Advogado, 2010.

CABRAL, Antonio do Passo. A duração razoável do processo e a gestão do tempo no projeto de novo Código de Processo Civil. In: FREIRE, Alexandre et al. (Org.). *Novas tendências do processo civil: estudos sobre o projeto do novo Código de Processo Civil*. Salvador: JusPodivm, 2013.

______. Il principio del contraddittorio come diritto d'ifluenza e dovere dibattito. *Rivista di Diritto Processuale*, anno LX, n. 2, apr.-giug. 2005.

______. *Nulidades no processo moderno*. 2. ed. Rio de Janeiro: Forense, 2010.

______. O contraditório como dever e a boa-fé processual objetiva. *Revista de Processo*, São Paulo: RT, v. 126, p. 59-81, ago. 2005.

CÂMARA, Alexandre Freitas. Mediação e conciliação na Res. 125 do CNJ e no projeto de Código de Processo Civil. *O processo em perspectiva*: jornadas brasileiras de direito processual. São Paulo: RT, 2013.

CANOTILHO, J. J. Gomes. *Direito constitucional e teoria da Constituição*. 7. ed. Coimbra: Almedina, 2003.

CARMONA, Carlos Alberto. *Arbitragem e processo*: um comentário à Lei n. 9.307/96. 2. ed. São Paulo: Atlas, 2004.

CASTRO, Carlos Roberto de Siqueira. *O devido processo legal e a razoabilidade das leis na nova Constituição do Brasil*. 2. ed. Rio de Janeiro: Forense, 1989.

COMOGLIO, Luigi Paolo. *Etica e tecnica del "giusto processo"*. Torino: Giappichelli, 2004.

DIDIER JR., Fredie. *Curso de direito processual civil*. 16. ed. Salvador: JusPodivm, 2014. v. 1.

______. *Fundamentos do princípio da cooperação no direito processual civil português*. Coimbra: Coimbra Editora, 2010.

FACCI, Lucio Picanço. *Administração Pública e segurança jurídica*: a tutela da confiança nas relações jurídico-administrativas. Porto Alegre: Fabris, 2015.

GERALDES, António Santos Abrantes. *Temas da reforma do processo civil*. 2. ed. Coimbra: Almedina, 2006. v. 1.

GOUVEIA, Lúcio Grassi. A função legitimadora do princípio da cooperação intersubjetiva no processo civil brasileiro. *Revista de Processo*, São Paulo: RT, v. 172, p. 33-36, jun. 2009.

HESSE, Konrad. *Elementos de direito constitucional da República Federal da Alemanha*. Luís Afonso Heck (Trad.). Porto Alegre: Fabris, 1998.

MACÊDO, Lucas Buril de. *Precedentes judiciais e o direito processual civil*. Salvador: JusPodivm, 2015.

MATTOS, Sérgio Luís Wetzel de. *Devido processo legal e proteção de direitos*. Porto Alegre: Livraria do Advogado, 2009.

MENDONÇA, Luís Correia de. O vírus autoritário. *Julgar*. Lisboa: Associação Sindical dos Juízes Portugueses, 2007.

MENEZES CORDEIRO, António Manuel da Rocha e. *Da boa-fé no direito civil*. Coimbra: Almedina, 2001.

______. *Litigância de má-fé, abuso do direito de acção e culpa* in agendo. Coimbra: Almedina, 2006.

MITIDIERO, Daniel. Colaboração no processo civil como *prêt-à-porter*? Um convite ao diálogo para Lenio Streck. *Revista de Processo*, São Paulo: RT, v. 194, p. 61, abr. 2011.

______. *Colaboração no processo civil*: pressupostos sociais, lógicos e éticos. São Paulo: RT, 2009.

NEVES, Marcelo. *Entre Hidra e Hércules*: princípios e regras constitucionais. São Paulo: Martins Fontes, 2013.

NOBRE JÚNIOR, Edilson Pereira. *O princípio da boa-fé e sua aplicação no direito administrativo brasileiro*. Porto Alegre: Fabris, 2002.

NUNES, Dierle José Coelho. Precedentes, padronização decisória preventiva e coletivização – paradoxos do sistema jurídico brasileiro: uma abordagem constitucional democrática. In: WAMBIER, Teresa Arruda Alvim (Coord.). *Direito jurisprudencial*. São Paulo: RT, 2012.

______. *Processo jurisdicional democrático*. Curitiba: Juruá, 2008.

PEIXOTO, Ravi. Rumo à construção de um processo cooperativo. *Revista de Processo*, São Paulo: RT, v. 219, p. 93, maio 2013.

ROSENVALD, Nelson. *Dignidade humana e boa-fé no Código Civil*. São Paulo: Saraiva, 2005.

SANTOS, Gustavo Ferreira. *O princípio da proporcionalidade na jurisprudência do Supremo Tribunal Federal*: limites e possibilidades. Rio de Janeiro: Lumen Juris, 2004.

SANTOS, Igor Raatz dos. Os deveres de esclarecimento, prevenção, consulta e auxílio como meio de resolução das desigualdades no processo civil. *Revista de Processo*, São Paulo: RT, v. 192, p. 62-73, fev. 2011.

SEGADO, Francisco Fernandez. *El sistema constitucional español*. Madrid: Dykinson, 1992.

SILVA, Clóvis V. do Couto e. *A obrigação como processo*. Rio de Janeiro: FGV, 2007.

SILVA, Paula Costa e. O processo e as situações jurídicas processuais. In: DIDIER JR., Fredie; JORDÃO, Eduardo Ferreira (Coord.). *Teoria do processo*: panorama doutrinário mundial. Salvador: JusPodivm, 2008.

______. *Acto e processo*. Coimbra: Coimbra Editora, 2003.

SOUSA, Miguel Teixeira de. *Estudos sobre o novo processo civil*. 2. ed. Lisboa: Lex, 1997.

______. Apreciação de alguns aspectos da "revisão do processo civil – projecto". *Revista da Ordem dos Advogados*, Lisboa, ano 55, p. 361, jul. 1995.

STRECK, Lenio L. *Verdade e consenso*. 5. ed. São Paulo: Saraiva, 2014.

SZKLAROWSKY, Leon Frejda. A arbitragem – uma visão crítica. *Revista de Processo*, São Paulo: RT, v. 212, p. 228-229, out. 2012.

TARUFFO, Michele. Orality and writing as factors of efficiency in civil litigation. In: CARPI, Federico; ORTELLS, Manuel (Coord.). *Oralidad y escritura en un processo civil eficiente*. Valencia: Universidad di Valencia, 2008.

TROCKER, Nicolò. *Processo civile e costituzione*: problemi di diritto tedesco e italiano. Milano: Giuffrè, 1974.

VALENÇA FILHO, Clávio de Melo. *Poder Judiciário e sentença arbitral*. Curitiba: Juruá, 2002.

VASCONCELOS, Pedro Pais. *Contratos atípicos*. Coimbra: Almedina, 1995.

VICENZI, Brunela Vieira de. *A boa-fé no processo civil*. São Paulo: Atlas, 2003.

WAMBIER, Teresa Arruda Alvim. A influência do contraditório na convicção do juiz: fundamentação de sentença e de acórdão. *Revista de Processo*, São Paulo: RT, v. 168, p. 55, 2009.

WATANABE, Kazuo. Política judiciária nacional de tratamento adequado dos conflitos de interesses: utilização dos meios alternativos de resolução de controvérsias. *O processo em perspectiva*: jornadas brasileiras de direito processual. São Paulo: RT, 2013.

ZAGREBELSKY, Gustavo. *Il diritto mite*. Torino: Einaudi, 1992.

ZANETI JR., Hermes. *O valor vinculante dos precedentes*. Salvador: JusPodivm, 2015.

RECURSOS CONTRA DECISÕES DE PRIMEIRA INSTÂNCIA NO NOVO CPC BRASILEIRO

Marco Aurélio Ventura Peixoto

Sumário: 1. Introdução – 2. Principais alterações na Teoria Geral dos Recursos: 2.1. Mudanças no duplo juízo de admissibilidade recursal; 2.2. A técnica de julgamento prolongado – os embargos infringentes "cover"; 2.3. A eliminação do agravo retido e o fim da preclusão das decisões interlocutórias; 2.4. Alterações nos prazos recursais; 2.5. A primazia do mérito em sobreposição à jurisprudência defensiva; 2.6. Novas restrições à remessa necessária – 3. Apelação – 4. Agravo de instrumento – 5. Embargos de declaração – 6. Sucumbência recursal progressiva – 7. Conclusão – 8. Bibliografia.

1. INTRODUÇÃO

Entre os dias 24 e 25.02.2016, a Faculdade de Direito da Universidade de Coimbra sediou o Colóquio Luso-Brasileiro de Direito Processual Civil, em evento conjunto do Instituto Jurídico da Faculdade de Direito da Universidade de Coimbra e da Associação Norte-Nordeste de Professores de Processo (ANNEP).

No referido colóquio, durante os dois dias de exposições e enriquecedores debates, professores portugueses e brasileiros puderam debater os principais aspectos, semelhanças e diferenças entre os novos Códigos de Processo Civil dos dois países irmãos, o Código português de 2013 e o Código brasileiro de 2015.

O Novo Código de Processo Civil brasileiro, cuja vigência se iniciou em 18.03.2016, representou o rompimento com um diploma por tantos considerado como burocrático, formalista e não preocupado com a efetividade na prestação jurisdicional.

Duas das marcas mais significativas do novo Código brasileiro, inclusive consagradas nas suas normas fundamentais, são o princípio da primazia do exame do mérito e o princípio da cooperação. Pelo primeiro, busca-se valorizar sobremaneira a resolução do conflito como fim, justificadora inclusive da reabertura de prazos ou da superação de nulidades e outros defeitos de cunho formal. Pelo segundo, os atores envolvidos na relação processual, como partes, advogados e juízes, e até mesmo terceiros estranhos à lide, devem reunir esforços no sentido de atingir a um único fim, que é a solução do conflito, não se tratando com distanciamento ou como inimigos, mas sim zelando para que os meios sejam colocados à disposição do juiz, com vistas a uma sentença de mérito efetiva.

Entre as várias modificações que o Novo CPC impõe ao direito brasileiro, como fruto de intensos quase cinco anos de tramitação no Congresso Nacional, há muitas alterações e inovações na sistemática recursal, as quais foram objeto de apresentação no Colóquio a que se fez referência linhas atrás e que serão examinadas no estudo presente, o qual, em decorrência do painel ocorrido no evento, do qual este autor foi expositor, limitar-se-á à análise dos recursos contra as decisões de primeira instância.

No capítulo inicial, far-se-ão apontamentos sobre as principais alterações na Teoria Geral dos Recursos, passando por mudanças no duplo juízo de admissibilidade recursal, pela extinção dos embargos infringentes com a conseguinte criação da técnica de julgamento prolongado nos tribunais, pela eliminação do agravo retido e o fim da preclusão das decisões interlocutórias não sujeitas ao agravo de instrumento, pela primazia do mérito em sobreposição à jurisprudência defensiva e pelas alterações nos prazos recursais, pelo aumento nas restrições à remessa necessária.

Após, no capítulo seguinte, a apelação será objeto de estudo, abordando-se aspectos como a utilização do recurso para atacar decisões interlocutórias não passíveis de agravo de instrumento, a quebra do juízo de admissibilidade e da atribuição de efeitos no primeiro grau de jurisdição, a manutenção do efeito suspensivo como regra geral e a ampliação dos poderes do relator.

Na sequência, abordar-se-á o agravo de instrumento, com temas como a polêmica introdução de um rol taxativo de situações para o seu uso, o aumento do número de peças obrigatórias, a aplicação da primazia do mérito e da instrumentalidade para evitar a inadmissão em caso de falta de algumas dessas peças, além do estudo do agravo como recurso para atacar as decisões parciais de mérito.

Já no capítulo seguinte o objeto de exame será o recurso de embargos de declaração, que também apresentou algumas novidades e inclusões interessantes, como a previsão clara de situações em que a omissão é presumida, o contraditório com abertura de prazo para contrarrazões em caso de efeitos modificativos, a desnecessidade de ratificação de recurso anteriormente ofertado quando rejeitados os embargos de declaração da parte adversa, a inexistência de efeito suspensivo, dentre outros aspectos.

Finalmente, analisar-se-á o novel instituto da sucumbência recursal progressiva, consagrada no art. 85, § 11, do Novo Código de Processo Civil brasileiro, e que, sem dúvida, a partir da valorização do trabalho do advogado que necessita defender a boa tese nas instâncias recursais, gerará também a redução no quantitativo de recursos interpostos, fruto do justo receio de, em se recorrendo, agravar ainda mais a situação do sucumbente, com o aumento de sua condenação nos honorários sucumbenciais.

2. PRINCIPAIS ALTERAÇÕES NA TEORIA GERAL DOS RECURSOS

O sistema recursal no Código de Processo Civil de 1973 era apontado com um dos grandes óbices à celeridade e à efetividade na prestação jurisdicional. Não bastasse o extenso elenco de espécies recursais, um complexo procedimento atinente à interposição, múltiplos juízos de admissibilidade e atribuição de efeitos fazia com que o caminho do jurisdicionado, na busca da formação da coisa julgada, fosse longo e cheio de obstáculos.

Durante a tramitação do projeto de lei que resultou no Novo Código de Processo Civil brasileiro, não foram poucas as discussões acerca da necessidade de serem promovidas alterações não apenas nas espécies recursais, com seu enxugamento e melhor operacionalização, mas também no que pertine à ordem dos processos nos tribunais e à teoria geral dos recursos.

2.1. Mudanças no duplo juízo de admissibilidade recursal

Um dos mecanismos que restou aprovado na Lei 13.105/2015 foi o de se eliminar o juízo prévio de admissibilidade, tanto no recurso de apelação como nos recursos especial e extraordinário.

Explica-se. No ordenamento jurídico brasileiro, sob a égide do CPC/1973, a interposição do recurso de apelação se fazia perante o juízo prolator da sentença, a quem competia verificar a presença dos pressupostos recursais, para admitir inicialmente o recurso, atribuir os efeitos (devolutivo e suspensivo, ou tão somente devolutivo, caso a hipótese se enquadrasse em uma das exceções do art. 520), intimar o apelado para contrarrazões e tão somente ao final desses passos encaminhar o recurso à instância hierarquicamente superior.

Já em relação aos recursos especial e extraordinário, ainda na ótica do antigo diploma processual, a interposição se fazia perante o presidente ou o vice-presidente do tribunal recorrido, o qual, após a chegada das contrarrazões recursais, também tinha por incumbência proceder ao juízo de admissibilidade recursal, verificando a presença dos pressupostos, para somente então encaminhar ao Superior Tribunal de Justiça ou Supremo Tribunal Federal, conforme o caso.

Desse modo, a admissibilidade recursal, quer em relação à apelação, quer em relação aos recursos excepcionais, obedecia a um duplo juízo de admissibilidade, uma vez que inicialmente se desenvolvia perante o juízo prolator da decisão recorrida, mas uma segunda análise também haveria de ser procedida no juízo *ad quem*, no momento da chegada do recurso à instância recursal julgadora.

Para tanto, a ideia implementada e aprovada na redação originária do NCPC brasileiro foi a de eliminar esse duplo juízo de admissibilidade, a fim de imprimir maior celeridade no processamento dos recursos e na sua chegada ao colegiado responsável por seu julgamento. Assim, no caso da apelação, competirá ao juiz que proferiu a sentença tão somente intimar o apelado para apresentar contrarrazões e, em sequência, encaminhar o recurso ao respectivo tribunal, para que a admissibilidade se dê unicamente em tal instância. Já no caso dos recursos excepcionais, previa a redação original que a sua interposição continuaria a ser no tribunal recorrido, mas não mais competiria ao presidente ou ao vice-presidente desta Corte a sua admissão, mas apenas a intimação do recorrido para contrarrazões, com o posterior envio ao tribunal superior respectivo.

Após a sanção do NCPC, e o início de sua *vacatio legis* de um ano, diversas propostas surgiram no Congresso Nacional, para alteração de seus dispositivos, mesmo antes do início de sua vigência, algumas delas até especulando um aumento do próprio prazo de vacância.

Tais propostas resultaram na edição da Lei 13.256/2016, que promoveu, dentre outras alterações, modificação na sistemática do juízo de admissibilidade dos recursos excepcionais. Assim, quando o NCPC brasileiro entrou em vigor, no último dia 18 de março de 2016, implementou-se a alteração exposta linhas atrás tão somente para o recurso de apelação, mas não para os recursos especial e extraordinário, os quais, a partir de intensa pressão desenvolvida pelo STJ e pelo STF, receosos de uma sobrecarga de recursos para análise, voltaram – ou, em verdade, continuaram – a ser objeto de um duplo juízo de admissão, primeiramente no tribunal recorrido e, numa segunda etapa, no tribunal superior.

De todo modo, mesmo que se reconheça como louvável e digna de elogios a mudança em relação ao recurso de apelação, não há como ignorar que tal procedimento apresenta algumas inconsistências muito claras, a exemplo da impossibilidade de o juízo *a quo* inadmitir o recurso de apelação, mesmo em caso de evidente intempestividade.

Em alguns ordenamentos jurídicos dos quais o ordenamento brasileiro buscou inspiração, a admissibilidade recursal obedece a outros requisitos, que não apenas os já tradicionais recorribilidade, adequação, motivação, forma, preparo, tempestividade, legitimidade e interesse.

No Código português também recentemente editado (Lei 41/2013), por exemplo, há critérios outros, como o valor da causa e o valor da condenação. Para que sejam admitidos, é preciso que o valor da causa seja superior à alçada do tribunal de que se recorre, bem como que o valor da condenação seja superior à metade da alçada deste tribunal.

No Brasil, limitações como estas, que levam em consideração o valor, são verificadas apenas para justificar o cabimento ou não do reexame necessário, que mais adiante se tratará, mas não para justificar a admissibilidade ou não de uma espécie recursal.

2.2. A técnica de julgamento prolongado – os embargos infringentes "cover"

Outra alteração significativa na teoria geral dos recursos foi a eliminação do recurso de embargos infringentes do rol de espécies recursais. O recurso tem origem no direito português, e já havia sofrido algumas significativas restrições na segunda "onda" de reformas processuais, entre os anos de 2001/2002.

Na sistemática do CPC de 1973, o recurso de embargos infringentes era cabível sempre que houvesse o julgamento não unânime de um recurso de apelação, reformando sentença de mérito, ou o julgamento não unânime de ação rescisória, rescindindo a decisão transitada em julgado. Tal recurso, não obstante o seu viés histórico e a importância de que uma decisão talvez ainda não madura pudesse ser revista por um colegiado ampliado, era objeto de críticas ácidas de boa parte da doutrina brasileira, no que resultou na opção por sua exclusão dentre as espécies recursais no novo Código.

Ocorre que, apesar de sua exclusão, uma intrigante previsão do NCPC brasileiro fez, digamos, ressuscitar parcialmente a figura dos embargos infringentes. O art. 942 prevê que, quando o resultado da apelação for não unânime (independentemente de ter modificado ou mantido a sentença), o presidente da turma ou câmara não proclamará seu resultado, de modo a que o julgamento tenha prosseguimento em sessão a ser designada com a presença de outros julgadores, que serão convocados nos termos previamente definidos no regimento interno, em número suficiente para garantir a possibilidade de inversão do resultado inicial.

Realce-se ainda que, como a lei menciona, como hipótese de aplicação da técnica, a necessidade de que o resultado da apelação não seja unânime, sem se referir expressamente a que a decisão seja de mérito, é possível afirmar que incide também na hipótese de sentenças processuais.[1]

Essa técnica, por previsão do § 3.º do mesmo art. 942, aplica-se também ao julgamento não unânime proferido em ação rescisória, caso o resultado seja o da rescisão da sentença, e ao agravo de instrumento, quando houver reforma da decisão que julgar parcialmente o mérito.

Dito julgamento ampliado não é de se aplicar, de outra sorte, no julgamento do incidente de assunção de competência e no de resolução de demandas repetitivas, no julgamento da remessa necessária e nos tribunais em que o órgão que proferiu o julgamento não unânime for o plenário ou corte especial.

A bem da verdade, parece que agora se está diante do antigo recurso de embargos infringentes, só que não mais como recurso voluntário, mas de ofício. Tecnicamente, não se pode chamar de recurso, porque a decisão não se completa. Como dito, o resultado do julgamento não é proclamado, mas nova sessão é designada, com ampliação do colegiado para a finalização do seu julgamento. Ironicamente, como é possível a modificação dos votos dos que participaram da primeira parte do julgamento, pode-se atingir, neste prolongamento, a unanimidade cuja ausência o justificou.

2.3. A eliminação do agravo retido e o fim da preclusão das decisões interlocutórias

Uma das espécies recursais mais criticadas no antigo diploma processual brasileiro era a figura do agravo retido. Visto exclusivamente como meio de evitar a preclusão das decisões interlocutórias que não justificassem o uso do agravo de instrumento, sempre foi rejeitada em seu uso por boa parte dos advogados brasileiros.

E as razões de sua pouca aceitação eram muito simples. Diferentemente do agravo de instrumento, que viabilizava sua interposição diretamente no tribunal, permitia o requerimento de imediata atribuição de efeito suspensivo e justificava, como regra, um julgamento não muito distante da prolação da decisão recorrida, o agravo retido era, por seu turno, interposto no juízo prolator da decisão, não permitia o efeito suspensivo e só era julgado quan-

---

[1] WAMBIER, Tereza Arruda Alvim. Ampliação da colegialidade como técnica de julgamento. In: ______; WAMBIER, Luiz Rodrigues. *Temas essenciais do Novo CPC*: análise das principais alterações do sistema processual civil brasileiro. São Paulo: RT, 2016. p. 577.

do do julgamento de eventual recurso de apelação, quando e se o agravante lembrasse de reiterar, em preliminar de apelação ou de contrarrazões de apelação, o seu desejo de ver o recurso julgado.

No início da terceira "onda" de reformas processuais, mais precisamente com a Lei 11.187/2005, tentou-se dar mais vida ao agravo retido, ao se buscar restringir o uso do agravo de instrumento a três situações, quais fossem, a inadmissão de apelação, o equívoco na atribuição de efeitos na apelação ou a decisão que causasse lesão grave e dificilmente reparável. Fora dessas três situações, a regra geral seria o uso do agravo retido.

Ocorre que tal intenção do legislador, àquela altura, não vingou, já que era extremamente comum que os advogados, no afã de atingirem a suspensão da decisão, utilizassem o agravo de instrumento, tentando justificar o cabimento na terceira hipótese, qual fosse, a de que a decisão de que se agravava seria suscetível de causar lesão grave e de difícil reparação.

Assim, nas discussões atinentes à edição do NCPC, a opção do legislador foi clara no sentido de fazer com que o agravo de instrumento tivesse um rol taxativo de hipóteses de cabimento, eliminando a hipótese - quase indeterminada - de lesão grave ou de difícil reparação, para a inserção de um elenco de situações que, quando presentes, justificariam o uso do agravo de instrumento, cujas alterações principais voltarão a ser analisadas linhas adiante.

Desse modo, eliminou-se a tão criticada e indesejada espécie agravo retido, ao se prescrever, no art. 1.009, § 1.º, que as questões resolvidas na fase de conhecimento, se a decisão a seu respeito não comportar agravo de instrumento, não são cobertas pela preclusão, devendo ser suscitadas em preliminar de apelação, eventualmente interposta contra a decisão final, ou nas contrarrazões.

Isso resulta, pois, no fim da preclusão daquelas decisões interlocutórias que não comportam agravo de instrumento. Chegou-se a inserir, quando da aprovação na Câmara dos Deputados, regra para que se fizesse um "protesto específico" contra a decisão, sem necessidade de razões ou fundamentação, mas tal ideia não vingou na segunda passagem no Senado Federal, de modo que, pela sistemática nova em vigor, havendo decisão interlocutória não passível de agravo de instrumento, tal não precluirá e poderá ser objeto de insurgência em preliminar aberta na apelação ou nas contrarrazões ao recurso de apelação.

Não se pode, portanto, falar que nos termos do NCPC as decisões interlocutórias não agraváveis são irrecorríveis. São sim irrecorríveis em separado, não se admitindo recurso autônomo, de interposição imediata com o objetivo de impugná-las, já que são impugnáveis na apelação.[2] A recorribilidade resta, portanto, evidente, de modo a que o recurso de apelação, que virá a ser examinado mais adiante neste estudo, passou a ser típico para as sentenças e também para tais decisões interlocutórias não suscetíveis de agravo de instrumento.

2.4. Alterações nos prazos recursais

O NCPC brasileiro também implementou algumas mudanças extremamente positivas no tocante aos prazos recursais.

Inicialmente, é de realçar uma salutar uniformização nos prazos, já que se previu, no art. 1.003, § 5.º, que o prazo para interpor recursos e lhes responder é de 15 dias, com exceção dos embargos de declaração, que permanecem em cinco dias.

Considerando que o art. 219 do mesmo novo diploma já previu a contagem apenas em dias úteis, é de se convir que os recorrentes terão, sem sombra de dúvidas, um período mais dilatado para melhor confeccionar suas razões recursais e mais bem fundamentar seus recursos, a fim de obter um resultado favorável nos tribunais respectivos.

Importante realçar ainda a regra do art. 218, § 4.º, que indica que será considerado tempestivo o ato praticado antes do termo inicial do prazo. Era prática comum, à luz do código anterior, que os recursos fossem tidos como extemporâneos caso os recorrentes os interpusessem antes da intimação acerca de uma decisão, mesmo estando ela disponível, por exemplo, no sistema de acompanhamento processual. Assim, com o NCPC, mesmo não tendo sido formalmente intimado do teor de uma decisão, já é possível se interpor o respectivo recurso, de modo que a sua interposição já demonstrará o inequívoco conhecimento, por parte do recorrente, da prolação da decisão da qual se recorre.

Ademais, o NCPC resolveu também antiga discussão quanto à tempestividade dos recursos remetidos por via postal, ao indicar no art. 1.003, § 4.º, que para a aferição de sua tempestividade, será considerada como data da interposição a data da postagem. Havia inúmeros entendimentos, na vigência do velho Código, em função da omissão no tratamento do tema, no sentido de que a data da interposição seria a data da chegada do recurso no juízo, e não a data da postagem.

---

2 CÂMARA, Alexandre Freitas. *O novo processo civil brasileiro*. São Paulo: Atlas, 2015. p. 509.

2.5. A primazia do mérito em sobreposição à jurisprudência defensiva

Um dos princípios mais festejados do Novo CPC brasileiro é, sem qualquer sombra de dúvidas, o princípio da primazia do exame do mérito, que indica que nas relações processuais, o mais importante é a busca da resolução da lide, do conflito, com a análise de seu mérito, sendo este mais relevante que os aspectos formais do processo.

A grande verdade é que, não obstante o art. 154 do antigo CPC previsse expressamente que os atos processuais não dependiam de forma determinada, a não ser quando a lei expressamente o exigisse, consagrando o princípio da instrumentalidade das formas, tal dispositivo não encontrava eco em outras passagens daquele código, de modo que as relações processuais no Brasil se revelavam extremamente apegadas a aspectos formais.

Não era raro verificar assessores de juízes de primeiro grau preenchendo *check lists*, a fim de identificar defeitos na petição inicial capazes de gerar o seu indeferimento de plano, ou mesmo assessores de desembargadores e ministros buscando falhas no preparo ou na instrução do recurso, para inviabilizar a sua admissibilidade, naquilo que se convencionou chamar de jurisprudência defensiva.

O legislador de 2015 revelou preocupação diametralmente oposta. A linha do novo código é a de valorização do mérito, com superação de nulidades, defeitos formais e outros aspectos burocráticos, sempre que possível, tudo com vistas a se atingir o real objeto de uma relação processual, que é resolver, no mérito, o conflito surgido no direito material.

Há também influência do Código de Processo Civil português para a introdução de tal princípio no ordenamento brasileiro. Já no art. 2.º, item 1, daquele estatuto, há previsão de que a proteção jurídica através dos tribunais implica o direito de obter, em prazo razoável, uma decisão judicial que aprecie, com força de caso julgado, a pretensão regularmente deduzida em juízo, bem como a possibilidade de a fazer executar. Em Portugal, dita economia de atos e formalidades tem sido, nos últimos anos, preocupação do legislador, mormente na edição do novo CPC daquele país. Vários instrumentos apontam para isso, como por exemplo, o envio de documentos por meio eletrônico, o aproveitamento do processado em caso de preterição do litisconsórcio necessário, a alteração do pedido e da causa de pedir, a possibilidade de cumulação de objetos processuais, a decisão liminar do recurso pelo relator, sem os juízes adjuntos e a substituição dos vistos dos juízes adjuntos pela entrega de cópias das peças processuais relevantes para a apreciação do recurso.[3]

---

[3] MARQUES, João Paulo Remédio. *Acção declarativa à luz do Código Revisto*. 3. ed. Coimbra: Coimbra Editora, 2011. p. 212.

No Brasil, essa clara intenção já se revela desde as normas fundamentais do processo civil, visto que tanto o art. 4.º indica que as partes têm o direito de obter em prazo razoável a solução integral do mérito como o art. 6.º indica que os sujeitos do processo devem cooperar entre si para que se obtenha, em tempo razoável, decisão de mérito justa e efetiva. Não apenas nas normas fundamentais, mas em mais de vinte dispositivos, essa ideia da primazia do mérito é revelada no novo CPC brasileiro, inclusive em matéria recursal.

Sendo assim, antes de se considerar inadmissível um recurso, como prevê o art. 932, parágrafo único, o relator deve conceder o prazo de cinco dias ao recorrente, a fim de que este possa sanar o vício ou complementar a documentação exigível.

A oportunidade de saneamento do vício independe de sua gravidade, o que permite a aplicação do dispositivo acima mencionado mesmo na hipótese de erro grosseiro. Por outro lado, a doutrina aponta que referida previsão não tem aplicação obrigatória, visto que há variadas razões que impõem o seu afastamento no caso concreto[4]. São de exemplificar as situações em que há deficiência na fundamentação (recorrente não impugnou especificamente as razões decisórias) ou quando há intempestividade manifesta, não há que se imaginar a aplicabilidade do art. 932, parágrafo único, para viabilizar o saneamento do vício. De todo modo, mesmo se entendendo como insanável o vício, em respeito ao dever de consulta, consagrado no art. 9.º do NCPC, deve-se intimar o recorrente para se manifestar sobre o defeito, evitando-se a decisão-surpresa.

Além disso, mudanças substanciais específicas também são verificadas no tocante ao preparo e sua conseguinte deserção, justificadora da inadmissão de um recurso. Nos termos do art. 1.007, § 2.º, a insuficiência no valor do preparo, inclusive do porte de remessa e de retorno, só implicará deserção se o recorrente, intimado na pessoa de seu advogado, não vier a supri-lo em cinco dias.

Mais que isso, prevê o § 4.º que o recorrente que não comprovar, no ato de interposição do recurso, o recolhimento do preparo, inclusive do porte de remessa e de retorno, será intimado, na pessoa do seu advogado, para realizar o recolhimento em dobro, sob pena de deserção. Assim, em vez da imediata deserção e conseguinte inadmissão, como ocorria no Código anterior, o legislador de 2015, preocupado com a primazia do mérito, dá a este a chance de efetuar o preparo, com a punição de ter que recolher tal valor em dobro. Essa previsão segue a linha do Código de Processo Civil de Portugal, o qual, em seu art. 642.º, item 1, prevê que se o documento comprovativo do pagamento

---

[4] NEVES, Daniel Amorim Assumpção. *Manual de direito processual civil.* 8. ed. Salvador: JusPodivm, 2016. volume único, p. 1502.

da taxa de justiça não tiver sido juntado, o interessado será notificado para em dez dias efetuar o pagamento omitido, acrescido de multa de igual montante.

2.6. Novas restrições à remessa necessária

Se havia um instituto que era sempre lembrado, quando do surgimento de reformas processuais, como passível de extirpação da legislação, este era o da remessa necessária.

Tal instituto era originariamente denominado recurso de ofício, com sua origem apontada para o Direito Medieval, mas ganhou contornos mais acentuados no ordenamento jurídico português, com as ordenações afonsinas. Tratava-se da apelação *ex officio*, que servia para abrandar desvios do processo inquisitório.

Não obstante sua inegável importância histórica, afigura-se na atualidade como um dos mais criticados mecanismos da legislação processual, para muitos violador da isonomia e responsável pela desnecessária mora no encerramento de muitos feitos.[5]

Não foram poucas as oportunidades que o legislador teve de banir a remessa oficial do ordenamento jurídico brasileiro, como ocorreu com a Lei 10.352/2001 e mais recentemente na terceira onda de reformas processuais. No entanto, em todas essas ocasiões, o legislador, de forma conservadora, não analisou concretamente a utilidade do instituto atualmente.[6]

Em um dos relatórios parciais divulgados pela Comissão de Juristas responsável pela elaboração do anteprojeto do novo Código de Processo Civil, ainda no ano de 2009, afirmou-se que um dos objetivos era o de não mais existir a previsão da remessa oficial, ou reexame necessário, no novo diploma adjetivo. Tal ideia se justificaria na conclusão de que a defesa judicial da Fazenda Pública se encontra, em regra, a esta altura, bem organizada e estruturada, e então a remessa oficial teria perdido a razão de ser. Além disso, havia situações esdrúxulas em que a União, por exemplo, deixava de recorrer baseada em súmula administrativa do Advogado-Geral da União – portanto,

---

5 PEIXOTO, Marco Aurélio Ventura. Fazenda Pública em Juízo. In: DIDIER JR., Fredie; MACEDO, Lucas Buril de; PEIXOTO, Ravi; FREIRE, Alexandre (Coord.). *Novo CPC*: doutrina selecionada. Processo de conhecimento e disposições finais e transitórias. Salvador: JusPodivm, 2015. v. 2, p. 906.

6 PEIXOTO, Marco Aurélio Ventura; MARQUES, Renan Gonçalves Pinto. A análise de possíveis mudanças processuais e a possibilidade de extinção do reexame necessário como forma de alcançar os princípios da celeridade processual e da duração razoável do processo. *Revista da Faculdade de Direito de Caruaru*, Caruaru, v. 39, n. 1, p. 275, 2008.

por vontade própria – e a decisão acabava tendo que ser, obrigatoriamente, reexaminada pelo tribunal respectivo.

Ocorre que, já no trabalho final da Comissão de Juristas, e isso prevaleceu no Senado, optou-se pela manutenção do instituto, com um aumento ainda maior da restrição que já havia sido estabelecida no art. 475 do velho CPC, quando da Lei 10.352/2001. Uma das mais fortes justificativas para a não extinção da remessa oficial foi a de que a Advocacia-Geral da União e as Procuradorias dos Estados e do Distrito Federal estão plenamente organizadas, mas essa não seria a realidade da maior parte das Procuradorias Municipais – até mesmo pelo fato de que não são muitos os Municípios que dispõe de carreira estruturada de procuradores –, de modo que a proteção ao Erário ainda se fundamentaria em tal reexame obrigatório pelos tribunais.

Assim, no art. 496 do NCPC, consta a figura da remessa necessária, prevista para aquelas sentenças proferidas contra a União, os Estados, o Distrito Federal, os Municípios e suas respectivas autarquias e fundações de direito público, bem como para aqueles casos em que se julgar procedentes, no todo ou em parte, os embargos à execução fiscal.

As alterações, por outro lado, são bastante significativas no que tange às situações de restrição à remessa necessária.No § 3.º, restringiu-se sua incidência nas situações em que o valor da condenação ou o proveito econômico obtido na causa for de valor certo e líquido inferior a 1.000 salários mínimos para União e suas autarquias e fundações de direito público, 500 salários mínimos para os Estados, Distrito Federal, as respectivas autarquias e fundações de direito público e os Municípios que constituam capitais dos Estados, e 100 salários mínimos para os demais Municípios e suas respectivas autarquias e fundações de direito público. Registre-se, outrossim, que a sentença precisa ser certa e líquida, de modo que, se ilíquida o for, não há como dispensar a remessa necessária.

Neste aspecto, revela-se sem dúvida um substancial aumento no rol de restrições pelo valor, notadamente nas condenações da União, Estados, Distrito Federal e capitais, considerando que o anterior teto era de 60 salários mínimos para todos os entes.

Outrossim, não há que se falar em negócio processual, celebrado pela Fazenda Pública, que venha a dispensar a remessa necessária. Isto porque os negócios jurídicos processuais devem situar-se no espaço de disponibilidade outorgado pelo legislador, não podendo autorregular situações alcançadas pelas normas cogentes.[7]

---

7 DIDIER JR., Fredie; CUNHA, Leonardo Carneiro da. Remessa necessária no Novo CPC. In: MOUTA ARAÚJO, José Henrique; CUNHA, Leonardo Carneiro da

Já no § 4.º, mantendo a linha do CPC revogado para as questões pacificadas pela jurisprudência, prevê-se que não haverá a remessa oficial quando a sentença estiver fundada em súmula de tribunal superior, em acórdão proferido pelo STF ou STJ no julgamento de casos repetitivos ou em entendimento firmado em incidente de resolução de demandas repetitivas ou de assunção de competência.

No mesmo § 4.º, inseriu-se relevante alteração na Câmara dos Deputados, ao se vedar a remessa necessária quando a sentença estiver fundada em entendimento coincidente com orientação vinculante firmada no âmbito administrativo do próprio ente público, consolidada em manifestação, parecer ou súmula administrativa.

Tal previsão soluciona questão aqui colocada anteriormente, que rotineiramente ocorreu na vigência do CPC/1973, em que a Fazenda Pública – notadamente a Advocacia-Geral da União – deixava de recorrer baseada em súmula administrativa, mas os autos subiam ao respectivo Tribunal, em decorrência da remessa oficial. Ademais, poupa tempo e trabalho dos procuradores, tendo estes um melhor aproveitamento das causas necessárias e urgentes que precisam de um trabalho intelectual mais aprimorado e condizente para a defesa dos interesses da coletividade.[8]

Para tanto, ainda que se esteja diante da manutenção da remessa necessária, o que demonstra ainda um pouco de conservadorismo do legislador ordinário, é indiscutível que a ampliação das situações restritivas resultará em sensível diminuição dos casos submetidos a reanálise, contribuindo assim, de modo decisivo, com a buscada celeridade na entrega da prestação jurisdicional.

3. APELAÇÃO

O recurso de apelação sofreu, com o NCPC brasileiro, também relevantes alterações que merecem realce no estudo presente.

Não obstante continue a ser tratado pelo art. 1.009 como o recurso cabível para atacar as sentenças, ampliou-se o leque de questões a serem im-

---

(Coord.). *Advocacia Pública*. Salvador: JusPodivm, 2015. p. 140. (Coleção Repercussões do Novo CPC, v. 3.)

[8] MACEDO, Bruno Régis Ferreira. As mudanças do NCPC no papel da Fazenda Pública: Considerações sobre a capacidade postulatória, prazo processual e o reexame necessário. In: MOUTA ARAÚJO, José Henrique; CUNHA, Leonardo Carneiro da (Coord.). *Advocacia Pública*. Salvador: JusPodivm, 2015. p. 53. (Coleção Repercussões do Novo CPC, v. 3.)

pugnadas em tal recurso, visto que, como já mencionado linhas atrás, com o fim da preclusão das decisões interlocutórias não suscetíveis de agravo de instrumento, nos termos do § 1.º do mesmo artigo, as questões resolvidas na fase de conhecimento, via decisão interlocutória, devem ser suscitadas em preliminar de apelação eventualmente interposta ou nas respectivas contrarrazões.

Assim, é possível dizer que a apelação do vencido, na nova sistemática, pode cumprir uma dupla finalidade, de modo que o objeto de ataque de um recurso de apelação não mais se restringe às sentenças, mas também as decisões interlocutórias que não comportam o uso do agravo de instrumento.

Como dito, o § 1.º possibilita que essas decisões interlocutórias não agraváveis sejam objeto de ataque nas contrarrazões do recurso, para a eventualidade de o vencedor desejar atacar alguma dessas decisões. Assim, na petição de contrarrazões, responderá ao apelo e recorrerá das decisões proferidas ao longo do processo que não puderam ser passíveis de agravo de instrumento.

Dito recurso do vencedor nas contrarrazões é de ser compreendido como subordinado e condicionado à apelação do vencido, como aponta parte da pátria doutrina. Será subordinado, a exemplo do que ocorre com o recurso adesivo, porque se houver desistência da apelação interposta pelo vencido ou se ela for considerada inadmissível dito recurso contra as decisões interlocutórias (ofertado nas contrarrazões) não será conhecido. Ademais, é de se entender como condicionado porque somente será examinado se a apelação do vencido for acolhida, já que quem se vale dela é o vencedor, o qual somente perde esta qualidade se a apelação do vencido originário for provida.[9]

A interposição do recurso de apelação continua sendo no primeiro grau de jurisdição, perante o juízo prolator da sentença. Não há mais, segundo já referido anteriormente, o juízo prévio de admissibilidade por parte deste juiz, de modo que a ele caberá apenas intimar o apelado para ofertar contrarrazões.

Também não mais caberá ao juiz de primeiro grau fazer a atribuição dos efeitos recursais, como se fazia sob a luz do Código de 1973. Sobre o tema, insta realçar que a ideia inicial da Comissão de Juristas responsável pela edição do

---

9 CUNHA, Leonardo Carneiro da; DIDIER JR., Fredie. Apelação contra decisão interlocutória não agravável: a apelação do vencido e a apelação subordinada do vencedor: duas novidades do CPC/2015. In: DIDIER JR., Fredie; MACEDO, Lucas Buril de; PEIXOTO, Ravi; FREIRE, Alexandre (Coord.). *Novo CPC*: doutrina selecionada. Processo nos tribunais e meios de impugnação às decisões judiciais. Salvador: JusPodivm, 2015. v. 6, p. 518-519.

Novo CPC era a de eliminar o efeito suspensivo como regra, de modo a que se tivesse apenas o efeito devolutivo, a fim de dar mais efetividade e poder à decisão de primeiro grau.

Se assim o fosse, a apelação estaria sujeita à regra geral insculpida no art. 995, que prevê que os recursos não impedem a eficácia da decisão, salvo disposição legal ou decisão diverso. Para tanto, a eficácia da decisão recorrida pode ser suspensa por decisão do relator, se da imediata produção dos efeitos houver risco de dano grave, de difícil ou impossível reparação, e ficar demonstrada a probabilidade de provimento do recurso.

No Código de Processo Civil de Portugal, por exemplo, a regra para a apelação é o seu recebimento tão somente no efeito devolutivo, com hipóteses claramente delineadas para a atribuição de efeito suspensivo. Quando se estiver dentro da regra geral, o efeito suspensivo somente pode ser concedido caso o apelante o pleiteie, arguindo que a decisão lhe causa prejuízo considerável, e mediante a prestação de caução.

Havia, entre nós, uma razão relevante para que esse sistema português aqui também vigorasse. Cada vez menos se dá importância às decisões de primeiro grau, e muitos juízes de primeira instância são vistos e tratados no ordenamento brasileiro, inclusive de modo pejorativo por alguns advogados, como meros instrutores processuais. Não são raros os casos de advogados que pressionam os juízes de primeiro grau a logo decidirem, independentemente do teor da decisão, porque a questão só haverá de se resolver mesmo nos tribunais.

Lamentavelmente, já na Câmara dos Deputados, essa ideia de efeito suspensivo *ope iudicis* foi deixada de lado, retomando-se a mesma lógica já presente no Código de Processo Civil de 1973, qual seja, a regra geral de efeito suspensivo *ope legis*, como estatuído no art. 1.012, que indica claramente que a apelação terá efeito suspensivo, de modo que a sua ausência será exceção, conforme as situações elencadas no § 1.º do mesmo artigo (homologação de divisão ou demarcação de terras; condenação a pagar alimentos; extinção sem resolução do mérito ou julgamento pela improcedência dos embargos à execução; julgamento pela procedência do pedido de instituição de arbitragem; confirmação, concessão ou revogação de tutela provisória; decretação da interdição).

De todo modo, segundo exposto, não é mais tarefa do juiz de primeiro grau decidir pela atribuição dos efeitos. Tanto é assim que o § 2.º do art. 1.012 prescreve que, nas situações de efeito meramente devolutivo, o apelado já poderá promover o cumprimento provisório da decisão, depois de publicada a sentença.

A atribuição do efeito suspensivo, nas hipóteses em que o NCPC excetua a sua incidência, é de ser pleiteada pelo apelante em requerimento dirigido ao tribunal (entre a interposição do recurso e a sua distribuição, ficando o relator designado para o seu exame prevento para julgar também o recurso), ou ao relator, na hipótese de já haver sido distribuída a apelação.

Não há mais, portanto, a possibilidade de se requerer o efeito suspensivo, como se fazia no antigo CPC, na própria peça do recurso de apelação, já que o pleito não encontrará veículo para a imediata apreciação. É de usar, assim, petição apartada, quer o recurso já esteja distribuído na Corte, quer em trâmite na instância inferior.[10]

Há que se fazer menção ainda aos poderes do relator, na sistemática introduzida pelo NCPC brasileiro, ampliados nos termos da previsão contida no art. 932, incisos III, IV e V. Inicialmente, o relator pode não conhecer de recurso inadmissível, prejudicado ou que não tenha impugnado especificamente os fundamentos da decisão recorrida.

Adentrando ao mérito, pode o relator negar provimento a recurso que seja contrário a: a) súmula do STF, STJ ou do próprio tribunal; b) acórdão proferido pelo STF ou STJ no julgamento de recursos repetitivos; c) entendimento firmado em incidente de resolução de demandas repetitivas ou de assunção de competência. Como se não bastasse, após as contrarrazões, o relator pode monocraticamente dar provimento ao recurso caso a decisão recorrida seja contrária a: a) súmula do STF, STJ ou do próprio tribunal; b) acórdão proferido pelo STF ou STJ no julgamento de recursos repetitivos; c) entendimento firmado em incidente de resolução de demandas repetitivas ou de assunção de competência. Essa nítida ampliação mostra a adequação dos poderes do relator à sistemática dos precedentes e do julgamento de causas repetitivas.

Não obstante essa ampliação dos poderes do relator guarde total coerência com a nova sistemática dos precedentes e do microssistema das causas repetitivas, é de se esperar que os magistrados de fato analisem as teses e seus fundamentos determinantes, visto que o que se teve, como aplicação prática dos poderes do relator na égide do antigo Código, foi um verdadeiro abuso nas decisões monocráticas, sem qualquer zelo na pesquisa e na análise dos fundamentos determinantes das súmulas ou acórdãos invocados.

---

10 BRUSCHI, Gilberto Gomes; MAIDAME, Márcio Manoel. O efeito suspensivo e o recurso de apelação. In: DIDIER JR., Fredie; MACEDO, Lucas Buril de; PEIXOTO, Ravi; FREIRE, Alexandre (Coord.). *Novo CPC*: doutrina selecionada. Processo nos tribunais e meios de impugnação às decisões judiciais. Salvador: JusPodivm, 2015. v. 6, p. 536-537.

4. AGRAVO DE INSTRUMENTO

O recurso de agravo de instrumento está disciplinado entre os arts. 1.015 e 1.020 do Novo CPC brasileiro, e representou, sem dúvida, um dos aspectos de mais intensos debates quando da tramitação do projeto no Congresso Nacional.

Segundo já exposto anteriormente, movidos por forte pressão de segmentos da magistratura, pretendeu-se limitar o uso de tal espécie recursal, a partir da criação de um rol taxativo.

Na forma prevista no art. 522 do antigo diploma processual, mesmo após as mudanças ocorridas em 2005, em que o agravo de instrumento poderia ser utilizado para atacar decisões interlocutórias suscetíveis de causar lesão grave e de difícil reparação, aliada à notória rejeição sofrida em relação ao uso do agravo retido, era notória a quantidade de agravos de instrumento que se amontoavam nas prateleiras dos tribunais inferiores, impedindo estas cortes de se ocupar de recursos e ações que lhe são mais próprios.

O rol de hipóteses para utilização do agravo de instrumento flutuou nas duas casas do Congresso Nacional, partindo de três e chegando até mesmo a vinte situações. No final, já considerando um veto presidencial, o rol ficou com onze hipóteses de cabimento, mais a norma em branco de outros casos expressamente referidos em lei.

Assim, cabe agravo de instrumento contra as decisões interlocutórias que versarem sobre: tutelas provisórias; mérito do processo; rejeição da alegação de convenção de arbitragem; incidente de desconsideração da personalidade jurídica; rejeição do pedido de gratuidade da justiça ou acolhimento do pedido de sua revogação; exibição ou posse do documento ou coisa; exclusão de litisconsorte; rejeição do pedido de limitação do litisconsorte; admissão ou inadmissão de intervenção de terceiros; concessão, modificação ou revogação do efeito suspensivo aos embargos à execução; e redistribuição do ônus da prova nos termos do art. 373, § 1.º.

Além disso, como não poderia ser diferente, o parágrafo único do art. 1.015 prevê que também cabe o recurso contra decisões interlocutórias proferidas na fase de liquidação de sentença ou de cumprimento de sentença, no processo de execução e no processo de inventário.

A respeito, não custa realçar que os agravos de instrumentos passarão a ser largamente utilizados nas execuções de obrigação de pagar quantia certa contra a Fazenda Pública, tendo em conta a nova sistemática de cumprimento de sentença prescrita nos arts. 534 e 535 do NCPC. Pela regra do antigo CPC, como a defesa da Fazenda se fazia por meio de embargos, o acolhimento ou a rejeição importavam em apelação. No NCPC, tendo a impugnação natureza incidental, a decisão que eventualmente a rejeitar será interlocutória, de modo a que as partes poderão manejar agravo de instrumento.[11]

Deve-se fazer menção também a uma hipótese *escondida* para a utilização do agravo de instrumento, que é a decisão de distinção em primeiro grau. Está prevista no art. 1.037, § 13, I, quando houver a decisão de afetação em recurso repetitivo, há a necessidade dos juízos de todo o território nacional procederem com o sobrestamento dos processos que versarem sobre a questão afetada, em recurso especial ou extraordinário. Uma vez que as partes devem ser intimadas da decisão de sobrestamento, cabe a petição de distinção, com a demonstração dos argumentos que distinguem a situação deste processo com o processo que foi dado o rito repetitivo e aquela questão afetada. Assim, proferida a decisão interlocutória sobre a distinção ou não, seja qual for o resultado, será possível o cabimento do agravo de instrumento.[12]

Nitidamente, o legislador não foi capaz de inserir todas as potenciais situações que demandariam o agravo de instrumento, como por exemplo na hipótese de o juízo de primeiro grau inadmitir a apelação por intempestividade, ou quando houver decisão sobre arguição de incompetência do juízo. Nesta última hipótese, parte da doutrina aplica por analogia o inciso III do art. 1.015, que fala da rejeição da alegação de convenção de arbitragem, para justificar o cabimento do agravo contra tais decisões. O argumento é que a alegação de convenção de arbitragem e a alegação de incompetência são situações que se identificam e se assemelham, de modo a ter o mesmo tratamento em razão do princípio da igualdade.[13]

Não haverá outra saída aos advogados, diante de situações que não comportem o agravo de instrumento, e sem alternativas para esperar para recorrer de decisões tão somente quando da interposição do recurso de apelação ou de suas contrarrazões, senão o uso do remédio constitucional do mandado de segurança, a exemplo do que já ocorre, de longa data, nos processos trabalhistas.

---

11 PEIXOTO, Marco Aurélio Ventura; BELFORT, Renata Cortez Vieira. *O cumprimento de sentença contra a Fazenda Pública no Novo CPC*. In: MOUTA ARAÚJO, José Henrique; CUNHA, Leonardo Carneiro da (Coord.). *Advocacia Pública*. Salvador: JusPodivm, 2015. p. 327. (Coleção Repercussões do Novo CPC, v. 3.)

12 LEMOS, Vinicius Silva. *Recursos e processos nos tribunais no novo CPC*. São Paulo: Lexia, 2015. p. 188.

13 DIDIER JR. Fredie; CUNHA, Leonardo José Carneiro da. *Curso de direito processual civil*: meios de impugnação às decisões judiciais e processo nos tribunais. 13. ed. Salvador: JusPodivm, 2016. v. 3, p. 216.

Não há dúvidas em afirmar que a retirada da recorribilidade imediata das decisões interlocutórias que não se enquadrem no rol do art. 1.015 irá representar um novo ponto de análise em relação ao cabimento do mandado de segurança contra ato judicial, tendo em vista o fenômeno da irrecorribilidade imediata. Assim, deve o impetrante, para o manejo do remédio, demonstrar a presença dos demais requisitos, notadamente sustentando que a decisão é teratológica e que houve violação a direito líquido e certo.[14]

Não é outra verdade também que sempre houve, por parte dos pátrios tribunais, forte rejeição ao uso do mandado de segurança para fazer as vezes de recurso, diante do seu não cabimento, ainda que esta seja a previsão da própria Lei 12.016/2009. O que se imagina, e isso não deve tardar a acontecer, é que os tribunais, começando a rejeitar o uso do mandado de segurança, comecem a desenvolver interpretações extensivas ou ampliativas do rol de cabimento do agravo de instrumento, para justificar o seu uso em situações que não estão elencadas no art. 1.015 do NCPC.

No que diz respeito ao procedimento, há que se fazer menção inicialmente ao aumento no prazo para a interposição do recurso. Se no Código de 1973 o prazo era de dez dias corridos, o prazo é de 15 dias úteis no Novo Código de Processo Civil.

Outrossim, houve um aumento no número de peças obrigatórias. Pelo novo diploma, o agravante precisa anexar cópias da petição inicial, da contestação, da petição que ensejou a decisão agravada, da própria decisão agravada, da certidão da respectiva intimação ou outro documento oficial que comprove a tempestividade e das procurações outorgadas aos advogados do agravante e do agravado. Na eventualidade e não existir nos autos qualquer das peças obrigatórias, o advogado do agravante pode declarar, sob sua responsabilidade, a inexistência da referida peça. Além disso, continua sendo possível a juntada de outras peças facultativas, que o agravante reputar úteis.

Neste aspecto, mudança substancial em relação ao que dispunha o antigo código, está prevista no § 3.º do art. 1.017, qual seja, dentro da aplicação do princípio da primazia do mérito e, por que não dizer, também da cooperação, se faltar qualquer peça ou no caso de algum outro vício que comprometa a admissibilidade, não deve o relator inadmitir o recurso, mas dar prazo de cinco dias, para sua complementação ou correção, como já indica o art. 932, parágrafo único.

---

[14] ARAÚJO, José Henrique Mouta. *Mandado de segurança*. 5. ed. Salvador: JusPodivm, 2015. p. 371.

Quando se fala em cooperação no processo, apontam-se na doutrina quatro deveres dele decorrentes, quais sejam, o dever de esclarecimento, o de diálogo, o de prevenção e o de auxílio. O primeiro serve para questionar as partes quanto às suas manifestações, para deixá-las mais claras; o de diálogo tem a ver com o contraditório efetivo; o de prevenção com o alerta às partes sobre riscos e deficiências das manifestações e estratégias por elas adotadas; o de auxílio serve para eliminar obstáculos que lhes dificultem ou impeçam o exercício das faculdades processuais.[15]

Assim, a ideia do art. 932, parágrafo único, é de encaixar neste último dever, qual seja, o de auxílio, a fim de que, ao se oportunizar a complementação ou correção na instrumentalização do agravo, esteja o relator a evitar o seu não conhecimento, em legítima cooperação com a parte recorrente e com seu advogado.

Como se não bastasse, outra previsão interessante está indicada no § 5.º do mesmo art. 1.017, no sentido de que, se o agravo de instrumentos se der em autos eletrônicos, ficará o agravante dispensado da juntada das peças obrigatórias, isto é, não será necessário se formar o instrumento porque os autos originários estarão sempre – virtualmente – à disposição do relator e do colegiado.

O NCPC brasileiro eliminou ainda, em se tratando de agravo em autos eletrônicos, a necessidade de se comunicar em três dias, ao juízo originário, a interposição do agravo de instrumento. Tal exigência, consoante previsão do art. 1.018, permanece indispensável apenas para agravo de instrumento em autos físicos, quando o não cumprimento da obrigação, sendo alegado e provado pela parte agravada, gera a sua inadmissão.

Recebido o agravo de instrumento, nos termos do art. 1.019, o relator pode atribuir efeito suspensivo ou deferir a tutela antecipada recursal; intimar o agravado para contrarrazões, em prazo de 15 dias, e ainda ouvir o Ministério Público, também em 15 dias, para então solicitar dia para julgamento, que deve se dar, como prevê o art. 1.020, em prazo não superior a um mês da intimação do agravado.

Cumpre ressaltar que o agravo de instrumento é o recurso cabível para o ataque à decisão parcial de mérito, instituto insculpido no art. 356 do NCPC. A decisão parcial de mérito possibilita o julgamento em definitivo de um ou mais pedidos, desde que sejam incontroversos ou que estejam maduros para julgamento.

---

[15] WAMBIER, Luiz Rodrigues; TALAMINI, Eduardo. *Curso avançado de processo civil*: teoria geral do processo. São Paulo: RT, 2016. v. 1, p. 83.

Nesses casos, o agravo de instrumento deve cumprir papel semelhante ao de uma apelação, porque a decisão interlocutória tem aptidão de encerrar parcela do objeto litigioso em questão. Fazendo as vezes de uma apelação, ao agravo serão aplicadas as suas regras, inclusive a possibilidade de sustentação oral.

Questão das mais instigantes, a respeito do agravo de instrumento, em sua relação com a decisão parcial de mérito, é se precisa o recorrente impugnar as decisões interlocutórias não agraváveis, neste agravo de instrumento contra decisão parcial de mérito, sob pena de preclusão, à semelhança do art. 1.099, § 1.º, do NCPC?

Tem-se defendido que, se a decisão anterior disser respeito apenas à parcela do objeto litigioso a ser examinada na sentença, não se deve entender que deva ser levantada no agravo, que haverá de ser utilizado, aí sim, para aquelas situações em que a decisão anterior diz respeito apenas à parcela do objeto litigioso decidido na decisão interlocutória, sob pena de preclusão.[16]

A questão ganha contornos ainda maiores quando se imagina a hipótese de a decisão anterior dizer respeito à questão comum à parcela do objeto litigioso examinada na decisão agravada e à parcela que será examinada na sentença. Parece ser mais coerente a ideia de que se deve impugnar tais questões logo no agravo de instrumento contra a decisão parcial de mérito.

Nessa linha de raciocínio, o Fórum Permanente de Processualistas Civis (FPPC) editou, no encontro realizado na cidade de São Paulo, entre os dias 18 e 20.03.2016, o Enunciado 611, em que se consagrou o entendimento de que, na hipótese de decisão parcial com fundamento no art. 485 ou no art. 487, as questões exclusivamente a ela relacionadas e resolvidas anteriormente, quando não recorríveis de imediato, devem ser impugnadas em preliminar do agravo de instrumento ou nas contrarrazões do agravo.

5. EMBARGOS DE DECLARAÇÃO

O recurso de embargos de declaração foi introduzido no Brasil desde o período colonial, sofrendo evidente influência do direito português, com suas ordenações afonsinas, manoelinas e filipinas. Esteve presente nos Códigos de Processo Civil de 1939, 1973 e está mais uma vez disciplinado no diploma de 2015.

Foi o único recurso que manteve prazo diferenciado dos demais, em apenas cinco dias, e não em 15 dias, como as demais espécies, mormente pela simplicidade e pela celeridade que se impõe em seu processamento e julgamento.

---

[16] DIDIER JR. Fredie; CUNHA, Leonardo José Carneiro da. *Curso de direito processual civil...* cit., p. 229.

Tem cabimento, à luz do art. 1.022 do NCPC brasileiro, contra qualquer decisão para: a) esclarecer obscuridade ou eliminar contradição; b) suprir omissão de ponto ou questão sobre o qual devia se pronunciar o juiz de ofício ou a requerimento; c) corrigir erro material.

Como indicado acima, o NCPC prevê, de modo expresso, o cabimento do recurso para atacar erros materiais. É de se entender o erro material como aquele perceptível por qualquer homem médio e que não tenha, evidentemente, correspondido à intenção do juiz.[17]

O NCPC, resolvendo equívoco do CPC/1973, não limitou seu cabimento às sentenças e acórdãos, consagrando posicionamento do STJ, no sentido da admissão contra qualquer decisão. Há na doutrina quem sustente o seu cabimento inclusive contra pronunciamentos judiciais recorríveis, como os despachos, desde que presente ao menos uma hipótese de cabimento.[18] Assim, se a inteligibilidade dos despachos também interessa o Judiciário, não há razões para se manter um despacho obscuro, contraditório, omisso ou portador de erros materiais.

Dita espécie recursal não se sujeita a preparo, e é dirigida ao juiz ou tribunal prolator da decisão omissa, obscura, contraditória ou com erro material.

A omissão é presumida, para fins de uso dos embargos de declaração, sempre que deixar de se manifestar sobre tese firmada em julgamento de casos repetitivos ou em incidente de assunção de competência aplicável ao caso sob julgamento.

Por igual, presume-se a omissão quando incorra nas condutas do art. 489, § 1.º, isto é, quando não se cumprir com os estritos limites do dever de fundamentação das decisões judiciais. Se, de um lado, o juiz não é obrigado a acolher todas as alegações das partes, o que inclusive seria logicamente impossível, de outro, possui o dever constitucional de levar em consideração todos os argumentos trazidos pelas partes e responder justificando os motivos jurídicos de seu não acolhimento.[19]

---

[17] WAMBIER, Tereza Arruda Alvim. Embargos de declaração. In: ______; WAMBIER, Luiz Rodrigues. *Temas essenciais do Novo CPC*: análise das principais alterações do sistema processual civil brasileiro. São Paulo: RT, 2016. p. 568.

[18] SILVA, Ticiano Alves e. Os embargos de declaração no Novo Código de Processo Civil. In: DIDIER JR., Fredie; MACEDO, Lucas Buril de; PEIXOTO, Ravi; FREIRE, Alexandre (Coord.). *Novo CPC*: doutrina selecionada. Processo nos tribunais e meios de impugnação às decisões judiciais. Salvador: JusPodivm, 2015. v. 6, p. 663-664.

[19] MONNERAT, Fábio Victor da Fonte. *Introdução ao estudo do direito processual civil*. São Paulo: Saraiva, 2015. p. 168.

Diferentemente do que se tinha no antigo CPC brasileiro, o Código de 2015 previu expressamente, em seu art. 1.023, § 2.º, que o embargado será intimado para ofertar contrarrazões, em cinco dias, na hipótese de eventual acolhimento implicar a modificação da decisão embargada (efeitos infringentes).

Quando o embargado já tiver interposto outro recurso, como por exemplo o recurso de apelação contra a sentença, e o julgamento dos embargos de declaração produzir efeito modificativo, terá o direito de complementar ou alterar as suas razões, nos exatos limites da modificação, dentro do prazo de 15 dias, contado da intimação da decisão dos embargos de declaração.

Por seu turno, quando o embargado já tiver interposto outro recurso, e os embargos de declaração da parte adversa houverem por ser rejeitados ou, mesmo providos, não alterarem a essência da conclusão anterior, o recurso interposto antes da publicação do julgamento dos embargos de declaração não precisará, alterando o entendimento do Código anterior, ser ratificado expressamente para ser objeto de conhecimento.

Resolvendo outra omissão do Código de 1973, que gerava interpretações divergentes na doutrina e na aplicação dos tribunais, o atual código estabeleceu a inexistência de efeito suspensivo aos embargos de declaração, realçando apenas que a eficácia da decisão monocrática ou colegiada pode ser suspensa pelo juiz ou relator se demonstrada a probabilidade de provimento do recurso ou, sendo relevante a fundamentação, se houver risco de dano grave ou de difícil reparação.

Outra importante novidade trazida aos embargos de declaração foi a previsão, contida no art. 1.025, de que serão considerados incluídos no acórdão os elementos que o embargante suscitou, para fins de prequestionamento, ainda que os embargos de declaração sejam inadmitidos ou rejeitados, caso o tribunal superior considere existentes erro, omissão, contradição ou obscuridade.

Explica-se. À luz do antigo Código, era comum a utilização dos embargos de declaração com finalidade prequestionadora, fruto do receio com a jurisprudência defensiva dos tribunais superiores. Ocorre que, no mais das vezes, os tribunais rejeitavam os embargos, não enfrentando diretamente o dispositivo levantado e mantendo, portanto, a omissão, o que forçava o recorrente a, em preliminar de recurso especial, insurgir-se contra a violação do art. 535 (dispositivo que cuidava dos embargos de declaração no CPC de 1973), levando muitas vezes o STJ a dar provimento ao recurso especial, por verificar que havia erro, omissão, obscuridade ou contradição, anulando o acórdão recorrido e devolvendo a matéria ao tribunal recorrido, para que promovesse o rejulgamento dos embargos de declaração.

Pela nova sistemática, uma vez tendo sido suscitados os elementos, para fins de prequestionamento, nos embargos de declaração, ainda que o tribunal recorrido os rejeite, eles serão considerados incluídos no acórdão, de modo que nem se fará necessário o recorrente alegar em preliminar violação ao art. 1.022 do NCPC e nem o STJ precisará anular o acórdão, podendo desde logo ingressar no mérito da violação ou não aos dispositivos recorridos.

Outra novidade fruto do NCPC brasileiro é a previsão contida no art. 1.024, § 3.º, primeira parte, no sentido de que os embargos de declaração devem ser processados como agravo interno, se o órgão julgador entender ser este o recurso cabível, e não aquele. Evoluiu em relação à jurisprudência do STJ e do STF, ao dispor que o recorrente deve ser intimado para, em cinco dias, complementar as razões recursais, considerando as diferenças existentes entre as duas espécies recursais.

O novo Código manteve a previsão de efeito interruptivo para os embargos de declaração, o que gera o reinício da contagem de prazos para a interposição de outros recursos, a partir da intimação da decisão proferida em sede de embargos de declaração. Mais que isso, já nas Disposições Finais e Transitórias (art. 1.066), alterou-se a Lei 9.099/1995, para prever que essa interrupção de prazo se estende também aos juizados especiais, modificando-se a regra anterior do art. 50 daquela lei, que previa prazo suspensivo e não interruptivo.

O art. 1.026, § 2.º, manteve a possibilidade de condenação do embargante a pagar ao embargado multa, em caso de embargos de declaração com fim manifestamente protelatório, sendo esta não excedente a 2% sobre o valor atualizado da causa. Na hipótese de reiteração dos embargos, a multa será elevada a até 10% (dez por cento) sobre o valor da causa e a interposição de qualquer recurso ficará condicionada ao depósito prévio do valor da multa, à exceção da Fazenda Pública e do beneficiário de gratuidade da justiça, não sendo ainda admitidos novos embargos de declaração se os dois anteriores houverem sido considerados protelatórios.

6. SUCUMBÊNCIA RECURSAL PROGRESSIVA

No Código de Processo Civil de 1973, não havia qualquer previsão de majoração da condenação em honorários advocatícios nas instâncias recursais. Assim, era absolutamente frequente que um advogado que obteve a coisa julgada favorável ao seu cliente no primeiro grau de jurisdição, em poucos meses de atuação, obtivesse o mesmo percentual de honorários que outro advogado, em causa idêntica, após anos de atuação, inclusive nas instâncias recursais dos tribunais superiores.

Mais que isso, dita omissão do Código anterior acabava por, de certa forma, estimular o uso de recursos mesmo quando se sabia da pouca chance de êxito na tese recursal, visto que, na pior das hipóteses, o que se perdia eram as custas recursais, mas não se poderia ter uma piora na decisão recorrida.

O Novo CPC brasileiro trouxe disciplinamento dos mais completos acerca da temática de honorários advocatícios, num dos mais extensos artigos do código, com 19 (dezenove) parágrafos. No § 11 deste artigo, previu-se que o tribunal, ao julgar recurso, majorará os honorários fixados anteriormente levando em conta o trabalho adicional realizado em grau recursal, observando, conforme o caso, o disposto nos §§ 2.º a 6.º, sendo vedado ao tribunal, no cômputo geral da fixação de honorários devidos ao advogado do vencedor, ultrapassar os respectivos limites estabelecidos nos §§ 2.º e 3.º para a fase de conhecimento.

Esta foi, portanto, a consagração da ideia da sucumbência recursal progressiva, que cumpre, no caso, um duplo papel. A um, passa a valorizar, como não se fazia antes, o trabalho do advogado que precisou dispensar mais tempo e recursos na defesa da boa tese junto aos pátrios tribunais, de modo que, quem trabalha mais, melhor remunerado precisará ser por seu esforço. A dois, porque acaba por, de modo indireto, inibir a utilização de recursos, por parte dos advogados, quando se tem a consciência da inviabilidade da espécie recursal.

Insta registrar, por outro lado, que não há honorários em qualquer recurso, mas apenas naqueles que for admissível condenação em honorários de sucumbência na primeira instância, isto é, quando o recurso impugnar sentença que aborde integralmente todos os pedidos do autor ou em decisão interlocutória que tenha conteúdo de uma das hipóteses do art. 485 ou art. 487 (decisão parcial).[20]

Ademais, a previsão trazida pelo § 11 do art. 85 é de ser entendida como regra de decisão, e não processual, de modo a somente se aplicar a fatos posteriores ao início de sua vigência. Representam, portanto, um efeito da interposição do recurso, não podendo se aplicar aos recursos pendentes de julgamento ou interpostos sob a vigência do CPC/1973.[21]

Neste aspecto, impõe-se uma mudança cultural na atuação dos advogados, sejam eles atuantes na esfera pública ou privada. Isto porque, se antes havia o relativo comodismo em se recorrer por recorrer, porque em nada se teria como consequência negativa, com a sucumbência recursal progressiva passa a ser necessária uma atividade de estudo e reflexão dos advogados, de modo a orientar os seus clientes acerca dos riscos que a interposição do recurso poderá lhe vir a causar.

---

20 CAMARGO, Luiz Henrique Volpe. Os honorários advocatícios pela sucumbência recursal no CPC/2015. In: DIDIER JR., Fredie; MACEDO, Lucas Buril de; PEIXOTO, Ravi; FREIRE, Alexandre (Coord.). *Novo CPC*: doutrina selecionada. Processo nos tribunais e meios de impugnação às decisões judiciais. Salvador: JusPodivm, 2015. v. 6, p. 748.

21 CUNHA, Leonardo José Carneiro da. *A Fazenda Pública em juízo*. 13. ed. Rio de Janeiro: Forense, 2016. p. 128.

Ainda que este não tenha sido o principal objetivo do legislador com a regra então consagrada no § 11 do art. 85 do NCPC, resta evidente que, de uma maneira de outra, ter-se-á uma redução significativa no quantitativo de recursos interpostos, a partir dessa mudança de atitude da advocacia.

7. CONCLUSÃO

Os primeiros meses de vigência do Novo Código de Processo Civil brasileiro começam a revelar a prática daquilo que tanto se discutiu em teoria, nos anos de tramitação do novo diploma e, em especial, no período de um ano de *vacatio legis*, em que as expectativas eram enormes quanto aos efeitos práticos de tantos novos institutos.

O Novo CPC brasileiro não cuidou da busca desenfreada por um processo mais célere. A celeridade deve ser consequência, e não causa. Consequência de uma relação processual mais qualitativa, mais efetiva, mais preocupada com o resultado de mérito, em que as partes e advogados cooperem entre si e para com o magistrado, bem como este para com aqueles, sempre na busca do fim comum, que é o da solução do conflito de interesses submetido ao Estado.

O tempo se encarregará de mostrar o resultado prático de tantos novos, aperfeiçoados ou ampliados institutos, como a audiência de mediação ou de conciliação, o incidente de resolução de demandas repetitivas e os precedentes, os negócios processuais, a calendarização do processo, a improcedência liminar do pedido, o julgamento antecipado parcial de mérito, entre tantos outros.

Essas mudanças se puderam perceber também na sistemática recursal. Recursos foram eliminados, como foi o caso dos embargos infringentes e do agravo retido. Procedimentos foram aperfeiçoados. A instrumentalidade e a primazia do mérito também se fazem presentes. Novos institutos, como a sucumbência recursal progressiva, também foram introduzidos.

É momento, sobretudo, de se quebrar resistências. Nenhuma mudança é, por si só, simples, mormente quando se está a falar num diploma de mais de mil artigos, que passa a reger as relações processuais cíveis, e com efeitos no processo penal e trabalhista, em todo o território nacional.

Urge que se tenham, como se costuma dizer, mente e coração abertos para o Novo CPC. Se não houver sensibilidade para acolhê-lo como realidade e como algo que veio para melhorar as relações processuais, as necessárias mudanças culturais não serão levadas a efeito. De nada adianta pensar em primazia do mérito, cooperação, instrumentalidade, se cada um continuar a agir de modo isolado, como se os fins justificassem os meios, e preocupados exclusivamente com seus interesses subjetivos.

É essa mudança paradigmática que se pretende obter no Brasil com o Novo CPC. Que se tenha uma cultura de muitas autocomposições, com incontáveis êxitos nas sessões de mediação e conciliação; que as teses firmadas nos incidentes de resolução de demandas repetitivas diminuam sensivelmente as demandas de massa e viabilizem julgamentos uniformes e mais previsíveis; que os precedentes sejam bem estudados e aplicados pela magistratura e garantam a tão pretendida segurança jurídica; que os negócios jurídicos sejam incentivados, respeitando e valorizando a vontade livre das partes; que o dever de fundamentação das decisões judiciais seja verdadeiramente respeitado; que o contraditório seja incondicionalmente aplicado, eliminando as decisões-surpresa; e, por fim, que a entrega da prestação jurisdicional seja, acima de tudo, mais efetiva.

8. BIBLIOGRAFIA

ARAÚJO, José Henrique Mouta. *Mandado de segurança*. 5. ed. Salvador: JusPodivm, 2015.

BRUSCHI, Gilberto Gomes; MAIDAME, Márcio Manoel. O efeito suspensivo e o recurso de apelação. In: DIDIER JR., Fredie; MACEDO, Lucas Buril de; PEIXOTO, Ravi; FREIRE, Alexandre (Coord.). *Novo CPC*: doutrina selecionada. Processo nos tribunais e meios de impugnação às decisões judiciais. Salvador: JusPodivm, 2015. v. 6, p. 523-538.

CÂMARA, Alexandre Freitas. *O novo processo civil brasileiro*. São Paulo: Atlas, 2015.

CAMARGO, Luiz Henrique Volpe. Os honorários advocatícios pela sucumbência recursal no CPC/2015. In: DIDIER JR., Fredie; MACEDO, Lucas Buril de; PEIXOTO, Ravi; FREIRE, Alexandre (Coord.). *Novo CPC*: doutrina selecionada. Processo nos tribunais e meios de impugnação às decisões judiciais. Salvador: JusPodivm, 2015. v. 6, p. 739-767.

CUNHA, Leonardo Carneiro da. *A Fazenda Pública em juízo*. 13. ed. Rio de Janeiro: Forense, 2016.

______; DIDIER JR., Fredie. Apelação contra decisão interlocutória não agravável: a apelação do vencido e a apelação subordinada do vencedor: duas novidades do CPC/2015. In: DIDIER JR., Fredie; MACEDO, Lucas Buril de; PEIXOTO, Ravi; FREIRE, Alexandre (Coord.). *Novo CPC*: doutrina selecionada. Processo nos tribunais e meios de impugnação às decisões judiciais. Salvador: JusPodivm, 2015. v. 6, p. 511-522.

DIDIER JR. Fredie; CUNHA, Leonardo Carneiro da. *Curso de direito processual civil*: meios de impugnação às decisões judiciais e processo nos tribunais. 13. ed. Salvador: JusPodivm, 2016. v. 3.

______; ______. Remessa necessária no Novo CPC. In: MOUTA ARAÚJO, José Henrique; CUNHA, Leonardo Carneiro da (Coord.). *Advocacia Pública*. Salvador: JusPodivm, 2015. p. 123-142. (Coleção Repercussões do Novo CPC, v. 3.)

LEMOS, Vinicius Silva. *Recursos e processos nos tribunais no novo CPC*. São Paulo: Lexia, 2015.

MACEDO, Bruno Régis Ferreira. As mudanças do NCPC no papel da Fazenda Pública: Considerações sobre a capacidade postulatória, prazo processual e o reexame necessário. In: MOUTA ARAÚJO, José Henrique; CUNHA, Leonardo Carneiro da (Coord.). *Advocacia Pública*. Salvador: JusPodivm, 2015. p. 39-55. (Coleção Repercussões do Novo CPC, v. 3.)

MARQUES, João Paulo Remédio. *Acção declarativa à luz do Código Revisto*. 3. ed. Coimbra: Coimbra Editora, 2011.

MONNERAT, Fábio Victor da Fonte. *Introdução ao estudo do direito processual civil*. São Paulo: Saraiva, 2015.

NEVES, Daniel Amorim Assumpção. *Manual de direito processual civil*. 8. ed. Salvador: JusPodivm, 2016. volume único.

PEIXOTO, Marco Aurélio Ventura. Fazenda Pública em Juízo. In: DIDIER JR., Fredie; MACEDO, Lucas Buril de; PEIXOTO, Ravi; FREIRE, Alexandre (Coord.). *Novo CPC*: doutrina selecionada. Processo de conhecimento e disposições finais e transitórias. Salvador: JusPodivm, 2015. v. 2, p. 889-918.

______; BELFORT, Renata Cortez Vieira. O cumprimento de sentença contra a Fazenda Pública no Novo CPC. In: MOUTA ARAÚJO, José Henrique; CUNHA, Leonardo Carneiro da (Coord.). *Advocacia Pública*. Salvador: JusPodivm, 2015. p. 289-346. (Coleção Repercussões do Novo CPC, v. 3.)

______; MARQUES, Renan Gonçalves Pinto. A análise de possíveis mudanças processuais e a possibilidade de extinção do reexame necessário como forma de alcançar os princípios da celeridade processual e da duração razoável do processo. *Revista da Faculdade de Direito de Caruaru*, Caruaru, v. 39, n. 1, p. 267-282, 2008.

SILVA, Ticiano Alves e. Os embargos de declaração no Novo Código de Processo Civil. In: DIDIER JR., Fredie; MACEDO, Lucas Buril de; PEIXOTO, Ravi; FREIRE, Alexandre (Coord.). *Novo CPC*: doutrina selecionada. Processo nos tribunais e meios de impugnação às decisões judiciais. Salvador: JusPodivm, 2015. v. 6, p. 661-684.

WAMBIER, Luiz Rodrigues; TALAMINI, Eduardo. *Curso avançado de processo civil*: teoria geral do processo. São Paulo: RT, 2016. v. 1.

WAMBIER, Tereza Arruda Alvim. Ampliação da colegialidade como técnica de julgamento. In: ______; WAMBIER, Luiz Rodrigues. *Temas essenciais do Novo CPC*: análise das principais alterações do sistema processual civil brasileiro. São Paulo: RT, 2016. p. 575-577.

______. Embargos de declaração. In: ______; WAMBIER, Luiz Rodrigues. *Temas essenciais do Novo CPC*: análise das principais alterações do sistema processual civil brasileiro. São Paulo: RT, 2016. p. 563-573.

O DEVER DE FUNDAMENTAÇÃO DAS DECISÕES JUDICIAIS NO NOVO CPC PORTUGUÊS

Maria dos Prazeres Pizarro Beleza

Sumário: I. Tema: O dever de fundamentação das decisões judiciais no novo CPC português – II. A função e os fundamentos do dever de fundamentar as decisões (breve apanhado) – III. O dever constitucional de fundamentação das decisões judiciais e o seu alcance na justiça cível – IV. As regras de fundamentação das decisões do Código de Processo Civil de 2013.

I. TEMA: O DEVER DE FUNDAMENTAÇÃO DAS DECISÕES JUDICIAIS NO NOVO CPC PORTUGUÊS

1. O Código de Processo Civil de 2013 não trouxe inovações substanciais quanto ao dever de fundamentar as decisões judiciais, *em si mesmo considerado*; mas revela uma preocupação de *melhorar a fundamentação*, sobretudo quanto à fundamentação da decisão de facto.

A principal alteração ocorrida neste domínio resultou, em primeiro lugar, da *concentração do julgamento de toda a matéria de facto e de direito na sentença*; ora, o julgamento de facto, que tem, em si mesmo, de ser fundamentado, é simultaneamente fundamento da decisão de direito.

Em segundo lugar, decorreu da mudança introduzida na *forma de selecção da matéria de facto controvertida*, a fazer após os articulados.

E em terceiro lugar, resultou ainda, a meu ver, do esclarecimento de que a Relação, ao apreciar a prova, não pode limitar-se a verificar a congruência da decisão da 1.ª instância com a prova, devendo formar a sua própria convicção.

2. Com efeito, o Código de Processo Civil de 2013 concentrou na sentença *o julgamento de toda a matéria de facto e de direito a considerar na causa*, eliminando o *fraccionamento do julgamento da matéria de facto* que até então existia – entre uma decisão autónoma, proferida logo após o encerramento da instrução e da discussão da matéria de facto, e a sentença, lavrada apenas depois da decisão de facto e da discussão de direito).

Esse *fraccionamento* fora desenhado para um tempo em que era diferente a competência para apreciar os diversos meios de prova, consoante a sua força probatória:

- os meios de prova *livremente apreciados* eram julgados por um tribunal colectivo (três juízes, um dos quais era o juiz do processo), em acórdão, fundamentado segundo regras que foram substancialmente alteradas com o Decreto-lei 39/1995 e com a reforma de 1995/1996/1997[1]. A intervenção de um tribunal colectivo, restrita ao julgamento da matéria de facto, levantava desde logo o problema da maioria/unanimidade e da admissibilidade de votos de vencido, que hoje só se coloca na Relação;
- os meios de prova com valor tabelado (força probatória plena) eram apreciados ao longo do processo, por um só juiz:
- provisoriamente, na especificação/lista de factos assentes elaborada antes da instrução, na fase do *saneamento e condensação do processo* (factos plenamente provados por confissão ou documentos e factos não impugnados eficazmente, considerados admitidos por acordo),
- definitivamente na sentença.

3. A intervenção do tribunal colectivo foi progressivamente desaparecendo, em paralelo com a introdução do registo da prova produzida na audiência final.

Mas manteve-se aquele fraccionamento, mesmo quando o colectivo não intervinha para julgar a matéria de facto, até porque muitas vezes não era o

---

[1] O Decreto-lei 39/1995, de 15 de fevereiro, introduziu o registo da prova produzida em audiência, tendo sobretudo em vista permitir um efectivo recurso da decisão sobre a matéria de facto. No que respeita à fundamentação das decisões de facto (provado/não provado), a lei passou a exigir que fossem fundamentadas as decisões de julgar *não provados* os factos; até então, era apenas necessário fundamentar os juízos probatórios positivos.
Falo em reforma de 1995/1996/1997 porque as alterações então introduzidas no Código de Processo Civil resultaram de dois diplomas sucessivos, o Decreto-lei 329-A/1995, de 12 de dezembro, e o Decreto-lei 180/1996, de 25 de setembro, que alterou parcialmente o anterior, que entraram em vigor simultaneamente em 1.º de janeiro de 1997.

mesmo juiz que julgava toda a prova: nem sempre cabia ao juiz do processo (que apreciava a prova livre) a elaboração da sentença (que julgava a prova tabelada).

4. A reforma de 2013 concentrou no mesmo juiz todo o julgamento de facto e de direito e veio, a final, a optar por eliminar o julgamento autónomo da prova livre (para o qual existia a mesma obrigação de fundamentar, naturalmente) e por unificar o julgamento de toda a matéria de facto (prova livre e prova plena) na sentença, a qual passou a ter que incluir o julgamento da prova livre e a correspondente fundamentação. Veja-se o actual conteúdo do art. 607.º do Código de Processo Civil.

Não pode dizer-se que tenham mudado as exigências de fundamentação das decisões de facto: a decisão autónoma de julgamento da matéria de facto (acórdão ou despacho, consoante interviesse ou não o tribunal colectivo) também tinha de ser fundamentada, de acordo com as regras introduzidas em 1995/1996/1997, regras essas que se mantêm (a lei actual apenas acrescentou uma referência expressa às presunções judiciais).

Mudou, sim, o momento do julgamento, hoje constante da sentença (sempre elaborada pelo juiz do processo, segundo o Código de 2013). E chamou-se expressamente a atenção para a necessidade de um julgamento unitário e coerente da matéria de facto, independentemente dos meios de prova e do seu valor, sem discrepâncias e permitindo uma descrição coerente de toda a matéria de facto adquirida, incluindo as ilações de facto, não uma lista de factos atomisticamente considerados e desligados.

5. Esta afirmação prende-se com a segunda alteração acima referida.

Com efeito, o Código de Processo Civil de 2013 modificou, ainda, a forma de selecção da matéria de facto controvertida, enunciada pelo juiz após os articulados; e essa alteração teve também como objectivo uma mudança no modo de *apresentar* a matéria de facto provada, sem a preocupação de estar a responder a perguntas construídas atomística e sincopadamente, como acabaram por se tornar os quesitos (do questionário ou da base instrutória, mau grado as intenções do legislador de 1995).

Refiro esta alteração porque, como se observou já, o julgamento de facto é, simultaneamente, a fundamentação de facto da sentença.

As regras para a exteriorização do julgamento de facto repercutem-se assim sobre a forma de apresentar a fundamentação de facto – para além, naturalmente, da própria fundamentação do julgamento de facto[2].

---

2 Estou a referir-me à substituição da base instrutória pela indicação dos *temas da prova* de 2013, que no fundo acabam por se traduzir numa indicação das questões

6. Admito ainda, em terceiro lugar, que o n.º 2 do art. 663.º do Código de Processo Civil de 2013, ao (continuar a) remeter para as regras da composição da sentença quando define os termos da elaboração dos acórdãos da Relação, tenha agora implícita uma *opção* quanto ao âmbito dos poderes de controlo da matéria de facto pela Relação e, nessa medida, uma *opção* quanto à fundamentação exigida, também no âmbito da reapreciação da decisão de facto[3-4].

Estou a pensar na controvérsia relativa ao funcionamento conjugado dos princípios da livre apreciação da prova e da imediação, quanto ao âmbito da reapreciação que a Relação faz da prova produzida em 1.ª instância e registada:

- controlo apenas de congruência da decisão da 1.ª instância, pela respectiva fundamentação?
- ou busca de uma livre apreciação da prova pela Relação, que forma a sua própria convicção?

---

essenciais de facto, balizadas pelos factos essenciais que sustentam a pretensão do autor e as excepções do réu e referidas às previsões das normas aplicáveis ao litígio; e à necessidade de, no julgamento, os *decompor* nos concretos factos provados e não provados, com a correspondente fundamentação, não atomisticamente, mas encadeados numa espécie de relato lógico e coerente do que a prova permitiu apurar, com a fundamentação construída da mesma forma.

Na Exposição de Motivos da Proposta de Lei 113/XII, correspondente ao Código de Processo Civil de 2013, pode ler-se: "Relativamente aos temas da prova a enunciar, não se trata mais de uma quesitação atomística e sincopada de pontos de facto, outrossim de permitir que a instrução, dentro dos limites definidos pela causa de pedir e pelas excepções deduzidas, decorra sem barreiras artificiais, com isso se assegurando a livre investigação e consideração de toda a matéria com atinência para a decisão da causa. Quando, mais adiante, o juiz vier a decidir a vertente fáctica da lide, aquilo que importará é que tal decisão expresse o mais fielmente possível a realidade histórica tal como esta, pela prova produzida, se revelou nos autos. Estamos perante um novo paradigma que, por isso mesmo, tem necessárias implicações, seja na eliminação de preclusões quanto à alegação de factos, seja na eliminação de um nexo directo entre os depoimentos testemunhais e concretos pontos de facto predefinidos, seja ainda na inexistência de uma decisão judicial que, tratando a vertente fáctica da lide, se limite a 'responder' a questões eventualmente até não formuladas".

[3] Não estou a considerar, agora, as hipóteses de apreciação de novos meios de prova ou de prova repetida na Relação.

[4] A remissão para os termos da elaboração vinha já da lei anterior; mas adquiriu um novo significado, com a inserção no art. 607.º do princípio da livre apreciação da prova, anteriormente proclamado a propósito da intervenção do tribunal colectivo, no julgamento da matéria de facto.

7. Proponho-me então, sucessiva e sucintamente,

1.º Recordar a função e os fundamentos do dever de fundamentar as decisões judiciais,

2.º Recordar a imposição constitucional desse dever, e o seu alcance na justiça cível,

3.º Analisar as regras do Código de Processo Civil 2013, distinguindo

a) Despachos, sentenças e acórdãos, concentrando-me nas sentenças e acórdãos;

b) Decisão de facto e de direito, em 1.ª instância e em recurso;

c) Fundamentos acolhidos e rejeitados na sentença (ou acórdão);

d) Fundamentação e doutrina e jurisprudência;

e) Fundamentação "sumária";

f) Fundamentação "autónoma" e fundamentação por remissão para outras decisões, ou "em aplicação" de decisões com valor especial (Acórdãos de Uniformização de Jurisprudência);

g) Fundamentação por adesão aos argumentos das partes.

II. A FUNÇÃO E OS FUNDAMENTOS DO DEVER DE FUNDAMENTAR AS DECISÕES (BREVE APANHADO)

Todos temos presentes as funções (intraprocessuais e extraprocessuais) habitualmente apontadas à fundamentação das decisões judiciais, que simultaneamente justificam o alcance que a lei há-de conferir à obrigação correspondente, permitindo testar a efectividade do regime legal pela positiva (o que deve constar da fundamentação, que permita desempenhar a respectiva função) e pela negativa (qual deve ser a sanção para o incumprimento do dever de cabalmente fundamentar as decisões).

Diz-se habitualmente:

- a fundamentação da decisão contribui para a sua eficácia, contribuindo para convencer as partes, sobretudo a vencida;
- permite o exercício adequado do direito ao recurso, na perspectiva do recorrente e do próprio julgamento pelo tribunal superior, possibilitando a revisão do processo lógico de decisão,
- permite o controlo do processo de decisão pelo próprio juiz e pelas partes,
- no julgamento de facto, obriga a racionalizar a decisão sobre a prova, sobretudo quanto às provas livremente apreciadas pelo juiz;

E ainda, numa outra perspectiva:

- a fundamentação da decisão é um factor de legitimação do poder judicial, demonstrando a congruência entre o exercício do poder judicial e a sua justificação, que é o dever de dizer o direito do caso concreto; permite, assim, o controlo social da administração da justiça e potencia a pacificação social;
- nessa medida, é garantia do respeito pelos princípios da legalidade, da independência do juiz e da imparcialidade das suas decisões.

Em síntese, diremos que a fundamentação desempenha simultaneamente uma função de demonstração da coerência da decisão, de persuasão dos destinatários e de possibilidade de controlo pelas partes e pelos tribunais superiores, mas também de legitimação do exercício do poder judicial.

III. O DEVER CONSTITUCIONAL DE FUNDAMENTAÇÃO DAS DECISÕES JUDICIAIS E O SEU ALCANCE NA JUSTIÇA CÍVEL

A motivação das decisões judiciais é uma garantia da possibilidade de controlo democrático do exercício do poder judicial em face dos cidadãos e do próprio Estado, exigência do princípio do Estado de Direito (art. 2.º da Constituição).

O princípio da fundamentação das decisões judiciais encontra-se afirmado na Constituição Portuguesa, desde a revisão constitucional de 1982: "As decisões dos tribunais que não sejam de mero expediente são fundamentadas na forma prevista na lei" (actual n.º 1 do art. 205.º).

Como se escreveu no Acórdão 680/1998 do Tribunal Constitucional:

> Este texto, resultante da Revisão Constitucional de 1997, veio substituir o n.º 1 do artigo 208.º, que determinava que "as decisões dos tribunais são fundamentadas nos casos e nos termos previstos na lei". A Constituição revista deixa assim perceber uma intenção de alargamento do âmbito da obrigação constitucionalmente imposta de fundamentação das decisões judiciais, que passa a ser uma obrigação verdadeiramente geral, comum a todas as decisões que não sejam de mero expediente, e de intensificação do respectivo conteúdo, já que as decisões deixam de ser fundamentadas "nos termos previstos na lei" para o serem "na forma prevista na lei". A alteração inculca, manifestamente, uma menor margem de liberdade legislativa na conformação concreta do dever de fundamentação.

Por esta via, a Constituição, que não regula directamente o alcance do dever de fundamentar as decisões judiciais, deixa para a lei o encargo de fixar o correspondente âmbito. Mas esta *remissão* implica "que o legislador, ao concretizar a liberdade de conformação que a Constituição lhe confere, não a pode reduzir de tal forma que, na prática, venha a inutilizar o princípio da fundamentação" (mesmo Acórdão 680/1998): salvo nas decisões de mero expediente, as decisões judiciais devem ter um mínimo de fundamentação que preencha os objectivos que lhe são reconhecidos.

Aliás, assim o afirmou por diversas vezes o Tribunal Constitucional[5], salientando este limite e observando que as exigências constitucionais não são uniformes para todos os tipos de decisão (pense-se, por exemplo, nas sentenças condenatórias, em processo penal), mas valem para as decisões sobre matéria de direito e sobre matéria de facto.

Ora, na concretização desse poder de conformação do legislador ordinário, a lei de processo civil tem variado na definição do alcance e extensão do dever de fundamentação das decisões; a evolução tem sido no sentido de uma maior exigência, sobretudo no que respeita à fundamentação das decisões sobre a matéria de facto.

Vejamos como se executou no Código de Processo Civil 2013.

IV. AS REGRAS DE FUNDAMENTAÇÃO DAS DECISÕES DO CÓDIGO DE PROCESSO CIVIL DE 2013

Vou tentar analisar as regras do Código de Processo Civil sobre fundamentação de decisões, fazendo as distinções atrás enunciadas.

a) Despachos, sentenças e acórdãos (modalidades de decisões judiciais reguladas no Código de Processo Civil, art. 152.º)

Deixando por agora de lado disposições dispersas sobre fundamentação, recorda-se que o Código de Processo Civil de 2013 enuncia uma regra geral, no n.º 1 do art. 154.º: " As decisões proferidas sobre qualquer pedido controvertido ou sobre alguma dúvida suscitada no processo são sempre fundamentadas" e regula especialmente a sentença (607.º, n.º 3 e 4) e os acórdãos proferidos em recurso (663.º, n.º 2, e 679.º).

Relativamente aos despachos, observo apenas que a Constituição só dispensa a fundamentação para os despachos de mero expediente, o que implica que o n.º 1 do art. 154.º do Código de Processo Civil tenha de ser

---

5 Cf., a título de exemplo, além do Acórdão 680/1998, já citado, os Acórdãos 379/1991, 456/1995 e 151/1999.

interpretado em conformidade com essa limitação[6] (interpretação conforme com a Constituição).

Significa isto que todos os despachos que não se destinem apenas a "prover ao andamento regular do processo, sem interferir no conflito de interesses entre as partes" (art. 152.º, n.º 4) têm de ser fundamentados (embora a fundamentação possa assumir uma forma simplificada em alguns casos de despachos interlocutórios, como direi adiante).

b) Fundamentação de facto e de direito

Vou começar por referir a fundamentação da decisão de facto, na perspectiva da 1.ª e 2.ª instâncias, tendo naturalmente em conta a circunstância de a Relação intervir como tribunal de recurso, mesmo quando julga provas novas ou repetição de provas, e de lhe caber controlar a suficiência da fundamentação enunciada em 1.ª instância.

Com efeito, a Relação pode, mesmo oficiosamente, determinar à 1.ª instância que fundamente devidamente a decisão de facto, se estiverem em causa factos essenciais para o julgamento da causa, tendo em conta os depoimentos gravados ou registados. Se não for possível repete-se a prova; se a repetição também não for viável, o juiz da causa justifica apenas a impossibilidade – art. 662.º, n.º 2, *d*).

Passarei depois à fundamentação de direito. Embora desempenhem a mesma função unitária, naturalmente que o objecto do julgamento – o julgamento *das provas*, o julgamento *do direito* – implica especificidades na fundamentação, que vou tentar referir sinteticamente.

b.1) Fundamentação do julgamento de facto (na sentença, no acórdão proferido em recurso de apelação[7]):

b.1.1) Na sentença:

A concretização legal do dever de fundamentação das sentenças encontra-se no actual art. 607.º, preceito que se aplica aos acórdãos proferidos em recurso apelação, por remissão do n.º 2 do art. 663.º do Código de Processo Civil.

---

6 LEBRE DE FREITAS, José Lebre; ALEXANDRE, Isabel. *Código de Processo Civil anotado*. 3. ed. Coimbra: Coimbra Ed., 2014. v. I, p. 307.

7 Como sabemos, o Supremo Tribunal de Justiça não controla a apreciação das provas sem valor tabelado.

A regulamentação assenta na distinção entre julgamento de provas sujeitas à regra da livre apreciação e de provas com valor probatório pleno. Na verdade, quanto a estas últimas, o julgamento dos factos traduz-se na aplicação das normas que determinam o valor probatório dos meios de prova correspondentes; é ainda um julgamento de direito.

Assim, quanto às provas livremente apreciadas, a fundamentação deve:

(1.º) *Discriminar os factos provados e não provados* e, quanto as uns e outros, justificar a decisão.

Esta necessidade de discriminação refere-se aos factos essenciais à procedência da acção ou da excepção, constitutivos da causa de pedir ou da excepção, desde que alegados, e aos factos complementares ou concretizadores da causa da de pedir e da excepção, alegados ou resultantes da instrução da causa. Utiliza-se, aqui, a terminologia usada no art. 5.º do Código de Processo Civil de 2013. Os factos instrumentais (ou probatórios) são considerados no contexto das *ilações de facto* (presunções) que compete ao julgador retirar.

Cumpre ter em conta que, com a substituição do questionário/base instrutória pela enunciação do *temas da prova*, a sentença necessita de ter o cuidado de discriminar os factos provados e não provados, mesmo que os *temas* tenham sido formulados em termos mais ou menos genéricos;[8] e ainda que a sentença deve apresentar as razões pelas quais assim julgou considerou uns e outros. Claro que a *discriminação* pode ser efectuada por blocos de factos, agrupados, por exemplo; necessário é esclarecer porque todos e cada um dos factos ficaram ou não provados.

(2.º) *Estabelecer ilações* (presunções de facto) e

(3.º) *Analisar criticamente as provas* (por exemplo, considerar a credibilidade que os depoimentos merecem ou não, ou proceder à compatibilização

---

[8] Cf. acórdão do Supremo Tribunal de Justiça de Ac STJ – LR: 13.11.2014: "face ao modo excessivamente genérico como haviam sido definidos os temas da prova, sem a indispensável densificação e concretização factuais, a decisão proferida em 1.ª instância tinha-se limitado a considerar não provada a matéria genericamente enunciada nos referidos temas da prova, sem ter na devida conta a natureza factualmente indeterminada e puramente conclusiva dos mesmos, na enunciação efectuada: ou seja, no caso, a excessiva fluidez e falta de densificação factual que afectava a definição dos temas da prova acabou por inquinar ou contaminar as respostas às questões de facto ali genericamente enunciadas, levando a considerar não provados – não propriamente os factos alegados e que serviam de suporte a tal enunciação vaga dos temas da prova – mas apenas e directamente a mera conclusão, factualmente indeterminada, que os integrava". A Relação, no acórdão então objecto do recurso de revista, procedeu à enunciação dos factos concretos, que a sentença omitira.

entre provas ou depoimentos contraditórios), de forma a que fiquem *especificados os fundamentos decisivos para a convicção do julgador.*

Não é admissível a apresentação de fundamentos genéricos (nomeadamente, afirmar apenas que "da prova testemunhal resultou que..."), nem é possível proceder tão somente à indicação dos concretos meios de prova que foram decisivos para o sentido do julgamento, sem esclarecer por que razão é que um depoimento foi ou não relevante[9].

O objectivo destas exigências é, naturalmente, o de ser possível identificar o (ou os) meios de prova que levou o julgador a dar como provado ou não provado cada facto ou conjunto de factos, permitindo apreender a motivação da decisão e, se for caso disso, recorrer do julgamento da prova[10].

No que respeita aos meios de prova com valor tabelado (prova plena) e aos factos não eficazmente impugnados, o juiz tem igualmente de os discriminar, identificando o que está coberto pela força probatória plena do documento ou da confissão; *no restante*, recorde-se, vale a regra aplicável aos meios de prova livremente apreciados.

A concluir, a sentença deverá compatibilizar todos os resultados, resolvendo eventuais contradições[11].

b.1.2.) No acórdão da Relação[12]*:*

Como sabemos, o sistema português de recursos é de revisão ou de reponderação da decisão sob recurso, e não de reexame da causa. O tribunal de recurso está assim limitado pelas regras de alegação e de preclusão aplicáveis em 1.ª instância, o que desde logo implica a inadmissibilidade de conhecimento de *factos novos* (no sentido de que poderiam ter sido, mas não foram, alegados em 1.ª instância) e a restrição à possibilidade de conhecimento de factos supervenientes, por referência ao momento do encerramento da discussão em 1.ª instância (art. 611.º, n.º 1, do Código de Processo Civil), desde que susceptível de prova documental (art. 651.º).

---

9 Foi da reforma operada pelo Decreto-lei 329-A/2005 que resultou a insuficiência da "menção, pelo menos, dos concretos meios de prova em que se haja fundado a convicção dos julgadores", como acabava por resultar do n.º 3 do art. 712.º do Código de Processo Civil, na versão anterior a esse diploma.

10 Recorde-se que no recurso da matéria de facto o recorrente tem o ónus de discriminar os factos que impugna e os meios de prova que deveriam ter conduzido a decisão diversa.

11 A eliminação de contradições foi uma das razões apontadas para eliminar a base instrutória e passar a *prever a enunciação de temas da prova.*

12 Como se recordou já, o Supremo Tribunal de Justiça só controla a prova plena.

Considerando agora os factos que, em recurso, a Relação pode reapreciar, cumpre ter especialmente em conta a impugnação deduzida cujo conhecimento implica julgar meios de prova sujeitos à regra da livre apreciação, uma vez que, para os meios de prova com força probatória plena, valem as regras também aplicáveis em 1.ª instância.

Na primeira hipótese – apreciação, pela Relação, da impugnação da decisão de facto, quando estão em causa meios de prova sem valor tabelado, cabe fazer a distinção entre:

- A *reapreciação da prova julgada em 1.ª Instância, com base nos elementos registados*: Como se referiu já, era controverso saber qual é a extensão do poder de controlo, por parte da Relação; se, tendo em conta os princípios da imediação e da livre apreciação das provas, apenas lhe cumpre efectuar um controlo de congruência ou, diferentemente, se lhe cabe formar a sua própria convicção sobre os factos. O Supremo Tribunal de Justiça tem seguido a orientação de que, no julgamento do recurso sobre a matéria de facto, o princípio da livre apreciação da prova prevalece sobre a imediação, devendo a Relação formar a sua própria convicção sobre os factos impugnados; o que naturalmente implica uma maior exigência de fundamentação. Aliás, como se observou já, pode deduzir-se que o Código de Processo Civil 2013 optou por esta mesma orientação, com a remissão operada pelo n.º 2 do seu art. 663.º para o art. 607.º;
- *A repetição de prova produzida em 1.ª instância, ou produção de nova prova.* Nessas hipóteses, valem as regras da 1.ª instância[13].

b.2) Fundamentação do julgamento de direito (para todas as instâncias):

Em síntese, para tentar determinar o âmbito da obrigação de fundamentação da solução de direito para o caso concreto, salienta-se o seguinte:

(1.º) Cumpre proceder à *identificação, interpretação e aplicação do direito*, o que pode implicar uma argumentação em vários níveis (a lei estrita, os conceitos gerais, os princípios fundamentais, de direito ordinário ou constitucionais...) Quanto mais geral fora regra aplicada, mais densa deve ser a fundamentação;

(2.º) O juiz *não está limitado pela alegação ou acordo das partes, no que toca à matéria de direito, nomeadamente quanto à* qualificação jurídica por estas

---

[13] Mas aí há imediação na apreciação da prova, embora *diferida* 662.º, n.º 3, *a*.

defendida; mas antes pelos factos essenciais (causa de pedir e excepções), com a possibilidade de convolação para qualificação diferente da que lhe é apresentada;

(3.º) A *fundamentação deve ser expressa e completa, assente nos factos provados – a ligação aos factos deve ser explícita e constante, uma vez que o objectivo é encontrar o direito do caso.*

Essa ligação deve permitir, por exemplo,

- controlar a congruência entre os factos provados e a solução jurídica;
- apreender o juízo emitido no caso concreto e compará-lo com casos semelhantes, de forma a garantir a aplicação uniforme do direito e, por esta via, o respeito do princípio da igualdade e da segurança jurídica. Este confronto é tanto mais necessário quanto mais *abertos* forem a regra de direito ou o princípio aplicado. Ex.: decisões *segundo a equidade*. O cuidado da distinção dos casos é muito relevante, por exemplo, em processos de uniformização de jurisprudência.

c.1) Fundamentação e doutrina:

O enquadramento doutrinário é relevante em questões controversas, inovatórias ou complexas; mas não deve exceder o necessário para a fundamentação da concreta questão a considerar.

Assumirá maior importância, quer nos acórdãos de uniformização de jurisprudência, quer na *revista excepcional* admitida com fundamento em se tratar de uma "questão cuja apreciação, pela sua relevância jurídica, seja claramente necessária para uma melhor aplicação do direito" (672.º, n.º 1, *a*);

c.2) Jurisprudência:

Em meu entender, cumpre atender à jurisprudência anterior sobre as questões a julgar, em particular, dos tribunais superiores.

Não vigora entre nós um sistema de precedente; mas a uniformidade de interpretação da lei é uma exigência de segurança jurídica e do princípio da igualdade.

A uniformidade não briga com a independência dos juízes. A liberdade de interpretação da lei não é de natureza subjectiva, está enquadrada por normas cuja função é a de reduzir a margem de incerteza na interpretação da lei; mas não a elimina.

Ao que acresce que a forma como os demais tribunais e, em particular, os tribunais superiores têm interpretado o direito a aplicar é, em si mesmo, um elemento relevante para a determinação do seu sentido.

Cumpre em especial ter em conta os acórdãos de uniformização de jurisprudência e a necessidade de fundamentação acrescida para os afastar. Recorde-se que cabe sempre recurso até ao Supremo Tribunal de Justiça de decisões que contrariem jurisprudência uniformizada (al. *c)* do n.º 2 do art. 629.º do Código de Processo Civil).

d) Apreciação dos fundamentos acolhidos e rejeitados na sentença (ou acórdão), de facto ou de direito:

Quer a sentença da 1.ª instância, quer os acórdãos dos tribunais superiores, devem conhecer todas as questões suscitadas pelas partes, salvo se ficarem prejudicadas pela solução adoptada (art. 608.º do Código de Processo Civil).

Nos recursos, há ainda que contar com a delimitação do objecto do recurso e com a possibilidade da sua ampliação por iniciativa do recorrido (arts. 635.º e 636.º do Código de Processo Civil).

Deve o tribunal apreciar todos os fundamentos apresentados pelas partes para sustentarem as suas pretensões? Ou a sua defesa?

Suponho que a directiva a seguir será a de conhecer das várias questões (que se transformam em fundamentos da procedência ou da improcedência, ou de provimento ou não provimento do recurso), salvo se ficarem prejudicados (ou se forem indiferentes para a solução).

Dentro do que for razoável no caso, o juiz deve analisar os fundamentos apresentados pelas partes para sustentar as suas pretensões, nomeadamente para os rejeitar. A rejeição dos fundamentos das partes é ainda fundamentação da sua decisão. Não deve limitar-se à fundamentação positiva da decisão.

No entanto, só a omissão de conhecimento de *questões* – não de *fundamentos – é que gera a nulidade por omissão de pronúncia* (art. 615.º, n.º 1, d*)*).

e) Fundamentação de decisões individuais (sentenças) e colectivas (acórdãos)

As considerações que foram sendo apresentadas valem, quer para as decisões individuais, quer para os acórdãos (decisões proferidas por um tribunal colectivo). Sabe-se, todavia, que a fundamentação das decisões colectivas levanta problemas específicos, quando não há unanimidade na fundamentação.

Recorda-se, a este propósito, que a lei portuguesa admite acórdãos aprovados por maioria e permite votos de vencido; e que a discordância se pode verificar no domínio da fundamentação, que é o que agora interessa, e vir a transformar-se num problema de apuramento do vencimento, provocando eventualmente a mudança de relator.

Suponho que, para que uma decisão se possa ter como fundamentada, é necessária uma maioria também de fundamentação; o que suscita de saber como ultrapassar uma situação de existência de fundamentações divergentes (três fundamentações diferentes, na generalidade dos acórdãos; ou sem maioria, nas formações mais alargadas).

Como critério, poder-se-á afirmar que é indispensável que as fundamentações não coincidentes se possam somar; se as fundamentações se excluem, a decisão não está fundamentada[14].

f) Fundamentação "sumária",

Numa nota rápida, recorda-se que há vários casos em que a lei prevê uma *fundamentação sumária*, normalmente por razões de simplicidade e de celeridade. Sumária não significa insuficiente, significa *reduzida ao essencial*; em qualquer caso, a função da fundamentação tem de ser cumprida.

Ex: nas acções especiais par o cumprimento de obrigações decorrentes de contrato, reguladas pelo Decreto-lei 269/1998, de 1.º de setembro[15]; na revelia, "se a resolução da causa revestir manifesta simplicidade", a "fundamentação sumária do julgado" – n.º 3 do art. 567.º; nos acórdãos da Relação ou do Supremo Tribunal de Justiça, quando "a questão a decidir é simples", a decisão é precedida "por fundamentação sumária do julgado", arts. 663.º, n.º 5 e 679.º; na decisão individual do recurso, por ser manifestamente infundado: arts. 656.º (Relação) e 679.º (Supremo Tribunal de Justiça); nas decisões de admissão do recurso de revista excepcional, que deve ser "sumariamente fundamentada", n.º 4 do art. 672.º.

g) Fundamentação "autónoma" e fundamentação por remissão para outras decisões, ou "em aplicação" de decisões com valor especial, ou por adesão aos argumentos das partes:

g.1) Fundamentação "autónoma" e fundamentação por remissão para outras decisões, ou "em aplicação" de decisões com valor especial:

Casos há nos quais se fundamenta uma decisão por remissão para outras decisões ou por aplicação de decisões com valor especial (o que nem

---

14 Cf. o acórdão de uniformização de jurisprudência de 16.01.2014, Proc. 6430/07.0TBBRG.S1. Disponível em: <www.dgsi.pt>.

15 A sentença é sumariamente fundamentada e ditada para a acta (art. 4.º, n.º 7).

sempre significará a adesão do juiz ou do colectivo a essas decisões para as quais se remete).

Suponho que nada impede que a fundamentação se faça mediante remissão para outras decisões, que o juiz ou o colectivo faz suas. Normalmente, isso significará que se trata de questão que já foi decidida reiteradamente ("quando a questão já foi jurisdicionalmente apreciada"), de uma determinada maneira, que se acolhe, por decisão individual (art. 656.º), ou por acórdão, da Relação ou do Supremo Tribunal de Justiça (arts. 663.º, n.º 5, e 679.º).

A remissão deve traduzir uma reflexão autónoma do julgador, que faz seus os fundamentos para os quais remete[16]. Deve entender-se que, ao remeter para outras decisões, o juiz ou o colectivo devem fazer sua a fundamentação. O dever de fundamentação está cumprido pela remissão.

Diferente desta *remissão* é a hipótese de a Relação *remeter* para a decisão de facto da 1.ª instância, quando a mesma não foi impugnada no recurso de apelação - art. 663.º, n.º 5.

Na verdade, se não foi impugnada a decisão de facto, e a Relação não pretende exercer os seus poderes de *alteração* oficiosamente, essa remissão significa tão somente que a matéria de facto está *fora* do objecto do recurso.

Também se cumpre o dever de fundamentação quando se decide *em aplicação* de decisões com valor especial.

h) Fundamentação por adesão aos argumentos das partes

Por fim, resta dizer que, por regra, não é permitia a fundamentação por adesão aos argumentos das partes - art. 154.º, n.º 2.

O Código de Processo Civil 2013 veio admitir esta *adesão* nos despachos interlocutórios, "quando a contraparte não tenha apresentado oposição ao pedido e o caso seja de manifesta simplicidade". É uma novidade; até então, a lei proibia.

---

[16] Até a reforma de 2007, a apelação e a revista podiam ser decididas por remissão para o acórdão recorrido, quando houvesse unanimidade, o que foi muito criticado (n. 5 do art. 713.º, n.º 5 do anterior Código, resultante do Decreto-lei 329-A/1995.

PRINCIPAIS NOVIDADES SOBRE PROVAS NO NOVO CÓDIGO DE PROCESSO CIVIL PORTUGUÊS

Maria José Capelo

Sumário: 1. Referência à "arrumação sistemática" da prova no Código de Processo Civil Português de 2013 – 2. As partes como destinatários da prova: o processo especial de apresentação de coisas ou documentos (arts. 1.045.º a 1.047.º do CPC) – 3. Os "vasos comunicantes" entre prova e factos no direito processual português – 4. A produção antecipada de prova *versus* conservação da fonte da prova – 5. Alusão ao regime de produção antecipada de prova no NCPCbr: a tutela do direito à prova autónomo sem carácter de urgência – 6. O contributo das partes para o esclarecimento da verdade: 6.1. A valorização probatória da prestação de esclarecimentos ou informações; 6.2. O novo meio de prova: declarações de parte; 6.3. A "libertação" do "interrogatório da parte" da figura da confissão judicial; 6.4. A consagração legal das verificações não judiciais qualificadas como alternativa à inspecção judicial; 6.5. A verificação não judicial qualificada por notário. Referência à "ata notarial" do novo Código Processo Civil do Brasil – 7. Conclusões.

1. REFERÊNCIA À "ARRUMAÇÃO SISTEMÁTICA" DA PROVA NO CÓDIGO DE PROCESSO CIVIL PORTUGUÊS DE 2013

A presente intervenção versará, essencialmente, sobre os institutos, consagrados e redesenhados no CPC em prol da tutela do direito à prova, num confronto com figuras paralelas regulamentadas no *NCPCbr*.

No que diz respeito à técnica legislativa, em ambos os Códigos, o processo civil é regulado mediante a utilização de conceitos indeterminados e de cláusulas gerais[1]. Esta técnica exigirá um grande esforço na eleição dos

[1] Numa linha diferente, o Código de Processo Civil português de 1939 adoptou, no aspecto técnico, como assinalou o seu Autor – o ilustre Processualista José Alberto dos Reis – uma feição analítica, minuciosa e regulamentar, ou seja com tendência para não se utilizarem fórmulas gerais, princípios abstractos (cf., do jurista, O novo Código de processo civil. *Revista Legislação e Jurisprudência*, ano 72, n. 2651, p. 195, 1939-1940).

critérios concretizadores e densificadores[2]. O desafio é grande tanto para os práticos como para os teóricos.

Nalguns aspectos, a reforma do processo civil português, instaurada pela Lei 41/2013, de 26 de junho[3], foi inovadora, noutros ficou aquém do que seria desejável.

No CPC, os preceitos relativos a instrução foram transferidos para a Parte Geral (*Titulo V do livro II* – arts. 410.º a 526.º) desinseridos da tramitação da acção declarativa. Almejou-se concentrar as normas atinentes à prova, pois sustentou-se que estas "não são típicas ou exclusivas da acção declarativa, aplicando-se outrossim em todos os domínios processuais em que haja lugar a diligências de prova"[4]. No entanto, em todas elas está presente a ideia de que a prova se destina à formação da convicção do julgador.

Numa linha diferente, no *NCPCbr* perspectivou-se a prova de diversos ângulos. Regula-se tanto a pretensão (processual) autónoma à prova, enquanto meio de assegurar a certeza dos direitos substantivos das partes e prevenir litígios em juízo[5], como a actividade probatória que se desenrola perante o tribunal como principal destinatário (como explicitaremos *infra*).

2. AS PARTES COMO DESTINATÁRIOS DA PROVA: O PROCESSO ESPECIAL DE APRESENTAÇÃO DE COISAS OU DOCUMENTOS (ARTS. 1.045.º A 1.047.º DO CPC)

O processo civil português não é totalmente alheio à previsão de institutos processuais que tutelam o direito à prova enquanto pretensão autónoma (de-

---

2 Didier Jr. anota que a existência de cláusulas gerais rompe com o tradicional modelo de tipicidade estrita que estruturava o processo até meados do século XX, colocando em evidência a insuficiência do método de a subsunção do facto ao enunciado normativo (cf. *Curso de direito processual civil*: introdução ao direito processual civil, Parte Geral e processo de conhecimento. 17. ed. Salvador: JusPodium, 2015. v. 1, expressamente, p. 51 e 53).

3 Com entrada em vigor a 1.º.09.2013.

4 CORREIA, João; PIMENTA, Paulo; CASTANHEIRA, Sérgio. *Introdução ao estudo e à aplicação do Código de Processo Civil de 2013*. Coimbra: Almedina, 2013. p. 14. No entanto, não deixa de ser pertinente a critica que Isabel Alexandre faz ao facto de muitas disposições estarem pensadas para o processo comum de declaração, pelo que deviam ter sido revistas e adaptadas a nova sistematização (cf. A fase da instrução e os novos meios de prova no Código de Processo Civil de 2013. *Revista do Ministério Público*, ano 34, p. 13, abr.-jun. 2013).

5 Enunciado do Fórum Permanente de Processualistas Civis (FPPC) 50: Os destinatários da prova são aqueles que dela poderão fazer uso, sejam juízes, partes ou demais interessados, não sendo a única função influir eficazmente na convicção do juiz (*Grupo: Direito Probatório*).

senraizada de concomitante pretensão substantiva), sem carácter de urgência e com finalidades que não se esgotam na formação da convicção do tribunal. Estamos a pensar no processo regulado nos arts. 1.045.º a 1.047.º do CPC[6].

No art. 1.045.º do CPC determina-se que:

> Aquele que, nos termos e para os efeitos dos arts. 574.º e 575.º do Código Civil, pretenda a apresentação de coisas ou documentos que o possuidor ou detentor lhe não queira facultar justifica a necessidade da diligência e requer a citação do recusante para os apresentar no dia, hora e local que o juiz designar.

A sua inserção na categoria de processo não contencioso (jurisdição voluntária)[7] não é isenta de dúvidas, já que o requerente terá de alegar a existência de "conflito". Numa referência a este processo, Vaz Serra[8] alertou para os dois interesses em conflito: o da descoberta do conteúdo dos direitos dependentes da exibição e o interesse do detentor da coisa ou do documento em não ver ofendida a sua liberdade individual. O recurso àquele processo especial terá de pressupor, por conseguinte, tanto o interesse atendível do requerente como a recusa infundada por parte do possuidor ou detentor (desses documentos),

---

6 Enquanto o CPCbr/1973 previa expressamente a exibição de documentos enquanto medida preparatória, o novo NCPCbr estabelece procedimento específico para a exibição de coisa ou documento (arts. 396. e ss). Contudo, defende-se que se estiver em causa a exibição prévia pode utilizar-se o expediente da produção antecipada da prova previsto no art. 381 (cf., neste sentido, TALAMINI, Eduardo. *Comentários ao Novo Código de Processo Civil.* Coordenadores Antonio do Passo Cabral e Ronaldo Kramer. Rio de Janeiro: Forense, 2015. anotação artigo 381, ponto 19).

7 No novo regime processual brasileiro, a tutela do direito autónomo à prova (arts. 381 a 383 do NCPCbr) é perspectivada também como jurisdição voluntária. Didier Jr., Braga e Oliveira assinalam que: "[...] a circunstância de poder haver conflito quanto à existência do direito à prova não o desnatura: é da essência da jurisdição voluntária a existência de uma *litigiosidade potencial*", mas acrescentam que "é jurisdição voluntária pelo fato de que não *há necessidade de afirmação de conflito em torno da produção da prova*" (cf. DIDIER JR., Fredie; OLIVEIRA, Rafael Alexandre; BRAGA, Paula Sarno. *Curso de direito processual civil.* 11. ed. Salvador: JusPodivm, 2016. v. 2, p. 143; itálico dos autores).

8 Cf. SERRA, Adriano Paes da Silva Vaz. Exibição de coisas ou documentos. *Boletim do Ministério da Justiça*, n. 77, p. 227-249, jun. 1958. No direito brasileiro, Yarshell é um defensor de um direito à obtenção da prova na óptica das partes e não apenas do julgador, mas não deixa de suscitar a necessidade de colocar limites ao exercício do poder de investigação sempre que este ponha em risco direitos e garantias fundamentais (*vide* YARSHELL, Flávio Luiz. Investigação e autonomia do direito à prova: um avanço necessário para a teoria geral do processo. In: ______; ZUFELATO, Camilo (Org.). *40 anos da teoria geral do processo no Brasil*: passado, presente e futuro. São Paulo: Malheiros, 2013. v. 1, p. 326-333, expressamente p. 332-333).

em facultá-los[9], devendo o tribunal adoptar a solução que julgue mais conveniente e oportuna. Ou seja, se a pretensão for deferida, chancela-se a recolha de elementos que irão prevenir litígios ou fundar hipotéticas causas[10].

Várias decisões dos nossos tribunais confirmam a relevância prática da tutela judicial destes direitos à apresentação de coisas ou de documentos. Invoque-se aquela causa[11] em que os condóminos revelaram interesse jurídico atendível no exame dos documentos que diziam respeito ao condomínio, como meio de fiscalizar a forma como o administrador exercia as suas funções, ou o pedido dirigido à Companhia Seguradora para facultar os exames ou elementos do processo clínico, que tem em seu poder, respeitantes a sinistrado, uma vez que o requerente pretende demandá-la em acção de indemnização decorrente do acidente por si sofrido[12].

Interrogamo-nos, na senda de Sinde Monteiro, se este processo especial não terá também as virtudes de consubstanciar um meio adequado de tutela do dever de prestar informações previsto no art. 573.º do Código Civil[13]. Determina este preceito que: "A obrigação de informação existe, sempre que o titular de um direito tenha dúvida fundada acerca da sua existência ou do seu conteúdo e outrem esteja em condições de prestar as informações necessárias". Neste sentido, o Tribunal da Relação de Guimarães, no acórdão de 17.12.2013, sustentou que

> [...] face à dúvida fundada acerca da existência do saldo bancário, nos termos do art. 573.º do Código Civil, deve lançar-se mão, querendo, para tal efeito, da acção especial de apresentação de coisas ou documentos prevista nos art. 1.045.º e sgs. do NCPC[14].

---

9 Jorge Sinde Monteiro (cf. *Responsabilidade por conselhos, recomendações ou informações*. Coimbra: Almedina, 1989. p. 425) refere, como exemplos, "o da apresentação de um animal se estiverem em causa pretensões indemnizatórias ao abrigo dos arts. 493/1. ou 502 do Código Civil, ou de uma máquina, para verificar possível violação de uma patente".

10 Estes preceitos não regulam, por conseguinte, o direito de uma das partes num processo exigir o uso de um documento em poder da parte contrária ou em poder de terceiro (cf. fazendo esta ressalva, SERRA, Adriano Paes da Silva Vaz. Exibição de coisas ou documentos cit., p. 246).

11 Cf., ainda à luz do art. 1.476.º do Código de Processo Civil (actual art. 1.045.º), acórdão do Tribunal da Relação de Lisboa, de 03.10.2000, *Colectânea de Jurisprudência*, 2000, t. IV, p 98 e ss.

12 Cf. Acórdão de 22.03.2007, proferido no Processo 668/2007-8. Disponível em: <www.dgsi.pt>.

13 MONTEIRO, Jorge Ferreira de Sinde, *Responsabilidade*... cit., especialmente p. 424, nota 280.

14 Proferido no Processo 174/13.0TCGMR.G1. Disponível em: <www.dgsi.pt>.

É evidente a função probatória, informativa e preparatória deste processo especial[15]: a pretensão do autor satisfaz-se com a condenação do requerido à apresentação da coisa ou dos documentos. O acesso, por via judicial, aos elementos probatórios colmata lacunas informacionais em torno do conteúdo dos direitos substantivos do requerente, permitindo-lhe ajuizar a pertinência de uma nova demanda. Sob este prisma, como sublinha o Jurista Yarshell "o direito à prova ganha autonomia", explicitando que não se trata de uma desvinculação absoluta, pois a ligação à afirmação de direito material "é imprescindível para justificar a intervenção estatal, fazendo-a necessária, adequada e proporcional"[16].

Após estas considerações gerais, equacionamos a pertinência da "reunião sistemática" deste processo especial com as demais normas processuais que regulam a prova. Ou será mais adequado reconduzi-lo, na linha adoptada no NCPCbr, ao instituto da produção antecipada de prova (ponto que explicitaremos *infra ponto 5*)[17]?

A natureza *preparatória* deste processo de apresentação de coisas ou documentos chamou-nos a atenção para opções legislativas de outros sistemas processuais. Assim, por exemplo, a *Ley de Enjuiciamiento Civil* de 2000 dedicou os arts 256 a 263 às denominadas "Diligencias Preliminares". Estas normas são inovadoras na medida em que as actividades destinadas a preparar a propositura de uma causa não eram, até então, reguladas na lei processual espanhola. Era tarefa que se remetia para os litigantes e seus advogados[18]. Agora, à luz destas disposições, assegura-se o recurso aos tribunais para providenciar *actos preparatórios* nas situações em que há um interesse atendível na eliminação da incerteza ou na obtenção de algum elemento jurídico processual necessário a um hipotético procedimento. Assim, admitem-se diligências preliminares (como o depoimento de um sujeito ou a exibição de coisa ou documentos sucessórios, societários e o

---

15 Cf. MONTEIRO, Jorge Ferreira de Sinde, *Responsabilidade*... cit., expressamente p. 414.

16 *Vide* YARSHELL, Flávio Luiz. Investigação e autonomia do direito à prova... cit., especialmente p. 330.

17 No direito alemão prevê-se apenas a produção antecipada de prova pericial independentemente de risco ou urgência (para apurar o estado de uma pessoa ou de uma coisa, o valor de uma coisa, a causa de um dano ou de um defeito e custos de reparação (cf. § 485, 2, ZPO). O requerente tem de alegar interesse jurídico nesta prova. A averiguação deste pode ser dificil, mas presume-se a sua existência naqueles casos em que a perícia pode evitar a propositura de uma causa (Cf. ROSENBERG; SCHWAB; GOTTWALD. *Zivilprozessrecht*. 17. ed. Verlag: C.H.Beck, § 117, ponto 10).

18 *Vide*, referindo este ponto, DE LA OLIVA SANTOS, Andrés; GIMÉNEZ DÍEZ-PICAZO, Ignacio. *Derecho procesal civil*: el proceso de declaración. 3. ed. Madrid: Ramón Areces, 2004. p. 255.

acesso à história clinica[19]) com a finalidade de averiguar dados relevantes para determinar o objecto do litígio, a capacidade para litigar de um determinado sujeito, a sua legitimidade ou a condição de representante (legal ou voluntário).

A mais-valia destes expedientes pré-processuais – assegurando uma propositura regular e fundada de uma acção – enfrenta, porém, como demérito a eventual sobrecarga dos tribunais, com possíveis atrasos e entorses na eficiência da justiça[20]. Será que esta nota de cepticismo, ante a "judicialização" de diligências preliminares, se justifica também perante o novo regime brasileiro de produção antecipada de prova (*infra ponto 5*)?

3. OS "VASOS COMUNICANTES" ENTRE PROVA E FACTOS NO DIREITO PROCESSUAL PORTUGUÊS

De regresso às novidades do CPC refira-se a exigência de as partes fazerem os requerimentos probatórios nos articulados (arts. 552.º, n.º 2, e 572.º, *d*, do CPC), embora os possam alterar posteriormente (arts. 572.º, *d*, *in fine*, e 598.º do CPC), bem como juntar documentos cuja apresentação não tenha sido possível anteriormente ou se tenha tornado necessária em virtude de ocorrência posterior (art. 423.º, n.º 3, do CPC)[21]. No anterior Código, as demais provas eram, em regra, indicadas e requeridas na fase subsequente aos articulados, quando a matéria de facto (nomeadamente a controvertida) ficava definida ou relativamente estável[22] (salvo o caso da prova documental que devia, em regra, ser apresentada com os articulados – art. 523.º do CPC, na versão anterior à Reforma de 2013).

Esta opção legal – indicação da prova nos articulados – não é destituída de repercussões práticas. Num estudo muito interessante, Beneduzi contrapõe a estabilização rígida das postulações das partes no sistema brasileiro com o *déficit* "em relação ao acervo probatório útil não só para julgamento pelo juiz, mas também para a construção da demanda e da defesa"[23]. Distancia-se da opinião

---

19 *Vide*, numa enumeração e descrição das medidas, MONTERO AROCA, Juan; GÓMEZ COLOMER, Juan Luis; BARONA VILAR, Silvia; CALDERÓN CUADRADO, Maria Pia. *Derecho jurisdicional II*: proceso civil. 21. ed. Valencia: Tirant Lo Blanch, 2013. p. 187-190.

20 Acautela-se, no entanto, o ressarcimento dos danos causados aos requeridos por tais medidas, exigindo-se ao requerente prestação de caução (cf. arts. 256.3, 258.3 e 262 da Ley de Enjuiciamiento Civil).

21 A Reforma antecipou o momento-limite de apresentação de documentos, pois no anterior regime o n.º 2 do art. 523.º do CPC estabelecia como limite da apresentação de documentos o encerramento da discussão em 1.ª instância.

22 O Código anterior permitia, no entanto, uma ampliação da base instrutória na audiência final – art. 650.º, n.º 2, *f*, do CPC.

23 Cf. BENEDUZI, Renato Resende. *Substantiierung, Notice-Pleading e Fact-Pleading*: a relação entre escopo das postulações e função da prova nos processos alemão,

tradicional que perspectiva a prova (apresentada ou produzida em juízo) unicamente como meio de formação da convicção do juiz[24]. Entende o Autor que o acesso "antecipado" à prova pode contribuir para que as partes avaliem a força e fraquezas de uma demanda (ou de uma defesa)[25], encarando os meios de prova e as alegações das partes como dois possíveis e desejáveis "vasos comunicantes". Em suma, propugna pela prévia disponibilidade e conhecimento das fontes da prova enquanto elementos condicionantes na elaboração da fundamentação do objecto do processo e da defesa do réu, precavendo-se, nesta medida, a litigância de má-fé (causas infundadas) e aligeirando a incerteza sobre o resultado da lide.

Tal entendimento tem a seu favor a predominância da *prova pré-constituída* (fenómeno assinalado por Yarshell[26]) causada pela valorização do comércio electrónico, pela importância das redes sociais como meio de registo de opiniões e divulgação de fotografias e pela gradual "monitorização" das pessoas por gravação/vídeo[27].

Alegar-se-á que a eficácia desta "tese" é susceptível de revelar fragilidades nos casos em que a prova constituenda assuma primazia, nomeadamente quando se recorra maioritariamente ao depoimento testemunhal. Ou ainda naquelas causas em que as insuficiências probatórias vão sendo supridas – ao longo da tramitação de uma causa – mediante o exercício dos poderes-deveres inquisitórios do juiz[28] (art. 411.º do CPC). Em ambas as hipóteses, as partes poderão enfrentar o tal *déficit* probatório na exposição da matéria de facto aquando da fase liminar. Todavia, o regime português é digno de uma nota positiva na medida em que contraria uma ideia de rigidez na fixação da matéria de facto. A estabilização desta somente ocorrerá depois de toda a prova produzida e do funcionamento de todas as presunções (cf. n.º 4 do art.

---

americano e inglês. *Revista de Processo*, ano 40, v. 245, p. 445-473, expressamente p. 447, jul. 2015.

24 Cf. BENEDUZI, Renato Resende. *Substantiierung*... cit., p. 447.

25 Cf. BENEDUZI, Renato Resende. *Substantiierung*... cit., especialmente p. 447-448.

26 Cf. YARSHELL, Flávio Luiz. Antecipação da prova sem o requisito da urgência: presente e futuro. In: MENDES, Aluisio Gonçalves de Castro; WAMBIER, Teresa Arruda Alvim (Org.). *O processo em perspectiva*: Jornadas Brasileiras de Direito Processual. São Paulo: RT, 2013. v. 1, p. 165-172, especialmente p. 166-168.

27 Cf. YARSHELL, Flávio Luiz. Antecipação da prova... loc. cit.

28 *Vide* uma análise detalhada das implicações processuais (em matéria de limites, controlo e respeito pelo princípio da imparcialidade) da consideração dos poderes instrutórios como poderes-deveres (ainda à luz do art. 265.º do anterior Código de Processo, conteúdo reproduzido no art. 411.º do actual Código), JORGE, Nuno de Lemos. Os poderes instrutórios do juiz: alguns problemas. *Julgar*, n. 3, p. 61-84, set.-dez. 2007.

607.º do CPC). Ou seja, o legislador português tem criado mecanismos que propiciam essa simbiose factos-prova ao longo de todo o processo[29], motivado pela busca da real configuração da situação material que deu azo ao litígio.

Anote-se que este regime flexível (na assunção da matéria de facto) coabita com o ónus de alegação dos factos essenciais (que integram a causa de pedir e as excepções) nos articulados, sob pena de preclusão (cf. art. 5.º do CPC). Ou seja, no que toca, por exemplo, à causa de pedir, esta tem de estar individualizada na petição, pelo que a mútua interferência prova/factos convive com a sua (quase) imutabilidade a partir do acto da citação (só em casos muito restritos a lei admite expressamente a sua modificação)[30].

Permite-se, por conseguinte, a consideração oficiosa dos factos instrumentais e daqueles que sejam o complemento[31] ou concretização dos que as partes tenham alegado[32] que surjam nos autos por via da prova produzida e assumida no processo (art. 5.º, n.º 2, *a* e *b*, do CPC). Tal é possível, pois

---

29 Para além da possibilidade de assunção de factos supervenientes (cf. arts. 588.º e 589.º do CPC).

30 Em caso de falta de acordo entre as partes, só é possível alteração ou ampliação da causa de pedir em consequência de confissão feita pelo réu e aceita pelo autor (n.º 1 do art. 265.º do CPC). *Vide*, à luz do art. 264 do anterior CPCbr, propugnando pela flexibilização das regras da modificação objectiva da instância, em prol de uma prestação jurisdicional justa e das garantias processuais inerentes ao devido processo legal, uma vez respeitados os limites da autonomia da vontade, da boa-fé e do contraditório, RODRIGUES, Marco Antonio dos Santos. *A modificação do pedido e da causa de pedir no processo civil*. Rio de Janeiro: GZ Editora, 2014. especialmente p. 117-217. O NCPCbr manteve a rigidez da estabilização da demanda. Susana Henriques da Costa critica a opção legislativa, denunciando o caracter individualista e liberal do modelo processual adoptado na nova legislação e a sua inadaptação aos litígios transindividuais (cf. *Comentários ao Novo Código de Processo Civil* cit., anotação artigo 329, pontos 1 e 2).

31 É muito dúbia a distinção entre factos complementares e factos essenciais. *Vide*, a este propósito, as nossas observações críticas sobre a adopção desta classificação de factos. Os factos notórios e a prova dos danos não patrimoniais. *Revista de Legislação e Jurisprudência*, ano 143, p. 286-304, mar.-abr. 2014. No direito brasileiro, é mais clara e segura a distinção entre factos jurídicos (que integram a causa de pedir ou a excepção) e factos simples ou secundários. Serão secundários os "elementos que enriquecem e esclarecem os factos principais, e atuando como mecanismos indiciários da ocorrência destes últimos" – cf. RODRIGUES, Marco Antonio dos Santos. *A modificação*... cit., p. 287-290.

32 À luz da alínea *b* do n.º 2 do art. 5.º do CPC, os factos complementares e concretizadores não estão sujeitos ao princípio da concentração nos articulados principais. As partes têm possibilidade de os alegar nos articulados, mantendo-se, no entanto, a benesse de poderem ser trazidos aos autos, através do convite ao aperfeiçoamento dos articulados, quando o juiz houver por bem formulá-lo. Se, por estas vias não "chegarem" à causa, a sua adução pode ocorrer na fase da instrução.

a actividade instrutória não se concentra numa fase estanque, sendo que o momento mais relevante para a aquisição de novos factos ocorrerá, em regra, na audiência final. O acompanhamento que as partes façam da prova constituenda (em regra por intermédio do seu advogado) é essencial como pressuposto da consideração de tais factos[33]. Assim, por exemplo, se o juiz efectuou uma inspecção a um local e tomou conhecimento de factos concretizadores (de factos alegados) e estes são inscritos no auto de diligência (art. 493.º do CPC), serão considerados pelo tribunal (na decisão) se as partes tiverem tido a possibilidade de acompanhar essa diligência à luz do princípio da audiência contraditória (art. 415.º do CPC).

Além da nova arrumação sistemática da prova e da antecipação do ónus de requerer os meios de prova (para a fase dos articulados), o legislador de 2013 teve a preocupação de assegurar e facilitar o apuramento da verdade dos factos, prevendo novos meios de prova: *declarações de parte* e *verificações não judiciais qualificadas*. O primeiro veio estimular a discussão em torno do contributo de cada uma das partes no apuramento/esclarecimento da verdade dos factos, o segundo veio contender com a esfera de actuação da inspecção judicial. Todavia, no que toca aos princípios – do inquisitório, da aquisição processual, da audiência contraditória, do regime de colaboração para a descoberta da verdade, do valor extraprocessual das provas (a prova emprestada) e da produção antecipada de prova – o regime manteve-se inalterado.

4. A PRODUÇÃO ANTECIPADA DE PROVA *VERSUS* CONSERVAÇÃO DA FONTE DA PROVA

Antes de efectuarmos uma breve referência aos dois novos meios de prova, sentimo-nos motivados a fazer uma apreciação critica ao regime de antecipação da prova previsto na lei processual portuguesa. Alguns passos poderiam ter sido dados em prol da preservação da prova fora das hipóteses do art. 419.º do CPC.

Perante a actual dominância da prova sob a forma documental[34] – no sentido amplo de documento como "todo o objecto material elaborado pelo homem, capaz de reproduzir ou representar um facto, uma coisa ou até uma pessoa"[35] –, impõe-se um novo olhar sobre alguns institutos ligados à

---

33 Cf. n.º 3 do art. 604.º do CPC.

34 Abarcando, nomeadamente, DVDs que contenham uma gravação, correio electrónico, *pen-drive* em que são arquivados ficheiros.

35 Cf. ANTUNES VARELA; BEZERRA, Miguel; SAMPAIO E NORA. *Manual de processo civil.* 2. ed. Coimbra: Coimbra Editora, 1985. p. 505. Cf., explicitando que o documento "é coisa representativa de um fato por obra da actividade humana",

conservação da prova. O carácter efémero de alguns desses documentos parece justificar medidas processuais que os preservem. A valorização da acta notarial, como meio de certificação ou atestação da ocorrência de factos na realidade virtual[36], no sistema processual brasileiro, talvez seja uma forma de "perpetuar" dados com futura relevância probatória judicial.

O art. 419.º do CPC admite a antecipação da prova em caso de *fundado receio de a prova se tornar impossível ou muito difícil de* obter no momento em que é normalmente produzida. A letra da lei restringe o âmbito de aplicação deste instituto ao "depoimento", à "perícia" e à "inspecção"[37]. O carácter incompleto da protecção do direito à prova, conferido pelo instituto da produção antecipada da prova, já foi detectado pelos nossos tribunais. Estes foram confrontados com situações em que se justificava uma diligência probatória de carácter conservatório de um meio de prova pré-constituído[38]. Isto é, não se visava a produção de prova de forma antecipada, mas o objectivo era a conservação da fonte da prova ("congelar" a fonte de prova[39]) perante o justificado receio de se tornar impossível ou muito difícil a sua utilização no momento processual próprio.

Vejamos um caso analisado no Tribunal da Relação de Lisboa[40]. Como medida probatória preliminar à propositura de uma acção de indemnização pelos danos sofridos na sequência de uma queda no chão escorregadio de um estabelecimento comercial, o lesado requereu que este preservasse, guardasse e lhe entregasse as imagens recolhidas pelo sistema de videovigilância.

---

mencionando vários documentos produzidos em meio electrónico, DIDIER JR., Fredie; OLIVEIRA, Rafael Alexandre; BRAGA, Paula Sarno. *Curso...* cit., p. 183-186.

[36] Cf. art. 384 NCPCbr. MARINONI, Luiz Guilherme; ARENHART, Sérgio Cruz (*Prova e convicção*: de acordo com o CPC de 2015. 3. ed. São Paulo: RT, 2015. p. 429) referem que a ata notarial tem sido utilizada para "a prova de factos ocorridos na *internet*, especialmente diante da falta de eficiência da regulamentação da prova electrónica por outro meio".

[37] Assinale-se que a produção de prova propriamente dita, com a assunção de prova constituenda, tem de ser lida à luz do dever de gestão processual e adequação formal consagrados, respectivamente, nos arts. 6.º e 547.º do CPC. Pode, por exemplo, ser antecipada prova (exemplo: pericial) para a audiência prévia (onde ocorre o saneamento) quando as partes revelam predisposição para um eventual acordo após conhecimento do relatório pericial.

[38] Provas pré-constituídas são aquelas que existem antes de surgir a necessidade da sua apresentação no processo (*vide*, sobre esta noção em confronto com a noção de prova constituenda, ANTUNES VARELA; BEZERRA, Miguel; SAMPAIO E NORA. *Manual...* cit., p. 441).

[39] MONTERO AROCA, Juan; GÓMEZ COLOMER, Juan Luis; BARONA VILAR, Silvia; CALDERÓN CUADRADO, Maria Pia. *Derecho jurisdicional II* cit., p. 249.

[40] Acórdão da RL de 07.02.2012, Processo 1737/11.4TVLSB.L1-7. Disponível em: <www.dgsi.pt>.

Alegou a importância das imagens para a reconstituição, pois estava sozinho aquando da queda. O requerido não facultou o acesso às imagens, informando ainda estar vinculado, por imposição da Lei de Protecção de Dados Pessoais, a proceder à respectiva destruição 30 dias após a sua recolha.

Para além de outras questões interessantes, nomeadamente a convolação oficiosa do procedimento cautelar inominado em processo destinado à conservação da prova[41] e a ponderação dos interesses conflituantes no âmbito da Lei de Protecção de Dados Pessoais, o Acórdão enquadrou correctamente o registo de imagem, obtido através de um sistema de segurança de videovigilância, na prova documental (art. 368.º do Código Civil). Explicitou-se que "não há cabimento estrito no instituto da produção antecipada de prova, expressamente reservado à actuação de provas constituendas como o depoimento de pessoas, a perícia e a inspecção [...]". Embora sem expresso apoio legal, ordenou-se, com pertinência, ante o receio de dissipação da prova, que a requerida não destruísse e guardasse as ditas imagens.

Esta hipótese demonstra que a lei processual portuguesa talvez devesse ter assegurado, em caso de risco de desaparecimento, a preservação da fonte de prova, tratando-se de documentos ou de coisas (enquanto objecto da prova por apresentação regulada no art. 416.º do CPC)[42]. Recorde-se que a figura da produção antecipada está reservada para outras situações: aquelas em que o meio de prova é *produzido* num momento prévio (àquele em que devia ser produzido) perante o receio fundado de que a fonte da prova se "perca" ou desapareça.

Também nesta matéria, a *Ley de Enjuiciamiento Civil* de 2000 teve o mérito de ter distinguido a produção antecipada (arts 293 a 296) das medidas de conservação da prova (arts. 297 e 298). De La Oliva Santos/Diez-Picazo Gimènez assinalam que a distinção não oferece dificuldade conceitual, pois as medidas de conservação da prova visam que, no momento processual adequado, seja possível propor e praticar um meio de prova, enquanto por via da produção antecipada se adianta a prática da prova[43].

---

41 Anote-se que a Lei de Arbitragem Voluntária (Lei 63/2011, de 14 de dezembro) utiliza um conceito de procedimento cautelar diverso do utilizado no Código de Processo Civil , definindo-o como medida de carácter temporária (antes de proferir decisão sobre o mérito) e por isso compreende-se que nesta figura tão ampla se subsuma uma "providência cautelar" que se destine à preservação de meios de prova (cf. art. 20.º, n.º 2 , *d*).

42 Na prova por apresentação de coisa, é a própria parte que se propõe utilizar a coisa como fonte de prova, referindo ao tribunal as respectivas percepções ou apreciações. Na prova pericial tal actividade cabe aos peritos e na inspecção judicial é incumbência do juiz.

43 DE LA OLIVA SANTOS, Andrés; GIMÉNEZ DÍEZ-PICAZO, Ignacio. *Derecho procesal civil...* cit., p. 34.

5. ALUSÃO AO REGIME DE PRODUÇÃO ANTECIPADA DE PROVA NO NCPCBR: A TUTELA DO DIREITO À PROVA AUTÓNOMO SEM CARÁCTER DE URGÊNCIA

Na concretização do direito processual à prova enquanto direito dissociado de uma acção futura e meramente eventual[44], o novo CPC do Brasil revela-se ainda mais arrojado. O CPC/1973 admitia apenas a antecipação do interrogatório, da inquirição de testemunha ou do exame pericial. O NCPCbr não trouxe semelhante limitação. Consagrou-se uma cláusula geral de direito à prova independentemente da urgência ou da existência de um processo judicial. Trata-se de uma acção de produção antecipada de prova[45], que visa o reconhecimento do direito autónomo à prova, cuja tramitação adopta as características de jurisdição voluntária[46].

Assim, a antecipação da prova pode ser requerida[47] nos casos em que haja fundado receio de que venha a tornar-se difícil ou impossível a sua produção no curso do processo (art. 381, inc. I), quando a prova a ser produzida tenha a potencialidade de viabilizar a autocomposição ou outro meio adequado de solução de controvérsias (art. 381, inc. II) ou como forma de a parte obter prévio conhecimento dos fatos para justificar ou evitar o ajuizamento de ação (art. 381, inc. III). Os incisos II e III revelam-se como verdadeiras novidades. O NCPCbr promove a resolução dos conflitos por via da autocomposição (art. 3.º, §§ 2.º e 3.º) e por isso se arquitectou o acesso antecipado a elementos probatórios que possam ser úteis para motivar, desencadear ou fundamentar um acordo. Pretende-se também que os cidadãos ponderem sobre a necessidade/desnecessidade da propositura de uma causa, e para a consecução deste objectivo proporciona-se-lhes um lastro probatório mínimo.

Em suma, assegura-se a efectividade do direito à informação mediante uma acção probatória autónoma, permitindo que a prova se evidencie em todas as suas especificidades: meio de demonstrar a veracidade dos factos de uma causa (proposta ou a propor) ou expediente capaz de desmotivar o acesso à justiça pública heterocompositiva.

---

44 Eduardo Talamini explica que, se estiver em curso um processo e se justificar a antecipação de uma prova antes da fase instrutória aplica-se o art. 139, VI (*Comentários...* cit., art. 381, ponto 2).

45 Ressalva-se apenas a prova documental, cuja produção antecipada se pede por meio de acção de exibição (sublinhando este ponto DIDIER JR., Fredie; OLIVEIRA, Rafael Alexandre; BRAGA, Paula Sarno. *Curso...* cit., p. 142.

46 Didier Jr., Oliveira e Braga esclarecem que não é um processo cautelar, pois não há sequer necessidade de alegar a urgência (cf. *Curso...* cit., p. 142).

47 Sob a égide da cláusula geral de negociação processual (art. 190) admite-se um acordo de produção antecipada de prova (Cf. Enunciado 19 do FPPC).

A utilização deste instrumento antecipatório não está imune a riscos. Embora a pretensão de tutela autónoma da prova tenha de ser fundamentada, o exercício abusivo não está totalmente acautelado. A este receio, adicionem-se as desvantagens inerentes à "judicialização" de uma mera "fase preparatória" (factor que leva Beneduzi a apontar, como solução ideal alternativa, o regime inglês dos *Pre-action protocols*[48]) de uma acção futura e eventual. Competirá, por isso, uma enorme responsabilidade à doutrina e à jurisprudência: concretizar os critérios de admissibilidade de produção antecipada de prova, evitando aplicações injustificadas e abusivas.

6. O CONTRIBUTO DAS PARTES PARA O ESCLARECIMENTO DA VERDADE

6.1. A valorização probatória da prestação de esclarecimentos ou informações

À luz do Código de Processo Civil de 1939 (que regulava a figura da confissão nos arts. 560.º a 571.º, matéria cuja regulamentação foi reivindicada pelo Código Civil em 1966), o ilustre Processualista de Coimbra José Alberto dos Reis explicitava que a comparência da parte, por iniciativa do juiz, podia destinar-se a quatro fins: à prática de acto pessoal como o depoimento, à realização de exame ou inspecção na pessoa da parte; à tentativa de conciliação e à prestação de esclarecimentos e informações[49]. Assinalou que as respostas das partes, na sequência de prestação de esclarecimentos e informações, não podiam valer como confissão. Por isso, o art. 562.º do CPC de 1939[50] não previa a possibilidade de haver declarações confessórias no contexto destas prestações de esclarecimentos e de informações, limitando-se a consagrar que a confissão judicial podia ser feita nos articulados, por termo, em depoimento ou por qualquer outro modo admissível no processo (confissão nas alegações

---

48 Beneduzi manifesta grandes reticências nas virtudes e execução prática desta "acção probatória" em causas simples que envolvem o *uomo della strada*, perante a complexidade procedimental que dela decorre, manifestando preferência pelo sistema dos *pre-action protocols* (cf. p. 468-471). Adrian Zuckerman assinala que estes protocolos visam focar a atenção do litigante para as vantagens de resolver o litígio fora dos tribunais, obter informação necessária à propositura da causa ou à elaboração de realistas propostas de resolução do litígio. Afirma que "the aim of the pre-action protocols is to reverse the former culture of litigante warfare" (cf. *Zuckerman on Civil Procedure*: Principles of Pratice. 3. ed. London: Sweet &Maxwell, 2013. p. 42).

49 Cf. REIS, José Alberto dos. *Código de Processo Civil anotado*. Coimbra: Coimbra Editora, 1987 (reimpressão). anotação ao artigo 573.º, v. IV, p. 131.

50 Conteúdo reproduzido no Código de Processo Civil de 1961, mas eliminado pelo Decreto-lei 47.690, de 11.05.1967.

orais ou escritas do advogado na audiência preparatória ou final[51]). Todavia, em momento posterior, nos trabalhos preparatórios do Código Civil de 1966, o Professor Vaz Serra defendeu que as respostas das partes às perguntas de esclarecimento feitas pelo juiz podiam preencher a natureza de declaração confessória[52]. Em conformidade, consagrou-se no n.º 2 do art. 356.º do Código Civil que a confissão judicial provocada pode ser feita em depoimento de parte ou em prestação de informações ou esclarecimentos ao tribunal.

As múltiplas revisões ao Código de Processo Civil (inclusive depois de ter sido aprovado o Código Civil de 1966) mantiveram-se silentes quanto a este ponto, ou seja, não adequaram ou compatibilizaram o regime destas prestações de esclarecimento ou informações à nova directriz emergente do preceito do Código Civil referido. Tal só veio a suceder por efeito da actual Reforma do Código de Processo Civil. Num esforço de adequação com o n.º 2 do art. 356.º do Código Civil, enquadrou-se na hipótese do art. 452.º do CPC – com a epígrafe "Depoimento de Parte" – a figura da "prestação de esclarecimentos ou informações". Sob a égide deste preceito legal, a parte é interrogada tanto naqueles casos em que a contraparte o requer (n.º 2), como naqueles casos em que o juiz solicite a comparência para prestar depoimento, esclarecimentos ou informações (n.º 1). Ou seja, reconduz-se ao mesmo instituto (depoimento de parte), tanto o depoimento propriamente dito como a prestação de informações ou esclarecimentos no âmbito do princípio da cooperação (art. 7.º do CPC).

Esta opção legal suscita-nos algumas reticências. Desde logo, perante a inserção sistemática da figura na *Secção* intitulada "Prova por confissão das partes", as vertentes clarificadora e informativa dos esclarecimentos (prestados pela parte) ficam desvanecidas em detrimento do eventual resultado confessório da presença da parte em juízo: o reconhecimento expresso de factos desfavoráveis[53]. Além que se menosprezam os âmbitos subjectivo e objectivo do dever de esclarecimento, o qual pode recair sobre as partes (ou seus representantes) como sobre os seus mandatários e versar sobre direito ou matéria de facto.

Independentemente do nosso entendimento, a eventual dimensão confessória das alegações clarificadoras ou informativas, prestadas pelas

---

51 Cf. REIS, José Alberto dos. *Código de Processo Civil anotado* cit., p. 86.

52 Cf. VAZ SERRA, Adriano Paes da Silva. Provas (direito probatório material). *Boletim do Ministério da Justiça*, n. 111, p. 11-12, dez. 1961.

53 Perante o regime legal, Isabel Alexandre afirma que nada distingue, no que diz respeito aos pressupostos de aplicação, o depoimento de parte determinado oficiosamente e a prestação de informações e esclarecimento sobre factos que interessam à causa (cf. A fase da instrução... cit., p. 36).

partes, impõe algumas cautelas quanto ao seu formalismo[54]. Deve, por exemplo, exigir-se a observância de algumas regras que pautam a tramitação da prestação do depoimento de parte: o juramento e a possibilidade de a parte contrária acompanhar a prestação de esclarecimentos, requerendo as instâncias necessárias para se esclarecer ou complementar as respostas (arts. 461.º, n.º 2, 463.º, ambos do CPC)[55]. As virtudes deste mecanismo implicam, também, que se avaliem a capacidade e a legitimação da parte convocada para fazer declarações (voluntárias) de ciência[56] no âmbito da prestação de esclarecimentos ou informações.

No NCPCbr é clara a separação de três figuras: interrogatório livre (por iniciativa do juiz)[57], depoimento da parte (pessoal) e confissão, reguladas respectivamente art. 139, VIII, e arts. 385 a 388, 389 a 395.

Marinoni/Arenhart assinalam a vertente esclarecedora do interrogatório livre, referindo que não se trata propriamente de um meio de prova[58]. O interrogatório é de iniciativa oficiosa, podendo ser determinado em qualquer fase do processo, não havendo participação da parte contrária, nem do advogado da parte inquirida, podendo ser único ou múltiplo, enquanto o depoimento é sempre

---

[54] Estrela Chaby (*O depoimento de parte em processo civil.* Coimbra: Coimbra Editora, 2014. p. 61) chama a atenção para o facto de que "não se prevendo que as partes prestem juramento, nem que a diligência, a ocorrer, seja contraditória, não se vê como, sem postergação dos princípios do código e em verdadeiro contraciclo em relação ao espírito da Reforma [...] se poderia configurar estar em causa uma diligência com caracter ou intencionalidade probatória". Adverte, porém, que pode a parte confessar factos e nesta hipótese na acta da diligência constará a transcrição da confissão (cf. Idem, p. 61-62).

[55] Neste ponto, divergimos, com a devida vénia, de Antunes Varela, Miguel Bezerra e Sampaio e Nora (*Manual...* cit., p. 566) quando sufragaram que "a prestação de informações ou esclarecimentos ao tribunal, da qual pode resultar a confissão (de factos) por qualquer das partes [...] não obedece a nenhum formalismo especial".

[56] Embora seja irrelevante o *animus confitendi*, ou seja a convicção da verdade do facto confessado e a vontade ou mesmo só a consciência dos respectivos efeitos jurídicos, bastando a vontade de emitir a declaração de ciência (cf. sublinhando estes pontos, ANDRADE, Manuel A. Domingues de. *Noções elementares de processo civil.* Coimbra: Coimbra Editora, 1979. p. 244-245).

[57] A propósito do poder de o juiz determinar a comparência das partes para as interrogar, Fernando da Fonseca Gajardoni anota que trata de um "dever/poder intimamente relacionado com o princípio da cooperação, servindo para o magistrado se esclarecer sobre fatos da causa a fim de propiciar um julgamento mais justo [...] (cf. *Comentários ao Novo Código de Processo Civil* cit., Art. 139, anotação 16, p. 262).

[58] Cf. MARINONI, Luiz Guilherme; ARENHART, Sérgio Cruz. *Prova e convicção...* cit., p. 432.

único, realizado na audiência de julgamento[59]. Apesar de sufragarem a distinção entre o depoimento e o interrogatório, estes juristas assinalam que a declaração expressa, feita pela parte, no interrogatório livre, pode ter um valor confessório (pois a lei somente afasta a possibilidade de confissão ficta pela não comparência – cfr. art. 139, VIII)[60]. Esta possível consequência não os impede de defender que o interrogatório *ad clarificandum* pressupõe informalismo e liberdade, não tendo de obedecer ao rigor formal e solene do depoimento pessoal[61]. Com o devido respeito, invocamos aqui as observações críticas que tecemos (no contexto da lei portuguesa) em torno da ausência de formalismo por ocasião das respostas aos esclarecimentos perante a eventualidade de um resultado confessório.

6.2. O novo meio de prova: declarações de parte

Em Portugal, a Reforma de 2013 foi mais longe na valorização do contributo das partes para o esclarecimento da verdade dos factos. Não se satisfez com o depoimento de parte, nem com a prestação de esclarecimento por iniciativa do juiz. Através da previsão legal das "declarações de parte" (art. 466.º do CPC) regula-se a prerrogativa de parte se oferecer para prestar declarações sobre factos

---

59 Cf. MARINONI, Luiz Guilherme; ARENHART, Sérgio Cruz. *Prova e convicção*... cit., p. 433.

60 Cf. MARINONI, Luiz Guilherme; ARENHART, Sérgio Cruz. *Prova e convicção*... cit., p. 433 (nota 5).

61 Cf. MARINONI, Luiz Guilherme; ARENHART, Sérgio Cruz. *Prova e convicção*... cit., p. 465-466. Estas virtudes confessórias, do esclarecimento prestado pelas partes, também são admitidas no sistema processual italiano, não obstante a distinção clara do *interrogatorio libero* (art. 117 do *Codice Procedura Civile*), com função clarificadora, do *interrogatorio formale*, enquanto mecanismo adequado a provar a confissão (art. 228 do *Codice Procedura Civile)*. A realização da primeira categoria de interrogatório resulta do exercício de um poder discricionário do juiz, na fase da *trattazione*, exigindo-se, em nome do contraditório, a presença de ambas as partes. Apesar das divergências doutrinais e jurisprudenciais em torno do seu valor probatório (cf., assinalando essas divergências, SCRIMA, Antonietta. L'interrogatorio della parte: interrogatorio libero e interrogatorio formale. *La prova nel processo civile*, Quaderni del Consiglio Superiore della Magistratura, 1999, Volume Primo, especialmente p. 367, 369, 374 e 375. (<http://www.csm.it/quaderni/quad_108/quad_108_13.pdf>, acedido em fev. 2016), é predominante a tese de que as respostas relativas a factos desfavoráveis só podem ser valoradas como *argumento di prova* nos termos previstos do art. 116, 2, do *Codice de Procedura Civile*. Os "argumento de prova" constituem prova menor, pois não permitem por si decidir a controvérsia, servindo para conferir força e atendibilidade a outras provas (*Vide*, sobre este ponto, LUISO, Francesco. *Diritto processuale civile*: il processo de cognizione. 4. ed. Milano: Giuffrè, 2007. v. II, p. 76-77, GIORDANO, Rosaria. *L'istruzione probatoria nel processo civile*. Milano: Giuffrè, 2013. p. 64-66).

em que tenha tido intervenção pessoal ou de que tenha conhecimento directo (sem a preclusão temporal dos restantes requerimentos probatórios, pois a parte pode fazê-lo até ao inicio das alegações orais em 1.ª instância). O n.º 3 do art. 466.º do CPC prescreve que o tribunal aprecia livremente as declarações das partes, salvo se as mesmas constituírem confissão[62].

Estas declarações de parte podem ser relevantes em campos em que dificilmente a parte se possa fazer valer de outros meios de prova: tais como aqueles casos em que o litígio versa sobre acontecimentos do foro privado, com a grande probabilidade de terceiros não terem presenciado os factos que deram origem à causa[63]. Ramos Faria/Loureiro escreveram que

> [...] a garantia constitucional do direito à prova (art. 20.º da CRP) determinava (e determina) que não sejam impostos limites injustificados aos meios de prova de que a parte pode lançar mão para demonstrar os factos que sustentam o seu direito, sobretudo quando esses instrumentos probatórios escasseiam – pense-se nos casos em que os factos apenas foram presenciados por autor e réu[64].

---

62 José Lebre de Freitas (*A acção declarativa comum*: à luz do Código de Processo Civil de 2013. 3. ed. Coimbra: Coimbra Editora, 2013. p. 278) entende que tais declarações valerão como elemento de clarificação das provas produzidas e, quando não as haja, como prova subsidiária.

63 Lebre de Freitas chegou a defender, aquando da Revisão 1995-1996, a consagração da figura do testemunho de parte, livremente valorável, mas tal não veio a ser consagrado (Parecer da Comissão de Legislação da Ordem dos Advogados sobre o Projecto de Código de Processo Civil. *Revista da Ordem dos Advogados*, ano 50, v. III, p. 750, 1990). Elogiando a proposta de iniciativa oficiosa de inquirição da parte, sufragou que não se justificava "a restrição do seu objecto aos factos pessoais ou de que o depoente deva ter conhecimento [...], apenas enquadrável no sistema tradicional, desaparecido em 1966, da 'ficto confessio' do depoente de parte" (cf. ob. loc. cit.). Antes do novo CPC da Reforma de 2013, centrando-se no depoimento de parte, João Paulo Remédio Marques equacionou e problematizou a valoração das declarações das partes sempre que não constituíssem confissão (A aquisição e a valoração probatória de factos (des)favoráveis ao depoente ou à parte. *Julgar*, Lisboa, n. 16, p. 137-172, jan.-abr. 2012). Em nome do direito à prova e com o conforto de alguma jurisprudência portuguesa, sufragou a admissibilidade e a valoração (à luz do princípio da livre apreciação ou como princípio de prova) das declarações favoráveis a parte depoente enquanto prova atípica (cf. Idem, expressamente p. 159). Sublinhou a importância desta prova naquelas hipóteses em que não é possível outra prova, nomeadamente quando os factos essenciais se reportam a acontecimentos do foro privado e intimo dos litigantes (cf. Idem, expressamente p. 155-158).

64 Cf. FARIA, Paulo Ramos de; LOUREIRO, Ana Luísa. *Primeiras notas ao Novo Código de Processo Civil*. Coimbra: Almedina, 2013. v. I, anotação ao artigo 466.º, p. 363.

6.3. A "libertação" do "interrogatório da parte" da figura da confissão judicial

Somos de parecer que estas diversas modalidades de intervenção da parte na causa – seja através de depoimento de parte, prestação de esclarecimentos ou informações, declarações de parte – criam abertura para a admissibilidade da audição (interrogatório) da parte independentemente do tipo de matéria que esteja em causa e do meio de prova que dela possa resultar[65]. Ou seja, embora com alguma timidez, a nova regulamentação do CPC (abrangendo as hipóteses legais dos arts. 452.º e 466.º do CPC) libertou o "testemunho" da parte das amarras da confissão judicial[66].

A propósito da ineficácia da confissão em matéria de direitos indisponíveis (alínea b) do art. 354.º, do Código Civil), são promissoras e clarividentes, ainda na década de 80 do séc. XX, as considerações de Antunes Varela, Bezerra e Sampaio e Nora. Afirmaram que "o que repugna a lei não é o reconhecimento do facto, mas a subordinação da *livre averiguação* da verdade a declaração unilateral ou isolada de uma pessoa"[67]. Esclarecem que "o que a lei não reconhece é força *vinculativa* do reconhecimento feito pela parte, nada impedindo a audição da parte sobre o facto, que o juiz apreciará livremente".

Nessa linha, tem-se firmado a Jurisprudência[68].

No Acórdão do Supremo Tribunal de Justiça[69], de 16.03.2011, afirma-se que "o depoimento de parte é de certo uma via de conduzir à confissão judicial; todavia mostra-se ultrapassada a concepção restrita de depoimento pessoal vocacionado exclusivamente àquela obtenção. Na verdade, o depoimento tem um alcance muito mais vasto, podendo o tribunal ouvir qualquer uma das partes

---

65 Estrela Chaby (*O depoimento*... cit., p. 13-14) refere que, entre nós, a funcionalização do depoimento de parte ao meio de prova que se visa obter, leva a que se sufrague que o depoimento só possa recair sobre factos desfavoráveis ao depoente e simultaneamente favoráveis ao requerente, embora assinale alguns sinais de mudança através da admissibilidade de depoimento por iniciativa oficiosa e da consagração da figura das declarações de parte.

66 Relembre-se que a lei admite o depoimento do assistente enquanto "depoimento de parte" (acessória), sem que dele possa resultar confissão (art. 455.º do CPC).

67 Cf. ANTUNES VARELA; BEZERRA, Miguel; SAMPAIO E NORA. *Manual*... cit., p. 550 (itálico dos autores).

68 Como evidencia José Alberto dos Reis (*Código de Processo Civil anotado* cit., p. 70), a confissão constitui prova, não a favor de quem a emite, mas a favor da parte contrária; portanto recai necessariamente sobre factos desfavoráveis ao confitente e favoráveis ao seu adversário.

69 Processo 237/04.3TCGMR.S1. Disponível em: <www.dgsi.pt>.

quando tal se revele necessário ao esclarecimento da verdade material. E se é certo que "a confissão" só pode versar sobre factos desfavoráveis à parte, não é menos verdade que o Juiz no depoimento em termos gerais não está espartilhado pela confissão, podendo colher elementos para a boa decisão da causa de acordo com o princípio da "livre apreciação da prova". Apela-se ainda a um outro argumento muito importante: "[...] este entendimento deverá ter-se por reforçado atenta a possibilidade que hoje existe de reapreciação da prova pelo Tribunal da Relação e assim de controlar eventuais excessos de valoração [...]"[70].

Num Acórdão mais recente (da Relação do Porto[71], de 19.01.2015) propugna-se pela valoração das declarações das partes (sem valor confessório), sublinhando que o tribunal pode fundar nelas a sua convicção acerca da veracidade de factos controvertidos favoráveis a qualquer delas.

Ainda com as fronteiras entre o depoimento de parte e de terceiro[72], dir-se-á que estão dados os primeiros passos para a superação de uma concepção estreita do depoimento de parte como meio de obter a confissão (valorando apenas o reconhecimento de factos desfavoráveis em causas que versem sobre matéria na disponibilidade das partes)[73] e lançados os alicerces do entendimento que propugne pelo "aproveitamento" das declarações da parte sobre factos favoráveis[74].

Em suma, fora do âmbito tutelar da confissão judicial, vigorará o princípio da apreciação motivada da prova no que diz respeito à audição da parte[75]. A

---

[70] Cf. ob. loc. cit.

[71] Processo 3201/12.5TBPRD-A.P1. Disponível em: <www.dgsi.pt>.

[72] Estrela Chaby esclarece que, "em sentido próprio, haverá testemunho de parte quando nenhuma diferença – procedimental, de definição legal de valor probatório, ajuramentação ou outra – exista face ao depoimento de testemunhas [...]" (cf. *O depoimento...* cit., p. 44 (nota 101).

[73] Francesco Luiso (cf. *Diritto processuale civile...* cit., p. 91, 142 e 143) é peremptório ao afirmar que as respostas das partes, em sede de interrogatório livre, não formam prova plena, mas apenas argumentos de prova, enquanto as declarações das partes no interrogatório formal só tem eficácia probatória se os factos forem desfavoráveis ao declarante, pelo que tal interrogatório não é admissível em causas que versam sobre direitos indisponíveis.

[74] Faria e Loureiro explicitam que "não existe qualquer fundamento *epistemológico* para não se reconhecer nas declarações favoráveis ao depoente um meio válido de formação da convicção esclarecida e racional do julgador, isto é, uma fonte válida de *convencimento racional* do juiz (Cf. *ob.cit.*, anotação artigo 466.º, p. 364 (itálico dos autores). A *Ley de Enjuiciamiento Civil* reflectiu a tendência maioritária firmada na doutrina e na jurisprudência no sentido de permitir a livre valoração das declarações sobre factos favoráveis- art. 316.2 (cf. expressamente sobre este ponto ABEL LLUCH, Xavier; FONT FLOTATS, Rosa. *El interrogatório de las partes en la Ley 1/2000, de Enjuiciamiento Civil.* Barcelona: Bosch, 2008. p. 176-177).

[75] No direito português, é de assinalar a síntese que Marta João Dias apresenta dos critérios que devem guiar o juiz na densificação da "prudente convicção" (ainda à luz dos

desconfiança quanto às declarações das partes, sobretudo em matéria que lhe é favorável, tem como "contrapeso" a forma como este princípio está concebido. A livre apreciação, nos termos do art. 607.º, n.º 5, do CPC, não significa arbitrariedade. Num sistema de prova livre (não tarifada) privilegiam-se exigências de justiça frente a exigências de certeza[76], pressupondo-se a confiança na preparação técnica do julgador. Este deverá fazer uma análise crítica de toda a prova, fundamentando e especificando as regras de experiências e as razões lógicas que o levaram a considerar um facto provado e outro não[77].

Estas novas linhas interpretativas do contributo da parte consubstanciarão uma homenagem a este princípio, chancelando a valoração de todas as declarações de parte (produzidas por iniciativa oficiosa ou a requerimento da parte). Ou seja, o eventual resultado da prova – *contra se declaratio* – não será o único critério de admissibilidade da presença das partes para depor ou prestar declarações[78]. A pertinência e a utilidade da prova serão um factor decisivo, independentemente do peso probatório que venham a assumir a final.

6.4. A consagração legal das verificações não judiciais qualificadas como alternativa à inspecção judicial

Por fim, vamos referir brevemente a nova figura das "Verificações não judiciais qualificadas", prevista no art. 494.º do CPC, sistematicamente inserida no Capítulo V do Título V, reservado à *Inspecção Judicial.* Prevê-se o recurso a este expediente probatório, sempre que seja legalmente admissível inspecção judicial, mas o juiz entenda que tal diligência se não justifica face à *natureza da matéria.* Neste circunstancialismo, o tribunal pode incumbir um técnico ou uma pessoa qualificada de proceder a actos de inspecção (de coisas ou lugares) ou de reconstituição de factos. De tal actividade será lavrado relatório[79], apreciado à luz do princípio da livre apreciação (salvo se as atestações constarem de documento emanado de autoridade pública).

---

arts. 653.º, n.º 2, e 655.º do CPC anterior à Reforma de 2013) – cf. A fundamentação do juízo probatório – breves considerações. *Revista Julgar*, n. 13, p. 177-198, 2011.

[76] Cf. sublinhando esta ideia, PROTO PISANI, Andrea. *Lezioni di diritto processuale civile.* 5. ed. Napoli: Jovene, 2006. p. 420.

[77] Cf., admitindo as declarações de parte numa acção de divórcio, Acórdão da Relação de Lisboa, Processo 2022/07.1TBCSC-B.L1-2, de 10.04.2014. Disponível em: <www.dgsi.pt>.

[78] O art. 361.º do Código Civil estipula que o reconhecimento de factos desfavoráveis que não possam ser valorados como confissão podem valer como elemento probatório livremente valorado pelo juiz. Mas anote-se que este preceito nada diz quanto ao "aproveitamento" do depoimento quanto a factos favoráveis.

[79] O "velho" princípio da liberdade de forma tem actualmente de conviver com novos poderes do juiz, nomeadamente o da adequação formal (art. 547.º do CPC). Este apela

O critério, para dispensar a inspecção judicial[80] e optar pela verificação não judicial, assenta na simplicidade da percepção dos factos. Isto é, se a atestação ou percepção é simples, considera-se desproporcionada a inspecção judicial. A verificação não judicial pode ser determinada oficiosamente pelo juiz ou, atendendo à letra da lei, despontar como "via substitutiva" à inspecção requerida pelas partes.

A "nossa" verificação não judicial qualificada terá semelhanças com a figura da "*constatation*" do direito francês[81]. Ficam abarcados, por conseguinte, aqueles casos em que um técnico/pessoa qualificada assume a incumbência de verificar ("constatar") situações factuais, mas cujo grau de complexidade não ascende à de uma perícia. Por outro lado, com o recurso à figura de um "técnico ou pessoa qualificada" ultrapassa-se a fragilidade da prova testemunhal, pois a credibilidade do relato deste sujeito será, provavelmente, maior.

A forma genérica, como está regulada a figura, suscita muitas questões em torno do regime aplicável, nomeadamente quanto à escolha do "técnico" e reacção das partes perante o relatório, temas sobre o qual não nos iremos debruçar aqui[82]. Consideramos mais interessante, para efeitos de debate, a referência às atestações/verificações feitas por autoridade ou oficial público, confrontando-a com a "ata notarial" regulada no art. 384.º do NCPCbr.

6.5. A verificação não judicial qualificada por notário. Referência à "ata notarial" do novo Código Processo Civil do Brasil

No n.º 2 do art. 494.º do CPC faz-se referência às atestações realizadas por autoridade ou oficial público[83]. Relativamente à identidade da "autori-

---

tanto à flexibilização dos requisitos atinentes à regularidade formal dos actos processuais como do seu conteúdo. Em conformidade, entendemos que o tribunal tem a faculdade de, perante a natureza da matéria "constatada", dispensar a apresentação de relatório escrito, bastando-se com a prestação de esclarecimentos orais na audiência final.

80 A possibilidade desta "dispensa" afronta o princípio da imediação (neste sentido: ALMEIDA, Francisco Manuel Lucas Ferreira de. *Direito processual civil*. Coimbra: Almedina, 2015. v. II, p. 310).

81 Rui Pinto refere-se à verificação não judicial qualificada como "constatação ou atestação judicialmente provocada" (cf. *Notas ao Código de Processo Civil*. Coimbra: Coimbra Editora, 2014. artigo 494.º, anotação 2, ponto V) e confronta-a com a figura da acta notarial no Brasil, explicitando que estes "são atos de atestação autónoma, não processuais, pois são exarados por entidade com poderes públicos, gozam de fé pública e não carecem de estar inseridos num procedimento judicial" (Idem, anotação 2, ponto III).

82 *Vide*, numa análise da figura, com apresentação de soluções para o preenchimento dos lacunas quanto ao regime, CAPELO, Maria José. As verificações não judiciais qualificadas: reforço ou desvirtuamento da prova por inspecção judicial?. *Revista de Legislação e Jurisprudência*, ano 144, n. 3992, p. 330-340, maio-jun. 2015.

83 Rui Pinto afirma que esta diligência probatória é qualificada "não pela força probatória, mas pela qualidade técnica ou pública do agente atestador (cf. *Notas ao Código de Processo Civil* cit., artigo 494.º, anotação 2, ponto IV).

dade ou oficial público" questiona-se[84] se um notário pode efectuar uma verificação não judicial. A Ordem dos Notários, no *Parecer sobre o Projecto de Código de Processo Civil*[85], propôs que ficasse expressamente especificado que o notário podia ser incumbido "quando atentas as suas especiais competências em matéria de verificação e autenticação de factos e documentos tal se mostre adequado [...]". Esta menção não ficou, porém, a constar da versão final, permanecendo, no nosso parecer, as reticências sobre a viabilidade de uma "atestação notarial" por ordem do juiz. Nos termos da alínea *e* do n.º 2 do art. 4.º do Código do Notariado, os certificados são actos autónomos[86] (requeridos por um sujeito interessado). Não revestirão, por conseguinte, qualquer modalidade de verificação não judicial qualificada por iniciativa do tribunal. De qualquer modo, não está excluída a possibilidade de serem utilizados como prova pré-constituída (enquanto documento autêntico).

Assinale-se o facto de art. 384[87] do NCPCbr ter expressamente previsto a possibilidade da "ata notarial" ser utilizada como prova num processo judicial. Trata-se, por conseguinte, de um instrumento lavrado pelo tabelião, a requerimento de pessoa interessado, que se destina a atestar e documentar a existência de facto, sendo sobretudo considerado relevante como representação documental do conteúdo de páginas electrónicas e de outros documentos elaborados nas novas tecnologias de informação e comunicação[88]. Consubstancia uma "maneira peculiar de criação de documento público, cuja finalidade é, especificamente, servir de meio de prova"[89]. Como estamos perante um documento público, presumem-se verdadeiros os factos afirmados pelo tabelião. Tal natureza implica que seja transferido "à parte contra quem se vai usar tal prova o ónus de demonstrar, por qualquer meio probatório [...] que os factos certificados na ata não correspondem à realidade"[90]. Mediante a arguição da falsidade, lograr-se-á destruir o valor daquele documento.

---

84 Cf. ALEXANDRE, Isabel. A fase da instrução... cit., p. 41.

85 Parecer da Ordem dos Notários. Disponível em: <http://www.parlamento.pt/ActividadeParlamentar/Paginas/DetalheIniciativa.aspx?BID=37372>. Acedido em: fev. 2016.

86 Cf., sublinhando este ponto, PINTO, Rui. *Notas ao Código de Processo Civil* cit., artigo 494.º, anotação 2, IV.

87 Este preceito determina que: "A existência e o modo de existir de algum fato podem ser atestados ou documentados, a requerimento do interessado, mediante ata lavrada por tabelião", e o parágrafo único acrescenta que "Dados representados por imagem ou som gravados em arquivos electrónicos poderão constar da ata notarial".

88 Cf. MARINONI, Luiz Guilherme; ARENHART, Sérgio Cruz. *Prova e convicção...* cit., p. 429.

89 MARINONI, Luiz Guilherme; ARENHART, Sérgio Cruz. *Prova e convicção...* cit., p. 430.

90 Cf. TALAMINI, Eduardo. *Comentários...* cit., artigo 384, anotação 3.

Mencione-se a particularidade de a "constituição" deste meio de prova dispensar a presença do sujeito contra quem irá ser utilizado. Se a sua criação ocorrer já num ambiente litigioso, mas ainda antes de ser intentada uma causa, receamos que se fragilize o exercício do contraditório. A parte, contra quem vai ser utilizada a prova, não participou no procedimento probatório. Consubstanciará uma prova secreta?

Numa perspectiva geral, sem focar a atenção na figura da ata notarial, Ovídio A. Baptista da Silva e Fábio Luiz Gomes sublinham a ilegitimidade da prova secreta, ou seja daquela produzida sem o prévio conhecimento da outra parte e desprovida do indispensável contraditório[91].

Na nova edição do *Curso de direito processual civil* (volume 2), Didier Jr., Oliveira e Braga chamam a atenção para algumas "fragilidades" da figura, não obstante a fé pública do tabelião[92]. Referem, por exemplo, o facto de a ata notarial ser produzida unilateralmente sem a participação da parte contra quem se apresentará (num futuro processo) e a eventualidade de o tabelião não ter o conhecimento técnico para registar o estado de conservação de um imóvel. Concluem, afirmando que nada afasta "a necessidade de o juiz dar-lhe o valor que, no caso concreto, ela merece, inclusive repetindo a diligência outrora efectivada pelo tabelião [...]"[93].

Anote-se que o valor da "documentação" de factos pelo tabelião carece de uma distinção. Quando o tabelião atesta o que vê, sente, ouve ou cheira (tal como o estado de um imóvel, o barulho provocado por um vizinho, o mau cheiro emanado de uma fábrica), o valor de prova documental estender-se-á tanto à existência da própria atestação como aos factos percepcionados.

Noutros casos, quando apenas se atesta, por escrito, um facto já representado, o valor probatório, enquanto prova documental, só englobará a representação imediata daquilo que é "percepcionado". Atesta-se, por exemplo, a recepção ou conteúdo de um email ou de uma página de *facebook* em determinada data e hora[94]: a força probatória estende-se apenas à materialidade do email ou da página

---

91 Cf. SILVA, Ovídio A. Baptista da; GOMES, Fábio Luiz. *Teoria geral do processo Civil*. 4. ed. São Paulo: RT, 2006. p. 303.

92 Cf. DIDIER JR., Fredie; OLIVEIRA, Rafael Alexandre; BRAGA, Paula Sarno. *Curso...* cit., p. 219.

93 Cf. DIDIER JR., Fredie; OLIVEIRA, Rafael Alexandre; BRAGA, Paula Sarno. *Curso...* cit., p. 219.

94 Nos termos do n.º 2 do art. 3.º do Decreto-lei 290-D/1999, de 2 de agosto), quando seja aposta ao documento electrónico uma assinatura electrónica qualificada certificada por uma entidade certificadora credenciada, o documento electrónico tem a força probatória de documento particular assinado, nos termos do art. 376.º do Código Civil.

do *facebook* (à sua existência), mas nada dirá sobre a veracidade das declarações/factos que os integram. O valor do certificado notarial não vai para além disso.

Seja qual for a modalidade, quer-nos parecer que as garantias de um processo equitativo determinarão, por parte do tribunal, uma maior exigência na observância do contraditório quando a produção do documento teve como único objectivo a criação de um lastro probatório para uma causa iminente.

7. CONCLUSÕES

Nesta intervenção percorremos algumas das novidades trazidas pelos Novos Códigos de Processo de Portugal e do Brasil, com o singelo propósito de lançar debate sobre opções inovadoras em matéria de prova.

Liebman escreveu que "se a justiça é o escopo último da jurisdição, a prova é um instrumento essencial, porque não pode haver justiça, se não se funda sobre a verdade dos factos a que se refere"[95]. A prova é crucial para o apuramento da verdade, mas o decurso da causa deve propiciar acesso à configuração real da situação controvertida. Por isso, sem beliscar a identidade da causa de pedir e das excepções alegadas, louvámos o esforço que a lei processual portuguesa fez na atenuação da rigidez na fixação da matéria de facto ao perspectivar os meios de prova e os factos como "vasos comunicantes". A produção de prova ao longo do processo (a fase da instrução não é uma fase estanque) permitirá a consideração (oficiosa) de factos úteis à justa composição do litígio (desde que seja respeitado o contraditório). Quanto à prova pré-constituída, ou seja, aquela já existe antes de processo, o nosso sistema revelou-se lacunoso por não prever meios de conservação perante o risco de desaparecimento ou destruição. A omnipresença dos documentos no nosso quotidiano – abarcando nomeadamente os documentos criados através das modernas tecnologias de comunicações – não envolve necessariamente o seu carácter "eterno" ou "duradouro". Por isso, justificar-se-á a necessidade de, em determinados casos de justo e fundado receio de desaparecimento, os "conservar" ou "preservar" até que surja o momento de os apresentar processualmente. A subsistência de uma regulamentação casuística e minuciosa, em matéria de produção antecipada de prova, não permite a tutela destes casos.

Um breve confronto com o NCPCbr permite-nos enxergar uma diferente opção legislativa neste ponto. Concebeu-se uma acção probatória regulada de forma genérica e ampla com capacidade para responder a todas

---

95 LIEBMAN, Enrico Tullio. *Manuale di diritto processuale civile.* Principi. 7. ed. Milano: Giuffrè, 2007. p. 296.

as necessidades fundadas de produção de prova. Este acesso à prova, como diligência preparatória, deverá merecer a atenção dos estudiosos para efeitos de ponderar os riscos desta "judicialização" (numa fase de litigiosidade iminente ou potencial) em confronto com as vantagens. Em todo o caso, o êxito deste novo mecanismo dependerá da sensibilização ou motivação dos litigantes para os méritos desta prévia "partilha" de dados probatórios.

No que diz respeito ao contributo de cada parte para o esclarecimento dos factos, é de apoiar a opção da lei processual portuguesa. Ao depoimento de parte provocado pela parte contrária, ou de iniciativa oficiosa, veio associar-se a figura das "declarações de parte". A própria parte pode oferecer-se para prestar declarações até ao início das alegações orais na audiência final. Esta intervenção de cariz probatório é sobretudo relevante nas causas baseadas em factos litigiosos ocorridos na privacidade e intimidade (sem a presença de terceiros que possam testemunhar).

As respostas das partes aos esclarecimentos ou informações requeridos pelo juiz (ao abrigo do dever de esclarecimento) ganharam virtudes probatórias. Admite-se, como confissão judicial, o reconhecimento de factos desfavoráveis (e favoráveis à parte contrária) que ocorra no âmbito destes esclarecimentos. As demais declarações "não confessórias" serão apreciadas de acordo com a prudente, motivada e racional convicção do juiz. Contudo, nesta nova directriz legal menospreza-se o papel essencialmente clarificador e concretizador dos esclarecimentos. Também não se rodeiam estes esclarecimentos de um especial formalismo probatório para a eventualidade de a parte confessar.

Como nota positiva, aponte-se a Reforma de 2013 ter dado sinais de quebra da "funcionalização" de todo e qualquer resposta das partes à figura da confissão judicial. Da nova lei ressalta a importância do "olhar" das partes, sem o crivo técnico dos seus advogados (plasmado nos articulados), mesmo sobre factos relativamente aos quais a confissão é ineficaz (nomeadamente em acções que versam sobre direitos indisponíveis). Ainda estamos longe de um "testemunho de parte", equiparável ao de um terceiro. Contudo, deu-se um grande passo em prol do apuramento da realidade controvertida.

Também se chamam técnicos, autoridade ou oficial público e pessoal qualificado a colaborar com o tribunal, efectuando verificações não judiciais (qualificadas) relativamente a matéria que, dada a simplicidade da matéria a ser percepcionada, não justifica uma inspecção judicial. Estas atestações, quando feita por autoridade ou oficial público, consubstanciarão documento público. A sua produção ocorrerá no âmbito de um processo (constituirão prova constituenda), pelo que não suscitam os problemas que podem ser desencadeados pela "ata notarial" prevista no NCPCbr (art. 384). Este "ata" é criada fora do processo, mas para servir como meio de prova. O não acompanhamento da sua "criação" pela parte, contra quem vai ser apresentada, enfraquece o contraditório. Perante este circunstancialismo, o tribunal deverá estar atento na apreciação e valoração conjunta da prova, tomando a iniciativa de ordenar diligências probatórias em caso de dúvida razoável sobre o conteúdo da atestação.

Em suma, em ambos os Códigos houve a preocupação de garantir o direito à prova, seja na perspectiva das partes, seja com o objectivo de proporcionar ao juiz o lastro probatório essencial a uma decisão correcta.

Nesta regulamentação, abriram-se as portas a muitos conceitos indeterminados e cláusulas gerais (*ius aequum*), os quais constituem "a parte movediça e absorvente" do ordenamento, servindo "para ajustar e fazer evoluir a lei no sentido de a levar ao encontro das mudanças e das particularidades das situações da vida"[96].

Expresso os votos de que este Colóquio Luso-Brasileiro, no qual tenho a honra de participar, constitua um grande passo para descortinar e discutir essas mudanças dos nossos sistemas processuais, ambos gizados à luz de um modelo cooperativo.

8. BIBLIOGRAFIA

ABEL LLUCH, Xavier; FONT FLOTATS, Rosa. *El interrogatório de las partes en la Ley 1/2000, de Enjuiciamiento Civil*. Barcelona: Bosch, 2008.

ALEXANDRE, Isabel. A fase da instrução e os novos meios de prova no Código de Processo Civil de 2013. *Revista do Ministério Público*, ano 34, p. 13, abr.-jun. 2013.

ALMEIDA, Francisco Manuel Lucas Ferreira de. *Direito processual civil*. Coimbra: Almedina, 2015. v. II.

ANDRADE, Manuel A. Domingues de. *Noções elementares de processo civil*. Coimbra: Coimbra Editora, 1979.

ANTUNES VARELA; BEZERRA, Miguel; SAMPAIO E NORA. *Manual de processo civil*. 2. ed. Coimbra: Coimbra Editora, 1985.

BENEDUZI, Renato Resende. *Substantiierung, Notice-Pleading e Fact-Pleading*: a relação entre escopo das postulações e função da prova nos processos alemão, americano e inglês. *Revista de Processo*, ano 40, v. 245.

CAPELO, Maria José. As verificações não judiciais qualificadas: reforço ou desvirtuamento da prova por inspecção judicial? *Revista de Legislação e Jurisprudência*, ano 144, n. 3992, p. 330-340, maio-jun. 2015.

[96] Cf. MACHADO, João Baptista. *Introdução ao direito e ao discurso legitimador*. 22.ª reimpressão. Coimbra: Almedina, 2014. p. 113. *Vide*, também sublinhando a importância das cláusulas gerais para a realização da justiça do caso concreto, DIDIER JR., *Curso*... cit., expressamente p. 52.

CAPELO, Maria José. *Revista de Legislação e Jurisprudência*, ano 143, p. 286-304, mar.-abr. 2014.

CHABY, Estrela. *O depoimento de parte em processo civil*. Coimbra: Coimbra Editora, 2014. p. 61)

CORREIA, João; PIMENTA, Paulo; CASTANHEIRA, Sérgio. *Introdução ao estudo e à aplicação do Código de Processo Civil de 2013*. Coimbra: Almedina, 2013.

COSTA, Susana Henriques da. *Comentários ao Novo Código de Processo Civil*

DE LA OLIVA SANTOS, Andrés; GIMÉNEZ DÍEZ-PICAZO, Ignacio. *Derecho procesal civil*: el proceso de declaración. 3. ed. Madrid: Ramón Areces, 2004.

DIAS, Marta João. A fundamentação do juízo probatório – breves considerações. *Revista Julgar*, n. 13, p. 177-198, 2011.

DIDIER JR., Fredie; OLIVEIRA, Rafael Alexandre; BRAGA, Paula Sarno. *Curso de direito processual civil*. 11. ed. Salvador: JusPodivm, 2016. v. 2.

_____. *Curso de direito processual civil*: introdução ao direito processual civil, Parte Geral e processo de conhecimento. 17. ed. Salvador: JusPodium, 2015.

FARIA, Paulo Ramos de; LOUREIRO, Ana Luísa. *Primeiras notas ao Novo Código de Processo Civil*. Coimbra: Almedina, 2013. v. I.

______. Parecer da Comissão de Legislação da Ordem dos Advogados sobre o Projecto de Código de Processo Civil. *Revista da Ordem dos Advogados*, ano 50, v. III, p. 750, 1990.

FREITAS, José Lebre de. *A acção declarativa comum*: à luz do Código de Processo Civil de 2013. 3. ed. Coimbra: Coimbra Editora, 2013.

GAJARDONI, Fernando da Fonseca. *Comentários ao Novo Código de Processo Civil*.

GIORDANO, Rosaria. *L'istruzione probatoria nel processo civile*. Milano: Giuffrè, 2013.

JORGE, Nuno de Lemos. Os poderes instrutórios do juiz: alguns problemas. *Julgar*, n. 3, p. 61-84, set.-dez. 2007.

LIEBMAN, Enrico Tullio. *Manuale di diritto processuale civile*. Principi. 7. ed. Milano: Giuffrè, 2007.

LUISO, Francesco. *Diritto processuale civile*: il processo de cognizione. 4. ed. Milano: Giuffrè, 2007. v. II.

MACHADO, João Baptista. *Introdução ao direito e ao discurso legitimador*. 22. reimpr. Coimbra: Almedina, 2014.

MARQUES, João Paulo Remédio. A aquisição e a valoração probatória de factos (des) favoráveis ao depoente ou à parte. *Julgar*, Lisboa, n. 16, p. 137-172, jan.-abr. 2012.

MONTEIRO, Jorge Sinde. *Responsabilidade por conselhos, recomendações ou informações*. Coimbra: Almedina, 1989.

MONTERO AROCA, Juan; GÓMEZ COLOMER, Juan Luis; BARONA VILAR, Silvia; CALDERÓN CUADRADO, Maria Pia. *Derecho jurisdicional II*: proceso civil. 21. ed. Valencia: Tirant Lo Blanch, 2013.

Parecer da Ordem dos Notários. Disponível em: <http://www.parlamento.pt/ActividadeParlamentar/Paginas/DetalheIniciativa.aspx?BID=37372>. Acedido em: fev. 2016.

PINTO, Rui. *Notas ao Código de Processo Civil.* Coimbra: Coimbra Editora, 2014.

PROTO PISANI, Andrea. *Lezioni di diritto processuale civile.* 5. ed. Nápoles: Jovene, 2006.

REIS, José Alberto dos. *Código de Processo Civil anotado.* Coimbra: Coimbra Editora, 1987.

______. O novo Código de processo civil. *Revista Legislação e Jurisprudência*, ano 72, n. 2651, p. 195, 1939-1940.

RODRIGUES, Marco Antonio dos Santos. *A modificação do pedido e da causa de pedir no processo civil.* Rio de Janeiro: GZ Editora, 2014.

ROSENBERG; SCHWAB; GOTTWALD. *Zivilprozessrecht.* 17. ed. Verlag: C.H.Beck, § 117.

SCRIMA, Antonietta. L'interrogatorio della parte: interrogatorio libero e interrogatorio formale. *La prova nel processo civile*, Quaderni del Consiglio Superiore della Magistratura, 1999, v. Primo. Disponível em: <http://www.csm.it/quaderni/quad_108/quad_108_13.pdf>, acedido em fev. 2016.

SERRA, Adriano Paes da Silva. Provas (direito probatório material). *Boletim do Ministério da Justiça*, n. 111, p. 11-12, dez. 1961.

______. Exibição de coisas ou documentos. *Boletim do Ministério da Justiça*, n. 77, p. 227-249, jun. 1958.

SILVA, Ovídio A. Baptista da; GOMES, Fábio Luiz. *Teoria geral do processo Civil.* 4. ed. São Paulo: RT, 2006.

TALAMINI, Eduardo. *Comentários ao novo Código de Processo Civil.* In: CABRAL, Antonio do Passo; KRAMER, Ronaldo (Coord.). Rio de Janeiro: Forense, 2015.

YARSHELL, Flávio Luiz. Antecipação da prova sem o requisito da urgência: presente e futuro. In: MENDES, Aluisio Gonçalves de Castro; WAMBIER, Teresa Arruda Alvim (Org.). *O processo em perspectiva*: Jornadas Brasileiras de Direito Processual. São Paulo: RT, 2013. v. 1.

______. Investigação e autonomia do direito à prova: um avanço necessário para a teoria geral do processo. In: ______; ZUFELATO, Camilo (Org.). *40 anos da teoria geral do processo no Brasil*: passado, presente e futuro. São Paulo: Malheiros, 2013. v. 1.

ZUCKERMAN, Adrian. *Zuckerman on Civil Procedure*: Principles of Pratice. 3. ed. London: Sweet & Maxwell, 2013. p. 42.

PRECLUSÃO E CASO JULGADO

Miguel Teixeira de Sousa

Sumário: I. Introdução: 1. Noção de preclusão – 2. Funções da preclusão – 3. Preclusão e ónus: 3.1. Generalidades; 3.2. Ónus de concentração – 4. Modalidades da preclusão: 4.1. Temporal *vs.* espacial; 4.2. Intra *vs.* extraprocessual – II. Preclusão *vs.* caso julgado: 1. Generalidades – 2. Preclusão e efeito de caso julgado: 2.1. Irrelevância do caso julgado; 2.2. Primeira conclusão intermédia – 3. Caso julgado e efeito preclusivo: 3.1. Generalidades; 3.2. Análise jurídico-positiva; 3.3. Preclusão e estabilização; 3.4. Segunda conclusão intermédia – 4. Excepção de caso julgado e preclusão: 4.1. Apontamento histórico-dogmático; 4.2. Terceira conclusão intermédia – III. Actuação da preclusão: 1. Enquadramento do problema – 2. Análise casuística: 2.1. Oposição à execução; 2.2. Providências cautelares; 2.3. Quarta conclusão intermédia – 3. Enquadramento dogmático: 3.1. Solução proposta; 3.2. Justificação da solução; 3.3. Extensão do regime; 3.4. Conhecimento oficioso – IV. Preclusão e parte activa: 1. Preclusão factual – 2. Preclusão jurídica: 2.1. Generalidades; 2.2. Dívidas dos cônjuges – V. Conclusão final.

I. INTRODUÇÃO

1. NOÇÃO DE PRECLUSÃO

Numa exposição dedicada ao tema da preclusão e do caso julgado, torna-se indispensável procurar tornar claro do que se vai tratar de seguida. A primeira referência que importa fazer recai sobre a noção de preclusão, que era assim definida por Chiovenda: a preclusão é "a perda, a extinção ou a consumação de uma faculdade processual"[1]. Esta definição não está longe daquela que pode ser construída com base no disposto no art. 139.º, n.º 3[2]

---

[1] Chiovenda, *Saggi di diritto processuale civile III* (1993), 232 e 233; cf. também Chiovenda, *Saggi di diritto processuale civile II* (1993), 414 ss.

[2] Os artigos sem a indicação da sua fonte pertencem ao Código de Processo Civil, na versão da Lei 41/2013, de 26 de junho.

(que estabelece que o decurso do prazo peremptório extingue o direito de praticar o acto), mas talvez seja preferível uma definição que acentue, não o efeito que a preclusão produz sobre a faculdade ou o direito da parte omitente, mas o efeito que a preclusão realiza sobre o próprio acto omitido. Neste contexto, a preclusão pode ser definida como a inadmissibilidade da prática de um acto processual pela parte depois do prazo peremptório fixado, pela lei ou pelo juiz, para a sua realização[3].

É possível reconduzir a preclusão a outras causas que não a omissão do acto no prazo devido, ou seja, é possível construir outras modalidades da preclusão além da preclusão temporal[4]. Por exemplo: pode dizer-se que a aceitação, tácita ou expressa, da decisão (cf. art. 632.º, n.º 2 e 3) preclude a interposição do recurso. Certo é que não vale a pena aprofundar esta questão, dado que toda a preclusão tem, qualquer que seja a respectiva causa, a mesma consequência: a inadmissibilidade da realização do acto precludido.

2. FUNÇÕES DA PRECLUSÃO

A preclusão realiza duas funções primordiais[5]. Uma destas é a função ordenatória, dado que a preclusão garante que os actos só podem ser praticados no prazo fixado pela lei ou pelo juiz. Uma outra função da preclusão é a função de estabilização: uma vez inobservado o ónus de praticar o acto, estabiliza-se a situação processual decorrente da omissão do acto, não mais podendo esta situação ser alterada ou só podendo ser alterada com um fundamento específico[6]. Por exemplo: se o réu não contestar a acção, estabiliza-se a sua situação de revelia, que apenas justifica a revisão da sentença proferida pelo tribunal se a citação do réu tiver faltado ou for nula (cf. art. 696.º, al. *e*).

---

3 Cf. Otto, *Die Präklusion* (1970), 17; identicamente, Passo Cabral, *Coisa julgada e preclusões dinâmicas* (2013), 124.

4 Cf. Chiovenda, *Saggi di diritto processuale civile III* (1993), 236 s.; cf., por exemplo, Andrioli, NssDI 13 (1966), 568 ss.; Attardi, *Jus* 10 (1959), 3; Attardi, *EncD* 34 (1985), 900 e 902; mais recentemente, Passo Cabral, *Coisa julgada e preclusões dinâmicas*, 118 ss.; Bartolini, *Eccezioni e preclusioni nel processo civile* (2015), 11.

5 Para um quadro mais completo, cf. Otto, *Die Präklusion*, 149 ss.

6 Discutindo as vantagens da substituição de um parâmetro de imutabilidade por um de "segurança-continuidade", cf. Passo Cabral, *Coisa julgada e preclusões dinâmicas*, 298 ss.; na sequência, Passo Cabral propõe a substituição da preclusão por "cadeias de vínculos" construídas a partir das interacções decorrentes do contraditório: cf. Passo Cabral, Coisa *Coisa julgada e preclusões dinâmicas*, 331 ss. e 338 ss.

3. PRECLUSÃO E ÓNUS

3.1. Generalidades

A preclusão é correlativa de um ónus da parte: é porque a parte tem o ónus de praticar um acto que a omissão do acto é cominada com a preclusão da sua realização. A preclusão não decorre da omissão de um dever da parte, porque as partes não têm nenhum dever de praticar um acto em juízo e não cometem uma ilicitude se omitirem a realização de um acto processual[7]: não é mais possível falar de uma *poena praeclusi*[8]. Poder-se-ia então pensar que a preclusão recairia sobre um direito da parte. A verdade é que tal também não é correcto, não só porque a situação subjectiva relacionada com a prática de actos processuais é o ónus (e não o direito), mas também porque os efeitos do tempo sobre os direitos são a prescrição e a caducidade (e não a preclusão)[9]. A preclusão é um fenómeno processual que é correlativo da situação subjectiva processual típica: esta situação é o ónus processual.

A preclusão só pode referir-se a um ónus que deve ser observado num processo pendente[10]. É por isso que a não propositura da acção ou a não interposição do recurso extraordinário de revisão dentro do prazo legalmente definido (quanto a este recurso, cf. art. 697.º, n.º 2 a 5) não implica a preclusão dessa propositura ou interposição, mas antes a caducidade do direito a propor a acção ou a interpor o recurso.

3.2. Ónus de concentração

a) Quando referida a factos, a preclusão é correlativa não só de um ónus de alegação, mas também de um ónus de concentração: de molde a evitar a preclusão da alegação do facto, a parte tem o ónus de alegar todos os factos relevantes no momento adequado. Por exemplo: no processo civil português, o réu tem o ónus de alegar na contestação toda a defesa que queira deduzir contra o pedido formulado pelo autor (cf. art. 573.º, n.º 1); logo, o réu tem o ónus de concentração da sua defesa na contestação, pelo que não pode alegar posteriormente nenhum meio de defesa que já pudesse ter alegado nesse articulado.

---

[7] Cf. Goldschmidt, *Der Prozeß als Rechtslage* (1925), 76 ss.

[8] Cf. Wetzell, *System des ordentlichen Civilprocesses* ³ (1878), 626 ss.

[9] Bülow, AcP 62 (1879), 60, ainda identificava o "Präclusionsprincip" com o "Rechtsverwirkungsprincip"; cf. Attardi, EncD 34 (1985), 894 ss.

[10] Diferentemente, Otto, *Die Präklusion*, 24, referindo-se a uma "preclusão pré-processual"; entendendo que a preclusão é um "fenomeno di portata generale", cf. Attardi, *Jus* 10 (1959), 10.

A correlatividade entre o ónus de concentração e a preclusão significa que, sempre que seja imposto um ónus de concentração, se verifica a preclusão de um facto não alegado, mas também exprime que a preclusão só pode ocorrer se e quando houver um ónus de concentração. Apenas a alegação do facto que a parte tem o ónus de cumular com outras alegações pode ficar precludida. Se não for imposto à parte nenhum ónus de concentração, então a parte pode escolher o facto que pretende alegar para obter um determinado efeito e, caso não o consiga obter, pode alegar posteriormente um facto distinto para procurar conseguir com base nele aquele efeito.

b) No processo civil português, a imposição de um ónus de concentração constitui a excepção para o autor e a regra para o réu. Em princípio, o autor não fica impedido de propor uma outra acção se a primeira tiver terminado com uma absolvição da instância pela falta de um pressuposto processual (cf. art. 279.º, n.º 1) ou com uma decisão de improcedência. Em contrapartida, o réu não pode contestar fora da acção pendente o preenchimento de um pressuposto processual ou o pedido formulado pelo autor, ou seja, para o réu vale um ónus de concentração de toda a defesa na acção pendente (e, mais em concreto, na contestação: cf. art. 573.º, n.º 1).

Esta diferença mantém-se quanto aos factos supervenientes. Em princípio, o autor não tem o ónus de invocar um facto constitutivo do direito que alega em juízo, embora tenha o ónus de alegar a verificação superveniente de um facto alegado no processo. O réu tem o ónus de invocar tanto um facto extintivo superveniente, como a ocorrência superveniente de um facto extintivo já alegado no processo. Portanto, no âmbito da superveniência, vale, para o autor, um ónus de concentração mitigado e, para o réu, um ónus irrestrito.

4. MODALIDADES DA PRECLUSÃO

4.1. Temporal *vs.* espacial

Normalmente, a preclusão resulta da omissão da prática de um acto no momento legal ou judicialmente fixado, ou seja, normalmente a preclusão é temporal. Pensáveis são também situações em que a preclusão resulta da não realização do acto no processo adequado (ainda que respeitando o prazo para a sua prática). O processo civil português contém um exemplo – aliás significativo – desta preclusão espacial. Em matéria de efeitos da citação, o art. 564.º, al. *c*, determina que a citação do réu inibe esta parte de propor uma acção destinada à apreciação da questão jurídica colocada pelo autor. Quer dizer: a propositura de uma acção impõe ao demandado um ónus de concentração de toda a sua defesa na acção pendente, obstando, portanto, à admissibilidade de uma acção destinada a contrariar o efeito pretendido pelo autor. Por exemplo: se um demandante intentar uma acção de reivindicação, a citação do demandado nesta acção preclude a propositura por este réu de uma acção de apreciação negativa destinada a obter a declaração de que aquele autor não é o proprietário da coisa reivindicada.

4.2. Intra *vs.* extraprocessual

A preclusão obsta a que, num processo pendente, um acto possa ser praticado depois do momento definido pela lei ou pelo juiz: é a preclusão intraprocessual[11] Por exemplo: (i) na petição inicial, o autor tem o ónus de alegar os factos que constituem a causa de pedir (art. 552.º, n.º 1, al. *d*); se o não fizer, não pode alegar esses factos em momento posterior da acção; (ii) no final da petição inicial, o autor tem o ónus de indicar o rol de testemunhas e requerer outros meios de prova (art. 552.º, n.º 2, 1.ª parte); se não cumprir este ónus, esse demandante não pode entregar mais tarde o rol de testemunhas e requerer outros meios de prova.

A preclusão intraprocessual torna-se uma preclusão extraprocessual[12] quando o que não foi praticado num processo não pode ser realizado num outro processo[13]. Importa salientar um aspecto essencial: a preclusão intraprocessual e a preclusão extraprocessual não são duas modalidades alternativas da preclusão (no sentido de que a preclusão é intraprocessual ou extraprocessual), mas duas manifestações sucessivas de uma mesma preclusão: primeiro, verifica-se a preclusão da prática do acto num processo pendente; depois, exactamente porque a prática do acto está precludida nesse processo, torna-se inadmissível a prática do acto num outro processo. Portanto, a preclusão começa por ser intraprocessual e transforma-se em extraprocessual quando se pretende realizar o acto num outro processo.

Um exemplo simples mostra que assim é. Utilize-se, novamente, o ónus de concentração da defesa do réu na contestação (cf. art. 573.º, n.º 1): suponha-se que, na contestação, o réu não invoca uma possível causa de invalidade do negócio jurídico alegado pelo autor; o réu não pode alegar esta invalidade naquele mesmo processo e também não pode alegar essa mesma invalidade num processo posterior (designadamente, no processo executivo proposto contra ele pelo credor vencedor na anterior acção condenatória (cf.

---

[11] Cf. Otto, *Die Präklusion*, 33 ("innerprozessuale Präklusion").

[12] Cf. Otto, *Die Präklusion*, 65 ("außerprozessuale Präklusion").

[13] Diferentemente, Chiovenda, *Principii di diritto processuale civile* [4] (1928), 860: "Per sè stessa [...] la preclusione non produce effetto se non nel processo in cui avviene"; cf. também Attardi, *EncD* 34 (1985), 898.

art. 729.º, al. *g*). Isto confirma que a preclusão, antes de ser extraprocessual (ou seja, antes de operar no posterior processo executivo) é intraprocessual, porque já actuou no processo anterior (ou seja, na acção condenatória): a invalidade do negócio não pode ser alegada no processo posterior porque também já não podia ter sido alegada no processo anterior.

II. PRECLUSÃO *VS.* CASO JULGADO

1. GENERALIDADES

Na análise das relações mútuas entre a preclusão e o caso julgado são duas as questões a que importa procurar dar resposta: a primeira é a de saber se a preclusão só pode actuar através do caso julgado e a segunda é a de determinar se o caso julgado produz algum efeito preclusivo. O que se procura determinar é se, sempre que se fala de preclusão, tem também de falar-se de caso julgado, e vice-versa.

2. PRECLUSÃO E EFEITO DE CASO JULGADO

2.1. Irrelevância do caso julgado

A preclusão intraprocessual é, naturalmente, autónoma de qualquer caso julgado, designadamente do caso julgado de qualquer decisão interlocutória ou da decisão de mérito proferida no processo em que o acto não foi praticado. Por exemplo: muito antes de haver qualquer decisão no processo pendente, já se verifica a preclusão nesse processo quanto à junção pelo autor do rol de testemunhas não apresentado com a petição inicial ou quanto ao fundamento de defesa não alegado pelo réu na contestação.

Poder-se-ia pretender concluir que, se a preclusão intraprocessual é independente de qualquer caso julgado, a preclusão extraprocessual – isto é, a preclusão da prática do acto omitido num outro processo – estaria dependente do caso julgado da decisão proferida na primeira acção. Noutros termos: poder-se-ia pensar que a preclusão extraprocessual necessitaria do caso julgado da decisão do primeiro processo para poder operar num outro processo.

No entanto, não é assim, como é possível comprovar através de um exemplo muito simples. Suponha-se que um credor intenta uma acção condenatória contra o devedor e obtém uma decisão de procedência; o réu condenado recorre, mas o credor vencedor instaura uma execução contra o devedor (isto é possível porque a apelação tem, em regra, efeito meramente devolutivo: cf. art. 647.º, n.º 1, e 704.º, n.º 1); nesta execução provisória, o executado defende-se, por embargos, invocando a nulidade do contrato que constitui a fonte da obrigação; os embargos são inadmissíveis se esse fundamento de invalidade já podia ter sido alegado na anterior acção condenatória (cf. art. 729.º, al. *g*). Quer dizer: apesar de a sentença que constitui título executivo ainda não se encontrar transitada em julgado, não deixa de operar na execução a preclusão de um fundamento de defesa que podia ter sido invocado na anterior acção condenatória.

2.2. Primeira conclusão intermédia

O exposto terá demonstrado que a preclusão extraprocessual é independente do caso julgado, porque opera mesmo que o processo no qual se produziu a correspondente preclusão intraprocessual não esteja terminado com sentença transitada em julgado. Sendo assim, pode concluir-se que a preclusão não necessita do caso julgado para produzir efeitos num outro processo.

3. CASO JULGADO E EFEITO PRECLUSIVO

3.1. Generalidades

Na análise das relações mútuas entre a preclusão e o caso julgado importa verificar se – como constitui uma afirmação bastante comum – o caso julgado produz, em si mesmo, um efeito preclusivo[14]. Se se impuser uma resposta afirmativa a esta questão, então haverá que concluir que, apesar de, como já se demonstrou, a preclusão ser independente do caso julgado, este caso julgado também constitui uma fonte da preclusão. Se, em contrapartida, se impuser uma resposta negativa à questão de saber se o caso julgado produz um efeito preclusivo, então a *res iudicata* não pode ser vista como

---

[14] Cf. Chiovenda, *Principii di diritto processuale civile* [4], 911: "La cosa giudicata contiene dunque in sè la preclusione di ogni futura questione: l'istituto della preclusione è la base pratica della efficacia del giudicato"; na doutrina alemã, cf., por exemplo, Bötticher, *Festgabe für Leo Rosenberg* (1949), 95; Bötticher, *ZZP* 77 (1964), 465; Henckel, *Parteilehre und Streitgegenstand im Zivilprozeß* (1961), 302; Jauernig, Verhandlungsmaxime, Inquisitionsmaxime und Streitgegenstand (1967), 65 ("Es gibt keine rechtskraftfremde ("allgemeine") Präklusion, sondern grundsätzlich nur eine Präklusion durch Rechtskraft"); Grunsky, Grundlagen des Verfahrensrechts [2] (1974), 507; Reischl, Die objektiven Grenzen der Rechtskraft im Zivilprozeß (2002), 240; na doutrina portuguesa, cf. Alberto dos Reis, *Código de Processo Civil anotado V* (1952), 174 s.; M. de Andrade, *Noções elementares de processo civil* (1979), 324 s.; Lebre de Freitas/Montalvão Machado/R. Pinto, *Código de Processo Civil anotado II* [2] (2008), 714; na jurisprudência, cf., por exemplo, RC 06.09.2011 (816/09.2TBAGD.C1); STJ 29.05.2014 (1722/12.9TBBCL.G1.S1).

uma causa da preclusão, restando analisar, nessa hipótese, que relação pode ser estabelecida entre o caso julgado e a preclusão.

3.2. Análise jurídico-positiva

a) A demonstração de que o caso julgado não produz um efeito preclusivo pode ser realizada através da análise da sua referência temporal. No processo civil português, o caso julgado toma como referência o momento do encerramento da discussão em 1.ª instância, tal como decorre do disposto no art. 611.º, n.º 1: a sentença deve tomar em consideração os factos constitutivos, modificativos ou extintivos do direito invocado pelo autor que se produzam posteriormente à propositura da acção, de modo que a mesma corresponda à situação existente no momento do encerramento da discussão.

Este regime é aplicável ao tribunal e às partes. Para o tribunal, o disposto no art. 611.º, n.º 1, impõe que este órgão considere na sentença final quer os novos factos constitutivos, modificativos ou extintivos que se verifiquem até ao encerramento da discussão em 1.ª instância e que sejam de conhecimento oficioso (situação correspondente a uma superveniência "forte"), quer a verificação superveniente de factos constitutivos, modificativos ou extintivos alegados pelas partes nos seus articulados (hipótese respeitante a uma superveniência "fraca"). Para as partes, o estabelecido no art. 611.º, n.º 1, significa que elas têm o ónus de alegar os factos supervenientes ou a verificação superveniente de factos alegados que ocorram até ao encerramento da discussão em 1.ª instância. A consequência da omissão dos factos ou da superveniência até ao encerramento da discussão em 1.ª instância é, naturalmente, a preclusão da sua alegação posterior.

Neste contexto, importa esclarecer que o encerramento da discussão em 1.ª instância não é o único momento preclusivo, mas o último momento preclusivo: é até esse momento que a parte tem o ónus de invocar os factos constitutivos, modificativos ou extintivos que forem supervenientes ao articulado apresentado pela parte (art. 588.º, n.º 1). No entanto, se o facto superveniente ocorreu ou foi conhecido antes da audiência final, a preclusão da alegação do facto verifica-se igualmente antes do encerramento da discussão na 1.ª instância (que é o último acto daquela audiência). Por exemplo: se o facto extintivo ocorreu ou foi conhecido durante a audiência prévia, é nesta que esse facto deve ser alegado (art. 588.º, n.º 3, al. *a*); se isso não acontecer, a alegação do facto encontra-se precludida após o encerramento da audiência prévia.

b) O regime descrito demonstra que os factos cuja alegação o caso julgado da decisão proferida na acção pode precludir não são outros que não aqueles cuja invocação se encontra precludida por força do disposto no art. 611.º, n.º 1. Tanto é assim que aquele caso julgado não pode considerar precludida a alegação de um facto que seja posterior ao encerramento da discussão em 1.ª instância. Se, por exemplo, o pagamento da dívida tiver ocorrido depois deste momento, este facto extintivo não pode ser considerado na decisão do tribunal, mas não se encontra precludida a sua alegação numa acção posterior (nomeadamente, na execução na qual o credor pretenda obter a satisfação do seu crédito: cf. art. 729.º, al. *g*).

Do exposto decorre que o pretenso efeito preclusivo do caso julgado não é diferente do efeito preclusivo que, independentemente desse caso julgado, já se tinha produzido na acção pendente quanto a factos ou a ocorrências supervenientes anteriores ao encerramento da discussão em 1.ª instância. Não é o caso julgado que implica a preclusão de um facto ou de uma ocorrência superveniente verificada até ao encerramento da discussão; essa preclusão já se produzia antes de a sentença estar transitada em julgado, pois que a parte deixou de poder invocar o facto ou a ocorrência superveniente quando ocorreu o encerramento da discussão (e não quando se verificou o trânsito em julgado da decisão da acção)[15]. Fica assim demonstrado que o caso julgado não produz nenhum efeito preclusivo próprio[16].

3.3. Preclusão e estabilização

a) A referência temporal do caso julgado coincide com um momento preclusivo: o encerramento da discussão em 1.ª instância (cf. art. 611.º, n.º 1). Isto é suficiente, como se verificou, para que se possa concluir que o caso julgado não produz nenhum efeito preclusivo: este efeito é anterior ao caso julgado. Avançando um pouco mais neste ponto, é possível afirmar que o caso julgado não produz nenhuma função estabilizadora: a função estabilizadora – isto é, a imutabilidade da decisão – que é normalmente atribuída ao caso julgado não é afinal outra que não a função de estabilização que decorre da preclusão. É o que se vai procurar demonstrar de seguida.

b) O encerramento da discussão em 1.ª instância é o momento até ao qual podem ser invocados no processo pendente os factos supervenientes (superveniência "forte") ou a verificação superveniente de factos alegados (superveniência "fraca"). O encerramento da discussão em 1.ª instância é

---

15 Cf. Castro Mendes, *Limites objectivos do caso julgado em processo civil* (1967), 186; cf. também Otto, *Die Präklusion*, 68, embora apenas no âmbito da *rechtskraftfremde Präklusion*.

16 Identicamente, Habscheid, AcP 152 (1952/1953), 169 ss.

também o momento a partir do qual não podem ser invocados em juízo nem factos supervenientes, nem ocorrências supervenientes de factos alegados. Isto significa que o encerramento da discussão estabiliza a matéria de facto que pode ser considerada na sentença final: esta matéria é toda aquela que tenha sido alegada até ao encerramento da discussão, mas nenhuma daquela que tenha ocorrido e, eventualmente, sido alegada após este momento. Por exemplo: a sentença final deve considerar o pagamento da dívida que tenha sido alegado até ao encerramento da discussão, mas não pode considerar nem o pagamento que tenha ocorrido antes deste encerramento e que só tenha sido alegado depois deste momento, nem o pagamento que se tenha verificado e alegado depois daquele momento. No primeiro caso, a alegação do pagamento encontra-se precludida pela circunstância de não ter sido realizada no momento adequado; no segundo caso, a alegação do pagamento não é admissível, não porque a parte tenha desrespeitado um prazo peremptório, mas porque o regime legal não permite a alegação de nenhuns factos depois do encerramento da discussão.

Poder-se-ia pensar que o que não pode contribuir para a sentença não pode afectar o caso julgado desta sentença ou, dito de outro modo, que o que é irrelevante para a sentença também é irrelevante para o seu caso julgado. A verdade é que não é totalmente assim: os factos precludidos são irrelevantes para a sentença e para o caso julgado, mas os factos posteriores ao encerramento da discussão em 1.ª instância são irrelevantes para a sentença, mas não o são para o caso julgado. Se, por exemplo, o réu pagar a dívida depois do encerramento da discussão em 1.ª instância, esse pagamento não pode ser alegado no processo pendente e não pode ser considerado na sentença final deste processo; no entanto, esse mesmo pagamento permite vir a modificar ou a destruir o caso julgado da decisão condenatória do devedor. Para que isto suceda, basta que o devedor condenado invoque numa acção posterior (por exemplo, nos embargos deduzidos em oposição à execução) esse pagamento. Quer dizer: o encerramento da discussão releva como um momento *ad quem* para a sentença (porque esta só pode considerar os factos alegados até esse encerramento), mas releva como um momento *a quo* para o caso julgado (porque este pode ser afectado com base em qualquer facto que seja posterior a esse encerramento).

Do exposto decorre que um mesmo momento – que é o encerramento da discussão em 1.ª instância – é perspectivado como um momento a partir do qual a sentença fica estabilizada e o caso julgado fica instabilizado. O facto que, por ser posterior ao encerramento da discussão, não pode ser alegado no processo e não pode ser considerado na sentença final é exactamente aquele que pode servir de fundamento para modificar ou destruir o caso julgado desta sentença.

c) O afirmado permite concluir que o que há de estabilização (ou de imutabilidade) no caso julgado é o que resulta da preclusão ou, mais em concreto, da preclusão dos factos ou das ocorrências supervenientes verificadas até ao encerramento da discussão em 1.ª instância, mas não alegadas em juízo até esse momento. A medida da estabilização oferecida pelo caso julgado coincide com a medida dos factos que estão precludidos e que, por isso, não podem atingir esse caso julgado. O facto que não está precludido por ser posterior ao encerramento da discussão é precisamente o facto que é susceptível de afectar o caso julgado. Sendo assim, o caso julgado não oferece nenhuma estabilização diversa daquela que resulta da preclusão. Quer dizer: na estabilização das situações processuais, a centralidade não pertence ao caso julgado, mas antes à preclusão[17].

Impõe-se ainda uma última observação sobre este ponto. Se o que há de estável no caso julgado é o que se encontra precludido e se o caso julgado pode ser afectado por um facto não precludido, então há que concluir que a preclusão é um factor de estabilização mais forte do que o caso julgado. Enquanto a preclusão não é reversível e está adquirida para todo o sempre, o caso julgado pode vir a ser a afectado por um facto não precludido: um facto precludido num processo nunca pode vir a ser alegado em nenhum outro processo, mas o caso julgado pode ser atingido por um facto não precludido. Neste contexto, é possível afirmar que nada é mais estável do que a preclusão e nada é mais instável do que o caso julgado.

d) Estas reflexões suscitam uma questão importante. Se a preclusão produz uma tão importante função estabilizadora, cabe perguntar se não há que instituir meios de defesa das partes contra preclusões injustificadas. No processo civil português, ocorre mencionar, como meios de reacção contra uma preclusão injustificada, a invocação do justo impedimento (cf. art. 140.º) e a apresentação de documento novo superveniente como fundamento do recurso de revisão (cf. art. 696.º, al. *c*). O que se pode questionar é se não se deveria ir mais além na protecção da parte afectada por uma preclusão, introduzindo, designadamente, parâmetros de diligência na aferição da justificação para a não realização do acto no tempo devido[18]. Este aspecto – que

[17] Este é sentido programático da obra seminal de Passo Cabral: cf. Passo Cabral, *Coisa julgada e preclusões dinâmicas*, 353 ss. e 562.

[18] Sobre as várias hipóteses de "ultrapassagem argumentativa" que podem justificar a "alteração da posição estável", cf. Passo Cabral, *Coisa julgada e preclusões dinâmicas*, 526 ss.

constitui todo um programa para um novo paradigma de processo civil – não pode ser agora aprofundado.

3.4. Segunda conclusão intermédia

a) O caso julgado, em si mesmo, não produz nenhum efeito preclusivo da invocação de um facto num outro processo: essa preclusão é anterior ao trânsito em julgado da decisão final proferida na acção e pode operar mesmo antes deste trânsito em julgado. A preclusão emancipou-se do caso julgado e estabeleceu-se como um efeito processual autónomo e próprio: utilizando a terminologia alemã, pode dizer-se que toda a preclusão (*Präklusion*) é alheia ao caso julgado (*rechtskraftfremd*)[19]. A preclusão da alegação de factos não invocados num processo não é efeito de mais nada do que da própria omissão dessa alegação.

A conclusão de que o caso julgado não realiza nenhum efeito preclusivo contraria a muito comum afirmação de que o caso julgado cobre (e, no entendimento comum, preclude) tanto o efectivamente deduzido, como o que nada impedia que tivesse sido deduzido no momento adequado (*tantum judicatum quantum disputatum vel disputari debebat*)[20]. A verdade é que, para além de não ser nada evidente que o caso julgado de uma decisão possa incidir sobre um *nullum*[21], só por distracção se pode fazer essa afirmação no contexto do ordenamento jurídico português (e, aliás, atendendo ao disposto no § 322 ZPO sobre o âmbito objectivo do caso julgado, também no do alemão). A razão é a seguinte: no processo civil português (e também no alemão), a decisão relativa às excepções peremptórias suscitadas pelo réu não obtém força de caso julgado material (cf. art. 91.º, n.º 2), isto é, a decisão sobre essas excepções (como, por exemplo, a nulidade do negócio) não é vinculativa num processo posterior; sendo assim, é indiscutivelmente bastante estranho que

---

[19] A doutrina alemã contemporânea aceita, além da *rechtskraftfremde Präklusion*, uma *Rechtskraft-Präklusion* ou uma *Präklusion durch Rechtskraft*: cf., por exemplo, Otto, *Die Präklusion*, 66 ss. e 80 ss.; em conclusão, Rosenberg, *SJZ* 1950, 313 ss.; Schwab, *ZZP* 65 (1952), 101 ss.; Schwab, *Der Streitgegenstand im Zivilprozess* (1954), 158 ss. e 170 s.; para uma visão de conjunto, cf. Rosenberg/Schwab/Gottwald, *Zivilprozessrecht* [17] (2010), 885 s.

[20] Cf. STJ 06.07.2006 (141/2006); RC 20.11.2012 (1747/11.1TBFIG-A.C1); STJ 29.05.2014 (1722/12.9TBBCL.G1.S1); RC 30.06.2015 (89/14.5TBLRA.C1); RC 22.09.2015 (101/14.8TBMGL.C1).

[21] Cf. Habscheid, *Der Streitgegenstand im Zivilprozess* (1956), 291; diferentemente, Castro Mendes, *Limites objectivos do caso julgado em processo civil*, 185, argumentando com o caso julgado da decisão que é proferida na sequência de um efeito cominatório pleno.

uma decisão sobre uma excepção alegada e discutida no processo não possa adquirir valor de caso julgado e que uma "não decisão" sobre uma excepção não alegada e não discutida no processo fique coberta com esse mesmo valor.

b) Do acima exposto também é possível concluir que o caso julgado apenas impede a alteração da decisão transitada com base num fundamento precludido. Em contrapartida, em relação a um fundamento que não se encontra precludido, o caso julgado não realiza nenhuma função de estabilização. Muito pelo contrário: o caso julgado pode ser modificado ou até destruído por um fundamento não precludido.

4. EXCEPÇÃO DE CASO JULGADO E PRECLUSÃO

4.1. Apontamento histórico-dogmático

a) Historicamente, há uma longa tradição de atribuir à litispendência e ao caso julgado um efeito preclusivo. Há que reconhecer que, em grande medida, estes conceitos foram construídos a partir do efeito consumptivo, conforme o tipo de *actio*, da *litis contestatio* ou da *exceptio rei iudicatae vel in iudicium deductae* do processo civil romano (cf. Gaius, III, 180 e 181), dado que era essa consumpção que tornava inadmissível uma segunda acção *de eadem re*[22]. Em 1827, Keller afirmava que a sentença produzia uma segunda consumpção da acção (depois da produzida pela *litis contestatio*) e dava origem a uma segunda acção (*actio iudicati*) através da qual o autor podia obter o crédito reconhecido na sentença[23]. Numa afirmação que vale mais pelo seu sentido do que pela sua indiscutibilidade, o mesmo Keller concluía o seguinte: "a regra da consumpção através do processo pode ser realizada desde o momento da L[itis]. C[ontestation]. até ao da sentença exclusivamente através da Exc[eptio]. rei in iudicium deductae, mas, depois, em parte ainda

---

22 Cf. Wenger, (1925), 167 ss.; Kaser/Hackl, *Das römische Zivilprozessrecht* ² (1996), 301 ss.; Schiemann, *DNP Institutionen des römischen Zivilprozessrechts* 7, 355; note-se que a expressão *contestatio* tem origem na palavra *testes*, dado que, no processo das *leges actiones*, a *litis contestatio* era o momento no qual as partes declamavam, na presença das suas testemunhas (*testes*), as fórmulas rituais: cf. Kaser/Hackl, *Das römische Zivilprozessrecht* ², 76.

23 Cf. Keller, Ueber Litis Contestation und Urtheil nach classischem Römischem Recht (1827), 199; cf. também Pereira e Sousa, *Primeiras linhas sobre o processo civil I* (1834), 133 s., que se refere "a huma espécie de novação necessária" como efeito da "litiscontestação"; sobre a consumpção decorrente da regra *bis de eadem re ne sit actio*, cf., em especial, Bekker, *Die processualische consumption im classischen römischen Recht* (1853), 21 ss.; Bekker, Die Aktionen des Römischen Privatrechts I (1871), 317 ss. e 334 ss.; na doutrina posterior, cf. Liebs, ZRG (Rom. Abt.) 84 (1967), 104 ss.

através desta, em parte através da Exc[eptio]. rei iudicatae; e ambas podem ser opostas, segundo a livre escolha do demandado, à repetição da *actio*"[24].

No direito romano, a *actio* tinha uma dupla identidade material e processual. Esta perspectiva era concordante com a visão pragmática e com o pensamento tópico (isto é, orientado para o problema) dos juristas romanos[25]. A evolução posterior não é linear, mas as sucessivas recepções do direito romano favoreceram um contínuo retorno ao classicismo romano. Na Idade Média, depois de alguma tendência para uma separação entre o direito material e o direito processual, a recepção do direito romano voltou a privilegiar a concepção unificada da *actio*[26]. Este movimento pendular haveria de se repetir alguns séculos mais tarde: depois de o Humanismo, o *Usus modernus pandectarum* e a Escola do Direito Natural terem operado com uma separação entre o direito material e o direito processual[27] – e terem contribuído, de modo significativo, para a evolução do direito processual civil –, a Escola Histórica, muito como consequência da redescoberta em 1816 das *Institutiones* de Gaius em Verona, voltou a defender uma concepção agregada da *actio*[28].

A mudança fundamental foi obra de Windscheid[29]. Windscheid inverteu a relação entre a acção e o direito: "para a consciência jurídica actual, o direito (*Recht*) é o *prius*, a acção (*Klage*) o subsequente, o direito é o producente, a acção o produzido"[30]. Isto é: a *actio* clássica foi cindida numa parte processual

---

24 Keller, Ueber Litis Contestation und Urtheil nach classischem Römischem Recht, 209; Jahr, Litis contestatio, Streitbezeugung und Prozeßbegründung im Legisaktionen - und im Formularverfahren (1960), 124 ss., entende que a *litis contestatio* não era a causa do efeito consumptivo, mas apenas o momento em que este operava; sobre a temática, cf. também Liebs, ZRG (Rom. Abt.) 86 (1969), 169 ss.

25 Kaser, Zur Methode der römischen Rechtsfindung (1962), 54 ss.

26 Cf. Kollmann, Begriffs- und Problemgeschichte des Verhältnisses von formellem und materiellem Recht (1996), 146 ss.

27 Cf. Kollmann, Begriffs- und Problemgeschichte des Verhältnisses von formellem und materiellem Recht, 399 ss., 433 ss. e 459 ss.

28 Cf., em especial, Savigny, System des heutigen Römischen Rechts V (1841), 1 ss., VI (1847), 1 ss.; cf. Simshäuser, Zur Entwicklung des Verhältnisses von materiellem Recht und Prozeßrecht seit Savigny (1965), 52 ss.; Nörr, Festschrift für Werner Flume I (1978), 191 ss.; Kollmann, Begriffs- und Problemgeschichte des Verhältnisses von formellem und materiellem Recht, 500 ss.

29 Cf. Simshäuser, Zur Entwicklung des Verhältnisses von materiellem Recht und Prozeßrecht seit Savigny, 71 ss.; Kollmann, Begriffs- und Problemgeschichte des Verhältnisses von formellem und materiellem Recht, 576 ss.

30 Windscheid, Die Actio des römischen Civilrechts, vom Standpunkte des heutigen Rechts (1856), 3.

e numa parte material, originando na doutrina alemã uma distinção entre a acção e a pretensão e, num plano mais geral, uma diferenciação entre um meio de tutela e um objecto de tutela. Apesar de algumas tentativas de perspectivar de modo unitário o direito material e o direito processual (de que a pretensão à tutela jurídica (*Rechtsschutzanspruch*) de Wach[31] e o direito judiciário material (*materielles Justizrecht*) de Goldschmidt[32] constituem as mais eloquentes expressões), a verdade é que os direitos de base romano-germânica operam com uma distinção entre o direito processual e o direito material.

b) Este breve bosquejo histórico permite concluir que hoje já não se opera com a *actio* romana (embora ainda se utilize a *exceptio*), pelo que não tem sentido falar de uma consumpção da *actio* através da propositura ou da decisão da causa. Não quer dizer que a pendência de uma causa não possa produzir efeitos materiais: basta recordar que alguns dos efeitos da *litis contestatio* são agora produzidos pela citação do réu (cf. art. 564.º). Mas nenhum destes efeitos tem a ver com a definitivamente ultrapassada consumpção da acção, pelo que não se verificam actualmente as bases dogmáticas para atribuir às excepções de litispendência e de caso julgado um efeito preclusivo próprio, ou seja, um efeito preclusivo a somar aos eventuais efeitos preclusivos que se verificaram durante a pendência da causa.

A demonstração de que assim é encontra-se no quase unânime abandono da teoria material do caso julgado material (ligada a uma ideia de novação do direito reconhecido em juízo[33]) e na sua substituição pela actualmente prevalecente teoria processual (defensora de que – como, aliás, se dispõe expressamente no art. 580.º, n.º 2 – o caso julgado impõe uma proibição de contradição[34] ou uma proibição de repetição da decisão transitada[35]). Em vez

---

31 Cf. Wach, Festgabe für Bernhard Windscheid (1888), 75 ss. = Wach, Der Feststellungsanspruch (1889), 3 ss.; Wach, Handbuch des Deutschen Civilprozessrechts I (1885), 19 ss.; Wach, ZZP 32 (1904), 1 ss.; cf. Kollmann, Begriffs- und Problemgeschichte des Verhältnisses von formellem und materiellem Recht, 589 ss.

32 Cf. Goldschmidt, Festgabe für Bernhard Hübler (1905), 85 ss.; Goldschmidt, Festgabe für Heinrich Brunner (1914), 109 ss.

33 Cf. Kohler, Festschrift für Franz Klein (1914), 1 ss.; Pagenstecher, Zur Lehre von der materiellen Rechtskraft (1905), 305 ss.

34 Cf. Stein, Über die bindende Kraft der richterlichen Entscheidungen nach der neuen österreichischen Civilproceßordnung (1897), 19 ss.; Hellwig, Wesen und subjektive Begrenzung der Rechtskraft (1901), 13 s.; Hellwig, Lehrbuch des deutschen Zivilprozeßrechts I (1903), 45 s.

35 Cf. Schwartz, Festgabe für Heinrich Dernburg (Berlin 1900), 311 ss.; Bötticher, Kritische Beiträge zur Lehre von der materiellen Rechtskraft im Zivilprozeß (1930), 128 ss.; cf. Zeuner, BGH-Festgabe III (2000), 340 ss.

de uma concepção material e, num certo sentido, privada, prevalece hoje uma concepção processual e publicista do caso julgado, pelo que, como acentuava Schwartz, a antiga fórmula romana *bis de eadem re ne sit actio* deve ser substituída pela expressão *bis de eadem quaestione ne judicetur*[36]. No entendimento contemporâneo maioritário, a excepção de caso julgado não consome nada e, por isso, também não cria nada em sua substituição.

4.2. Terceira conclusão intermédia

Muito possivelmente por influência da longa tradição histórica antes referida, é costume falar-se, como já se salientou, de um efeito preclusivo produzido pelas excepções de litispendência e de caso julgado. A verdade é que, mesmo sendo assim, aquela orientação somente permite tirar a conclusão de que se identifica um efeito preclusivo com a inadmissibilidade de uma duplicação de acções, dado que, para a aludida orientação, as excepções dilatórias de litispendência e de caso julgado apenas tornam inadmissível uma segunda acção entre as mesmas partes com o mesmo objecto (cf. art. 580.º, n.º 1, 581.º, n.º 1, e 577.º, al. *i*). Trata-se, por isso, de uma preclusão que se destina a obstar à repetição da alegação do mesmo facto e que procura evitar um *bis in idem*, não de uma preclusão que incide sobre um facto não alegado num processo e que tem por finalidade impedir uma pronúncia sobre um *aliud* num outro processo. Isto basta para que se possa concluir que a preclusão que muitos qualificam como um efeito das excepções de litispendência e do caso julgado não pode coincidir com a preclusão que é efeito da omissão de um acto: uma não permite a prática do mesmo acto duas vezes, a outra não permite a prática do acto omitido uma única vez.

Estes resultados são totalmente concordantes com a conclusão já acima enunciada de que o caso julgado não produz nenhuma preclusão de factos não alegados. Todavia, estando afastado que a excepção de caso julgado possa produzir a preclusão destes factos, não está excluído que essa excepção possa ser um meio de realização dessa preclusão. É o que agora importa analisar.

III. ACTUAÇÃO DA PRECLUSÃO

1. ENQUADRAMENTO DO PROBLEMA

Na orientação tradicional, a excepção de caso julgado serve para assegurar o *ne bis in idem* e obstar à repetição de uma causa (cf. art. 580.º, n.º 1, 581.º, n.º 1, e 577.º, al. *i*). Dado que a preclusão incide sobre um facto diferente

---

[36] Schwartz, Festgabe für Heinrich Dernburg, 340 s.

daqueles que foram alegados no primeiro processo, parece que a excepção de caso julgado nunca pode operar se, num segundo processo, for alegado um facto precludido, dado que o objecto deste segundo processo é distinto do objecto do primeiro processo. A tarefa subsequente é a de procurar verificar se assim é efectivamente.

2. ANÁLISE CASUÍSTICA

2.1. Oposição à execução

Em referência ao caso julgado da decisão proferida na oposição à execução, o art. 732.º, n.º 5, estabelece que a decisão proferida nos embargos à execução constitui, nos termos gerais, caso julgado quanto à existência, validade e exigibilidade da obrigação exequenda. Deste regime decorre que, se o executado invocar, por exemplo, que a obrigação exequenda se encontra prescrita (cf. art. 729.º. al. *g*) e se o tribunal considerar os embargos improcedentes com este fundamento, o executado não pode invocar, nem na execução pendente, nem em qualquer outra acção, nenhum outro fundamento que demonstre que a obrigação não existe, é inválida ou é inexigível.

Atendendo ao que já se referiu, do disposto no art. 732.º, n.º 5, não decorre que é o caso julgado da decisão proferida nos embargos que preclude a invocação de um fundamento diverso daquele que o executado invocou nos embargos à execução. Na verdade, a preclusão da invocação de um outro fundamento de inexistência, de invalidade ou de inexigibilidade da pretensão exequenda não ocorre no momento do trânsito em julgado da decisão, mas no momento em que o executado apresenta a petição de embargos. É a partir deste momento que, ressalvada a admissibilidade da alteração da causa de pedir da oposição à execução (cf. art. 265.º, n.º 1), o executado não pode invocar nenhum outro fundamento de inexistência, invalidade ou inexigibilidade da obrigação exequenda. A referência temporal da preclusão que afecta o executado não é o trânsito em julgado da decisão de embargos, mas o anterior momento da entrega da petição inicial dos embargos à execução.

Posto isto, supõe-se que o sentido do estabelecido no art. 732.º, n.º 5, só pode ser este: a partir do momento em que se verifica o trânsito em julgado da decisão de improcedência da oposição à execução deduzida com um certo fundamento de inexistência, invalidade ou inexigibilidade da obrigação exequenda, a preclusão da invocação de um fundamento distinto daquele que foi alegado pelo executado passa a operar através da excepção de caso julgado. Quer dizer: a preclusão da alegação de um fundamento distinto que já se verificava a partir do momento da entrega da petição inicial dos embargos de executado passa a actuar através da excepção de caso julgado, se esse fundamento for indevidamente alegado numa acção posterior. Portanto, a excepção de caso julgado não origina a preclusão do fundamento não alegado nos embargos de executado, antes é um meio para impor a estabilização decorrente da preclusão desse fundamento num outro processo.

Fornecendo um exemplo: o executado embargou a execução com fundamento no pagamento do crédito exequendo; os embargos são considerados improcedentes; numa outra execução para obtenção de uma parcela restante do mesmo crédito, o mesmo executado opõe-se à execução com fundamento na invalidade do contrato que constitui a fonte desse crédito; contra esta invocação opera a excepção de caso julgado, dado que, nos primeiros embargos, ficou decidido com força de caso julgado que nada obstava à execução da obrigação exequenda. Como o exemplo demonstra, não é a excepção de caso julgado que produz a preclusão, mas a preclusão que se serve desta excepção para impor a sua função estabilizadora.

2.2. Providências cautelares

Algo de semelhante pode ser afirmado quanto ao estabelecido no art. 362.º, n.º 4: na pendência da mesma causa, não é admissível a repetição de providência cautelar que haja sido julgada injustificada. Também aqui se poderia procurar encontrar uma preclusão decorrente do caso julgado da decisão de improcedência do procedimento cautelar: quando a providência requerida não pode ser decretada com base no fundamento alegado pelo requerente, este mesmo requerente não pode voltar a requerer a mesma providência com um outro fundamento. Mas também aqui o que se verifica é que a preclusão da alegação de um fundamento distinto opera através da excepção de caso julgado após o trânsito em julgado da decisão que considerou improcedente o procedimento cautelar. Portanto, a preclusão verifica-se antes do trânsito em julgado da decisão de improcedência do procedimento cautelar, mas essa mesma preclusão actua através da excepção de caso julgado depois do trânsito daquela decisão.

2.3. Quarta conclusão intermédia

Na oposição à execução e nos procedimentos cautelares, o embargante e o requerente têm o ónus de concentrar na petição ou no requerimento inicial todos os fundamentos que podem justificar o pedido por eles formulado. A inobservância deste ónus de concentração implica a preclusão dos fundamentos não alegados naquela petição ou naquele requerimento. Após o trânsito em julgado da decisão proferida na oposição à execução ou no procedimento cautelar, aquela preclusão, em vez de operar *per se*, actua através da excepção de caso julgado, apesar de não existir entre a primeira e a segunda acção identidade de fundamentos e, portanto, identidade de objectos.

3. ENQUADRAMENTO DOGMÁTICO

3.1. Solução proposta

a) Da análise dos casos acima referidos resulta que a excepção de caso julgado também opera quando a diferença entre o objecto da primeira acção e o da segunda acção decorre da alegação nesta última de um fundamento não invocado naquela primeira[37]. A questão que se coloca é a de saber como se compatibiliza esta conclusão com a afirmação comum de que a excepção de caso julgado pressupõe a repetição de uma causa quanto às partes e ao objecto (cf. art. 580.º, n.º 1, e 581.º, n.º 1).

A resposta a esta questão tem tanto de simples como talvez de inesperado: a excepção de caso julgado através da qual opera a preclusão de um facto não se compatibiliza com a exigência da repetição de uma causa quanto ao objecto. A verdade é que aquela excepção de caso julgado nada tem a ver com a excepção de caso julgado que, desde o direito romano, pressupõe a repetição de um mesmo objecto em duas acções[38]. A excepção de caso julgado através da qual opera a preclusão de um facto obsta à apreciação de um *aliud*; a excepção de caso julgado que impede a repetição de uma mesma causa obsta a reapreciação de um *idem*.

O que a solução mostra é que a excepção de caso julgado pode ter um âmbito de aplicação mais vasto do que habitualmente lhe é reconhecido. Normalmente, a excepção de caso julgado cumpre uma função negativa: esta excepção garante, como se estabelece no art. 580.º, n.º 2, a proibição de repetição de uma causa anterior. Basta atentar, no entanto, no disposto no art. 580.º, n.º 2, para se perceber que a excepção de caso julgado também pode realizar uma função positiva: não a função de excluir a repetição do mesmo, mas a função – também referida no art. 580.º, n.º 2 – de obstar à contradição do decidido numa causa anterior. É precisamente isso o que sucede quando

---

[37] A orientação defendida por Rosenberg, Lehrbuch des Deutschen Zivilprozessrechts [9] (1961), 756, não é muito clara, dado que entende que o "efeito preclusivo é [...] consequência do caso julgado, mas não é o [...] efeito de caso julgado relativo à inadmissibilidade da repetição da discussão e decisão sobre a consequência jurídica decidida".

[38] Sobre o direito romano, cf. Kaser/Hackl, Das römische Zivilprozessrecht [2], 301 ss.; Schiemann, DNP 7, 355; sobre a evolução no século XIX, cf. Gaul, Festschrift für Werner Flume I (1978), 443 ss.

a excepção de caso julgado impede a apreciação de um *aliud* com base num facto precludido.

O afirmado pode ser testado em três exemplos: (i) um autor propõe uma acção de reivindicação com fundamento na sucessão por morte e obtém o reconhecimento da sua propriedade; depois do trânsito em julgado da decisão de procedência, o réu instaura uma acção de apreciação negativa contra o anterior reivindicante, procurando demonstrar a invalidade do testamento que constituiu o título de aquisição por sucessão; esta segunda acção é inadmissível, porque, como nela se invoca um facto precludido, opera a excepção de caso julgado; (ii) um credor propõe uma acção condenatória contra um devedor; a acção é julgada procedente; depois do trânsito em julgado da decisão, o devedor condenado propõe uma acção destinada a fazer valer um fundamento de extinção da dívida que já podia ter alegado na anterior acção condenatória; dado que a invocação deste fundamento se encontra precludida, a excepção de caso julgado obsta à admissibilidade da segunda acção; (iii) um credor obtém uma sentença de condenação contra um devedor e instaura um processo executivo; o executado deduz embargos contra a execução, alegando que o contrato do qual resulta o crédito é inválido; dado que a alegação desta invalidade se encontra precludida e, por isso, não pode ser realizada nos embargos (cf. art. 729.º, al. *g*), contra estes pode ser oposta a excepção de caso julgado.

3.2. Justificação da solução

a) Keller, num trabalho pioneiro sobre o tema, acrescentou uma função positiva à então genericamente aceite função negativa da *exceptio rei iudicatae*: enquanto esta função negativa se referia à consumpção da *actio* e visava impedir a repetição de uma acção, aquela função positiva respeitava à "imposição (*Geltendmachung*) do resultado positivo de um litígio anterior" e destinava-se a impor o "conteúdo positivo de uma sentença contra uma nova e com esta contraditória acção"[39]. Keller fornecia, como exemplo desta função positiva da excepção de caso julgado, a seguinte situação: *A* propõe contra *B* uma *rei vindicatio*; o juiz reconhece *A* como proprietário e condena *B* a restituir; depois da restituição, *B* instaura contra *A* uma *rei vindicatio*; a função positiva da *exceptio rei iudicatae* impede esta segunda *rei vindicatio*[40].

---

[39] Keller, Ueber Litis Contestation und Urtheil nach classischem Römischem Recht, 222 e 230.

[40] Keller, Ueber Litis Contestation und Urtheil nach classischem Römischem Recht, 221; houve na doutrina alemã algumas tentativas de resolver o exemplo da con-

A evolução posterior foi interessante e significativa. A proibição de repetição e a proibição de contradição que Keller atribuía à excepção de caso julgado foram repartidas por esta excepção e pela autoridade de caso julgado, de molde que a excepção de caso julgado passou a cumprir apenas uma função negativa (proibição de repetição) e esta autoridade de caso julgado apenas uma função positiva (proibição de contradição)[41]. Curiosamente, a função positiva da excepção de caso julgado voltou a aparecer na doutrina e jurisprudência alemãs através da figura do "contrário contraditório": o caso julgado de uma decisão pode ser oposto ao réu da acção, se este pretender obter, em acção autónoma posteriormente instaurada, um efeito contraditório ou incompatível com aquele que ficou protegido pelo caso julgado[42]. O exemplo paradigmático deste "contrário contraditório" é muito próximo daquele que Keller fornecia a propósito da função positiva da excepção de caso julgado: depois de o autor obter o reconhecimento da sua propriedade, o réu instaura uma acção destinada a obter a declaração de que aquele autor não é proprietário (naturalmente, sem a invocação de nenhum facto superveniente)[43].

Verifica-se, assim, que a proibição de contradição não é estranha à excepção de caso julgado. Aliás, é isso mesmo que resulta do disposto no art. 580.º, n.º 2, que atribui à excepção de caso julgado a função de evitar quer a contradição de uma decisão anterior, quer a repetição dessa mesma decisão. É a proibição de contradição e a excepção de caso julgado que operam quando a segunda acção é inadmissível pela alegação de um facto que se encontra precludido. O que, nesta hipótese, a excepção de caso julgado impede é a contradição do caso julgado anterior com fundamento na alegação do facto precludido.

b) Em termos de direito positivo, há uma conclusão que se impõe: o âmbito da excepção de caso julgado é definido pelo disposto no art. 580.º, n.º 2 (e, portanto pela proibição de contradição e pela proibição de repetição), não pela repetição de acções a que se refere o art. 581.º, n.º 1. Esta repetição é apenas uma das situações em que opera a excepção de caso julgado, nada

---

trarreivindicação através da função negativa do caso julgado, alegando que o caso julgado da decisão que reconhece que o autor é proprietário envolve que o réu não é proprietário: cf. Bekker, Die processualische consumption im classischen römischen Recht, 128 ss.; Bötticher, Kritische Beiträge zur Lehre von der materiellen Rechtskraft im Zivilprozeß, 178 ss.

41 Cf. Gaul, Festschrift für Werner Flume I, 447 ss. e 512 ss.

42 Rosenberg/Schwab/Gottwald, Zivilprozessrecht [17], 881.

43 Rosenberg/Schwab/Gottwald, Zivilprozessrecht [17], 881.

impedindo que essa excepção também possa relevar em situações em que o objecto das duas acções seja distinto[44].

No fundo, o que se impõe é um regresso à construção originária de Keller: a excepção de caso julgado implica uma proibição de contradição e uma proibição de repetição[45]. O equívoco de Keller residiu em não se ter apercebido de que a proibição de contradição não se esgota na excepção de caso julgado, ou seja, não se resume a evitar o proferimento de uma decisão contraditória com a decisão transitada. Quando o caso julgado relativo a um objecto prejudicial (respeitante, por exemplo, à declaração da propriedade) é invocado numa acção posterior (relativa à indemnização pela ocupação ilícita dessa mesma propriedade), releva nesta segunda acção uma proibição de contradição daquele caso julgado; mas esta proibição, em vez de tornar inadmissível uma nova pronúncia do tribunal sobre o que lhe é pedido, antes vincula o tribunal a utilizar o caso julgado (por exemplo, sobre a propriedade) como base da apreciação sobre o que lhe é solicitado (por exemplo, a indemnização). Keller não se apercebeu de que a proibição de contradição pode produzir não só a exclusão de uma pronúncia contraditória pelo tribunal da segunda acção, mas também a vinculação do tribunal desta acção ao decidido numa acção anterior. Neste aspecto, há que dar razão à doutrina que autonomizou a autoridade de caso julgado da excepção de caso julgado[46].

No entanto, esta doutrina também caiu no equívoco de entender que a proibição de contradição só pode operar quando numa acção posterior é invocado um caso julgado sobre uma questão prejudicial[47]. Realmente, a proibição de contradição também pode actuar quando se trata de evitar que o caso julgado seja contrariado por uma decisão posterior, ou seja, quando o que importa é obstar a uma nova pronúncia do tribunal contraditória com a anterior. A realidade é mais multifacetada do que aquela que é compaginável com a redução da aplicação da proibição de contradição às situações de prejudicialidade de um objecto perante um outro objecto.

---

44 Em sentido diferente – e influenciando até hoje a doutrina portuguesa -, cf. Alberto dos Reis, *Código de Processo Civil anotado III* (1950), 93: "[...] o caso julgado exerce duas funções: a) uma função *positiva*; b) uma função *negativa*. [...]. Mas, quer se trate da função positiva, quer da função negativa, são sempre necessárias as três identidades exigidas pelo art. 502.º" [actual art. 581.º].

45 Cf. Keller, Ueber Litis Contestation und Urtheil nach classischem Römischem Recht, 221 s. e 230.

46 Cf. Gaul, Festschrift für Werner Flume I, 513 ss.

47 Cf., por exemplo, Rosenberg/Schwab/Gottwald, Zivilprozessrecht [17], 871 e 881 s.

c) O que acima se disse demonstrou que a proibição de contradição pode justificar quer a autoridade de caso julgado, quer a excepção de caso julgado, tudo dependendo da relação do objecto da primeira acção com o objecto da segunda acção. Em concreto, numa visão de conjunto, há que considerar três hipóteses:

- O objecto da segunda acção é dependente do objecto (prejudicial) da primeira acção; nesta situação, importa vincular o tribunal da segunda acção à pronúncia prejudicial do tribunal da primeira acção, ou seja, há que evitar que o tribunal da segunda acção possa contrariar aquela pronúncia; este desiderato é atingido através da proibição de contradição da decisão anterior e da autoridade de caso julgado;
- O objecto da segunda acção é contraditório com o objecto da primeira; nesta hipótese, importa afastar uma pronúncia contraditória com a anterior; este efeito é conseguido através da proibição de contradição da decisão anterior e da excepção de caso julgado;
- O objecto da segunda acção é igual ao objecto da primeira acção; nesta situação, o que importa excluir é uma repetição da pronúncia do tribunal da primeira acção; para conseguir este desiderato há que impor a proibição de repetição da decisão anterior e a aplicação da excepção de caso julgado.

A diversidade das soluções encontra a sua justificação na finalidade primordial do caso julgado: este instituto destina-se a garantir que sobre uma questão há apenas uma decisão do tribunal. A proibição de contradição e a proibição de repetição são apenas soluções deônticas destinadas a assegurar que, como já referiam as fontes romanas[48], a uma única controvérsia corresponde uma única acção e, portanto, uma única decisão do tribunal. Até agora, a doutrina sobre o caso julgado tem sido construída a partir da igualdade ou diversidade dos objectos da primeira e da segunda acção; talvez devesse antes ser construída tomando como base a exclusão de uma nova pronúncia do tribunal sobre a mesma questão ou sobre uma questão diferente, acentuando, portanto, não tanto o carácter imutável da decisão proferida, mas mais o seu carácter único e exaustivo.

Esta metodologia é a única que consegue explicar todos os efeitos do caso julgado, porque é a única que mostra a verdadeira extensão da excepção de caso julgado: esta excepção opera através quer de uma proibição de con-

---

[48] Paulus, D. 44.2.6: *Singulis controversiis singulas actiones unumque iudicati finem sufficere probabili ratione placuit, ne aliter modus litium multiplicatus summam atque inexplicabilem faciat difficultatem, maxime si diversa pronuntiarentur. Parere ergo exceptionem rei iudicatae frequens est.*

tradição de uma decisão anterior, quer de uma proibição de repetição desta decisão. Além disso, aquela metodologia tem ainda uma outra vantagem: ela permite conceber a excepção de caso julgado como um meio de fazer valer a preclusão extraprocessual, ou seja, dispensa a necessidade de operar com qualquer outra excepção dilatória quando se trata de obstar à admissibilidade de uma acção na qual é alegado um facto que se encontra precludido.

3.3. Extensão do regime

O que se disse sobre a excepção de caso julgado vale igualmente para a excepção de litispendência (cf. art. 580.º, n.º 1, 581.º, n.º 1, e 577.º, al. *i*). Esta excepção opera quando, encontrando-se ainda pendente um processo, alguma das partes intenta uma segunda acção na qual pretende obter um efeito incompatível ou invoca um facto precludido.

3.4. Conhecimento oficioso

A circunstância de a preclusão extraprocessual actuar através das excepções de litispendência e de caso julgado garante o seu conhecimento oficioso pelo tribunal da segunda acção (cf. art. 577.º, al. *i*, e 578.º).

IV. PRECLUSÃO E PARTE ACTIVA

1. PRECLUSÃO FACTUAL

Como já houve oportunidade de afirmar, o autor não tem, no processo civil português, o ónus de alegar todas as possíveis causas de pedir do pedido que formula. Quer isto dizer que o ónus de concentração que vale para o réu quanto à matéria de defesa (cf. art. 573.º, n.º 1) não vale para o autor quanto às várias causas de pedir. É isso que justifica que, não tendo obtido a procedência da acção com base numa causa de pedir, o autor possa propor uma nova acção na qual venha a invocar uma diferente causa de pedir.

Deste regime não se pode retirar, contudo, que sobre o autor não recai nenhum ónus de concentração. É verdade que esse ónus não se verifica quanto às várias possíveis causas de pedir que podem fundamentar o pedido, mas também não deixa de ser verdade que o autor tem um ónus de alegação de todos os factos que se referem à causa de pedir invocada na acção. Assim, por exemplo, o autor de uma acção de indemnização tem o ónus de indicar todos os danos sofridos, não podendo vir a intentar uma nova acção destinada a obter a reparação dor danos não invocados (mas invocáveis) na acção anterior. Se esta preclusão não for respeitada, a excepção de caso julgado obsta à admissibilidade da segunda acção.

2. PRECLUSÃO JURÍDICA

2.1. Generalidades

A preclusão também pode incidir sobre a alegação de uma qualificação jurídica: isso sucede quando um autor obtém um efeito jurídico com base numa certa factualidade e depois procura conseguir um efeito incompatível com base nessa mesma factualidade[49]. Suponha-se, por exemplo, que um autor invoca um determinado título de aquisição de um direito real e pede com base nele o reconhecimento de que é usufrutuário de uma coisa; depois de obter uma decisão de procedência, o mesmo autor instaura uma outra acção, pedindo agora, com fundamento no mesmo título de aquisição, o reconhecimento de que é proprietário daquela mesma coisa; nesta hipótese, não pode deixar de se entender que o reconhecimento do autor como usufrutuário preclude o seu reconhecimento como proprietário. O mesmo há que entender se o autor, após ter obtido a condenação do réu na indemnização de um dano, pretender obter desse mesmo réu a restituição do *quantum* (mais elevado) do seu enriquecimento sem causa.

Também nestas situações opera, na segunda acção proposta pelo mesmo autor, a excepção de caso julgado: não a excepção de caso julgado que pressupõe a repetição de causas e obsta à reapreciação de um *idem*, mas a excepção de caso julgado que, com base na preclusão, obsta à apreciação de um *aliud*.

2.2. Dívidas dos cônjuges

No direito português, a preclusão da qualificação jurídica pode ser ilustrada com um exemplo retirado da execução das dívidas dos cônjuges. Estas dívidas podem ser comuns, mesmo que tenham sido contraídas por um único dos cônjuges (cf. art. 1691.º, n.º 1, al. *b* a *d*) CC); esta circunstância possibilita que, apesar de se formar um título executivo apenas entre esse cônjuge e o respectivo credor, ainda assim a dívida seja comum. Nesta eventualidade, o art. 741.º, n.º 1, permite que o exequente, apesar de possuir título executivo apenas contra o cônjuge que contraiu a dívida, alegue na execução que a dívida é comum. Depois da citação do cônjuge do executado, o tribunal da execução decide se a dívida é da responsabilidade de ambos os cônjuges ou apenas da responsabilidade do cônjuge inicialmente executado (cf. art. 741.º, n.º 5 e 6): no primeiro caso, a execução prossegue também contra o cônjuge não (inicialmente) executado (art. 741.º, n.º 5).

O regime é distinto se o título executivo de que o credor dispõe for uma sentença condenatória obtida por aquele credor apenas contra o cônjuge

[49] Cf. STJ 16/2/2016 (53/14.4TBPTB-A.G1.S1).

que contraiu a dívida. Nesta situação, conforme resulta expressamente do disposto no art. 741.º, n.º 1, ao credor já não é reconhecida a faculdade de alegar o carácter comunicável da dívida. Isto é: a não demanda do cônjuge que não contraiu a dívida na anterior acção declarativa preclude a alegação, numa posterior acção executiva, de que a dívida é comum.

Também nesta hipótese a preclusão (*in casu*, da alegação da comunicabilidade da dívida) é anterior ao trânsito em julgado de qualquer sentença: essa preclusão ocorre quando o credor demanda, na acção declarativa, apenas um dos cônjuges e, por isso, deixa de poder invocar o carácter comunicável da dívida nessa mesma acção. Ainda assim, a preclusão da qualificação da dívida como comum opera, depois do trânsito da decisão de mérito proferida na acção declarativa, através da excepção de caso julgado. Quer dizer: depois de o credor ter demandado apenas um dos cônjuges e ter obtido uma sentença condenatória somente contra este cônjuge, é a excepção de caso julgado que obsta à invocação do carácter comunicável da dívida na acção executiva.

V. CONCLUSÃO FINAL

Das reflexões anteriores terá resultado que a preclusão extraprocessual pode operar num outro processo antes de se constituir qualquer caso julgado nesse processo: portanto, os efeitos da preclusão não estão dependentes do caso julgado. Dessas mesmas reflexões poderá também extrair-se que o caso julgado e a excepção de caso julgado não produzem nenhum efeito preclusivo distinto daquele que, quanto aos factos não alegados, se verifica no processo em que é proferida a decisão transitada em julgado. Supõe-se que também terá ficado demonstrado que, depois de haver no processo uma decisão transitada em julgado, a preclusão extraprocessual deixa de operar *per se*, passando a actuar através da excepção de caso julgado. Em suma: pode falar-se de "preclusão e caso julgado", mas não de "caso julgado e preclusão".

OS NEGÓCIOS PROCESSUAIS TÍPICOS E ATÍPICOS NO NOVO CÓDIGO DE PROCESSO CIVIL BRASILEIRO E O REGRAMENTO DOS NEGÓCIOS PROCESSUAIS NO CÓDIGO DE PROCESSO CIVIL PORTUGUÊS

Osvir Guimarães Thomaz

Sumário: 1. Introdução – 2. Os negócios processuais: 2.1. A perspectiva subjetiva dos negócios jurídicos; 2.2. A perspectiva preceptiva dos negócios jurídicos – 3. O tratamento dos negócios jurídicos no Código de Processo Civil português – 4. O tratamento dado a matéria no novo Código de Processo Civil brasileiro – 5. Os negócios processuais atípicos na versão do novo Código de Processo Civil brasileiro – 6. Os limites de aplicação dos negócios processuais atípicos – 7. Conclusão – 8. Referências.

1. INTRODUÇÃO

O trabalho tem por objetivo um olhar sobre a onda renovatória do processo civil que traz uma ênfase nos negócios processuais.

O novo Código de Processo Civil brasileiro trouxe em seu art. 190 a possibilidade de, quando a causa versar sobre direito que admita a autocomposição, as partes plenamente capazes estipular mudanças no procedimento para ajustá-lo às especificidades da causa e convencionar sobre os seus ônus, poderes, faculdades e deveres processuais, antes ou durante o processo.

Essa possibilidade, a despeito de toda uma doutrina contrária à possibilidade da existência dos negócios jurídicos processuais, ratifica a existência dos negócios processuais, sendo essa uma realidade a ser enfrentada por juristas e os operadores do direito.

Resta agora discutir sobre os limites possíveis para que seja feito esses negócios. Neste dispositivo o legislador, quando não tipificou os negócios processuais, deixou, além da possibilidade dos negócios já existentes, uma lacuna a ser preenchida pelos negócios processuais chamados atípicos, exatamente, por não estarem tipificados no novo ordenamento jurídico.

Ao contrário, no Código de Processo Civil português, os negócios processuais também fazem parte de seu escopo tendo o legislador tipificado cada um desses negócios processuais, o que, *in prima facie,* fortalece a segurança jurídica e não dá margem a tantas discussões contrárias.

Este trabalho buscará fazer um enfrentamento de forma perfunctória por se tratar de um artigo, com o fito de provocar uma reflexão sobre o tema no intuito de que seja proveitoso para fortalecimento do senso crítico que deve pairar nas discussões acadêmicas.

Nessa senda enfrentaremos o conceito de negócio jurídico processual, as linhas doutrinárias a favor e contra a sua existência, também será analisada os negócios processuais já tipificados e seus efeitos práticos, e, por fim serão analisados os negócios processuais atípicos estabelecidos no Novo Código de Processo Civil brasileiro, fazendo uma abordagem de forma que se estabeleça uma moldura que torne aplicável a previsão do dispositivo e que apazigue as discussões em torno do tema.

2. OS NEGÓCIOS PROCESSUAIS

In prima facie questão importante de ser analisada é quanto à existência ou não dos negócios processuais.

As discussões sobre o tema partem, na maioria das vezes, da definição dos negócios jurídicos. É exatamente na necessidade de socorrer-se das definições traçadas no direito substantivo, como tratado pelos juristas alemães, que se iniciam as discussões sobre o negócio processual.

Dessa forma, atribui-se aos pandectistas a gênese dos negócios jurídicos sob a ótica do direito substantivo.

Nesta senda, há uma questão quanto ao que pode ser considerado um negócio processual, pois quanto à existência do mesmo, no ordenamento jurídico pátrio, já está definida no seu art. 190, o que pelo menos *a priori* descarta-se a discussão sobre sua existência. Contudo, não menos importante deve ser a definição de qual momento um negócio jurídico torna-se um negócio processual.

O novo Código de Processo Civil estabeleceu que poderão as partes antes ou durante o processo convencionar sobre seu ônus, poderes, faculdades e deveres processuais.

Uma vez que o ordenamento jurídico deixa claro que há convenções processuais exoprocessual, é importante para este trabalho estabelecer o entendimento do autor sobre a diferença entre uma convenção processual: endoprocessual e exoprocessual.

A olhos vistos, quando se convenciona sobre questões processuais de forma exoprocessual, o que ocorre na prática é um negócio jurídico na esfera do direito substantivo que estabelece cláusulas que deverão se observadas, caso haja a necessidade da estabelecimento de um processo, seja este judicial ou administrativo.

Em sentido contrário Teixeira de Souza, estabelece que são atos processuais aqueles que são regulados por normas processuais e que são praticados num processo pendente, quer aqueles que são integrados em atos extraprocessuais, mas que se destinam a produzir efeitos num determinado processo.[1]

Data venia discordar do renomado doutrinador, uma vez que o negócio processual é espécie do gênero dos atos processuais e, se consideramos que o negócio processual existisse antes do processo, poderíamos considerar que esse negócio não teria qualquer finalidade caso o mesmo não viesse se consolidar.

O máximo que se pode olvidar são condições preestabelecidas para um futuro negócio processual, que se efetivaria a partir da existência do processo.

O que na visão desse autor não se caracterizaria, ainda, um negócio processual *stricto sensu*, mas, sim, cláusulas de um negócio jurídico de direito subjetivo.

Caso seja necessária, para a resolução da avença do negócio jurídico, a busca de uma intervenção estatal ou arbitral, tais cláusulas consistiriam em negócio processual.

Nessa toada é mister que se traga o que a doutrina convencionou sobre o conceito de processo.

Didier[2] estabelece que o processo pode ser examinado sob várias perspectivas, sendo o processo compreendido como método de criação de normas jurídicas, ato jurídico complexo (procedimento) e relação jurídica. O processo em seu conceito passa a existir a partir do momento em que ocorre.

Fazzalari estabelece processo como o procedimento estruturado em contraditório.[3]

---

1 SOUSA, Miguel Teixeira de. *Introdução ao processo civil.* 2. ed. Lisboa: Lex, 1999. p. 91.

2 DIDIER JR., Fredie. *Curso de direito processual civil*: introdução ao direito processual civil, parte geral e processo de conhecimento. 17. ed. Salvador: JusPodivm, 2015. p. 30.

3 FAZZALARI, Elio. Processo. Teoria generali. *Novíssimo Digesto Italiano*, v. 13, p. 1072.

Não se nega que o processo é uma relação jurídica, assim como o negócio jurídico, contudo essa relação jurídica do processo se estabelece de forma endoprocessual, e não exoprocessual. A relação jurídica exoprocessual, no entendimento desse autor, se estabelece no âmbito de um negócio jurídico do direito substantivo que poderá ter reflexo no curso de um processo que vier a se estabelecer, razão pela qual se adotam neste trabalho, ao negócio processual, as convenções que vierem a ser estabelecidas no curso do procedimento denominado processo, que no entendimento de Teixeira de Souza seria um negócio interlocutório.[4] O autor lusitano considera que os negócios exoprocessuais são denominados de negócios processual preparatório.

O caminho das discussões sobre o negócio jurídico processual tem sido abordado de forma generalizada a partir dos conceitos de fatos jurídicos, atos jurídicos, atos-fatos jurídicos e negócios jurídicos.

A preocupação de quem se propõe a discutir os negócios jurídicos processuais tem sido primeiramente buscar trazer as definições dos conceitos acima aludidos a fim de que se encontre a localização do negócio jurídico dentro de um sistema estabelecido pelos fatos jurídicos.

Neste trabalho, a proposta não será fazer este percurso por se tratar de um caminho que já vem sendo demonstrado na doutrina, e discuti-lo, no momento, não acrescentaria nada para a temática, tornando-se um tanto repetitivo.

Dessa forma, partiremos do conceito de nosso objeto de pesquisa que são os negócios jurídicos processuais que se estabelecem no curso do processo, ou seja, negócio processual interlocutório.

No entanto, não é possível avançar sem antes trazer duas linhas doutrinárias sobre os negócios jurídicos: a linha subjetivista e a linha preceptiva, para em seguida traçar a definição de negócio jurídico que adotaremos neste trabalho.

2.1. A perspectiva subjetiva dos negócios jurídicos

A doutrina alemã de Jauernig[5] trouxe um entendimento em que o autor diferencia os negócios jurídicos dos atos do processo; para ele, os atos da parte no processo são diferentes dos negócios jurídicos do direito substantivos. O autor estabelece que todos os atos que têm influência no processo chamam-se atos processuais, contudo distingue os atos judiciais dos atos da parte. São atos

---

4 SOUSA, Miguel Teixeixa de. *Estudos sobre o novo processo civil.* Lisboa: Lex, 1997. p. 194.

5 JAURENIG, Othmar. *Zivilprzessrecht*: ein Studienbuch/von Othmar Jaurering-25, völlig neubearb. Aufl. Des von Friedric Lent berg. Werkes. Münche: Beck, 1998. p. 170.

judiciais, segundo a sua doutrina, *v.g.*, as sentenças. O autor estabelece os atos endoprocessuais, como atos judiciais. Nesse sentido, estabelece três grupos de atos; os primeiros que o julga de maior importância são as sentenças; os segundos, como supracitados, os atos endoprocessuais, *v.g.*, a produção de provas; e os terceiros os atos que se referem ao desenvolvimento externo do processo, *v.g.*, os atos responsáveis pela marcha do processo, assim distinguindo a marcação de audiência, a citação, a fixação de prazos etc.

Há uma clara distinção na doutrina de Jauernig quanto aos atos das partes, estabelecendo seus atos como atos estimulantes e atos determinantes. No grupo dos atos estimulantes se enquadram os requerimentos, as petições, alegação de fatos e apresentação.

No sentido de atos determinantes o autor estabelece atos processuais, tais como: desistência da ação, a interposição e desistência de um recurso ou de reclamação e a confissão.[6]

Dessa forma, deduz-se que os atos processuais determinantes constituem o que se denominou, na doutrina portuguesa de Miguel Teixeira,[7] como negócios jurídicos tipificados.

O que de *prima facie* demonstraria ser o que Jauernig trata os negócios jurídicos como uma matéria de direito substantivo e, portanto, ligado ao BGB como forma de manutenção de uma independência do processo civil ao direito substantivo.

Contudo, as questões subjetivas que mais esbarram na aceitação dos negócios jurídicos processuais, por tratar-se de matéria que se estabelece a partir do chamando "dogma da vontade", ou seja, para que ocorra um negócio é necessária a manifestação de vontade, sendo para muitos autores essa vontade estranha ao processo, pelo fato de que no processo, no entendimento desses autores, o que prevalece é a vontade da lei, e não a vontade das partes, o que torna excludente a existência de negócio jurídico processual pelos mesmos.

A perspectiva subjetiva então perpassa por uma teoria onde foi aceita no BGB, no código Civil Brasileiro, no Código Civil Argentino, cuja prevalência da autonomia da vontade foi sua grande marca.

Esse fortalecimento da autonomia da vontade na perspectiva subjetiva então se torna um grande óbice para parte da doutrina que rechaça a existência

---

6 JAURENIG, Othmar. *Zivilprzessrecht*: ein Studienbuch/von Othmar Jaurering-25, völlig neubearb. Aufl. Des von Friedric Lent berg. Werkes. Münche: Beck, 1998. p. 171.

7 SOUSA, Miguel Teixeixa de. *Estudos sobre o novo processo civil.* Lisboa: Lex, 1997. p. 198.

do negócio jurídico processual, exatamente pela não aceitação da autonomia da vontade nos atos processuais.

2.2. A perspectiva preceptiva dos negócios jurídicos

Na perspectiva preceptiva encontra-se com maior relevo a doutrina de Betti,[8] que estabelece que o negócio jurídico não depende da vontade do agente; em outro sentido o doutrinador em contraposição ao "dogma da vontade" estabelece a "irrelevância da vontade" a fim de que se concretize o negócio jurídico, pois na teoria objetiva do negócio jurídico o que busca na verdade é o negócio como norma. Sendo assim, a vontade seria irrelevante, pois as partes se submeteriam ao que foi acertado previamente se vinculando a essas cláusulas.

Ainda nessa toada, Betti estabelece o negócio jurídico no campo do autorregramento das partes, o que coloca a questão no âmbito da autonomia privada.

Nesse sentido, Kelsen[9] reconhece a possibilidade do negócio jurídico desde que haja previsão de sanção, pois para o autor a ausência de sanção tira toda a coercitividade normativa, razão pela qual ficaria desqualificado o negócio jurídico como norma.

Tanto a perspectiva preceptiva quanto a subjetiva trazem como característica o negócio jurídico no campo privatístico. Essa posição geográfica do negócio jurídico torna-se a grande justificativa da concepção dos autores que discordam da existência do negócio jurídico processual, justamente pela relação próxima ao Direito Civil, sendo que para os mais conservadores adotar um instituto que seja geograficamente de cunho privado é tirar o relevo do processo civil como ciência autônoma.

Em contraposição à visão subjetivista e preceptiva encontra-se parte da doutrina que estabelece o negócio jurídico no âmbito da autonomia privada, razão pela qual renegam tanto o dogma da autonomia da vontade quanto a natureza preceptiva da norma a do negócio jurídico processual quanto aqueles que rechaçam a sua existência.

3. O TRATAMENTO DOS NEGÓCIOS JURÍDICOS NO CÓDIGO DE PROCESSO CIVIL PORTUGUÊS

Didier conceituou os negócios processuais como o fato jurídico voluntário, em cujo suporte fático confere-se ao sujeito o poder de escolher a

---

8 BETTI, Emilio. *Teoria do negócio jurídico*. Campinas: Servanda, 2008. p. 88.

9 KELSEN, Hans. *Teoria pura do direito*. Tradução de João Batista Machado. São Paulo: Martins Fontes, 1997. p. 284.

categoria jurídica ou estabelecer, dentro dos limites fixados pelo ordenamento jurídico, certas situações jurídicas processuais.[10]

Uma vez reconhecidos os negócios processuais, tanto o Código de Processo Civil Português quanto o Código de Processo Civil brasileiro estabeleceram normas que reforçam a existência dos negócios processuais.

No ordenamento processual português, os arts. 94 e 95 estabelecem o negócio processual que define a competência, sendo este um negócio tipificado. O legislador previu que as partes podem convencionar qual a jurisdição competente para dirimir um litígio.

Conforme doutrina de Freitas, os artigos regulam a competência internacional e interna, regulando o princípio da liberdade contratual enquanto fator de competência direta.[11]

O art. 264 do CPCP trouxe a possibilidade de que haja um negócio processual, em que pode ocorrer alteração do pedido e da causa de pedir, podendo o mesmo se dar tanto na 1.ª instância quanto na 2.ª. Contudo, esse negócio está condicionado a ficar dentro da esfera da vontade das partes desde que o acordo não cause uma perturbação inconveniente, pois, uma vez entendida a perturbação inconveniente à instrução e ao julgamento do pleito, situações que provocaram a intervenção do juiz, fato que levará a aplicação do que previu o art. 37-4 em que o juiz da causa poderá ordenar a partir de despacho fundamentado que seja processado em separado na forma do previsto no art. 266-5 do CPCP, conforme entendimento doutrinário de Freitas.[12]

Ainda há a previsão de um negócio processual em que as partes podem acordar sob a suspensão do processo. Nesse caso previsto no art. 272-4 do CPCP, a suspensão pode ser feita pelo prazo de três meses.

O art. 273-2-3 estabelece a possibilidade de suspensão do processo por acordo das partes com a finalidade de buscar resolver por mediação o litígio. Nesse caso, o negócio processual não dependerá da intervenção do juiz, ou seja, a vontade das partes é autônoma e o negócio é bilateral.

Questão relevante também prevista no ordenamento processual lusitano foi o que previu o art. 280, pois o mesmo estabelece que em qualquer situa-

---

10 DIDIER JR., Fredie; NOGUEIRA, Pedro Henrique Pedrosa. *Teoria dos fatos jurídicos processuais*. 2. ed. Salvador: JusPodivm, 2012. p. 59-60.

11 FREITAS, José Lebre de; ALEXANDRE, Isabel. *Código de Processo Civil anotado*. 3. ed. Coimbra: Coimbra Editora, 2014. v. 1, arts. 1.º a 361.º, p. 188.

12 FREITAS, José Lebre de; ALEXANDRE, Isabel. *Código de Processo Civil anotado*. 3. ed. Coimbra: Coimbra Editora, 2014. v. 1, arts. 1.º a 361.º, p. 511.

ção que esteja o processo as partes podem acordar que a solução de todo o litígio ou parte dele seja resolvida por convenção arbitral. Ou seja, no caso não havia uma convenção arbitral anterior e no curso do processo as partes decidem eleger um árbitro para solução do litígio.

Nessa condição ocorrerá a extinção da instância quando as partes resolverem que todo o litígio irá para convenção arbitral. Percebe-se que esse negócio processual previsto não depende de autorização ou homologação do juízo; é, nesse caso, a manifestação plena da vontade das partes, o que podemos concluir que é um típico negócio, em que dentro do processo ocorrerá a relevância da vontade das partes.

O art. 283 trouxe a possibilidade de o autor poder desistir do pedido no todo ou em parte, podendo também haver a confissão do réu no todo ou em parte.

Esse ato de autonomia da vontade das partes, que poderá ocorrer unilateralmente, caracteriza um negócio processual.

Freitas considera isto como negócio de autocomposição do litígio, o que leva à subtração do tribunal do poder de decidir mediante aplicação do direito objetivo aos fatos provados, sendo no caso a manifestação do princípio do dispositivo.[13]

Ainda no art. 283 é prevista a possibilidade de a parte transigir sobre o objeto da causa em qualquer fase do processo.

Nesse caso, ficará caracterizado o negócio processual bilateral de transação que porá fim ao litígio. Todos esses negócios evidenciam a autonomia da vontade das partes no processo constituindo a natureza desse negócio processual.

O ordenamento jurídico lusitano traz ainda uma possibilidade de negócio processual no campo da prova, pois previu o legislador no art. 517 que as partes podem firmar negócio em que estabeleça a inquirição de testemunha no domicílio de um dos mandatários judiciais.

Esse negócio demonstra a valorização da parte no processo, em que, numa forma tradicional no âmbito do processo, a inquirição fica a cargo do juízo da causa, não podendo ser feita diretamente à parte. Nesse caso, as partes tomam a inquirição da testemunha em termo circunstanciado e depois colaciona no processo em juízo.

As partes podem ainda, de forma bilateral, requerer a tentativa de conciliação, conforme previsto no art. 594-1 do CPC lusitano. Essa é uma

---

[13] FREITAS, José Lebre de; ALEXANDRE, Isabel. *Código de Processo Civil anotado*. 3. ed. Coimbra: Coimbra Editora, 2014. v. 1, arts. 1.º a 361.º, p. 560.

possibilidade de negócio processual que, uma vez logrado êxito na conciliação, dará fim ao litígio.

4. O TRATAMENTO DADO A MATÉRIA NO NOVO CÓDIGO DE PROCESSO CIVIL BRASILEIRO

O novo Código de Processo Civil brasileiro, a Lei 13.105, de 16.03.2015, trouxe em seu art. 190 uma cláusula geral que regula os negócios processuais com o seguinte conteúdo:

> Art. 190. Versando o processo sobre direitos que admitam autocomposição, é lícito às partes plenamente capazes estipular mudanças no procedimento para ajustá-lo às especificidades da causa e convencionar sobre os seus ônus, poderes, faculdades e deveres processuais, antes ou durante o processo.

Nesse artigo define-se que, quando o processo admitir autocomposição, é lícito às partes acordar. É importante dizer que o legislador não está tratando de questões de direito indisponível, mas, sim, de processo que admita a autocomposição.

Dessa forma, primeiramente, é necessário analisar a admissibilidade ou não de autocomposição, e, em seguida se as partes são plenamente capazes.

Quanto à capacidade, é importante que se diferenciem a capacidade processual e capacidade civil. No caso da capacidade civil prevista no Código Civil que estabelece em seu art. 1.º que toda pessoa é capaz de direito e deveres na ordem civil. Dessa forma, fica evidente que a questão não é de capacidade civil, mas, sim, de capacidade processual.

O negócio processual não é inovação do novo Código, pois no art. 158 do Código de Processo Civil de 1973 já trazia uma cláusula geral em que estabelecia que os atos das partes, consistentes em declarações unilaterais ou bilaterais de vontade, produzem imediatamente a constituição, a modificação ou a extinção de direitos processuais.

Demonstra-se assim que a previsão dos negócios processuais já é antiga no ordenamento processual brasileiro, contudo no atual momento de reforma veio se consolidar por trazer a questão de forma explícita, estabelecendo inclusive o tempo em que é possível que seja realizado o negócio processual.

O legislador estabelece que o negócio processual pode ser consolidado antes da fase processual ou dentro da fase processual, ou seja, considerou o negócio exoprocessual e endoprocessual.

Essa é a posição do ordenamento jurídico, com embargos cabíveis quanto a consideração do negócio processual na fase exoprocessual, que conforme posicionamento adotado alhures caracteriza-se aos olhos deste autor como um negócio jurídico de direito privado que poderá ser transformado em negócio processual, caso o processo venha se estabelecer.

Cunha[14] relaciona no ordenamento jurídico processual de 1973, que ainda se encontra vigente uma série de negócios jurídicos processuais típicos quais sejam:

a) modificação do réu na nomeação à autoria (arts. 65 e 66);
b) sucessão do alienante ou cedente pelo adquirente ou cessionário da coisa litigiosa (art. 42, § 1.º);
c) acordo de eleição de foro (art. 111);
d) prorrogação da competência territorial por inércia do réu (art. 114);
e) desistência do recurso (art. 158; art. 500, III);
f) convenções sobre prazos dilatórios (art. 181);
g) convenção para suspensão do processo (arts. 265, II, e 792);
h) desistência da ação (art. 267, § 4.º; art. 158, parágrafo único);
i) convenção de arbitragem (art. 267, VII; art. 301, IX);
j) revogação da convenção de arbitragem (art. 301, IX, e § 4.º);
k) reconhecimento da procedência do pedido (art. 269, II);
l) transação judicial (arts. 269, III, 475-N, III e V, e 794, II);
m) renúncia ao direito sobre o qual se funda a ação (art. 269, V);
n) convenção sobre a distribuição do ônus da prova (art. 333, parágrafo único);
o) acordo para retirar dos autos o documento cuja falsidade foi arguida (art. 392, parágrafo único);
p) conciliação em audiência (arts. 447 a 449);
q) adiamento da audiência por convenção das partes (art. 453, I);
r) convenção sobre alegações finais orais de litisconsortes (art. 454, § 1º);
s) liquidação por arbitramento em razão de convenção das partes (art. 475-C, I);
t) escolha do juízo da execução (art. 475-P, parágrafo único);
u) renúncia ao direito de recorrer (art. 502);
v) requerimento conjunto de preferência no julgamento perante os tribunais (art. 565, parágrafo único);

---

14 CUNHA, Leonardo Carneiro. *Negócios processuais*. Coordenação Antonio do Passo Cabral e Pedro Henrique Nogueira. Salvador: JusPodivm, 2015. p. 42-43.

w) desistência da execução ou de medidas executivas (art. 569);
x) escolha do foro competente pela Fazenda Pública na execução fiscal (art. 578, parágrafo único);
y) opção do exequente pelas perdas e danos na execução de obrigação de fazer (art. 633);
z) desistência da penhora pelo exequente (art. 667, III);
aa) administração de estabelecimento penhorado (art. 677, § 2.º);
bb) dispensa da avaliação se o exequente aceitar a estimativa do executado (art. 684, I);
cc) opção do exequente pelo por substituir a arrematação pela alienação via *internet* (art. 689-A);
dd) opção do executado pelo pagamento parcelado (art. 745-A);
ee) acordo de pagamento amigável pelo insolvente (art. 783);
ff) escolha de depositário de bens sequestrados (art. 824, I);
gg) acordo de partilha (art. 1.031).

Embora a previsão existente no ordenamento jurídico, os negócios processuais tipificados ainda eram vistos como meros negócios jurídicos no âmbito do direito subjetivo, pois havia uma resistência por parte da doutrina brasileira sobre a existência desses negócios, como Cândido Rangel Dinamarco que considera não ser possível a existência de negócios processuais, pois os efeitos dos atos processuais decorrem da lei, e não da vontade.[15]

Na mesma linha manifesta-se Alexandre Freitas Câmara, por entender que os negócios processuais não existem, uma vez que os atos de vontade praticados pelas partes somente produzem no processo os efeitos estabelecidos pela lei.[16]

No entanto, o art. 190 do CPC de 2015 estabelece a clara possibilidade da existência dos mesmos aproveitando e trazendo outras possibilidades como as elencadas por Didier que constituem: a eleição negocial de foro (art. 63, CPC), o negócio tácito de que a causa transmite em juízo relativamente incompetente (art. 65, CPC), o calendário processual (art. 191, §§ 1.º e 2.º, CPC), a renúncia ao prazo (art. 225, CPC), o acordo para a suspensão do processo (art. 313, II, CPC), organização do processo (art. 357, § 2.º), o adia-

---

15 DINAMARCO, Cândido Rangel. *Instituições de direito processual civil.* 6. ed. São Paulo: Malheiros, 2009. v. 1, p. 484.

16 CÂMARA, Alexandre Freitas. *Lições de direito processual civil.* 25. ed. São Paulo: Atlas, 2014. v. 1, p. 276.

mento negociado da audiência (art. 362, I, CPC), a convenção sobre ônus da prova (art. 373, §§ 3.º e 4.º, CPC), a escolha consensual do perito (art. 471, CPC), o acordo de escolha de arbitramento como técnica de liquidação (art. 509, I, CPC), a desistência do recurso (art. 999, CPC).[17]

Didier aventa que na petição inicial há pelo menos um negócio processual de escolha do procedimento a ser seguido principalmente quando o autor pode optar por procedimentos diversos.[18]

Ainda é relevante trazer à baila o entendimento de Silva,[19] para quem o ato postulativo aproxima-se do negócio processual, pois por meio desse ato a parte pede alguma coisa ao tribunal, fundando-se em dada matéria de fato e estribando-se numa concreta posição de direito. O que ratifica que no ato postulativo há uma evidente manifestação da vontade, o que corrobora para a relevância da vontade no negócio jurídico processual.

Diante desses negócios tipificados arrolados pelo antigo Código de Processo Civil brasileiro e os presentes também no novo Código de Processo Civil que trouxe, definitivamente, a clareza da existência desse instituto, passemos à análise dos negócios processuais atípicos previstos no novel ordenamento.

5. OS NEGÓCIOS PROCESSUAIS ATÍPICOS NA VERSÃO DO NOVO CÓDIGO DE PROCESSO CIVIL BRASILEIRO

O art. 190 do novo CPC trouxe a questão da possibilidade de adotar negócios processuais atípicos. Talvez essa seja uma das grandes novidades do novo Código e também onde será necessária uma maior atenção.

Didier trata cuida dessa questão como um subprincípio da atipicidade processual, por se tratar de concretização[20] do princípio de respeito ao autorregramento da vontade no processo.

Uma característica do que ficou firmado no dispositivo em questão é que as partes poderão convencionar sobre ônus, poderes, faculdades e deveres processuais.

---

[17] DIDIER JR., Fredie. *Curso de direito processual civil*: introdução ao direito processual civil, parte geral e processo de conhecimento. 17. ed. Salvador: JusPodivm, 2015. p. 377.

[18] DIDIER JR., Fredie. *Curso de direito processual civil*: introdução ao direito processual civil, parte geral e processo de conhecimento. 17. ed. Salvador: JusPodivm, 2015. p. 377

[19] SILVA, Paula Costa e. *Acto e processo*. Coimbra: Coimbra Editora, 2003. p. 319.

[20] DIDIER JR., Fredie. *Curso de direito processual civil*: introdução ao direito processual civil, parte geral e processo de conhecimento. 17. ed. Salvador: JusPodivm, 2015. p. 380.

Dessa forma, fica evidenciado que o negócio processual versará sobre o processo, e não sobre o objeto do litígio. Nesse caso, surge o processo como objeto de negócio.

Uma vez que se trata de norma que não trouxe um rol taxativo dos negócios, deixou o sistema aberto para a criatividade das partes no processo.

O exercício dessa criatividade vai trazer a possibilidade de as partes convencionaram sobre várias questões no âmbito do processo. Segundo o ordenamento, os negócios processuais poderão ser firmados ainda na fase pré-processual, ou seja, ainda quando o processo não exista, condição de que discordamos, conforme aventado anteriormente.

Nessa toada podemos verificar que os negócios atípicos poderão versar sobre situações jurídicas processuais, o que poderá significar qualquer situação jurídica ativa, o que poderá incluir direitos subjetivos, direitos potestativos e poderes propriamente ditos.

Ainda poderá versar sobre atos processuais redefinindo sua forma ou da ordem de encadeamento.

Essa é uma questão que podemos considerar uma verdadeira quebra de paradigma, uma vez que a tendência sempre foi para um formalismo exacerbado dos atos processuais.

Na onda renovatória do processo civil brasileiro tem sido feito um trabalho árduo por parte dos processualistas brasileiros, que têm se reunido em Fórum Permanente de Processualistas Civil e têm estabelecido enunciados que versam sobre a temática, trazemos à colação os Enunciados 257 e 258 do Fórum.

> 257. O art. 190 autoriza que as partes tanto estipulem mudanças do procedimento quanto convencionem sobre os seus ônus, poderes, faculdades e deveres processuais.
>
> 258. As partes podem convencionar sobre seu ônus, poderes, faculdades e deveres processuais, ainda que essa convenção não importe ajustes às especificidades da causa.

Nessa questão é fulcral que fique claro que não se trata de negócio sobre o litígio, pois essa é a autocomposição, mas sim se negocia sobre o processo. Essa compreensão é fundamental a fim de que não se entenda que a proposta trazida pelo novo ordenamento seja utópica, pois a cultura do litígio que no Brasil é demasiadamente acirrada pode levar ao entendimento de que os negócios processuais não se efetivaram.

É fundamental essa compreensão, pois o legislador procurou trazer possibilidades de flexibilização, como leciona Gajardoni,[21] a fim sobretudo de que se possa caminhar na direção da resolução de conflitos homenageando o princípio da razoável duração do processo e da efetividade da tutela jurisdicional.

Os negócios processuais surgem como uma possibilidade de as partes buscarem contribuir com uma solução de conflito mais célere. Essa temática demonstra que a responsabilidade para condução do processo de uma forma mais célere passa ser dividida por todos os atores do processo, pois outrora a questão da efetividade sempre recaiu sobre o Poder Judiciário e também pelo excesso de recursos que postergam a litispendência, fazendo com que os processos judiciais sejam morosos.

Uma vez que o art. 190 deixou à mercê das partes a escolha dos procedimentos que constituem um negócio processual, é possível que se estabeleça uma série de procedimentos passíveis de negócios processuais atípicos.

Didier pontua como exemplo um acordo de impenhorabilidade, ou seja, nesse caso as partes poderiam acordar com a impenhorabilidade de alguns bens, pois há situações em que o penhor poderá inviabilizar a atividade econômica, por exemplo, de uma empresa, o que inviabiliza ainda mais o cumprimento de uma obrigação.

No ordenamento processual português, apesar de não prever os negócios atípicos, há a previsão de instância única, conforme disposto no art. 681, 1, que estabelece que é lícito às partes renunciar aos recursos, mas a renúncia antecipada só produz efeito se provier de ambas as partes.

Também é possível no ordenamento jurídico francês o acordo de instância única no art. 42, parágrafo 2, do CPCF.[22]

Nessa forma, poder-se-á constituir num negócio jurídico processual atípico em que as partes estabeleçam uma instância única para resolução do conflito.

Ainda no magistério de Didier vislumbra-se sobre a ampliação ou redução de prazo.[23] Nesse caso, entende-se que deve ser ter um maior cuidado,

---

21 GAJARDONI, Fernando Fonseca. *Flexibilização procedimental.* São Paulo: Atlas, 2008. p. 215.

22 CADIET, Loic. Los acuerdos procesales en direcho francês: situación actual de la contractualización del processo y de la justicia en Francia. *Civil Precedure Review*, v. 3, n. 3. Disponível em: <www.civilprocedurereview.com>. Acesso em: 19 jun. 2015.

23 DIDIER JR., Fredie. *Curso de direito processual civil*: introdução ao direito processual civil, parte geral e processo de conhecimento. 17. ed. Salvador: JusPodivm, 2015. p. 381.

pois há questões em que são estabelecidos por reserva legal, de forma que não se vislumbra que seja possível mudar o prazo recursal, por exemplo, onde a lei já estabeleceu.

Uma alteração de prazo pode ser para apresentação de testemunha, ou de alguma obrigação imposta para as partes, e que as mesmas poderão acordar em cumprir referida obrigação em determinado lapso temporal.

Nesse momento de reflexão sobre possibilidades de utilização de negócios atípicos há uma vasta gama de sugestões, sendo sugerida, *v.g.*, pelo magistério de Didier sobre a possibilidade de negócios atípicos em que as partes acordassem pela superação da preclusão.

A sugestão de Didier fundamenta-se no posicionamento sobre a autonomia privada lecionada por Caponi.[24]

Nada obsta que entre os negócios atípicos possam as partes estabelecer acordos para substituição, *v.g.*, de bens penhorados, dispensa de assistentes e rateio de despesas processuais.

Didier sugere a possibilidade de que as partes possam acordar para que se retire o efeito suspensivo da apelação, nesse sentido, *a contrario sensu*, é importante que se ressalte que o art. 1.012 do Novo Código de Processo Civil brasileiro previu que a apelação terá efeito suspensivo, razão pela qual se entende que a retirada desse efeito tem um limitador legal que será levantado no tópico adiante.

Aventa-se, ainda, a doutrina que começa a discutir as possibilidades de negócios atípicos, a possibilidade de dispensa de caução em execução provisória. Nesse caso, apesar de o legislador estabelecer no art. 83 do novo Código as situações em que se exigirá a caução, uma vez que esta tende a garantir o direito da parte, entende-se que, caso a parte queira dispor de seu direito em acordo, estaríamos no âmbito da autonomia privada, que não deve ser obstada caso as partes assim estabelecerem. É claro que como efeito prático é uma hipótese que *in prima facie* não se consegue vislumbrar aplicabilidade no âmbito processual, exatamente por ser uma garantia.

Nesse momento, percebe-se que as possibilidades aventadas para negócios processuais surgem como um *brainstorming* que deverão ser lapidadas

---

24 CAPONI, Remo. Autonomia privata e processo civile: gli accordi procesuali. *Civil Procedure Review*, v. 1, n. 2, p. 50, 2010. Disponível em: <http://www.civilprocedurereview.com/busca/baixa_arquivo.phd?id=19m>. Acesso em: 20 jun. 2014. (Autonomia privada e processo civil: os acordos processuais. Trad. Pedro Gomes Queiroz. *Revista de Processo*, São Paulo: RT, n. 228, p. 367, 2014.)

na construção de uma doutrina que seja de vanguarda, mas sobretudo que esteja fundamentada nos princípios estruturantes do processo civil, sob pena de que os institutos caiam no descrédito ou desuso. Ou seja, um natimorto.

Trata-se essas questões de um efeito da pós-modernidade. Mas o que é essa pós-modernidade? Boff assim se expressou: "Em que tempo nós estamos? Não estamos no tempo de ontem. Nem totalmente no tempo de hoje. Estamos no entretempo: o antigo não acabou de morrer e o novo não acabou de nascer. Por falta de um nome, fala-se de pós-modernidade".[25]

Ousa-se nomear esse momento como a pós-modernidade do processo civil brasileiro.

Além dessas possibilidades aventadas, Didier[26] ainda traz a possibilidade de acordo para eliminar o número de testemunhas, acordo para autorizar intervenções de terceiros fora das hipóteses legais e acordo para decisão baseada em equidade em direito estrangeiro ou consuetudinário, e o acordo para tornar a prova ilícita.

Esse instituto constitui-se numa senda a ser percorrida que deverá contar com a criatividade, mas sobretudo com muita ponderação, a fim de que não se estabeleça num caso de celeumas processuais mais gravosas do que os que já se têm estabelecido nas lides.

Os negócios processuais são caracterizados por serem unilaterais, bilaterais ou plurilaterais, de forma que Didier não vislumbra um óbice a participação do juiz em negócios processuais atípicos, sendo, na visão do doutrinador, uma oportunidade para que de forma concomitante haja uma fiscalização sobre a validade do negócio.

É verdade que a participação do juiz nos negócios atípicos não traz, *a priori*, qualquer óbice, contudo será necessária a compreensão do magistrado, a fim de que não transforme todo negócio processual como um negócio condicionado à sua homologação, pois o legislador estabelece o negócio processual como a possibilidade da expressão da vontade das partes no processo, o que não condicionou ao poder homologatório dos negócios, mas, sim, estabeleceu uma verdadeira autonomia para as partes transigirem sobre as questões que desejam que sejam regidas pelo o processo que se instaura.

---

25 BOFF, Leonardo. *A voz do arco-íris*. Rio de Janeiro: Sextante, 2004. p. 18.

26 DIDIER JR., Fredie. *Curso de direito processual civil*: introdução ao direito processual civil, parte geral e processo de conhecimento. 17. ed. Salvador: JusPodivm, 2015. p. 382-383.

6. OS LIMITES DE APLICAÇÃO DOS NEGÓCIOS PROCESSUAIS ATÍPICOS

Uma vez estabelecida a possibilidade dos negócios processuais atípicos, é importante debruçarmos sobre quais devem ser os limites, na forma que se consiga estabelecer um sistema de moldura, a fim de que os negócios processuais atípicos tenham eficácia no âmbito processual.

É de bom alvitre que o primeiro limitador dos negócios processuais deve ser a própria lei, pois de forma genérica o legislador, ao estabelecer no novo código a cláusula geral no art. 190, que condicionou a possibilidade dos negócios processuais as ações que versam sobre direito que admitam a autocomposição.

Questão que requer uma atenção como um limitador, por força do que diz o legislador, deve ser analisado in *prima facie:* autocomposição.

A autocomposição é definida como a forma de solução do conflito pelo consentimento espontâneo de um dos contendores em sacrificar o interesse próprio, no todo ou em parte, em favor de interesse alheio.[27]

Nesse sentido, questão relevante é sobre a possibilidade ou não de negócio processual entre o particular e a fazenda pública no processo.

Em primeiro momento, é mister diferenciar que autocomposição é diferente de direito indisponível, contudo não se pode ignorar que, enquanto Fazenda Pública o interesse é da coletividade, ou seja, em tese, a prevalência do interesse público sobre o privado, e no momento em que se estabelece uma autocomposição no sentido *stricto* haverá situações em que o público cederá em prol do privado, o que vai levar uma discussão de possibilidade ou não de que a Fazenda Pública possa figurar em negócios processuais.

Já há manifestação de doutrinadores pela possibilidade da participação da Fazenda Pública nos negócios processuais, tendo como a máxima o fato de que já se encontra pacificada a possibilidade de a Fazenda Pública participar de transação.

Também se vislumbra essa possibilidade a partir do momento em que já há casos em que a Fazenda Pública se condicionou à arbitragem que se constitui em um negócio processual atípico.

É claro que o limitador também serão os requisitos de validade do negócio jurídico, e esse é um pressuposto que não poderá ser afastado, tanto nos

---

27 DIDIER JR., Fredie. *Curso de direito processual civil*: introdução ao direito processual civil, parte geral e processo de conhecimento. 17. ed. Salvador: JusPodivm, 2015. p. 165.

negócios típicos quanto nos atípicos, pois será necessário que se submeta aos pressupostos de existência, às condições de validade e aos fatores de eficácia já conhecidos para todo e qualquer negócio jurídico.[28]

Entre essas possibilidades de negócios jurídicos processuais que venham a figurar à Fazenda Pública, uma vez que a doutrina tem entendido que as partes podem propor acordo sobre prazos processuais, seria possível à Fazenda Pública negociar o prazo de manifestação nos autos, uma vez que o legislador estabeleceu que a Fazenda Pública terá o prazo em dobro para se manifestar, conforme art. 183 do novo CPC?

A contagem de prazo em dobro sempre foi atribuída pela doutrina como uma prerrogativa da Fazenda Pública, ainda que seja possível ao advogado público negociar a redução do prazo, esse será um grande paradigma a ser quebrado?

No âmbito das discussões sobre os negócios processuais, tem sido aventada a possibilidade de que seja feito um acordo de instância única, ou seja, as partes acordarem de não recorrer. No entanto, teríamos mais uma questão limitante quanto a esse acordo em negócios processuais, em que a Fazenda Pública esteja figurando, pois no ordenamento jurídico brasileiro há muito se estabelece a questão da supremacia do interesse público, razão pela qual a Fazenda Pública não deixa de recorrer das decisões que são desfavoráveis ao Erário.

Outra questão que é posta, conforme Cunha,[29] é a impossibilidade de negócio processual que afaste o reexame necessário, tendo o doutrinador classificado como indisponível.

Percebe-se que, apesar de algumas reflexões iniciais sobre a temática da participação da Fazenda Pública em negócios processuais, a legislação que estabelece as prerrogativas para a Fazenda Pública será um grande óbice na efetividade desses negócios processuais, correndo um sério risco de que eles fiquem no campo da teoria sem qualquer aplicação prática.

---

28 CIANCI, Mirna; MEGNA, Bruno Lopes. *Negócios processuais*. Coordenação Antonio do Passo Cabral e Pedro Henrique Nogueira. Salvador: JusPodivm, 2015. p. 487.

29 CUNHA, Leonardo Carneiro. *Negócios processuais*. Coordenação Antonio do Passo Cabral e Pedro Henrique Nogueira. Salvador: JusPodivm, 2015. p. 59. Neste sentido, o legislador brasileiro deixou passar a oportunidade de extirpar do ordenamento processual esse retrógrado instituto, que tem como característica principal, de forma prática, que o juiz *a quo*, de ofício, submeta a sua decisão ao juízo *ad quem*. Esse instituto é descabido no tempo em que vivemos, onde a Advocacia Pública, tem o dever de recorrer caso entenda que a decisão é desfavorável à Fazenda Pública, o instituto não é mais do que o juiz submeter a sua decisão ao duplo grau como se a Advocacia Pública fosse hipossuficiente.

Impende destacar que, independentemente das questões aventadas, é necessário destacar que, mesmo nos casos que em que as partes no negócio processual não sejam a Fazenda Pública, também será necessário o estabelecimento dos limites.

Uma vez que a autocomposição direciona para uma solução do litígio fora da jurisdição estatal, ou seja, é uma busca da resolução do conflito sem a participação do Estado-Juiz, os negócios processuais tendem a ser um grande desafio a ser percorrido no âmbito do processo judicial.

Uma questão que requer uma reflexão é o negócio processual sobre a prova. É vetusto que a prova tem como função balizar o convencimento do juiz sobre uma questão trazida a juízo, logo, a prova é uma tentativa da parte na busca do convencimento do juiz de que o direito pleiteado é legítimo.

Nesse sentido, seria possível a limitação, por meio do negócio processual, da prova? Parece-nos que a prova não seria um negócio bilateral, mas plurilateral, que necessariamente dependerá da participação do juiz, pois a prova tende, no processo judicializado, a levá-lo ao convencimento de uma questão posta em juízo, razão pela qual o negócio processual sobre prova dependerá da manifestação do juiz, o que parece ser uma questão que não estaria dentro do campo da autonomia da vontade da parte.

Nessa senda um negócio processual sobre a prova esbarrará na limitação da aceitação do juiz. Esse entendimento poderá encontrar resistência, uma vez que o art. 190 versará sobre direito que admita a autocomposição, o que por decorrência lógica seria questão em que as partes poderiam dispor livremente. Esse entendimento ratifica-se cada vez mais que o negócio processual aparenta ser um instituto utilizado no âmbito de uma jurisdição voluntária.

Didier, ao criticar posicionamento de Leonardo Greco, que entende que a jurisdição voluntária feita na esfera extrajudicial retira a natureza de jurisdição, assim se manifestou:

> Essa construção doutrinária é um tanto tautológica. Partem da premissa de que a jurisdição voluntária não é jurisdição, porque não há lide a ser resolvida; sem lide, não se pode falar de jurisdição. Não haveria, também substitutividade, pois o que acontece é que o magistrado se insere entre os participantes do negócio jurídico, não os substituindo. Porque não há lide, não há partes, só interessados; porque não há jurisdição: só haveria requerimento e procedimento. Porque não há jurisdição, não há coisa julgada, mas mera preclusão.[30]

---

[30] DIDIER JR., Fredie. *Curso de direito processual civil*: introdução ao direito processual civil, parte geral e processo de conhecimento. 17. ed. Salvador: JusPodivm, 2015. p. 191.

Registre-se que a questão do negócio processual terá uma forte tendência de ser exercida nesse campo, sendo esse o limitador que o legislador previu quanto a questão da autocomposição.

As diretrizes que vão moldurar os acordos processuais, além da observância da autocomposição levantada anteriormente, devem ser analisados a partir de diversos aspectos, entre eles, Peter Schlosser, que avalia o consenso das partes sobre o processo civil: *in dubio pro livertate*.[31]

Ainda é determinante estabelecer que o negócio processual terá como limite a licitude do objeto, uma vez que, assim como os negócios jurídicos do direito substantivo, para que seja válido o negócio processual o negócio deve ser lícito.

Outra questão foi prevista no art. 142 do CPC, que estabelece que o juiz deve proferir decisão para obstar propósito das partes que caracterizem simulação ou fraude a lei.

Dessa forma, fica evidente que não será admitido o negócio processual que atente contra a boa-fé processual.

Será também objeto de recusa o negócio processual que comprometa a competência absoluta, sendo somente passível de negócio processual a competência relativa.

Ainda serão um limitador do negócio processual as matérias que forem de reserva de lei, por isso não é possível, *v.g.*, a criação de recursos.

Didier[32] lista como limite aos negócios processuais que tenham como objeto o afastamento de regra processual que sirva à proteção de direito indisponível, como também que preveja segredo de justiça.

No âmbito estatal o segredo de justiça estipulado pelas partes será ilícito pelo fato de que o processo é público, e somente o juiz poderá entender que o processo poderá receber o *status* de processo com segredo de justiça, razão pela qual, se as partes propuserem um acordo que estabeleça, não deverá ser considerado nulo diretamente, pois, caso o juiz homologue o pedido, aí, sim, a cláusula estaria valendo.

---

31 Apud CAPONI, Remo. Autonomia privata e processo civile: gli accordi procesuali. *Civil Procedure Review*, v. 1, n. 2, p. 50, 2010. Disponível em: <http://www.civilprocedurereview.com/busca/baixa_arquivo.phd?id=19m>. Acesso em: 20 jun. 2014. (Autonomia privada e processo civil: os acordos processuais. Trad. Pedro Gomes Queiroz. *Revista de Processo*, São Paulo: RT, n. 228, p. 362, 2014.)

32 DIDIER JR., Fredie. *Curso de direito processual civil*: introdução ao direito processual civil, parte geral e processo de conhecimento. 17. ed. Salvador: JusPodivm, 2015. p. 390.

Por fim, não podem ser estabelecidos como limite aos negócios processuais os acordos que apresentem vícios de vontade, conforme previsto no art. 177 do Código Civil.

7. CONCLUSÃO

O presente relatório não teve a pretensão de esgotamento de um assunto que surge como um tema inovador no processo civil brasileiro, principalmente quando se refere aos negócios jurídicos atípicos.

É evidente que muitas discussões deverão ser travadas, uma vez que ainda não entrou em vigor o novo Código de Processo Civil brasileiro; não há casos na jurisprudência pátria que versem sobre a matéria.

Dessa forma, as reflexões dos juristas sobre a temática é de grande importância, a fim de que se possa construir um caminho que venha balizar a aplicabilidade do instituto cuja vigência teve início em março de 2016.

No entanto, é possível concluir que um dos maiores desafios é conseguir quebrar o paradigma da advocacia brasileira no que concerne a estabelecer uma advocacia que preze os acordos, mediações e conciliações em detrimento dos litígios.

O espírito do causídico desarmado propiciará busca de soluções eficazes para a realização da justa composição do litígio.

Entre os atores do processo, o advogado como representante da parte deverá exercer um papel conciliador, a fim de que possa estabelecer os negócios processuais.

Será necessária uma iniciativa no sentido de que os ânimos estejam desarmados, para que se desconstrua a ideia de que os negócios são propostos com a tentativa de que exista alguma cláusula com armadilhas para que uma parte possa prevalecer em detrimento da outra.

Nesse sentido, será necessário garantir a paridade das armas para que não haja prejuízo, sendo essa observância uma condição de validade dos negócios que deverá ser considerada pelo juiz, quando os negócios vierem a ser propostos em juízo.

Os negócios processuais precisam ser construídos com a fundamentação do princípio da boa-fé processual, revestido de ética e sobretudo com o *animus* conciliador na busca de uma solução justa para o conflito.

Nesse sentido, não é possível negar mais a sua existência, uma vez que o ordenamento jurídico processual brasileiro trouxe em seu art. 190 o instituto.

Respeita-se a opinião dos doutrinadores que advogam pelo reconhecimento dos negócios processuais como meros atos processuais. Contudo, com os embargos que se fazem necessários, quanto a evidência de que há negócios em que claramente fica concretizado o respeito à autonomia da vontade das partes, e a busca para construção de um processo em que o princípio da cooperação está evidenciado sob a influência de um processo civil desenvolvido na Europa.

Há situações que podem plenamente prevalecer a vontade das partes, e não simplesmente a vontade da lei.

Esse é o *animus* desse novo Código, por isso a introdução de normas que fortalecem a possibilidade de uma participação maior das partes homenageando a autonomia da vontade nesse instituto.

No entanto, não se pode ser envolvido pela ingenuidade de que o instituto vai facilmente ser absorvido pela comunidade jurídica, pois é claro que estamos diante de um novo processo que requer uma nova advocacia.

As questões expostas demonstram a dificuldade da convivência entre a autocomposição e os procedimentos judiciais. Também o estabelecimento de negócios processuais quando num dos polos do processo estiver a Fazenda Pública, dada as limitações impostas por lei.

Não menos desafiador será extrair a concretização da norma ante uma cultura de lide que está consolidada no âmbito da sociedade brasileira.

É necessário que se diferencie o que vem a ser um negócio processual, que é entendido como os negócios que se propõem num curso do processo judicial, dos negócios jurídicos que têm reflexo no processo, quando são avençados numa fase anterior ao processo.

É cada vez mais evidente que as partes ganharam um novo *status* no âmbito do processo, no entanto nessa nova estrutura, em que o juiz que sempre exerceu o papel de protagonista do processo, terá que conviver com condições em que as partes vão impor uma nova dinâmica no curso do processo.

Sem dúvida esse é mais um paradigma a ser quebrado, pois, se o novo Código requer uma nova advocacia, também requererá uma nova magistratura.

Vislumbra-se a necessidade de um tempo de maturação do instituto dos negócios processuais, até que estes possam ser adotados na prática.

Uma vez que o novo Código busca uma resolução de conflito por meio da mediação, conciliação e arbitragem passam a ter um campo fértil para que o instituto se consolide.

O desafio será também fazer com que o Poder Judiciário possa estruturar as Câmaras de Conciliação e Mediação, além da capacitação de profissionais para o desenvolvimento dessa atividade, pois as conciliações que hoje são feitas nos juizados especiais não têm contribuído para resolução dos conflitos, estando as partes sempre na busca da resolução por meio do processo judicializado, o que acaba tornando o processo ainda mais moroso.

Enfim, esse será um dos desafios que deverá ser enfrentado com o fito de que o instituto dos negócios processuais possa se estabelecer e contribuir para uma célere e eficiente fórmula de resolução dos conflitos que abarrotam os tribunais e são incapazes de colaborar para justa composição dos conflitos.

8. REFERÊNCIAS

AMARAL SANTOS, Moacyr. *Primeiras linhas de direito processual civil.*13. ed. São Paulo: Saraiva, 1987. v. I.

BETTI, Emilio. *Teoria do negócio jurídico.* Campinas: Servanda, 2008.

BOFF, Leonardo. *A voz do arco-íris.* Rio de Janeiro: Sextante, 2004.

CADIET, Loic. Los acuerdos procesales en direcho francês: situación actual de la contractualización del processo y de la justicia en Francia. *Civil Precedure Review*, v. 3, n. 3. Disponível em: <www.civilprocedurereview.com>. Acesso em: 19 jun. 2015.

CÂMARA, Alexandre Freitas. *Lições de direito processual civil.* 25. ed. São Paulo: Atlas, 2014.

CAPONI, Remo. Autonomia privata e processo civile: gli accordi procesuali. *Civil Procedure Review*, v. 1, n. 2, p. 50, 2010. Disponível em: <http://www.civilprocedurereview.com/busca/baixa_arquivo.phd?id=19m>. Acesso em: 20 jun. 2014. (Autonomia privada e processo civil: os acordos processuais. Trad. Pedro Gomes Queiroz. *Revista de Processo*, São Paulo: RT, n. 228, 2014.)

CIANCI, Mirna; MEGNA, Bruno Lopes. *Negócios processuais.* Coordenação Antonio do Passo Cabral e Pedro Henrique Nogueira. Salvador: JusPodivm, 2015.

CUNHA, Leonardo Carneiro. *A Fazenda Pública em juízo.* 8. ed. São Paulo: Dialética, 2010.

______. *Negócios processuais.* Coordenação Antonio do Passo Cabral e Pedro Henrique Nogueira. Salvador: JusPodivm, 2015.

DIDIER JR., Fredie. *Curso de direito processual civil*: introdução ao direito processual civil, parte geral e processo de conhecimento. 17 ed. Salvador: JusPodivm, 2015.

______; NOGUEIRA, Pedro Henrique Pedrosa. *Teoria dos fatos jurídicos processuais.* 2. ed. Salvador: JusPodivm, 2012.

DINAMARCO, Cândido Rangel. *Instituições de direito processual civil.* 6. ed. São Paulo: Malheiros, 2009. v. 1.

FAZZALARI, Elio. Processo. Teoria generali. *Novíssimo Digesto Italiano*, v. 13, p. 1072.

FREITAS, José Lebre de. *Introdução ao processo civil*: conceito e princípios gerais à luz do novo Código. 3. ed. Coimbra: Coimbra Ed., 2013.

______; ALEXANDRE, Isabel. *Código de Processo Civil anotado*. 3. ed. Coimbra: Coimbra Editora, 2014. v. 1, arts. 1.º a 361.º.

GAJARDONI, Fernando Fonseca. *Flexibilização procedimental*. São Paulo: Atlas, 2008.

JAURENIG, Othmar. *Zivilprzessrecht*: ein Studienbuch/von Othmar Jaurering-25, völlig neubearb. Aufl. Des von Friedric Lent berg. Werkes. Münche: Beck, 1998.

KELSEN, Hans. *Teoria pura do direito*. Tradução de João Batista Machado. São Paulo: Martins Fontes, 1997.

LASPRO, Oreste Nestor de Souza. *Duplo grau de jurisdição no direito processual civil*. São Paulo: RT, 1995.

MARQUES, José Frederico. *Manual de direito processual civil*. São Paulo: Saraiva, 1987. v. I.

MELO FILHO, Álvaro. O princípio da isonomia e os privilégios processuais da Fazenda Pública. *RePro*, ano 19, n. 75, 1994.

PEREIRA, Helio do Vale. *Manual da Fazenda Pública em juízo*. 3. ed. rev., atual. e ampl. Rio de Janeiro: Renovar, 2008.

PORTO, Sérgio Gilberto; USTÁRROZ, Daniel. *Lições de direitos fundamentais no processo civil*. O conteúdo processual da Constituição Federal. Porto Alegre: Livraria do Advogado, 2009.

ROCHA, Cesar Asfor. *A luta pela efetividade da jurisdição*. São Paulo: RT, 2007.

SILVA, Ovídio A. Baptista da. *Decisões interlocutórias e sentenças liminares, sentença e coisa julgada*. 3. ed. rev. e aum. Porto Alegre: SAFE, 1995.

______. *Processo e ideologia:* o paradigma racionalista. Rio de Janeiro: Forense, 2006.

SILVA, Paula Costa e. *Acto e processo*. Coimbra: Coimbra Editora, 2003.

SOUSA, Miguel Teixeixa de. *Estudos sobre o novo processo civil*. Lisboa: Lex, 1997.

______. *Introdução ao processo civil*. 2. ed. Lisboa: Lex, 1999.

TABORDA, Maren Guimarães. O princípio da igualdade em perspectiva histórica: conteúdo, alcance e direções. *Revista da Procuradoria-Geral do Município de Porto Alegre*, v. 11, n. 12, 1998.

TUPINAMBÁ, Carolina. *A Fazenda Pública e o processo do trabalho*. Rio de Janeiro: Forense, 2007.

VIANA, Juvêncio Vasconcelos. *Efetividade do processo em face da Fazenda Pública*. São Paulo: Dialética, 2003.

AS SÚMULAS NO DIREITO PROCESSUAL CIVIL BRASILEIRO: PASSADO, PRESENTE E FUTURO[1]

Renata Cortez Vieira Peixoto

Sumário: 1. Introdução – 2. Antecedente histórico das súmulas do direito brasileiro: os assentos portugueses – 3. As súmulas no direito processual civil brasileiro desde a colonização até a revogação do Código de Processo Civil de 1973 pela Lei 13.105/2015: origem, evolução e problemas decorrentes de sua edição e aplicabilidade sem vinculação à teoria dos precedentes: 3.1. Origem e evolução das súmulas no direito brasileiro; 3.2. Análise crítica das súmulas no direito brasileiro até a entrada em vigor do CPC/2015: problemas práticos decorrentes de sua edição como se fossem preceitos normativos e da sua aplicabilidade sem vinculação aos precedentes que lhes deram origem – 4. O efeito persuasivo e vinculante da *ratio decidendi* dos precedentes e as súmulas como método de trabalho à luz da Lei 13.105/2015, que instituiu o novo Código de Processo Civil brasileiro – 5. Conclusão – 6. Bibliografia.

1. INTRODUÇÃO

Embora encontrem sua origem remota nos assentos portugueses da Casa de Suplicação, as súmulas, em sua atual configuração, estão presentes na reali-

---

[1] Título inspirado em artigo de autoria de Victor Nunes Leal, que foi Ministro do Supremo Tribunal Federal de 1960 a 1969, onde exerceu a função de presidente da Comissão de Jurisprudência e foi o responsável pela proposta de alteração do Regimento Interno do STF para que fossem criados enunciados de súmulas. O artigo é intitulado Passado e futuro da súmula do STF, e foi publicado na *Revista de Direito Administrativo* , v. 145, p. 1-20, jul.-set. 1981. O texto se encontra disponível em: <http://www.ivnl.com.br/download/passado_e_futuro_da_sumula_do_stf.pdf>. Acesso em: 15 abr. 2016.

dade processual civil brasileira desde a década de 1960, quando o então Ministro do Supremo Tribunal Federal (STF) e presidente da Comissão de Jurisprudência, Victor Nunes Leal, propôs a alteração do Regimento Interno da referida Corte Superior para permitir a edição de enunciados que correspondessem à sua jurisprudência predominante, que seriam condensados em uma Súmula.

Criadas com o objetivo de funcionar como método de trabalho, destinado a facilitar a atividade dos Ministros do Supremo, no sentido de identificar as matérias decididas anteriormente e com entendimento já pacificado, a fim de aplicar as mesmas conclusões aos casos futuros semelhantes e de agilizar os julgamentos, as súmulas rapidamente demonstraram servir a tal finalidade, passando, paulatinamente, a ser utilizadas não apenas pelo STF como pelos demais tribunais brasileiros, superiores e de segundo grau de jurisdição.

Até dezembro de 2004, as súmulas apresentavam eficácia meramente persuasiva, de modo que não havia vinculação formal dos demais juízes e tribunais, da Administração Pública tampouco dos jurisdicionados aos seus enunciados. Apesar de haver, de modo geral, respeito às súmulas dos tribunais superiores, nada impedia que os órgãos jurisdicionais a eles subordinados deixassem de aplicar os seus verbetes.

Com a Emenda Constitucional 45, de 31.12.2004, surgiram no ordenamento jurídico brasileiro as denominadas súmulas vinculantes, as quais podem ser editadas apenas pelo Supremo Tribunal Federal, de ofício ou por provocação, depois de reiteradas decisões sobre matéria constitucional. Tais súmulas têm, segundo o texto constitucional, efeito vinculante em relação aos demais órgãos do Poder Judiciário e à Administração Pública direta e indireta, nas esferas federal, estadual e municipal.

Surgiram debates sobre a constitucionalidade do instituto, com esteio em diversos argumentos, tais como o de que o efeito vinculante atribuído às súmulas enseja violação ao princípio da separação dos poderes, visto que confere a órgão do Poder Judiciário a função de expedir enunciados com força de lei. Prevaleceu, entrementes, a tese de sua consonância com a Constituição, tanto que, atualmente, há 55 súmulas vinculantes aprovadas pelo STF.

Desde a EC 45/2004, portanto, passaram a coexistir no ordenamento jurídico brasileiro dois efeitos atribuídos às súmulas: o persuasivo e o vinculante, este como decorrência das súmulas editadas pelo Supremo Tribunal Federal nos moldes do texto constitucional.

Como método de trabalho destinado a acelerar a prolação de decisões, as súmulas produzem indubitavelmente bons resultados.

As súmulas vinculantes do STF são, de modo geral, observadas pelos juízes e tribunais brasileiros; além disso, ainda que a eficácia das súmulas do Supremo (anteriores à EC 45/2004) e do Superior Tribunal de Justiça seja meramente persuasiva, há uma tendência dos demais juízes e tribunais seguirem seus enunciados, além de que existem mecanismos recursais destinados a garantir a sua incidência, a exemplo da possibilidade de o Relator negar provimento a recurso manifestamente em confronto com súmula de tribunal superior.

O problema, todavia, está na má formulação do texto das súmulas, de modo absolutamente desvinculado dos precedentes que lhes deram origem – o que ocorre com certa frequência – e na utilização mecânica de seus enunciados, ante o caráter de preceito normativo que geralmente lhes é atribuído.

É preciso, pois, investigar a natureza jurídica das súmulas – se não passam de um método de trabalho ou se efetivamente constituem preceitos normativos – a fim de identificar a sua real função no direito processual, tendo em vista que seus enunciados já se apresentam consideravelmente numerosos na maioria dos tribunais brasileiros, quantitativo que deve aumentar, em razão da entrada em vigor do Código de Processo Civil de 2015.

Isso porque a Lei 13.105, de 16.03.2015, que instituiu o novo Código de Processo Civil brasileiro, pretende modificar a realidade da jurisprudência brasileira, ao adotar, em seu art. 926, a doutrina do *stare decisis,* no sentido de que deve haver respeito aos precedentes, conferindo-lhes eficácia horizontal (observância dos precedentes pelo tribunal que os formulou) e vertical (respeito aos precedentes formados pelos tribunais hierarquicamente superiores), além de exigir uma motivação adequada das decisões judiciais, estabelecendo situações em que a as decisões se reputam mal fundamentadas, a exemplo daquelas que se limitam a reproduzir enunciados de súmulas sem a identificação dos fundamentos determinantes dos precedentes que lhes deram origem e sem contextualizá-las ao caso concreto.

Além disso, o CPC/2015, em seu art. 927, define um rol de enunciados de súmulas, orientações e decisões que teriam efeito vinculante relativamente aos juízes e tribunais, a exemplo das súmulas dos tribunais superiores. Segundo se entende, tal efeito poderá também ser atribuído às súmulas dos tribunais de segundo grau de jurisdição, em razão do disposto no art. 927, V.

Assim é que se pretende, no presente ensaio, num primeiro momento, descrever a origem – remota e próxima – das súmulas no direito brasileiro, tratando-se dos assentos portugueses e, bem assim, da súmula da jurisprudência dominante do Supremo Tribunal Federal e do processo evolutivo dos enunciados sumulares persuasivos e vinculantes até a revogação do Código de Processo Civil de 1973, levada a efeito pela Lei 13.105/2015.

Em seguida, serão explicitadas as principais problemáticas relacionadas à aplicabilidade das súmulas na jurisprudência brasileira e as soluções correspondentes que o Código de Processo Civil de 2015 busca implementar, com o fito de uniformizar a orientação jurisprudencial dos tribunais e, em consequência, garantir a previsibilidade, a segurança jurídica e a igualdade, reputados elementos formais do Estado Democrático de Direito.

À guisa de conclusão, buscar-se-á identificar a natureza jurídica das súmulas e a sua finalidade no contexto da uniformização da jurisprudência, notadamente em face da vigência do Código de Processo Civil brasileiro de 2015.

2. ANTECEDENTE HISTÓRICO DAS SÚMULAS DO DIREITO BRASILEIRO: OS ASSENTOS PORTUGUESES

Registros históricos dão conta de que os assentos portugueses da Casa de Suplicação tiveram aplicabilidade no direito brasileiro desde a época da colonização até depois da proclamação da independência[2].

Estando, pois, na origem do nosso ordenamento jurídico processual, evidencia-se imprescindível a feitura de um escorço histórico acerca dos assentos portugueses[3] e sobre a controvérsia em torno da sua natureza jurídica,

---

2 Segundo Rodolfo de Camargo Mancuso (*Divergência jurisprudencial e súmula vinculante*. São Paulo: RT, 2001. p. 212), mesmo após a proclamação da República, as Ordenações Filipinas continuavam a ter aplicabilidade no Brasil e, em consequência, os assentos da Casa da Suplicação.

3 Os assentos, em Portugal, tiveram diferentes configurações e efeitos ao longo do tempo. Escrevendo sobre os assentos conforme a sua previsão no Código de Processo Civil português de 1961, A. Castanheira Neves (*O instituto dos assentos e a função jurídica dos supremos tribunais*. Coimbra: Coimbra Editora, 2014. p. 2-12) ressalta a originalidade do instituto e o diferencia dos assentos da Casa de Suplicação. Chama a atenção para o fato de que há institutos do passado de determinação judicial do direito, a exemplo das façanhas e os assentos das relações e os assentos da Casa de Suplicação de Portugal e dos *arrêts de réglements* dos antigos Parlamentos franceses. Compara também os assentos a institutos contemporâneos de outros sistemas jurídicos, chamando a atenção para as distinções entre eles. A esse respeito, afirma: "[...] o sistema jurídico soviético concede ao Supremo Tribunal da URSS e aos Supremos Tribunais das suas Repúblicas o poder de emitir 'directivas' ou 'princípios diretores', isto é, instruções de caráter genérico, vinculantes para as jurisdições subordinadas, relativamente ao modo como estas deverão decidir concretamente, já determinando a norma jurídica que há de ser aplicada em certos casos, já esclarecendo duvidosas questões interpretativas e fixando o sentido da lei, já mesmo prescrevendo o modo como especiais pontos de facto deverão ser apreciados. Mas trata-se, tanto num caso como no outro, de paralelos apenas formais e não de verdadeiras analogias, posto que aqueles institutos históricos e este instituto socialista integram-se em sistemas de direito com uma índole fundamentalmente diferente da que corresponde ao

que desencadeou a declaração de inconstitucionalidade parcial do art. 2.º do Código Civil português, que previa a sua obrigatoriedade geral, e a total revogação do instituto em meados da década de 1990.

Os denominados assentos, editados inicialmente pela mais alta Corte de Justiça do Reino de Portugal – a Casa de Suplicação – criados pelas Ordenações Manuelinas de 1521 e também previstos nas Ordenações Filipinas[4], não se tratava de enunciados elaborados com a finalidade de condensar a interpretação dominante da jurisprudência do referido Tribunal. Cuidavam-se de determinações interpretativas tomadas pelo Regedor – o presidente da

---

nosso ordenamento jurídico, e ao serviço desses sistemas obtêm aí uma justificação e cumprem neles uma função igualmente distintas das que podemos verdadeiramente imputar aos nossos actuais *assentos*". Tendo em vista a sua característica de prescreverem critérios jurídicos universalmente vinculantes, por meio de enunciados de normas que abstraem e se destacam dos casos ou decisões que tenham estado na sua origem, com a finalidade de estatuírem para o futuro, A. Castanheira Neves ressalta que os assentos também são distintos de outros regimes formais de jurisprudência estabilizada, a exemplo da "doctrina legal" do Supremo Tribunal espanhol ou da jurisprudência obrigatória da Suprema Corte mexicana, visto que "Em ambos estes casos o que se torna vinculante é a orientação jurídica, que através de uma jurisprudência reiterada ou de certo número de decisões jurisdicionais, estes supremos tribunais mantiveram constante, enquanto nos *assentos* não se trata de dar relevo a uma jurisprudência constante ou uniforme, mas de impor mediante uma norma expressamente formulada para o futuro a solução de um conflito de jurisprudência – solução-norma que nem tem de cingir-se às teses jurisprudenciais em conflito, optando apenas por uma delas, nem tem de traduzir qualquer orientação jurisprudencial anteriormente seguida". Também distingue os assentos do sistema alemão relativo à decisão do Pleno, que "[...] não deixa de ser uma decisão jurisdicional *stricto sensu*, referida a um certo caso concreto, e só é formalmente obrigatória na própria causa, embora indirectamente traduza uma vinculação material mais ampla que, todavia, nunca deixa de ser relativa e precária". Finalmente, destaca a diferença entre os assentos e o regime dos precedentes obrigatórios, dos sistemas da *common law, in verbis*: "O "precedente" é uma concreta decisão jurisprudencial, vinculada como tal ao caso historicamente concreto que decidiu – trata-se também aqui de uma estrita decisão jurisdicional – que se toma (ou se impõe) como padrão normativo casuístico em decisões análogas ou para casos de aplicação concretamente análogica. Não se ultrapassa assim o plano do concreto casuístico – de particular a particular, e não do geral (a norma) ao particular (o caso) –, com todas as decisivas consequências, quer na intencionalidade jurídico-normativa quer metodológicas, que esse tipo de fundamentação e decisão implica".

4 LAPA, Jorge Teixeira (anotações). Jurisprudência comentada: acórdão 810/93. *Polis – Revista de Estudos Jurídico-Políticos*, ano I, n. 1, out.-dez. 1994. Disponível em: <http://revistas.lis.ulusiada.pt/index.php/polis/article/viewFile/932/pdf_5>. Acesso em: 4 abr. 2016.

Casa de Suplicação – em conjunto com os Desembargadores em situações de dúvidas de entendimento quanto ao teor das normas contidas nas Ordenações. Tais determinações eram vinculantes para os juízes e desembargadores, porquanto aqueles que contrariassem os seus termos poderiam ser suspensos[5].

Os assentos perduraram até o completo desaparecimento da Casa de Suplicação, com a instalação do Supremo Tribunal de Justiça em 1832, cuja criação foi determinada pela Constituição portuguesa de 1822. À época, predominavam os ideais do liberalismo e da separação dos poderes, oriundos da Revolução Francesa e do advento da Constituição dos Estados Unidos da América do Norte, de modo que, mesmo antes da promulgação da Constituição de 1822, a Casa de Suplicação reconheceu a sua impossibilidade de tomar assentos sobre a interpretação das leis sem delegação do Poder Legislativo, já que somente a este cabia a edição de normas gerais. Ainda assim, entre fevereiro de 1824 até agosto de 1832, a Casa de Suplicação prescreveu ainda 13 assentos, em virtude da situação de instabilidade política e social instalada no país que redundou na revogação da Constituição de 1822[6].

O Supremo Tribunal de Justiça, embora tivesse a função de uniformizar a jurisprudência, não tinha competência para proferir assentos e, à época, considerava-se que tal prática seria desnecessária. Acreditava-se que a uniformização seria uma consequência natural da criação de um órgão jurisdicional hierarquicamente superior aos demais, destinado a solucionar questões de direito, cujos entendimentos deveriam ser seguidos pelos tribunais inferiores em casos posteriores semelhantes[7].

---

5 Vide texto do § 5.º, do título V, do livro 1.º das Ordenações Filipinas: "E havemos por bem, que quando os Desembargadores, que forem no despacho de algum feito, todos ou alguns delles tiverem alguma duvida em alguma nossa Ordenação do entendimento della, vão com a duvida ao Regedor; o qual na Mesa Grande com os Desembargadores, que lhe bem parecer a determinará, e segundo o que ahi for determinado, se porá a sentença. E a determinação, que sobre o entendimento da dita Ordenação se tomar, mandará o Regedor screver no livro da Relação para depois não vir em duvida. E se na dita Mesa forem isso mesmo em duvida, que ao Regedor pareça, que he bem de nol-o fazer saber, para a Nós logo determinarmos, nol-o fará saber, para nisso provermos. E os que em outra maneira interpretarem nossas Ordenações, ou derem sentenças em algum feito, tendo algum deles duvida no entendimento da Ordenação, sem ir ao Regedor, será suspenso até nossa mercê". Disponível em: <http://www1.ci.uc.pt/ihti/proj/filipinas/l1p18.htm>. Acesso em: 10 abr. 2014.

6 LAPA, Jorge Teixeira. Jurisprudência comentada... cit.

7 REIS, Alberto dos. *Código de Processo Civil anotado*. Coimbra: Coimbra Editora, 1981. v. VI, p. 234.

Não houve, entrementes, a uniformização desejada e vários diplomas legais foram editados com a finalidade de reduzir a instabilidade da jurisprudência. Nesse sentido, o Decreto 4.620, de 13.07.1918 reconhecia, em seu preâmbulo, a dificuldade de distinguir, na prática, os limites da interpretação sem que houvesse revogação da lei ou criação de normas e, bem assim, a inexistência de sanções eficazes para eventual extrapolação desses limites. Por isso, considerava que a função de interpretar autenticamente as leis deveria ser incumbida ao Poder competente para criá-las e revogá-las e não ao Poder Judiciário. A melhor forma, então, de garantir a uniformização progressiva da jurisprudência seria assegurando a manutenção da última jurisprudência estabelecida pelo Supremo Tribunal de Justiça, até posterior modificação por meio de decisão de seu Tribunal Pleno. Caberia, desse modo, recurso para o Supremo Tribunal de Justiça sempre que as decisões dos tribunais e juízes inferiores e do próprio Supremo contrariassem tal jurisprudência estabelecida, até que adviesse decisão do Tribunal Pleno em sentido contrário. Buscava-se, assim, ao mesmo tempo, uma solução para os problemas da instabilidade e da imutabilidade da jurisprudência[8].

Esse regime foi revogado pelo Decreto 5.644, de 10.05.1919, e restabelecido durante a Ditadura Militar, por meio do Decreto 12.353, de 22.09.1926, que expressamente previa a obrigatoriedade de seguir-se a doutrina dos acórdãos do Supremo Tribunal de Justiça proferidas pelo seu Pleno, que somente poderia ser modificada por nova decisão do mesmo órgão julgador (tribunal pleno). Criou-se, então, um recurso inominado de uniformização da jurisprudência para o pleno do Supremo Tribunal de Justiça[9].

Esses acórdãos proferidos pelo tribunal pleno, obrigatórios para juízes e tribunais, terminaram dando ensejo, já a partir de 1927[10], ao retorno do uso dos assentos pelo Supremo Tribunal de Justiça, inclusive com essa mesma nomenclatura, sendo que com uma nova configuração: em vez de interpretação autêntica dos textos legais com força de lei e de obediência geral, os "novos" assentos tratava-se de orientações interpretativas oriundas da resolução de casos particulares que deviam ser seguidos pelos demais juízes e tribunais, inclusive pelo próprio Supremo Tribunal de Justiça, que poderia mudar o entendimento apenas por intermédio de sua composição plenária.

A utilização da nomenclatura *assentos* pelo Supremo Tribunal de Justiça suscitou críticas doutrinárias, ante a evidente distinção entre os antigos assentos da Casa de Suplicação e os acórdãos proferidos em tribunal pleno.

---

8 LAPA, Jorge Teixeira. Jurisprudência comentada... cit.

9 LAPA, Jorge Teixeira. Jurisprudência comentada... cit.

10 LAPA, Jorge Teixeira. Jurisprudência comentada... cit.

Apesar disso, a nomenclatura continuou a ser utilizada. Até que o Código de Processo Civil português de 1939 previu expressamente a possibilidade de se tomarem assentos obrigatórios a partir dos acórdãos do tribunal pleno proferidos para a resolução de conflitos de jurisprudência, que deveriam ser seguidos por todos os tribunais enquanto não alterados por outro acórdão do mesmo tribunal (lavrando-se, nesse caso, um novo assento)[11].

Ressalte-se que os assentos não correspondiam aos acórdãos do tribunal pleno, mas equivaliam às "proposições normativas de estrutura geral e abstrata que se autonomizam, formal e normativamente, desse acórdão"[12].

O Código de Processo Civil de 1961 manteve a mesma sistemática, eliminando, porém, a possibilidade de o Supremo Tribunal de Justiça alterar a doutrina fixada em seus assentos[13]. A razão para tanto seria o fato de que a disposição contida no Código anterior era considerada letra morta e que se houvesse pretensão de modificar a doutrina do assento, o Ministério Público, o Supremo ou a Assembleia Nacional deveriam suscitar a publicação de nova disposição legislativa sobre o tema[14]. O problema da imutabilidade das decisões judiciais tornou a surgir, portanto.

Em seguida, entrou em vigor o Código Civil português, por meio do Decreto-lei 47.344, de 25.11.1966, o qual estabelecia, em seu art. 2.º, que: "Nos casos declarados na lei, podem os tribunais fixar, por meio de assentos, doutrina com força obrigatória geral"[15]. Os assentos, assim, passaram a ter força de lei, por serem obrigatórios para todos e não mais apenas para os

---

11 Disponível em: >http://www.fd.ulisboa.pt/wp-content/uploads/2014/12/Codigo-de--Processo-Civil-Portugues-de-1939.pdf>. Acesso em: 11 abr. 2016).

12 LAPA, Jorge Teixeira. Jurisprudência comentada... cit. Haveria duas espécies de assentos: os interpretativos e os integrativos. "Por via do assento interpretativo a norma visada sofre profunda recomposição: é uma nova norma, deste modo recomposta, que passa a existir no direito positivo verificando-se como que uma fusão entre a norma interpretada e aquela que, a final, o assento acaba por modular e redefinir. O assento integrativo não opera em termos de traduzir uma reconstrução entre uma norma existente e a norma que nele se institui, representando antes uma norma inteiramente original que preenche uma lacuna do sistema em conformidade com as regras gerais da integração da lei definidas no artigo 10 do Código Civil."

13 Disponível em: <http://www.dgpj.mj.pt/sections/leis-da-justica/pdf-leis2/dl-44129-1961/downloadFile/file/DL_44129_1961.pdf?nocache=1182951595.6>. Acesso em: 11 abr. 2016.

14 LAPA, Jorge Teixeira. Jurisprudência comentada... cit.

15 Disponível em: <http://www.pgdlisboa.pt/leis/lei_mostra_articulado.php?nid=775&tabela=leis>. Acesso em: 11 abr. 2016.

tribunais, sendo considerados fontes mediatas do Direito, ao lado dos usos e da equidade[16].

Paralelamente a essa evolução legislativa, notadamente a partir do Decreto 12.353, de 22.09.1926, a natureza jurídica dos assentos também passou a ser objeto de controvérsia entre doutrinadores portugueses.

Castanheira Neves relaciona três tópicos relacionadas ao tema: 1) o órgão que emite o "preceito-assento" é um tribunal, embora seja uma Corte suprema, ressaltando-se que a aprovação necessita de quórum qualificado, qual seja, a sua composição plena; 2) o conflito da jurisprudência é resolvido num caso concreto, mediante a interposição e julgamento de um recurso, de modo que a atividade a ser desempenhada é jurisdicional; 3) entretanto, a decisão jurídica do caso concreto prescreverá uma norma jurídica (assento) destinada a uma aplicação geral e futura[17].

Uma primeira corrente, baseada no tópico 1 acima, considera que os assentos funcionariam como critérios normativos de aplicação jurisdicional, critérios de obrigatoriedade administrativa, funcional, de disciplina interna[18].

Outra corrente doutrinária, levando em conta a natureza jurisdicional dos assentos, considera que seriam eles apenas casos de jurisprudência obrigatória ou qualificada para os tribunais dependentes daquele que os profere (como espécies de precedentes obrigatórios)[19]; partindo da mesma premissa, outros entendem que a diferença entre um acórdão ordinário e um assento é que a jurisprudência contida em um acórdão ordinário pode ou não ser seguida pelos tribunais inferiores em julgamentos posteriores, enquanto a jurisprudência emanada do assento tem caráter obrigatório[20].

A esse pensamento, Castanheira Neves[21] responde que

> [...] o assento não é um acórdão – uma decisão jurisdicional sobre um caso concreto e unicamente em referência normativa a esse caso – e sim um preceito, uma prescrição normativa geral e abstracta, que se destaca do acórdão que tenha sido o seu ponto de partida, para passar a valer

---

16 MIRANDA, Jorge. *Contributo para uma teoria da inconstitucionalidade*. Lisboa: RFDUL, 1968. p. 200.

17 NEVES, A. Castanheira. *O instituto dos assentos*... cit., p. 274-275.

18 NEVES, A. Castanheira. *O instituto dos assentos*... cit., p. 276.

19 A exemplo de F. Martins de Carvalho e Jorge Miranda, como informa NEVES, A. Castanheira. *O instituto dos assentos*... cit., p. 278/279.

20 NEVES, A. Castanheira. *O instituto dos assentos*... cit., p. 281.

21 NEVES, A. Castanheira. *O instituto dos assentos*... cit.

> nesses termos, genérico-abstractamente, e sem preferência ou vinculação normativa ao caso concreto – o objeto daquele acórdão que lhe tenha dado origem.

Há uma última corrente doutrinária que enxerga nos assentos a natureza de uma norma jurídica[22].

Para A. Castanheira Neves[23], o assento tem natureza de uma disposição legislativa, sendo assim conceituado:

> [...] prescrição jurídica (imperativo ou critério normativo-jurídico obrigatório) que se constitui no modo de uma norma geral e abstracta, proposta à predeterminação normativa de uma aplicação futura, susceptível de garantir a segurança e a igualdade jurídicas, e que não só se impõe com a força ou eficácia de uma vinculação normativa universal como se reconhece legalmente com o carácter de fonte do direito.

A caracterização dos assentos como normas jurídicas deu ensejo a uma discussão ainda mais complexa, relacionada à compatibilidade ou não do art. 2.º do Código Civil português com a Constituição, até que a matéria foi levada ao Tribunal Constitucional e restou decidida por meio do célebre Acórdão 810/1993, multicitado no presente artigo.

Na decisão, a Corte Constitucional portuguesa reconhece que, em diversos acórdãos, reputou irrecusável o caráter normativo dos assentos, posto que são eles revestidos de "caráter imperativo e força obrigatória geral, isto é, obrigando não apenas os tribunais, mas todas as restantes autoridades, a comunidade jurídica na sua expressão global".

O art. 2.º do Código Civil foi reputado inconstitucional, portanto, em razão do permissivo legal para que os assentos funcionassem como atos não legislativos de interpretação ou integração autêntica da lei, com força obrigatória geral, violando-se a regra contida no art. 115, n.º 5, da Constituição portuguesa, que previa a tipicidade dos atos legislativos e que continha a proibição de previsão legal que autorizasse a interpretação, integração, modificação, suspensão ou revogação das leis por meio de outro ato que não fosse outra lei[24].

Além disso, a inexistência de regra para a alteração do entendimento do Supremo Tribunal de Justiça quando da fixação da doutrina dos assentos

---

22 NEVES, A. Castanheira. *O instituto dos assentos*... cit., p. 284.

23 NEVES, A. Castanheira. *O instituto dos assentos*... cit., p. 315.

24 LAPA, Jorge Teixeira. Jurisprudência comentada... cit.

conferia-lhes um caráter de imutabilidade, reputado prejudicial à evolução da jurisprudência e à sua adequada realização histórico-concreta[25].

Reputou-se como possível a adequação dos assentos ao texto constitucional, desde que lhes fosse retirado o caráter normativo (obrigatoriedade geral) previsto na parte final do art. 2.º do Código Civil, devendo vincular somente os tribunais e juízes subordinados às decisões do pleno do Supremo Tribunal de Justiça (natureza de jurisprudência qualificada ante a posição hierarquicamente superior da referida Corte) e, ainda, desde que houvesse possibilidade de revisão da doutrina neles contida[26].

Desse modo, a conclusão do acórdão 810/93 foi a de "julgar inconstitucional a norma do art. 2.º do Código Civil na parte em que atribui aos tribunais competência para fixar doutrina com força obrigatória geral, por violação do disposto no art. 115, n.º 5, da Constituição"[27].

Não houve, portanto, declaração da inconstitucionalidade dos assentos, mas apenas da previsão de sua obrigatoriedade geral contida na parte final do art. 2.º do Código Civil, considerando-se que sua natureza deve ser de jurisprudência qualificada e não de norma jurídica.

Continuou possível, portanto, a edição de assentos pelo Supremo Tribunal de Justiça, sendo que teriam eles apenas efeito vinculante relativamente aos juízes e tribunais subordinados à referida Corte Superior, devendo haver previsão para sua alteração ou revogação pelo tribunal emitente.

Em seguida, houve sucessivas declarações de inconstitucionalidade do art. 2.º do Código Civil, *in fine,* todas nos mesmos moldes do acórdão aqui analisado, até que, por meio do Acórdão 743/1996, o Tribunal Constitucional declarou a inconstitucionalidade com força obrigatória geral da norma prevista na parte final do art. 2.º do Código Civil[28].

Os assentos foram expurgados definitivamente do sistema processual português com o advento da reforma do Código de Processo Civil português de 1961, por meio do Decreto-lei 329-A, de 12.12.1995, e do Decreto-lei 180, de 25.09.1996, que revogou as disposições relativas ao recurso para o tribunal pleno e inseriu regras relacionadas ao julgamento ampliado de revista, revogando o art. 2.º do Código Civil.

---

25 LAPA, Jorge Teixeira. Jurisprudência comentada... cit.

26 LAPA, Jorge Teixeira. Jurisprudência comentada... cit.

27 LAPA, Jorge Teixeira. Jurisprudência comentada... cit.

28 ALEXANDRE, Isabel. Problemas recentes da uniformização da jurisprudência em processo civil. Disponível em: <http://www.oa.pt/upl/%7Bce84ae08-ee30-4d1f-bb1d--875538180432%7D.pdf>. Acesso em: 8 abr. 2016.

São diversas as razões para a extinção dos assentos, dentre as quais se destacam as seguintes, elencadas por Carlos Lopes do Rego[29]: 1) a desnaturação e modificação substancial do instituto ante a supressão da sua força obrigatória geral; 2) o Tribunal Constitucional apenas sugeriu a força obrigatória dos assentos em relação aos tribunais vinculados ao Supremo Tribunal de Justiça, sem impor tal efeito; 3) e a vinculação dos juízes e tribunais acaba por vincular reflexamente toda a comunidade jurídica.

No atual Código de Processo Civil português de 2013, a uniformização da jurisprudência realiza-se por meio do julgamento ampliado da revista[30] e do recurso extraordinário[31] e não há previsão para a edição de assentos pelo Supremo Tribunal de Justiça. Os acórdãos da referida Corte não são vinculantes em relação aos juízes e tribunais a ele hierarquicamente subordinados. Seus efeitos, portanto, são meramente persuasivos. Não obstante, são considerados precedentes judiciais qualificados, sendo cabível recurso quando a decisão contrariar a jurisprudência uniformizada do STJ[32].

Os antigos assentos, além de preservarem sua importância histórica, têm assegurada a relevância da doutrina neles constantes.

---

29 REGO, Carlos Lopes do. *A uniformização da jurisprudência no novo direito processual civil.* Lisboa: Lex, 1997. p. 12-21.

30 Art. 686.º: 1 – O Presidente do Supremo Tribunal de Justiça determina, até à prolação do acórdão, que o julgamento do recurso se faça com intervenção do pleno das secções cíveis, quando tal se revele necessário ou conveniente para assegurar a uniformidade da jurisprudência.

2 – O julgamento alargado, previsto no número anterior, pode ser requerido por qualquer das partes e deve ser proposto pelo relator, por qualquer dos adjuntos, pelos presidentes das secções cíveis ou pelo Ministério Público.

3 – O relator, ou qualquer dos adjuntos, propõe obrigatoriamente o julgamento ampliado da revista quando verifique a possibilidade de vencimento de solução jurídica que esteja em oposição com jurisprudência uniformizada, no domínio da mesma legislação e sobre a mesma questão fundamental de direito.

4 – A decisão referida no n.º 1 é definitiva.

31 Art. 688: As partes podem interpor recurso para o pleno das secções cíveis quando o Supremo Tribunal de Justiça proferir acórdão que esteja em contradição com outro anteriormente proferido pelo mesmo tribunal, no domínio da mesma legislação e sobre a mesma questão fundamental de direito.

2 – Como fundamento do recurso só pode invocar-se acórdão anterior com trânsito em julgado, presumindo-se o trânsito.

3 – O recurso não é admitido se a orientação perfilhada no acórdão recorrido estiver de acordo com jurisprudência uniformizada do Supremo Tribunal de Justiça.

32 ALEXANDRE, Isabel. Problemas recentes... cit., p. 154-160.

Nesse sentido, leciona Carlos Lopes do Rego[33]:

> [...] o novo figurino da uniformização da jurisprudência traduz convolação para um modelo de precedente judicial qualificado, cujo respeito será normalmente assegurado pela iniciativa das partes - que não deixarão seguramente de impugnar, por via de recurso, quaisquer decisões que se não conformem com a jurisprudência precedentemente uniformizada [...] no sistema ora revogado, a aplicação do "assento" seria automática e necessária, ao passo que no sistema de precedente judicial qualificado, que adora se adopta, ao Supremo Tribunal de Justiça passa a ser lícito avaliar se deve ou não manter a orientação jurisprudencial previamente definida [...].

Interessante destacar que há quem defenda a inconstitucionalidade do novo modelo de uniformização, não obrigatório, em razão de seu caráter mutável, por não ser capaz de produzir jurisprudência uniformizada estável, violando-se os princípios constitucionais da segurança jurídica, da proteção da confiança e da separação dos poderes[34].

3. AS SÚMULAS NO DIREITO PROCESSUAL CIVIL BRASILEIRO DESDE A COLONIZAÇÃO ATÉ A REVOGAÇÃO DO CÓDIGO DE PROCESSO CIVIL DE 1973 PELA LEI 13.105/2015: ORIGEM, EVOLUÇÃO E PROBLEMAS DECORRENTES DE SUA EDIÇÃO E APLICABILIDADE SEM VINCULAÇÃO À TEORIA DOS PRECEDENTES

3.1. Origem e evolução das súmulas no direito brasileiro

Conforme já assinalado, os assentos, nos moldes do sistema processual português, de caráter vinculante, vigoraram no Brasil durante todo o período da colonização.

Com a vinda da família Real para o Brasil, tornou-se impraticável o envio dos agravos e apelações para a Casa da Suplicação de Lisboa. Daí por que, em 1808, a Relação do Rio de Janeiro foi transformada em Casa de Suplicação brasileira, por meio de alvará expedido pelo Príncipe Regente, D. João, detendo a mesma alçada da Casa da Suplicação de Lisboa[35]. Considerado órgão superior da jurisdição brasileira, tinha competência recursal em última instância, sem

---

33 REGO, Carlos Lopes do. *A uniformização da jurisprudência*... cit., p. 23-24.

34 ALEXANDRE, Isabel. Problemas recentes... cit., p. 161-163.

35 CABRAL, Dilma. Casa de Suplicação do Brasil. Disponível em: <http://linux.an.gov.br/mapa/?p=2832>. Acesso em: 5 abr. 2016.

valor de alçada máximo; os recursos deviam ser julgados de acordo com as disposições legais do Reino (ordenações, leis, decretos, assentos etc.)[36-37].

Os assentos perduraram mesmo após a proclamação da independência, com a extinção da Casa de Suplicação e com a criação do Supremo Tribunal de Justiça[38]. Instrumentos normativos do Brasil, expedidos no século XIX, estabeleciam a vigência de normas de Portugal e expressamente consignavam a incidência dos assentos da Casa de Suplicação de Lisboa nos tribunais brasileiros após a independência, a exemplo da Lei de 20 de outubro de 1823[39] e do Decreto 2.684, de 23.10.1875[40].

Com a proclamação da República (1891), foram extintos os assentos do ordenamento jurídico brasileiro[41].

O CPC de 1939 inseriu no sistema processual do Brasil um instituto destinado à uniformização da jurisprudência. Tratava-se do denominado prejulgado, que se caracterizava por ser um julgamento prévio, destinado a evitar o dissídio jurisprudencial sobre a interpretação das normas jurídicas[42].

---

36 SUPREMO TRIBUNAL FEDERAL. Histórico da Casa de Suplicação. Disponível em: <http://www.stf.jus.br/portal/cms/verTexto.asp?servico=sobreStfConhecaStfJulgamentoHistorico&pagina=HistoricodaCasadaSuplicacao>. Acesso em: 4 abr. 2016.

37 "Às Relações do Porto, Goa, Bahia e Rio de Janeiro foi atribuído o privilégio de proferir assentos. Pela Lei da Boa Razão só os assentos da Casa da Suplicação ficavam tendo autoridade, mas havia a possibilidade de os assentos das Relações subalternas adquirirem valor autêntico, desde que fossem confirmados pela Casa da Suplicação" (SILVA, Nuno J. Espinosa Gomes da. *História do direito português*. 2. ed. Lisboa: Fundação Calouste Gulbenkian, p. 360-365 apud MELO, José Tarcízio de Almeida. Súmula vinculante: aspectos polêmicos, riscos e viabilidade. Disponível em: <http://www.tjmg.jus.br/data/files/81/32/26/30/869D8310DACF8D83180808FF/sumula_vinculante.pdf>. Acesso em: 5 abr. 2016).

38 LIMA, Diônes Dos Santos. O enfraquecimento do princípio da igualdade processual após a implementação da súmula vinculante. Disponível em: <http://www.ambito-juridico.com.br/site/index.php?n_link=revista_artigos_leitura&artigo_id=7174>. Acesso em: 4 abr. 2016.

39 Disponível em: <http://www2.camara.leg.br/legin/fed/lei_sn/anterioresa1824/lei-40951-20-outubro-1823-574564-publicacaooriginal-97677-pe.html>. Acesso em: 10 abr. 2016.

40 Disponível em: <http://www2.camara.leg.br/legin/fed/decret/1824-1899/decreto-2684-23-outubro-1875-549772-publicacaooriginal-65290-pl.html>. Acesso em: 10 abr. 2016.

41 VELOSO, Cynara Silde Mesquita. *Súmula vinculante como entraves ideológicos ao processo jurídico de enunciação de uma sociedade democrática*. 2008. Tese (Doutorado) – Pontifícia Universidade Católica de Minas Gerais, Belo Horizonte, p. 284.

42 Art. 861 do CPC de 1939: A requerimento de qualquer de seus juízes, a Câmara, ou turma julgadora, poderá promover o pronunciamento prévio das Câmaras reunidas

Os prejulgados não eram, entretanto, de obediência obrigatória e não eram utilizados com frequência, sendo substituídos, no CPC de 1973, pelo incidente de uniformização de jurisprudência.

Houve duas tentativas de reinserir os assentos obrigatórios no direito brasileiro na década de 1960, nos moldes do sistema português: a primeira em 1961, com o anteprojeto da "Lei Geral de Aplicação das Normas Jurídicas", elaborado por Haroldo Valladão, que estabelecia um processo automático de uniformização da jurisprudência, por meio de resoluções do Supremo Tribunal Federal; a segunda, através do anteprojeto do Código de Processo Civil, do professor Alfredo Buzaid, que pretendia restabelecer os assentos com força de lei[43]. Ambas restaram inexitosas, uma vez que o instituto, à época, não conseguiu ultrapassar as barreiras da teoria da separação dos poderes, sendo considerado inconstitucional[44].

Se os assentos vinculantes não encontraram espaço para se firmar na legislação brasileira àquela época, uma solução alternativa para agilizar os julgamentos no Supremo Tribunal Federal foi apresentada: a criação de enunciados que resumissem a jurisprudência predominante da referida Corte Superior, apresentados por meio de uma Súmula, os quais foram introduzidos em nosso sistema processual no ano de 1963, por intermédio da modificação do Regimento Interno do Supremo.

Observe-se que a nomenclatura súmula não era usada, no seu nascedouro, para identificar cada um dos enunciados da jurisprudência dominante do Supremo, mas para representar o conjunto deles, que era publicado na Revista Trimestral de Jurisprudência da referida Corte. Na prática, no entanto, o nome "súmula" terminou sendo empregado com frequência como sinônimo dos enunciados nela contidos, até se incorporar, com esse significado, definitivamente ao nosso direito processual.

A proposta de emenda ao Regimento do Supremo como o objetivo de incluir a chamada súmula da jurisprudência dominante se deu por iniciativa do então Ministro Victor Leal, presidente da comissão de jurisprudência, o qual, em art. que inspirou o título do presente ensaio[45], explicitou as razões para tal modificação regimental, contidas no prefácio da primeira edição oficial da Súmula: seu escopo "não é somente proporcionar maior estabili-

---

sobre a interpretação de qualquer norma jurídica, se reconhecer que sobre ela ocorre, ou poderá ocorrer, divergência de interpretação entre Câmaras ou turmas.

43 LEAL, Victor Nunes. Passado e futuro da súmula do STF cit.

44 VELOSO, Cynara Silde Mesquita. *Súmula vinculante*... cit., p. 283.

45 LEAL, Victor Nunes. Passado e futuro da súmula do STF cit., p. 14.

dade à jurisprudência, mas também facilitar o trabalho dos advogados e do Tribunal, simplificando o julgamento das questões frequentes".

Em outro ponto do texto, reconhece que a ideia da súmula adveio da dificuldade dos Ministros em identificar as matérias que já haviam sido julgadas e em relação às quais não havia mais necessidade de rediscussão. A criação da súmula se deu, segundo suas palavras, "por falta de técnicas mais sofisticadas"[46] e como um "subproduto" da sua própria "falta de memória"[47], já que ele foi o autor da proposta de emenda ao Regimento do Supremo.

A súmula é identificada pelo seu autor como um "método de trabalho", "destinado a ordenar melhor e facilitar a tarefa judicante"[48], sendo-lhe também atribuída a função de "repertório oficial da jurisprudência predominante da Alta Corte", que teria sido a primeira motivação da experiência: "Ela correspondeu, sob este aspecto, à necessidade de sistematizar os julgamentos do Tribunal, para se localizarem os precedentes com menor dificuldade"[49].

A súmula da jurisprudência predominante do STF tinha caráter meramente persuasivo, ou seja, seu objetivo era o de servir de orientação não vinculante relativamente a decisões futuras, que poderiam se basear em seus enunciados para, reproduzindo-os, decidir mais rapidamente os casos similares, otimizando a atividade dos órgãos jurisdicionais.

Essa natureza persuasiva dos enunciados foi explicitada por Victor Nunes Leal, nos seguintes termos:

> Firmar a Jurisprudência de modo rígido não seria um bem nem mesmo seria viável. A vida não para e nem cessa a criação legislativa doutrinária do direito. Mas vai uma enorme diferença entre a mudança, que é frequentemente necessária e a anarquia jurisprudencial, que é descalabro e tormento. Razoável e possível é o meio-termo para que o Supremo Tribunal possa cumprir o seu mister de definir o direito federal, eliminando ou diminuindo os dissídios de jurisprudência[50].

Havia também expressa previsão para alteração dos enunciados da Súmula, exigindo-se, porém, quórum qualificado (decisão do plenário) para a inclusão de novos verbetes[51].

---

[46] LEAL, Victor Nunes. Passado e futuro da súmula do STF cit., p. 24.

[47] LEAL, Victor Nunes. Passado e futuro da súmula do STF cit., p. 25.

[48] LEAL, Victor Nunes. Passado e futuro da súmula do STF cit., p. 2.

[49] LEAL, Victor Nunes. Passado e futuro da súmula do STF cit., p. 24.

[50] LEAL, Victor Nunes. Passado e futuro da súmula do STF cit., p. 18.

[51] Segundo Victor Nunes Leal (Passado e futuro da súmula do STF cit., p. 9), "Nem a Súmula ficou com efeitos que se pudessem comparar com os da lei, nem a adoção de

Importante destacar que, segundo Victor Nunes Leal, as súmulas não deveriam ser objeto de interpretação, apesar de essa atividade ser realizada pelo Supremo na prática[52]. Em seu entender:

> Deve, pois, a Súmula ser redigida tanto quanto possível com a maior clareza, sem qualquer dubiedade, para que não falhe ao seu papel de expressar a inteligência dada pelo Tribunal. Por isso mesmo, sempre que seja necessário esclarecer algum dos enunciados da Súmula, deve ele ser cancelado, como se fosse objeto de alteração, inscrevendo-se o seu novo texto na Súmula com outro número[53].

No tocante aos efeitos processuais da Súmula de jurisprudência dominante do Supremo, à época de sua edição, Victor Nunes Leal os descreve, conforme previstos na emenda ao Regimento[54]:

> [...] negar-se provimento ao agravo para subida de recurso extraordinário, não se conhecer do recurso extraordinário, não se conhecer dos embargos de divergência e rejeitar os infringentes, sempre que o pedido do recorrente contrariasse a jurisprudência compendiada na Súmula, ressalvado o procedimento de revisão da própria Súmula. Mais que isso, poderia o relator, em tal hipótese, mandar arquivar o recurso extraordinário, ou agravo de instrumento, facultado à parte prejudicada interpor agravo regimental contra o despacho.

---

novos enunciados se faz de modo automático, pela só razão da maioria qualificada ou da reafirmação de julgados".

52 Em um desses casos, Victor Nunes Leal descreve o diálogo mantido com outro Ministro do Supremo, à época, Elói da Rocha: Dizia ele: "A Súmula não é norma autônoma, não é lei, é uma síntese de jurisprudência [...]. Em alguns casos, interpretar a Súmula é fazer interpretação de interpretação. Voltaríamos à insegurança que a Súmula quis remediar. Quando o enunciado for defeituoso, devemos riscá-lo e redigir outro. Este é que é o método adequado, previsto no Regimento". Ao que replicou o Min. Elói da Rocha: "Se tenho, como juiz, o poder de interpretar a mesma Constituição, poderei interpretar a Súmula". Em seguida, a resposta de Victor Nunes Leal: "V. Exa. – insisti – tem, evidentemente, o poder de interpretar qualquer decisão nossa, e, portanto, a nossa jurisprudência sintetizada na Súmula. Mas a Súmula é um método de trabalho, através do qual esta Corte tem procurado eliminar dúvidas de interpretação. Se a Súmula, por sua vez, for passível de várias interpretações, ela falhará, como método de trabalho, à sua finalidade. Quando algum enunciado for imperfeito, devemos modificá-lo, substituí-lo por outro mais correto, para que ele não seja, contrariamente à sua finalidade, uma fonte de controvérsia".

53 LEAL, Victor Nunes. Passado e futuro da súmula do STF cit., p. 19.

54 LEAL, Victor Nunes. Passado e futuro da súmula do STF cit., p. 14-15.

Com os contornos acima descritos, as primeiras súmulas foram então editadas no mesmo ano da alteração regimental (1963) – em número considerável, 370 – e fizeram enorme sucesso, porque efetivamente acarretaram a redução do número de processos no Supremo Tribunal Federal. Tanto que o Código de Processo Civil de 1973 expressamente dispôs, em seu art. 479, que "O julgamento, tomado pelo voto da maioria absoluta dos membros que integram o tribunal, será objeto de súmula e constituirá precedente na uniformização da jurisprudência".

As súmulas, que eram meramente persuasivas, passaram a ser largamente utilizadas pelos tribunais brasileiros[55]. O Superior Tribunal de Justiça hoje conta com 586 verbetes. O Supremo, por seu turno, aprovou 736 enunciados sumulares (o último em 2003). Os demais tribunais superiores e, bem assim, os tribunais de segundo grau, costumam também editar verbetes de súmulas de sua jurisprudência dominante.

Com o crescente uso das súmulas pelos tribunais, uma clara tendência de valorização da jurisprudência e, em consequência, dos verbetes sumulares, manifestou-se no processo civil brasileiro, dando ensejo à edição de leis que, paulatinamente, alteraram o Código de 1973 com a finalidade de criar mecanismos para abreviar os julgamentos com base nos enunciados das súmulas. Em resumo, tais modificações legislativas, relativas às súmulas, foram as seguintes[56], elencadas cronologicamente:

1. A Lei 9.139, de 1995, alterou a redação do art. 557, por meio do qual o relator poderia negar seguimento a recurso manifestamente contrário à súmula do respectivo tribunal ou de tribunal superior;
2. A Lei 9.756, de 1998, alterou a redação do § 3.º do art. 544, que previa o agravo contra a inadmissibilidade, pelo tribunal de origem, dos recursos especial e extraordinário, para permitir ao relator conhecer do agravo para dar provimento ao próprio recurso especial se o acórdão recorrido estiver em confronto com a súmula ou jurisprudência dominante do Superior Tribunal de Justiça, conhecer do agravo para dar provimento ao próprio recurso especial;
3. A mesma Lei alterou a redação do art. 557 e incluiu o art. 557, § 1.º-A, por meio dos quais o relator poderia negar seguimento a recurso em confronto com súmula ou com jurisprudência dominante do

---

55 No extinto Tribunal Federal de Recursos, a Lei de Organização da Justiça Federal (5.010, de 30.05.1966) autorizou a edição de súmulas; no Tribunal Superior do Trabalho, por meio da Resolução Administrativa 64-A, de 15.08.1973, alterou o Regimento daquela Corte para também autorizar a edição de súmulas.

56 Referência aos efeitos em vigor antes da vigência do CPC/2015.

respectivo tribunal, do Supremo Tribunal Federal, ou de Tribunal Superior (art. 557) e poderia também dar provimento ao recurso se a decisão recorrida estivesse em manifesto confronto com súmula ou com jurisprudência dominante do Supremo Tribunal Federal, ou de Tribunal Superior;

4. A Lei 10.352, de 26.12.2001, incluiu no art. 475 um § 3.º, que previa hipótese de inexistência de reexame necessário quando a sentença estivesse fundada em jurisprudência do plenário do Supremo Tribunal Federal ou em súmula deste Tribunal ou do tribunal superior competente;
5. Por meio da Lei 11.276, de 2006, permitiu-se o não recebimento do recurso de apelação pelo juiz quando a sentença estivesse em conformidade com súmula do Superior Tribunal de Justiça ou do Supremo Tribunal Federal (era a denominada súmula impeditiva de recursos, prevista no art. 518, § 1.º);
6. A Lei 11.418, de 2006, incluiu no CPC a figura da repercussão geral e estabeleceu, no art. 543-A, § 3.º, hipótese de presunção de repercussão geral sempre que o recurso impugnasse decisão contrária a súmula ou jurisprudência dominante do Tribunal;
7. A Lei 12.322, de 2010, criou o agravo nos próprios autos, interposto em caso de inadmissão de recurso especial e extraordinário, e incluiu o art. 544, § 4.º, II, "b" e "c", por meio dos quais poderia o Relator conhecer do agravo para negar seguimento ao recurso manifestamente inadmissível, prejudicado ou em confronto com súmula ou jurisprudência dominante no tribunal ou dar provimento ao recurso, se o acórdão recorrido estiver em confronto com súmula ou jurisprudência dominante no tribunal.

Paralelamente às reformas implementadas no CPC/1973, a Constituição da República passou também por uma significativa mudança, através da Emenda Constitucional 45, de 30.12.2004, que promoveu a denominada Reforma do Poder Judiciário. Com ela, foram introduzidas na Constituição as denominadas súmulas vinculantes, por intermédio do art. 103-A, que dispõe:

> Art. 103-A. O Supremo Tribunal Federal poderá, de ofício ou por provocação, mediante decisão de dois terços dos seus membros, após reiteradas decisões sobre matéria constitucional, aprovar súmula que, a partir de sua publicação na imprensa oficial, terá efeito vinculante em relação aos demais órgãos do Poder Judiciário e à administração pública direta e indireta, nas esferas federal, estadual e municipal, bem como proceder à sua revisão ou cancelamento, na forma estabelecida em lei.
>
> § 1.º A súmula terá por objetivo a validade, a interpretação e a eficácia de normas determinadas, acerca das quais haja controvérsia atual entre órgãos judiciários ou entre esses e a administração pública que acarrete

> grave insegurança jurídica e relevante multiplicação de processos sobre questão idêntica.
>
> § 2.º Sem prejuízo do que vier a ser estabelecido em lei, a aprovação, revisão ou cancelamento de súmula poderá ser provocada por aqueles que podem propor a ação direta de inconstitucionalidade.
>
> § 3.º Do ato administrativo ou decisão judicial que contrariar a súmula aplicável ou que indevidamente a aplicar, caberá reclamação ao Supremo Tribunal Federal que, julgando-a procedente, anulará o ato administrativo ou cassará a decisão judicial reclamada, e determinará que outra seja proferida com ou sem a aplicação da súmula, conforme o caso.

Importante consignar que o efeito vinculante proveniente de decisões do Poder Judiciário não era, à época, novidade. As decisões do Supremo em controle concentrado de constitucionalidade já produziam esse efeito, desde a Emenda Constitucional 3, de 17.03.1993, que atribuiu às decisões definitivas de mérito proferidas pelo Supremo Tribunal Federal nas ações declaratórias de constitucionalidade de lei ou ato normativo federal eficácia contra todos e efeito vinculante, relativamente aos demais órgãos do Poder Judiciário e ao Poder Executivo.

Em seguida, a Lei 9.868, de 10.11.1999 estendeu o efeito vinculante às decisões proferidas em ação direta de inconstitucionalidade relativamente aos órgãos do Poder Judiciário e à Administração Pública Federal, Estadual e Municipal, previsão que também foi inserida na Constituição por meio da EC 45/2004.

A Lei 9.868, de 03.12.1999, que dispõe sobre o processo e julgamento da arguição de descumprimento de preceito fundamental, também conferiu às decisões proferidas na arguição efeito vinculante no que tange aos demais órgãos do Poder Público.

A novidade não era, portanto, o efeito vinculante atribuído a decisões judiciais, mas a previsão desse efeito relativamente a verbetes sumulares editados pelo Supremo Tribunal Federal com essa finalidade específica, desde que obedecidas as formalidades estabelecidas pela Constituição para a sua edição.

As críticas ao instituto foram e continuam sendo inúmeras. Resumindo as posições a respeito das súmulas vinculantes, Lenio Luiz Streck[57] afirma que há:

> De um lado, os críticos sistemáticos das súmulas, sustentando que estas constituem um mal em si mesmo; de outro, os críticos das súmulas, mas

---

57 STRECK, Lenio Luiz. Súmulas, vaguezas e ambiguidades: necessitamos de uma teoria geral dos precedentes? *Direitos Fundamentais & Justiça*, Revista do Programa de Pós-Graduação, Mestrado e Doutorado em Direito da PUCRS, Porto Alegre: HS Editora, ano 2, n. 5, p. 162, out.-dez. 2008.

que, paradoxalmente, advogam uma 'exatitude' do texto sumular; há ainda aqueles que, sem serem críticos das súmulas e tampouco defensores *stricto sensu*, sustentam a necessidade de uma teoria geral (sic) dos precedentes.

Uma das principais críticas à súmula vinculante é a de que, através de textos dotados de generalização similar a das leis e com força obrigatória, confere-se ao Supremo a atribuição inovar no ordenamento jurídico, o que equivaleria a uma atividade legiferante, em violação ao princípio democrático e, em consequência, à separação dos poderes.

A essa crítica, defendendo a constitucionalidade do instituto antes mesmo de sua previsão no texto da Constituição de 1988, Rodolfo de Camargo Mancuso[58] argumentava que "[...] a inserção (*rectius*, ampliação) da eficácia vinculativa das súmulas no ambiente jurídico-constitucional apareceria como mais um temperamento ao princípio da separação dos Poderes [...]".

Gilmar Mendes, Inocêncio Coelho e Paulo Gustavo Gonet Branco[59], por seu turno, rebatem as críticas no sentido de que as súmulas vinculantes impediriam mudanças decorrentes de demandas sociais ou do próprio ordenamento jurídico, haja vista a possibilidade de revisão e revogação de seus enunciados, além de que a superação do entendimento da súmula, por meio do procedimento previsto para atingir tal escopo, propicia ao requerente maiores oportunidades de debate do que o sistema dos recursos em massa.

Vislumbrando um problema[60] no poder do Supremo de editar enunciados de súmulas vinculantes e, ao mesmo tempo, exercer a função de concretizá-las por meio da reclamação constitucional, destinada a anular o ato administrativo ou cassar a decisão judicial que as aplique indevidamente ou não as aplique, Lenio Streck chega a comparar as súmulas vinculantes às medidas provisórias, ao afirmar que "a SV [súmula vinculante] está para o judiciário assim como a medida provisória está para o executivo".

Em resposta a essa afirmação, Maurício Martins Reis[61] assevera: "como poderia outro tribunal, que não a Suprema Corte, cuja missão é zelar pela uni-

---

58 MANCUSO, Rodolfo de Camargo. *Divergência jurisprudencial e súmula vinculante*. São Paulo: RT, 2001. p. 93.

59 MENDES, Gilmar; COELHO, Inocêncio; BRANCO, Paulo Gustavo Gonet. *Curso de direito constitucional*. São Paulo: Saraiva, 2008. p. 969-970.

60 Afirma o autor que haveria, na hipótese, uma espécie de interpretação autêntica: o órgão que cria a súmula vai dizer qual a sua correta interpretação.

61 REIS, Maurício Martins. Precedentes obrigatórios e sua adequada interpretação. *Revista do Programa de Pós-Graduação em Direito da Universidade Federal da Bahia*, v. 24, p. 71-72, 2014.

formidade interpretativa do direito constitucional [...], efetuar uma interpretação paralela concomitante à do Supremo"? Em seguida, indaga: "Mas afinal, existe a resposta constitucionalmente correta para o caso ensejador da súmula ou existem respostas adequadas discrepantes em convivência no mesmo tempo histórico"?

Há também argumentos no sentido de que as súmulas vinculantes engessam a atividade jurisdicional, uma vez que impedem a atividade criativa dos órgãos jurisdicionais inferiores, além de que, em face de sua redação canônica – ou seja, como textos dotados de generalização similar a das leis – não garantem a devida contextualização relativamente ao caso a ser julgado.

Apesar disso, estudos[62] demonstram que, na prática, pelo menos no que concerne às decisões proferidas pelo Supremo Tribunal Federal, diversos julgamentos baseados em súmulas vinculantes não se dissociam das justificativas que lhes deram origem, ou seja, da sua *ratio decidendi*, diante das situações que não se adequam perfeitamente ao teor do enunciado sumular; o STF reconhece exceções no que tange à aplicação das súmulas, afastando a aplicação do precedente respectivo; as súmulas vinculantes não impedem a sua reinterpretação pelo tribunais e juízos inferiores, que podem fazer a distinção entre o caso a ser julgado e o que deu ensejo à súmula e deixar de aplicar o enunciado sumular, quando diversas as circunstâncias fáticas e /ou de direito; há precedentes formalmente não vinculantes que produzem esse efeito de maneira mais intensa do que precedentes formalmente vinculantes.

Assim é que as principais críticas às súmulas vinculantes – inclusive as mais ácidas provenientes de vozes abalizadas como a de Lenio Streck – encontram sempre argumentos em sentido contrário, predominando a tese de sua constitucionalidade. E o Supremo as vai editando – hoje há 55 enunciados.

De qualquer sorte, não se pode olvidar que o universo das súmulas vinculantes é bastante restrito, já que somente o Supremo as pode criar, além de que o tema também é específico – seu objeto somente pode abranger matéria constitucional, sem falar em todos os "filtros" previstos no ordenamento processual para que a matéria seja concretamente discutida na referida Corte Superior, a exemplo da repercussão geral.

Com isso quer-se dizer que seus efeitos não são sentidos por parcela significativa dos jurisdicionados brasileiros, diferentemente do que acontecerá – em futuro próximo, como se pensa – em decorrência da previsão no texto

---

62 A esse respeito, destacamos o artigo de Breno Baía Magalhaes e Sandoval Alves da Silva intitulado O grau de vinculação dos precedentes à luz do STF: o efeito vinculante é absoluto?. In: ANJOS FILHO, Robério Nunes dos (Org.). *Direitos humanos e direitos fundamentais*: diálogos contemporâneos. Salvador: JusPodium, 2013. p. 58-85.

do CPC/2015 de outras classes de decisões com efeito vinculante, matéria que será tratada em outro tópico do presente ensaio.

3.2. Análise crítica das súmulas no direito brasileiro até a entrada em vigor do CPC/2015: problemas práticos decorrentes de sua edição como se fossem preceitos normativos e da sua aplicabilidade sem vinculação aos precedentes que lhes deram origem

Segundo lição de Fredie Didier Júnior, Paula Sarno Braga e Rafael Alexandria de Oliveira[63], "[...] a súmula é o enunciado normativo (texto) da *ratio decidendi* (norma geral) de uma jurisprudência dominante, que é a reiteração de um precedente".

Os mesmos autores descrevem a lógica da formulação das súmulas da seguinte forma:

> À luz das circunstâncias específicas envolvidas na causa, interpretam-se os textos legais (*lato sensu*), identificando a norma geral do caso concreto, isto é, a *ratio decidendi*, que constitui o elemento nuclear do precedente. Um precedente, quando reiteradamente aplicado, se transforma em jurisprudência, que, se predominar em tribunal, pode dar ensejo à edição de um enunciado de súmula da jurisprudência deste tribunal.

Sobre essa explanação, necessária se faz uma ponderação prévia: interpretando os textos legais, o juiz decide o caso concreto, delimitando a situação fática e fundamentando a sua decisão. Por isso é que ele não tem a função de identificar a *ratio decidendi* nem o precedente. Essa operação – identificação da *ratio decidendi* do julgado anterior – somente deve ser realizada, em tese, pelo juiz dos casos posteriores, que pretendem aplicar a decisão anterior, como precedente, ao caso a ser julgado[64].

---

63 DIDIER JR., Fredie; BRAGA, Paula Sarno; OLIVEIRA, Rafael Alexandria de. *Curso de direito processual civil*: teoria da prova, direito probatório, ações probatórias, decisão, precedente, coisa julgada e antecipação dos efeitos da tutela. Salvador: JusPodivm, 2015.

64 Nesse sentido, descreve Lucas Buril de Macêdo Barros (Contributo para a definição de *ratio decidendi* na teoria brasileira dos precedentes judiciais. *Revista de Processo*, v. 23, p. 304, 2014) "É especialmente na fundamentação da decisão que os julgadores subsequentes devem pesquisar as razões de decidir (*ratio decidendi*) e os argumentos de passagem (*obiter dictum*), nada obstante seja também importante analisar o relatório, sobretudo para verificar a argumentação utilizada e a formação do precedente, e o dispositivo, nomeadamente relevante para a interpretação dos fundamentos e, ainda mais, para o estabelecimento de parâmetros para quantificações. [...] Deve-se perceber que a norma do precedente é diferente do texto do precedente, sendo equi-

Feita essa primeira consideração, tem-se que a definição apresentada evidencia que as súmulas não podem ser confundidas com os precedentes que lhes deram origem, o que é correto. Conforme adverte Ravi Peixoto[65], a súmula "[...] é apenas uma tentativa de enunciação destacada da *ratio decidendi* do entendimento de um determinado tribunal [...]".

Por outro lado, entende-se que o conceito aqui referenciado apresenta um equívoco: as súmulas, segundo se entende, não devem ser consideradas enunciados ou preceitos normativos.

Como já dito anteriormente, a súmula da jurisprudência predominante do Supremo Tribunal Federal nasceu como um método de trabalho destinado a compendiar, por meio de enunciados, os entendimentos já pacificados no âmbito daquela Corte, a fim de facilitar a pesquisa e a aplicação das decisões anteriores aos casos futuros semelhantes. Assim é que as súmulas, no direito brasileiro não surgiram como resultado de estudos aprofundados sobre o sistema da *common law* e sobre a doutrina do *stare decisis,* que propugna o respeito aos precedentes[66].

Por isso, em muitos enunciados, não se observa o cuidado de adequar a edição das súmulas aos conceitos relacionados à sistemática dos precedentes e é também em razão disso que muitas súmulas não refletem, nem de longe, a *ratio decidendi* dos precedentes que lhes deram origem. Aliás, é atividade

---

vocado reduzi-la à fundamentação ou qualquer combinação de elementos da decisão do qual advém – da mesma forma que não se deve reduzir a norma legal ao texto da lei. Realmente, há transcendência da *ratio* em relação à fundamentação. A norma do precedente é moldada e esclarecida nos casos posteriores, que delimitam melhor sua abrangência e seu consequente através de distinções, enquanto a fundamentação do precedente permanece intacta. A força da norma do precedente não está só na decisão, ela é construída como um comando geral que vai além da fundamentação da decisão".

[65] PEIXOTO, Ravi. *Superação do precedente e segurança jurídica.* Salvador: JusPodivm, 2015. p. 159-160.

[66] Sobre o *stare decisis,* lecionam Luiz Guilherme Marinoni, Sérgio Cruz Arenhart e Daniel Mitidiero (*Novo Código de Processo Civil comentado.* São Paulo: RT, 2015. p. 872): "A necessidade de compatibilização horizontal e vertical das decisões judiciais decorre da necessidade de segurança jurídica, de liberdade e de igualdade como princípios básicos de qualquer Estado Constitucional. Normalmente, a imprescindibilidade dessa compatibilização é retratada pela máxima *stare decisis et quieta non movere,* que determina o respeito aos precedentes das Cortes Supremas e à jurisprudência vinculante produzida pelas Cortes de Justiça. O *stare decisis* pode ser horizontal (respeito aos próprios precedentes e à própria jurisprudência vinculante) ou vertical (respeito aos precedentes e à jurisprudência das Cortes a que submetidos os órgãos jurisdicionais)".

praticamente impossível inserir a *ratio decidendi* dos precedentes em verbetes sumulares.

Apesar disso, as súmulas não são um mal em si, como bem sustenta Lenio Streck[67]. Como método de trabalho, são elas funcionais, notadamente em razão da extensão territorial brasileira e da imensa quantidade de leis (*lato sensu*) em vigor em nosso ordenamento jurídico. O problema está na sua formulação descompromissada com as técnicas relacionadas aos precedentes, na sua compreensão como texto normativo e na sua equivocada aplicação pelos tribunais brasileiros.

Passa-se, nesse ínterim, à descrição da realidade brasileira relativamente às súmulas, sem pretensão de esgotamento.

Uma primeira questão a ser tratada se relaciona ao denominado autorreferenciamento[68] – ou seja, a expressa menção aos julgados anteriores de um mesmo tribunal sobre uma mesma questão, seja para mantê-los, seja para afastá-los pela técnica do *distinguishing* ou distinção[69], que decorre do denominado *stare decisis* horizontal. É que há tribunais brasileiros que possuem súmulas que não são sequer mencionadas nos seus próprios julgamentos, o que evidencia falta de compromisso com a autorreferência.

Algo ainda pior acontece costumeiramente no Brasil: nada impede que haja decisões de um determinado tribunal contrárias ao teor das súmulas por ele próprio editadas, sem nenhuma fundamentação relevante para tanto, o que evidencia que tais enunciados muitas vezes não possuem sequer caráter persuasivo e que as técnicas da distinção e da superação[70] são desprezadas pelos julgadores.

No que concerne ao poder persuasivo das súmulas relativamente aos juízos e tribunais subordinados à Corte responsável pela sua aprovação – que

---

[67] STRECK, Lenio Luiz. Súmulas, vaguezas e ambiguidades... cit., p. 183.

[68] Sobre a autorreferência, escreve Ravi Peixoto (*Superação do precedente*... cit., p. 193-194): "Um relevante dever gerado aos tribunais pela adoção de uma teoria dos precedentes é a necessidade de autorreferência. Não se pode mais admitir que, em havendo algum entendimento anterior sobre aquele mesmo tema, possa ele ser solenemente ignorado na decisão do magistrado. As decisões não podem partir de um grau zero, sem respeito à integridade do direito e aos julgados passados sobre situações fáticas semelhantes".

[69] Segundo José Rogério Cruz e Tucci (*Precedente judicial como fonte do direito*. São Paulo: RT, 2004. p. 174), a distinção é um método de confronto "pelo qual o juiz verifica se o caso em julgamento pode ou não ser considerado análogo ao paradigma".

[70] *Overruling* ou superação do precedente é, segundo Fredie Didier Júnior, "a técnica através da qual um precedente perde a sua força vinculante e é substituído (*overrruled*) por outro precedente".

corresponde ao chamado *stare decisis* vertical – não há também obrigatoriedade de uniformização do entendimento sobre as questões objeto dos enunciados respectivos. Por isso, vislumbram-se, na prática, decisões que sequer fazem referência aos enunciados sumulares dos tribunais hierarquicamente superiores ou que não aplicam tais verbetes, sem justificativa adequada para tanto.

Por outro lado, é certo que, no Brasil, as súmulas das Cortes Superiores exercem um papel extremamente relevante no que concerne a esse outro escopo que pode ser alcançado por elas, qual seja, o de conferir unidade à interpretação do direito. Embora não haja obrigatoriedade, é certo que as súmulas do STF e do STJ são observadas com maior frequência pelos juízes e tribunais que lhe são subordinados em todo o país.

Assim é que as súmulas dos tribunais superiores, mesmo quando meramente persuasivas, conseguem imprimir alguma uniformização na interpretação do direito.

Por essa razão, alguns doutrinadores entendem que mesmo as súmulas persuasivas são dotadas de certo grau de normatividade. A esse respeito, explicita Rodolfo de Camargo Mancuso[71]:

> [...] a jurisprudência pacificada nos Tribunais Superiores, mesmo que não se apresente, formalmente, como vinculante ou obrigatória, na prática opera com uma boa dose de normatividade, seja pelo fato de emanar dos órgãos de cúpula, cujas decisões não são mais contrastáveis, seja pelo virtual insucesso das decisões e postulações porventura veiculadas em sentido contrário às teses sumuladas.

Em nosso entender, contudo, um enunciado de súmula não deve ser reputado norma nem texto normativo. Explica-se.

As decisões dos tribunais que constituem os precedentes das súmulas são os acórdãos. Os acórdãos são formados pelo relatório, que resume os fatos do processo ou recurso; pelos votos do relator e dos demais componentes do órgão julgador; e pela ementa, que busca resumir os fundamentos relevantes da decisão, ou seja, busca condensar *a ratio decidendi.*

Apesar dos inúmeros debates doutrinários a respeito do conceito de *ratio decidendi*[72], entende-se que ela corresponde aos fundamentos determinantes de uma decisão judicial, apartada dos denominados ditos de passagem. E é a

---

71 MANCUSO, Rodolfo de Camargo. *Divergência jurisprudencial*... cit., p. 114.

72 Dada a limitação do objeto do presente texto (análise das súmulas), não se fará uma exposição analítica a respeito do conceito de *ratio decidendi*.

ratio que constitui a norma jurídica do caso concreto, que pode ser aplicada aos casos posteriores, desde que sejam semelhantes.

Nos sistemas da *common law,* realiza-se um procedimento de decomposição do precedente, a fim de identificar a sua *ratio decidendi,* conforme explica Luiz Henrique Volpe Camargo[73]:

> A decomposição tem o objetivo de separar a *essência da tese jurídica* ou *razão de decidir* (*ratio decidendi* no direito inglês ou *holding* no direito norte-americano) das *considerações periféricas* (*obiter dicta*), pois é apenas o núcleo determinante do precedente que vincula (*binding precedent*) o julgamento dos processos posteriores.

No Brasil, entrementes, não há, em regra, essa decomposição no que concerne à edição das súmulas. Na realidade, geralmente é a partir de diversas ementas semelhantes que é construído o verbete sumular. Acontece que as ementas inúmeras vezes não retratam a *ratio decidendi* do acordão que busca resumir. Por isso, muitos enunciados sumulares retratam apenas a conclusão do julgamento e não as razões determinantes da decisão[74]. Ainda que se pretenda inserir no texto da súmula a *ratio decidendi* do precedente, dificilmente essa tarefa se concretizará, posto que, na maioria das vezes, as razões de decidir não caberão no conciso verbete sumular.

Por isso é que um enunciado de súmula não deve ser reputado norma nem texto normativo. Primeiro porque a norma jurídica do precedente é a sua *ratio decidendi;* a súmula tenta condensar a *ratio* num determinado enunciado, buscando consolidá-la como um texto normativo, sendo que, via de regra, o teor da súmula não consegue, em si mesmo, abarcar a *ratio decidendi* contida no precedente que lhe antecedeu[75].

---

[73] CAMARGO, Luiz Henrique Volpe A força dos precedentes no moderno processo civil brasileiro. In: WAMBIER, Teresa Arruda Alvim (Coord.). *Direito jurisprudencial.* São Paulo: RT, 2012. p. 553-673.

[74] Como exemplo, pode-se mencionar a Súmula 549 do STJ, que dispõe: "É válida a penhora de bem de família pertencente a fiador de contrato de locação". A referida súmula não retrata a *ratio decidendi* dos precedentes que lhe deram origem. Na realidade, tal enunciado apenas reproduz, com outras palavras, o texto do art. 3.º, VII, da Lei 8.009/1990, que dispõe: "A impenhorabilidade é oponível em qualquer processo de execução civil, fiscal, previdenciária, trabalhista ou de outra natureza, salvo se movido: por obrigação decorrente de fiança concedida em contrato de locação". Acessando-se o inteiro teor de um dos precedentes que deu origem ao referido verbete (REsp repetitivo 1363368/MS), verifica-se que a *ratio* se relaciona à constitucionalidade do referido dispositivo legal que, segundo o STF, promove o direito à moradia.

[75] Numa palavra, como destaca Lenio Streck (Súmulas, vaguezas e ambiguidades... cit., p. 172), "o precedente não cabe na súmula".

Além disso, entendemos que o precedente não é sinônimo da *ratio decidendi*. A situação fática também compõe o precedente, de modo que a *ratio* de um determinado julgado somente pode ser aplicada aos casos posteriores se a situação fática for semelhante.

Por isso é que a comparação é essencial num sistema de precedentes, uma vez que somente é possível aplicar uma decisão anterior como precedente em relação a um caso futuro se houver similitude fática entre ambos. Não há, portanto, como destacar a súmula dos precedentes que lhe deram origem.

Daí por que uma súmula, para ser aplicada a um determinado caso concreto posterior à sua edição, deve ser debulhada, por assim dizer. De preferência, não pela necessidade de constante interpretação dos seus elementos textuais a fim de identificar o seu sentido e alcance, mas para a correta identificação do precedente que lhe deu origem, fática e juridicamente, e posterior comparação, para saber se a *ratio* da decisão anterior pode ser aplicada ao caso posterior a ser julgado.

Nesse ponto, concorda-se com Victor Nunes Leal quando defende que as súmulas devem funcionar como um método de trabalho destinado a agilizar os julgamentos, a fim de aplicar a *ratio decidendi* das decisões anteriores sobre um mesmo tema a casos futuros semelhantes.

Não que as súmulas não admitam interpretação – e aqui reside a nossa discordância em relação ao pensamento de Victor Nunes Leal, que era radicalmente avesso à interpretação dos enunciados sumulares. Obviamente, constituindo-se em textos editados com base em precedentes que nunca se conterão por completo nos resumidos verbetes, deve existir interpretação dos enunciados e, na eventualidade de serem utilizados conceitos indeterminados ou cláusulas gerais na formulação de seu texto, deve o órgão jurisdicional que pretende aplicar a súmula interpretá-los – porém em conformidade com os precedentes que lhes deram origem.

Sobre esse tema da redação dos verbetes sumulares, defende Fredie Didier Júnior[76] que, na formulação dos enunciados das súmulas, não se devem utilizar termos de sentido vago. Nesse sentido, aduz o autor que:

> [...] a vagueza na proposição normativa jurisprudencial é um contrassenso: nascida a partir da necessidade de dar concretude a termos vagos, abertos, gerais e abstratos do Direito Legislado, a *ratio decidendi* deve ser formulada com termos de acepção precisa, para que não crie dúvidas quanto à sua aplicação em casos futuros.

---

[76] Editorial 49. Disponível em: <http://www.frediedidier.com.br/editorial/editorial-49/>. Acesso em: 13 mar. 2016.

Aplicar corretamente um enunciado sumular, portanto, importa em acessar o inteiro teor dos acórdãos que lhe deram origem, a fim de identificar os fatos a ela relacionados e, bem assim, a *ratio decidendi* da decisão, ou seja, a sua norma geral. É nesse conteúdo – ou seja, no inteiro teor das decisões que basearam a edição da súmula – que deve o segundo intérprete (e os demais que lhe seguirem) – aquele que busca fazer incidir a súmula ao caso concreto posterior – buscar o seu "DNA"[77], identificando-a e constatando se é possível ou não utilizar o precedente (que está por trás da súmula) ao caso a ser julgado.

Ademais, a partir desse conteúdo, revela-se imperiosa a devida comparação com o caso a ser julgado. Se houver similitude, a súmula se aplica; caso contrário, não.

No direito brasileiro, porém, é costumeira a prática de aplicar as súmulas mecanicamente, sem fazer essa comparação, ou seja, sem a evidência dos fundamentos de fato e de direito que tornam o enunciado sumular aplicável ao caso concreto[78] e a razão para isso, segundo se pensa, é a atribuição da

---

[77] Expressão utilizada por Lenio Streck (Súmulas, vaguezas e ambiguidades... cit., p. 178), que equivale aos fatos e à *ratio decidendi* da decisão (ou ao conjunto delas) que deu origem à súmula.

[78] As súmulas dos tribunais superiores, que são as que têm o poder de verdadeiramente influenciar as decisões de juízes e tribunais inferiores, embora em número gigantesco, não constituem o cerne do problema do direito jurisprudencial brasileiro atual. Primeiro porque há inúmeras súmulas cujo conteúdo tornou-se obsoleto e, portanto, raramente aplicável. Além disso, as matérias sumuladas até o momento presente não representam, em termos quantitativos, significativamente aquilo que é debatido diuturnamente nos órgãos jurisdicionais do Brasil. Há uma infinidade de outras questões não sumuladas, mas que são decididas, de modo uniforme ou não, o que evidencia outra prática nossa, muito mais nociva, por atingir uma quantidade muito maior de processos e, em consequência, de jurisdicionados: o denominado ementismo. Sobre o tema, escreveram com propriedade Breno Baía Magalhães e Sandoval Alves da Silva (Quem vê ementa, não vê precedente: ementismo e precedentes judiciais no projeto do CPC. In: FREIRE, Alexandre; DANTAS, Bruno; NUNES, Dierle; DIDIER JR., Fredie; MEDINA, José; FUX, Luiz; VOLPE, Luiz; MIRANDA, Pedro (Org.). *Novas tendências do processo civil*: estudos sobre o projeto do Novo CPC. Salvador: JusPodium, 2014. p. 211-238). O ementismo pode ser conceituado como a prática de coletar e colacionar ementas de julgados, em petições ou em decisões, sem contextualização com os fatos da causa e sem referência aos fundamentos que lhes deram origem, empregando-as como se precedentes fossem. Em inúmeras decisões, a reprodução de ementas chega a ponto de funcionar como argumento de autoridade. Decide-se com base no que foi decidido antes, indicando-se tão somente a conclusão, sem qualquer menção à *ratio decidendi* do julgado. E mais: é também comum a referência a ementas de julgados como se correspondessem à jurisprudência uniforme de um dado tribunal. São comuns frases do tipo "A jurisprudência pacífica

natureza jurídica de preceito normativo aos enunciados sumulares, como se fossem destacados dos precedentes que lhes deram origem, o que não se afigura possível.

As súmulas, de modo geral, não conseguem cumprir bem a missão de representar a *ratio decidendi* dos precedentes que estão na sua raiz. Sua aplicabilidade depende da identificação do conteúdo e da extensão das decisões que lhes antecederam, a partir da análise do seu inteiro teor, estando, portanto, vinculadas aos precedentes respectivos[79].

Ainda que a súmula consiga corretamente condensar a *ratio decidendi* dos precedentes que lhe originaram, ainda assim, não será texto normativo nem norma, porquanto, nesse caso, apenas reproduziria o teor da verdadeira norma, que é a *ratio decidendi.*

Destaque-se que essa norma (a *ratio decidendi*), quando identificada para fins de aplicação a casos futuros, será, para estes, equivalente a um texto normativo, porquanto demandará nova atividade interpretativa – agora voltada à verificação de sua aplicabilidade às novas demandas.

Daí por que se entende que as súmulas não constituem preceitos ou enunciados normativos.

As súmulas, destarte, devem ser conceituadas a partir de sua formulação original: trata-se de um método de trabalho destinado a ordenar e facilitar a atividade dos tribunais brasileiros no que tange à aplicação da sua jurisprudência dominante aos casos futuros, condensando, em seus enunciados, a teses firmadas pelos tribunais em seus julgamentos, permitindo a localização dos precedentes que lhes deram origem e, em consequência, a identificação da situação fática e da *ratio decidendi* correspondentes.

O efeito persuasivo ou vinculante, ainda que atribuído por lei, não é, portanto, atributo das súmulas, mas da *ratio decidendi* dos precedentes que lhes deram origem. A *ratio* é que deve incidir nos casos futuros, desde que

---

do Tribunal é no seguinte sentido..." ou "segundo a jurisprudência do Tribunal" e aí se faz menção a uma ou várias ementas que equivalem a alguns precedentes isolados ou a uma das posições adotadas pelo tribunal, mas não necessariamente ao entendimento uniformizado do tribunal respectivo.

[79] Segundo Pablo Stolze Gagliano e Rodolfo Pamplona Filho *Novo curso de direito civil.* São Paulo: Saraiva, 2012. v. I, p. 71): "A súmula adotada por um tribunal nada mais é do que a enunciação sintética de uma *ratio decidendi*, ou seja, constitui a síntese enunciada das razões de decidir de determinado caso concreto. A função da súmula é preencher parcialmente a indeterminação e a vagueza que resultam de textos normativos, reduzindo a complexidade da interpretação, o que não significa que ela própria prescinda de interpretação".

semelhantes, devendo servir a súmula como método destinado a facilitar a localização, identificação e aplicação dos precedentes.

4. O EFEITO PERSUASIVO E VINCULANTE DA *RATIO DECIDENDI* DOS PRECEDENTES E AS SÚMULAS COMO MÉTODO DE TRABALHO À LUZ DA LEI 13.105/2015, QUE INSTITUIU O NOVO CÓDIGO DE PROCESSO CIVIL BRASILEIRO

Há, como visto, diversos problemas decorrentes da aplicação das súmulas nos tribunais brasileiros e certamente há explicação para isso. Uma delas, bem plausível, relaciona-se à nossa tradição, baseada no sistema da *civil law*[80], de filiação romano-germânica, que se pauta no direito legislado. Não se reconhecia, durante muito tempo, a atividade criativa dos juízes, que deveriam estar absolutamente vinculados à letra da lei. O juiz era tido como a boca da lei.

É óbvia, no entanto, a constatação de que a legislação não consegue regular todos os casos que são levados ao Judiciário. As influências do constitucionalismo e da hermenêutica constitucional certamente implementaram mudanças profundas em nosso Direito e, consequentemente, em nossa atividade jurisdicional.

A distinção entre texto normativo e norma[81] foi incorporada em nossa doutrina e em nossos tribunais, que firmaram, paulatinamente, a ideia de que cabe ao Judiciário criar a norma do caso concreto, por meio da atividade interpretativa.

---

[80] Guido Fernando Silva Soares (*Common law*: introdução ao direito dos EUA. São Paulo: RT, 1999. p. 39) explicita a distinção entre *civil law* e *common law* nos seguintes termos: "a questão é de método: enquanto no nosso sistema a primeira leitura do advogado e do juiz é a lei escrita e, subsidiariamente, a jurisprudência, na *common law* o caminho é inverso: primeiro os *cases* e, a partir da constatação de uma lacuna, vai-se à lei escrita".

[81] José Joaquim Gomes Canotilho (*Direito constitucional e teoria da Constituição*. Coimbra: Almedina, 2003. p. 1213) explicita a distinção entre texto normativo e norma: "Elemento decisivo para a compreensão da estrutura normativa é uma teoria hermenêutica da norma jurídica que arranca da não identidade entre norma e texto normativo; o texto de um preceito jurídico positivo é apenas a parte descoberta do iceberg normativo (F. Müller), correspondendo em geral ao programa normativo (ordem ou comando jurídico na doutrina tradicional); mas a norma não compreende apenas o texto, antes abrange um "domínio normativo", isto é, um "pedaço de realidade social" que o programa normativo só parcialmente contempla; consequentemente, a concretização normativa deve considerar e trabalhar com dois tipos de concretização: um formado pelos elementos resultantes da interpretação do texto da norma (= elemento literal da doutrina clássica); outro, o elemento de concretização resultante da investigação do referente normativo (domínio ou região normativa)".

É aí onde começa a nossa tradição romano-germânica a se misturar com os postulados da *common law*. A questão, entrementes, é que a criatividade judicial tem sido levada ao extremo pelos tribunais brasileiros, a ponto de serem proferidas decisões judiciais que desvirtuam absolutamente o sentido dos textos legais e da própria Constituição.

E sem a tradição do *stare decisis*, essa criatividade excessiva nos levou a uma realidade de instabilidade, insegurança, incoerência, desigualdade e falta de previsibilidade e de confiança.

O CPC/2015 busca modificar esse quadro. Tendo em vista não ser mais concebível o ainda atual estágio da jurisprudência brasileira, descrito no item anterior, foram incluídas disposições no novo Código de Processo Civil brasileiro (Lei 13.105, de 16.03.2015) que têm o nítido escopo de promover uma profunda mudança na atuação dos juízes e tribunais no que diz respeito à uniformização de seus entendimentos, numa tentativa de impor-lhes a prática de seguir seus próprios precedentes e também aqueles provenientes de tribunais que lhe sejam hierarquicamente superiores.

Assim é que o *stare decisis*, horizontal e vertical, consta da nova legislação.

Em primeiro lugar, o art. 926, *caput*, do CPC/2015 consagra o dever dos tribunais de uniformizar sua jurisprudência, mantendo-a estável, íntegra e coerente.

A uniformização relaciona-se com a imperiosidade de dirimir as divergências internas dos tribunais.

Durante algum tempo, notadamente diante do surgimento de uma nova questão de direito a ser resolvida, é natural que haja posicionamentos diferentes entre os membros dos tribunais e, em consequência, entre os órgãos fracionários que os compõem.

Não obstante, com a maturação e esgotamento dos debates, não faz mais sentido permitir-se que, sobre uma mesma questão jurídica, num mesmo tribunal, persista a controvérsia. É preciso, pois, identificar o momento em que se torna imprescindível conferir unidade aos entendimentos jurisprudenciais, utilizando-se os instrumentos destinados à sua uniformização.

O CPC/2015 prevê dois institutos destinados a conter a denominada litigiosidade de massa e que deverão promover a unidade de interpretação do direito relativamente às demandas sobre questões de direito repetitivas: a sistemática dos recursos especiais e extraordinários repetitivos[82] e o incidente

---

[82] Já prevista no CPC/1973, mas a tese fixada não era de obediência obrigatória relativamente aos demais juízes e tribunais.

de resolução de demandas repetitivas, previstos, respectivamente, nos arts. 1.036/1.041 e 976/987.

A ampliação do rol dos precedentes obrigatórios[83] também deve cumprir esse papel, conforme se verá mais adiante.

Não obstante, é preciso dizer que o CPC/2015 não criou um mecanismo eficaz para compelir os tribunais a uniformizarem a sua jurisprudência, caso não haja demandas repetitivas ou precedentes obrigatórios.

O denominado incidente de assunção de competência, admissível "quando o julgamento de recurso, de remessa necessária ou de processo de competência originária envolver relevante questão de direito, com grande repercussão social, sem repetição em múltiplos processos"[84], pode ser utilizado "quando ocorrer relevante questão de direito a respeito da qual seja conveniente a prevenção ou a composição de divergência entre câmaras ou turmas do tribunal"[85].

Por meio do incidente de assunção de competência, o recurso, a remessa necessária ou o processo de competência originária será julgado pelo órgão colegiado que o regimento indicar e o acórdão proferido vinculará todos os juízes e órgãos fracionários, exceto se houver revisão de tese[86].

A ideia é a de que os tribunais, por meio do incidente de assunção de competência, levem determinada questão considerada relevante à apreciação de um órgão colegiado de maior composição[87] que, resolvendo-a, fixará uma tese que será vinculante para todos os juízes e órgãos fracionários do tribunal respectivo.

A questão é que, pela redação do art. 947, tal incidente pode ser utilizado para fins de uniformização quando se julgar conveniente a prevenção ou a composição de divergência entre órgãos fracionários do tribunal. Isso significa que não há obrigatoriedade de utilização do incidente, o que pode favorecer a manutenção das divergências internas, já que essa é a tradição de nosso Poder Judiciário.

---

83 Vide comentários ao art. 927 do CPC.

84 Art. 947 do CPC.

85 Art. 947, § 4.º.

86 Art. 947, §§ 1.º e 3.º.

87 O instituto é similar ao julgamento ampliado de revista, previsto no art. 686 do Código de Processo Civil português, *verbis*: "O Presidente do Supremo Tribunal de Justiça determina, até à prolação do acórdão, que o julgamento do recurso se faça com intervenção do pleno das secções cíveis, quando tal se revele necessário ou conveniente para assegurar a uniformidade da jurisprudência".

Melhor teria sido determinar a obrigatoriedade de uniformização, como instrumentos destinados a alcançar tal resultado, conforme consta da Consolidação das Leis do Trabalho[88].

Já que há dispositivo legal consagrando a obrigatoriedade de seguir determinados precedentes, deveria também haver regra que impusesse a uniformização.

Havendo jurisprudência dominante sobre determinado tema, o CPC/2015, autoriza os tribunais a editarem enunciados de súmula, na forma estabelecida e segundo os pressupostos fixados nos seus respectivos regimentos internos, providência que já era possível na vigência do CPC/1973, como já assinalado neste trabalho.

A novidade, porém, é o disposto no art. 926, § 2.º, do CPC, *verbis*: "Ao editar enunciados de súmula, os tribunais devem ater-se às circunstâncias fáticas dos precedentes que motivaram sua criação".

Apesar da referência apenas às circunstâncias fáticas, entende-se que o dispositivo sob comento consagra a vinculação das súmulas aos elementos fáticos e jurídicos dos precedentes que lhes deram origem, porquanto os enunciados sumulares também devem se ater à *ratio decidendi* dos precedentes que estão por trás de sua edição, inclusive porque o efeito persuasivo ou vinculante, conforme o caso, constitui atributo da *ratio* e não da súmula, conforme se defende no presente ensaio.

É certo que o verbete sumular jamais conterá o precedente que lhe deu origem, mas deve guardar correspondência com ele, notadamente com as suas razões de decidir. Como visto no tópico anterior, as súmulas não se destacam dos precedentes que lhes originaram, o que se evidencia, a nosso ver, pelo disposto no pré-falado art. 926, § 2.º do CPC/2015.

---

[88] O art. 896, §§ 3.º, 4.º e 5.º, da CLT assim estabelece: art. 896, § 3.º. Os Tribunais Regionais do Trabalho procederão, obrigatoriamente, à uniformização de sua jurisprudência e aplicarão, nas causas da competência da Justiça do Trabalho, no que couber, o incidente de uniformização de jurisprudência previsto nos termos do Capítulo I do Título IX do Livro I da Lei 5.869, de 11 de janeiro de 1973 (Código de Processo Civil). § 4.º Ao constatar, de ofício ou mediante provocação de qualquer das partes ou do Ministério Público do Trabalho, a existência de decisões atuais e conflitantes no âmbito do mesmo Tribunal Regional do Trabalho sobre o tema objeto de recurso de revista, o Tribunal Superior do Trabalho determinará o retorno dos autos à Corte de origem, a fim de que proceda à uniformização da jurisprudência. § 5.º A providência a que se refere o § 4.º deverá ser determinada pelo Presidente do Tribunal Regional do Trabalho, ao emitir juízo de admissibilidade sobre o recurso de revista, ou pelo Ministro Relator, mediante decisões irrecorríveis.

Não se podem mais admitir súmulas baseadas nos denominados ditos de passagem ou *obiter dictum*: argumentos não determinantes constantes dos julgados que não constituem obviamente precedentes. São também obviamente inaceitáveis enunciados que se reportem a fatos ou a razões de decidir não contidos no precedente, em exercício atípico de atividade legislativa pelos tribunais, sem respaldo constitucional ou legal.

A estabilidade, também prevista no *caput* do art. 926, diz respeito à manutenção de certos padrões decisórios no tempo e no espaço. A flutuação irresponsável de orientações jurisprudenciais deve ser evitada e combatida.

Como pondera Paula Pessoa Pereira[89],

> [...] os elementos formais do Estado de Direito, tais quais a previsibilidade, segurança jurídica e igualdade formal, [...] são elementos estruturantes de dada sociedade, indispensáveis para o gozo e fruição da liberdade e dignidade humana em sua dimensão existência. Somente posso usufruir da minha liberdade se eu tenho condições de planejar minhas ações futuras e, para isso, preciso identificar previamente à minha conduta quais as consequências jurídicas da tomada desta.

Sobre o tema, há enunciado do Fórum Permanente de Processualistas Civis, de 316, com o seguinte texto: "A estabilidade da jurisprudência do tribunal depende também da observância de seus próprios precedentes, inclusive por seus órgãos fracionários".

Isso somente reforça a necessidade de uniformização da jurisprudência interna dos tribunais e de observância de seus precedentes, sejam eles obrigatórios ou meramente persuasivos.

A jurisprudência precisa ser estável, mas não há que ser eterna, obviamente. Há, portanto, possibilidade de superação dos entendimentos, desde que devidamente fundamentada e com observância da necessidade de modulação dos seus efeitos, se for o caso.

A superação motivada e a modulação de efeitos dos precedentes foram expressamente inseridas no CPC/2015, em seu art. 927, §§ 3.º e 4.º, a seguir transcritos:

> Art. 927, § 3.º Na hipótese de alteração de jurisprudência dominante do Supremo Tribunal Federal e dos tribunais superiores ou daquela oriunda

---

[89] PEREIRA, Paula Pessoa. *Legitimidade dos precedentes*: universabilidade das decisões do STJ. São Paulo: RT, 2014. p. 27.

> de julgamento de casos repetitivos, pode haver modulação dos efeitos da alteração no interesse social e no da segurança jurídica.
>
> Art. 927, § 4.º A modificação de enunciado de súmula, de jurisprudência pacificada ou de tese adotada em julgamento de casos repetitivos observará a necessidade de fundamentação adequada e específica, considerando os princípios da segurança jurídica, da proteção da confiança e da isonomia.

No que concerne aos deveres de coerência e integridade, embora haja divergência sobre suas definições, inclusive porque há que defenda a sinonímia entre os termos[90], levando em conta a distinção estabelecida em lei, pensa-se que na coerência está contido o dever de autorreferência, enquanto na integridade vislumbra-se a necessidade de interpretação dos precedentes em conformidade com o sistema jurídico no qual eles estão inseridos.

Não há qualquer sentido em decidir partindo sempre do zero, como se não houvesse história. É preciso lançar um olhar ao passado, verificando se o caso sob apreciação jurisdicional já foi decidido anteriormente pelo mesmo tribunal ou por algum tribunal superior.

Em caso positivo, deve-se verificar se a decisão paradigma se aplica ao caso, identificando-se a sua *ratio decidendi* e comparando-se os seus elementos fáticos e de direito com os do caso a ser julgado (técnica do *distinguishing* ou distinção); havendo semelhança, aplica-se o precedente, a não ser que seja caso de superação.

Relativamente à integridade, Fredie Didier Jr., Paula Sarno Braga e Rafael Alexandria de Oliveira[91] chamam a atenção para a circunstância de que esse dever supõe que o tribunal adote determinadas posturas quando da tomada das decisões, a saber: a) decidir conforme o Direito posto, impedindo-se o voluntarismo judicial e o uso de argumentos arbitrários; b) decidir de acordo

---

[90] Conforme ressaltam Fredie Didier Jr., Paula Sarno Braga e Rafael Alexandria de Oliveira (*Curso de direito processual civil*... cit., p. 476) "Para se ter uma dimensão do problema, há quem veja no termo 'integridade', no sentido utilizado por Dworkin, sinonímia com o termo 'coerência'. E [...] há clara interseção entre as suas zonas de aplicação". Em outra passagem (idem, p. 477), os autores consignam que os deveres devem ser tidos como distintos: "A interpretação do dispositivo deve ser no sentido de dar-lhe máxima efetividade; não parece adequada qualquer interpretação que compreenda o dever de integridade como continente do qual o dever de coerência é conteúdo, ou vice-versa".

[91] DIDIER JR., Fredie; BRAGA, Paula Sarno; OLIVEIRA, Rafael Alexandria de. *Curso de direito processual civil*... cit., p. 484-485.

com a Constituição; c) compreender o Direito como um sistema de normas; d) relacionar o direito processual ao material.

O art. 927 do CPC/2015 e seus incisos, por seu turno, demonstram a opção do legislador no que concerne à expressa instituição de precedentes cuja observância deve ser obrigatória por parte dos juízes e tribunais.

Até a entrada em vigor da Lei 13.105/2105, produziam efeito vinculante, nos termos da Constituição da República, as decisões do Supremo Tribunal Federal em controle concentrado de constitucionalidade e as súmulas vinculantes (na realidade, a *ratio decidendi* dos precedentes que ensejaram a sua edição, segundo se pensa), editadas pela mesma Corte Superior.

O CPC/2015 amplia o rol das hipóteses de efeito vinculante proveniente de decisões do Poder Judiciário em seu art. 927, que dispõe:

> Art. 927. Os juízes e os tribunais observarão:
>
> I – as decisões do Supremo Tribunal Federal em controle concentrado de constitucionalidade;
>
> II – os enunciados de súmula vinculante;
>
> III – os acórdãos em incidente de assunção de competência ou de resolução de demandas repetitivas e em julgamento de recursos extraordinário e especial repetitivos;
>
> IV – os enunciados das súmulas do Supremo Tribunal Federal em matéria constitucional e do Superior Tribunal de Justiça em matéria infraconstitucional;
>
> V – a orientação do plenário ou do órgão especial aos quais estiverem vinculados.

Primeiramente, deve-se fazer um esclarecimento. No artigo acima transcrito, o legislador não atribuiu às decisões, acórdãos, orientações e enunciados sumulares que especifica a qualidade de precedentes, os quais, como visto, não estão contidos na conclusão das decisões judiciais e tampouco nos concisos verbetes sumulares, mas no inteiro teor da decisão ou do conjunto das decisões que ensejou a edição da súmula.

O precedente, identificável, em tese, pelo órgão jurisdicional que busca aplicar, a um caso futuro, a conclusão generalizável (norma geral) extraída de um julgado anterior, que lhe é similar, continua sendo formado pelos elementos fáticos e pela *ratio decidendi* contidos na decisão pretérita, de modo que não teve seu conceito alterado pelo CPC/2015.

Por isso é que se evidencia imprescindível contextualizar os enunciados sumulares e demais decisões explicitadas pelo art. 927 do CPC/2015 ao caso concreto, identificando-se e comparando-se os elementos fáticos e jurídicos da decisão paradigma e do caso a ser julgado, a fim de constatar a aplicação ou não da *ratio decidendi* do caso anterior ao caso posterior, de modo obrigatório.

Não há como admitir a aplicação mecânica dessas teses e enunciados, o que, inclusive, é vedado pelo CPC/2015, em seu art. 489, § 1.º, V e VI, que reputa sem fundamentação qualquer decisão judicial que "se limitar a invocar precedente ou enunciado de súmula, sem identificar seus fundamentos determinantes nem demonstrar que o caso sob julgamento se ajusta àqueles fundamentos" ou que "deixar de seguir enunciado de súmula, jurisprudência ou precedente invocado pela parte, sem demonstrar a existência de distinção no caso em julgamento ou a superação do entendimento".

Aliás, a leitura do art. 489, § 1.º, V, também deixa claro que as súmulas não se destacam dos precedentes que lhes originaram, porquanto determina a identificação de seus fundamentos determinantes e a demonstração da incidência da *ratio* contida no precedente ao caso sob julgamento, a partir da similitude fático-jurídica entre ambos.

Assim é que o art. 927 não enumera os precedentes obrigatórios, mas especifica as decisões a partir das quais eles podem ser formados. As teses e enunciados de súmula provenientes de tais decisões devem ser utilizados como método de trabalho para agilizar os julgamentos e como fonte de pesquisa dos precedentes cuja *ratio decidendi* apresenta efeito vinculante, a qual somente terá incidência nos processos judiciais se houver similitude fático-jurídica entre os elementos da decisão paradigma e do caso a ser julgado, extraídos de seu inteiro teor e não do resultado do julgamento ou do verbete sumular.

De qualquer sorte, é certo que a predefinição, pelo legislador, de decisões com aptidão para formar precedentes obrigatórios termina por conferir aos tribunais a função de estabelecer, no julgamento dos casos individuais, a norma geral que poderá ser aplicável aos casos futuros (que corresponde à *ratio decidendi*).

Nesse sentido, esclarece Paula Pessoa Pereira[92]:

> O tribunal, ao deliberar de forma colegiada acerca da interpretação e aplicação de uma determinada norma jurídica sobre um delimitado substrato fático, acaba por resolver a disputa para além do caso individual, na medida em que as justificações de um julgamento colegiado imprimem a forma de uma regra de conduta, afirmando o parâmetro de resolução para os casos semelhantes futuros.

---

92 PEREIRA, Paula Pessoa. *Legitimidade dos precedentes*... cit., p. 118.

Assim é que o precedente, que deveria ser encontrado pelo segundo juiz – o que pretende aplicá-lo – terminará sendo predeterminado pelo primeiro. Essa parece ser uma tendência indiscutível e inevitável da jurisprudência brasileira, que diverge absolutamente do modo de aplicação dos precedentes nos sistemas da *common law*[93].

Uma palavra final cabe a respeito do disposto no inciso V do art. 927, que diz respeito à orientação do plenário ou do órgão especial aos quais estiverem vinculados os juízes e tribunais. Nesse caso, a *ratio decidendi* contida nas decisões de todos os tribunais, superiores e de segundo grau de jurisdição, proferidas por seus órgãos especiais ou pela sua composição plenária, terá efeito vinculante em relação aos seus respectivos órgãos fracionários e também em relação aos demais tribunais e juízes que lhe sejam hierarquicamente inferiores.

Sobre essa regra, deve-se chamar a atenção para uma questão relevante: embora não haja previsão expressa no sentido de que a *ratio decidendi* dos precedentes que deram e darão origem às súmulas dos tribunais de segundo grau de jurisdição deve produzir efeito vinculante, é certo que nos tribunais brasileiros sua edição é de competência do plenário ou dos seus órgãos especiais.

Se a *ratio* das decisões provenientes do plenário ou do órgão especial dos tribunais de segundo grau produz efeito vinculante e se as súmulas são editadas por meio de tais órgãos fracionários, é certo que a *ratio* dos precedentes relativos aos enunciados das súmulas dos TRFs e dos TJs também apresenta o mesmo efeito.

Destarte, a *ratio decidendi* dos precedentes que ensejem a edição das súmulas dos tribunais de segundo grau de jurisdição apresenta efeito vinculante em relação ao próprio tribunal que as editou, assim como em relação aos juízes que lhe são vinculados.

Apesar do efeito vinculante decorrente do art. 927, somente cabe reclamação, segundo para garantir a observância da *ratio* relativa a: enunciado de súmula vinculante; de decisão do Supremo Tribunal Federal em controle

---

93 A *ratio* pode ser construída paulatinamente, inclusive. Nesse sentido, adverte Dierle José Coelho Nunes (Processualismo constitucional democrático e o dimensionamento da técnicas para a litigiosidade repetitiva. A litigância de interesse público e as tendências "não compreendidas" de padronização decisória. *Revista de Processo*, São Paulo, ano 38, n. 199, set. 2011) que "[...] se percebe muito difícil a formação de um precedente (padrão decisório a ser repetido) a partir de um único julgado, salvo se em sua análise for procedido um esgotamento discursivo de todos os aspectos relevantes suscitados pelos interessados".

concentrado de constitucionalidade; e de acórdão proferido em julgamento de incidente de resolução de demandas repetitivas ou de incidente de assunção de competência.

Também é cabível a reclamação proposta para garantir a observância de acórdão de recurso extraordinário com repercussão geral reconhecida ou de acórdão proferido em julgamento de recursos extraordinário ou especial repetitivos, desde que haja esgotamento das instâncias ordinárias (art. 988, § 5.º, II).

Nas demais hipóteses, não cabe, segundo o CPC, reclamação, nada impedindo que os regimentos internos dos tribunais de segundo grau prevejam o seu cabimento no que concerne à violação de seus precedentes obrigatórios.

No mais, cabe sempre recurso, com a possibilidade de decisão monocrática do relator, para garantir a observância dos precedentes obrigatórios definidos pelo CPC/2015[94].

Há outros institutos que podem ser utilizados com o fito de antecipar a prestação da tutela jurisdicional quando o pedido estiver baseado em precedentes obrigatórios ou de agilizar os julgamentos na hipótese do pedido os contrariar, como a tutela da evidência (no primeiro caso) e a improcedência liminar do pedido (no segundo), contidas, respectivamente, nos arts. 311, II[95], e 332[96] do CPC.

---

[94] Art. 932. Incumbe ao relator: IV – negar provimento a recurso que for contrário a: a) súmula do Supremo Tribunal Federal, do Superior Tribunal de Justiça ou do próprio tribunal; b) acórdão proferido pelo Supremo Tribunal Federal ou pelo Superior Tribunal de Justiça em julgamento de recursos repetitivos; c) entendimento firmado em incidente de resolução de demandas repetitivas ou de assunção de competência; V – depois de facultada a apresentação de contrarrazões, dar provimento ao recurso se a decisão recorrida for contrária a:

a) súmula do Supremo Tribunal Federal, do Superior Tribunal de Justiça ou do próprio tribunal; b) acórdão proferido pelo Supremo Tribunal Federal ou pelo Superior Tribunal de Justiça em julgamento de recursos repetitivos; c) entendimento firmado em incidente de resolução de demandas repetitivas ou de assunção de competência; VI – decidir o incidente de desconsideração da personalidade jurídica, quando este for instaurado originariamente perante o tribunal.

[95] Art. 311, II: A tutela da evidência será concedida, independentemente da demonstração de perigo de dano ou de risco ao resultado útil do processo, quando: II – as alegações de fato puderem ser comprovadas apenas documentalmente e houver tese firmada em julgamento de casos repetitivos ou em súmula vinculante.

[96] Art. 332. Nas causas que dispensem a fase instrutória, o juiz, independentemente da citação do réu, julgará liminarmente improcedente o pedido que contrariar: I – enunciado de súmula do Supremo Tribunal Federal ou do Superior Tribunal de Justiça; II – acórdão proferido pelo Supremo Tribunal Federal ou pelo Superior Tri-

5. CONCLUSÃO

O Código de Processo Civil de 2015, por meio de seus arts. 926 e 927, conjugados com o art. 489, § 1.º, V e VI, promove uma profunda alteração na sistemática de precedentes do direito processual brasileiro.

Como serão tais normas recepcionadas pelos tribunais ainda não se sabe. Se haverá observância do dever de autorreferência, se as Cortes cumprirão o art. 926 do CPC/2015, no sentido de efetivamente uniformizar a sua jurisprudência e se os precedentes definidos como obrigatórios no art. 927 serão de fato seguidos não há como ter certeza.

De qualquer forma, os precedentes, sejam persuasivos sejam vinculantes, devem ser observados pela integralidade dos órgãos jurisdicionais.

É preciso deixar claro que não se defende a impossibilidade de haver divergência, de adoção de entendimentos minoritários, notadamente diante dos chamados casos difíceis e das situações que não se adequam perfeitamente aos precedentes firmados.

O que não se pode admitir, no entanto, é que isso aconteça sem compromisso com a referência aos precedentes do próprio órgão julgador ou por órgão jurisdicional de hierarquia superior e, essencialmente, sem uma ponderada argumentação que justifique o afastamento do precedente ou a sua superação no caso concreto.

O art. 927 do CPC/2015 torna peculiar a sistemática de precedentes no processo civil brasileiro.

Como se afirmou em diversas passagens do presente texto, o precedente, a rigor, somente é identificado pelo órgão julgador dos processos posteriores, que, diante de uma similitude fático-jurídica entre o caso paradigma e o feito a ser julgado, buscará delimitar a *ratio decidendi* do julgado anterior para aplicá-la ao caso subsequente.

Não deveria ser papel dos tribunais, no julgamento dos casos concretos, ocupar-se da formulação da norma geral, da tese eventualmente aplicável a casos futuros.

Não obstante, essa parece uma tendência irrefutável em nossa realidade jurisprudencial.

Com o estabelecimento de diversas decisões com aptidão para formar precedentes obrigatórios, ainda mais com a previsão de instrumentos como

---

bunal de Justiça em julgamento de recursos repetitivos; III – entendimento firmado em incidente de resolução de demandas repetitivas ou de assunção de competência; IV – enunciado de súmula de tribunal de justiça sobre direito local.

a repercussão geral, a sistemática de recursos repetitivos e, agora, com os incidentes de resolução de demandas repetitivas e de assunção de competência, que devem funcionar como mecanismos de fixação de teses que terão incidência nos processos em andamento e também nos futuros, essa função prescritiva da *ratio decidendi* contida nas decisões judiciais estará cada vez mais presente nos tribunais brasileiros.

O problema é que essa postura - de definir previamente a norma geral dos precedentes obrigatórios e persuasivos - favorece a aplicação mecânica das teses correspondentes firmadas pelos tribunais.

Considerando-se, entretanto, que o Código de Processo Civil de 2015 veda expressamente a aplicação automática da jurisprudência e dos enunciados sumulares ou a sua não aplicação também mecanicamente em seu art. 489, § 1.º, V e VI, os juízes e tribunais deverão, paulatinamente, modificar o seu modo de decidir, demonstrando a concreta incidência da *ratio decidendi* contida nos seus precedentes aos casos a serem julgados, ou justificando a sua não aplicação, por meio das técnicas da distinção ou da superação.

No que tange às súmulas, considerando a ampliação do efeito vinculante da *ratio* contida em seus precedentes, a probabilidade é a de que sejam aprovados cada vez mais enunciados, tanto pelos tribunais superiores como pelos de segundo grau de jurisdição.

Espera-se um cuidado maior na elaboração dos seus textos, que devem guardar o máximo de correspondência com a *ratio* dos precedentes que lhes antecederam, evitando-se a utilização de termos vagos, conceitos jurídicos indeterminados e cláusulas gerais. A clareza das súmulas é um aspecto relevante, que se reflete na sua aplicação: se ensejarem controvérsia na sua interpretação, terminam por se afastar do escopo para o qual foram editadas.

As súmulas não devem ser consideradas como disposições legais nem como preceitos normativos - razão da declaração de inconstitucionalidade, inclusive, dos assentos no direito português na década de 1990, que evoluiu para a total revogação do instituto.

Devem ser conceituadas como um método de trabalho destinado a ordenar e facilitar a atividade dos tribunais brasileiros no que tange à aplicação da sua jurisprudência dominante aos casos futuros, condensando, em seus enunciados, ainda que resumidamente, as teses firmadas pelos tribunais em seus julgamentos, permitindo a localização dos precedentes que lhes deram origem e, em consequência, a identificação da situação fática e a *ratio decidendi* correspondentes.

As súmulas somente devem ser aplicadas mediante contextualização com as especificidades do caso concreto, de acordo com os elementos fático-jurídicos dos precedentes que lhes deram origem.

A ideia de Estado de Direito está intrinsecamente atrelada às noções de estabilidade, de segurança jurídica, de igualdade, de uniformidade, de coerência e de previsibilidade das decisões judiciais.

Por isso é que a regra deve ser a uniformização da jurisprudência dos tribunais e a adequada aplicação dos precedentes e, em consequência, dos enunciados sumulares.

Só assim será possível restaurar a confiança do jurisdicionado na Justiça brasileira.

6. BIBLIOGRAFIA

ALEXANDRE, Isabel. Problemas recentes da uniformização da jurisprudência em processo civil. Disponível em: <http://www.oa.pt/upl/%7Bce84ae08-ee30-4d1f--bb1d-875538180432%7D.pdf>. Acesso em: 8 abr. 2016.

BARROS, Lucas Buril de Macêdo. Contributo para a definição de *ratio decidendi* na teoria brasileira dos precedentes judiciais. *Revista de Processo*, v. 23, p. 303-327, 2014.

CABRAL, Dilma. Casa de Suplicação do Brasil. Disponível em: <http://linux.an.gov.br/mapa/?p=2832>. Acesso em: 5 abr. 2016.

CAMARGO, Luiz Henrique Volpe. A força dos precedentes no moderno processo civil brasileiro. In: WAMBIER, Teresa Arruda Alvim (Coord.). *Direito jurisprudencial*. São Paulo: RT, 2012.

CANOTILHO, José Joaquim Gomes. *Direito constitucional e teoria da Constituição*. Coimbra: Almedina, 2003.

CRUZ E TUCCI, José Rogério. *Precedente judicial como fonte do direito*. São Paulo: RT, 2004.

DIDIER JR., Fredie; BRAGA, Paula Sarno; OLIVEIRA, Rafael Alexandria de. *Curso de direito processual civil*: teoria da prova, direito probatório, ações probatórias, decisão, precedente, coisa julgada e antecipação dos efeitos da tutela. Salvador: JusPodivm, 2015.

GAGLIANO, Pablo Stolze; PAMPLONA FILHO, Rodolfo. *Novo curso de direito civil*. São Paulo: Saraiva, 2012. v. I.

LAPA, Jorge Teixeira (anotações). Jurisprudência comentada: acórdão 810/93. *Polis – Revista de Estudos Jurídico-Políticos*, ano I, n. 1, out.-dez. 1994. Disponível em: <http://revistas.lis.ulusiada.pt/index.php/polis/article/viewFile/932/pdf_5>. Acesso em: 4 abr. 2016.

LEAL, Victor Nunes. Passado e futuro da súmula do STF. *Revista de Direito Administrativo*, v. 145, p. 1-20, jul.-set. 1981. Disponível em: <http://www.ivnl.com.br/download/passado_e_futuro_da_sumula_do_stf.pdf>. Acesso em: 15 abr. 2016.

LIMA, Diônes dos Santos Lima. O enfraquecimento do princípio da igualdade processual após a implementação da súmula vinculante. Disponível em:

<http://www.ambito-juridico.com.br/site/index.php?n_link=revista_artigos_leitura&artigo_id=7174>. Acesso em: 4 abr. 2016.

MAGALHÃES, Breno Baía; SILVA, Sandoval Alves da. Quem vê ementa, não vê precedente: ementismo e precedentes judiciais no projeto do CPC. In: FREIRE, Alexandre; DANTAS, Bruno; NUNES, Dierle; DIDIER JR., Fredie; MEDINA, José; FUX, Luiz; VOLPE, Luiz; MIRANDA, Pedro (Org.). *Novas tendências do processo civil*: estudos sobre o projeto do Novo CPC. Salvador: JusPodium, 2014. p. 211-238.

______; ______. O grau de vinculação dos precedentes à luz do STF: o efeito vinculante é absoluto?. In: ANJOS FILHO, Robério Nunes dos (Org.). *Direitos humanos e direitos fundamentais*: diálogos contemporâneos. Salvador: JusPodium, 2013. p. 58-85.

MANCUSO, Rodolfo de Camargo. *Divergência jurisprudencial e súmula vinculante*. São Paulo: RT, 2001.

MARINONI, Luiz Guilherme; ARENHART, Sérgio Cruz; MITIDIERO, Daniel. *Novo Código de Processo Civil comentado*. São Paulo: RT, 2015.

MELO, José Tarcízio de Almeida. Súmula vinculante: aspectos polêmicos, riscos e viabilidade. Disponível em: <http://www.tjmg.jus.br/data/files/81/32/26/30/869D8310DACF8D83180808FF/sumula_vinculante.pdf>. Acesso em: 5 abr. 2016.

MENDES, Gilmar; COELHO, Inocêncio; BRANCO, Paulo Gustavo Gonet. *Curso de direito constitucional*. São Paulo: Saraiva, 2008.

MIRANDA, Jorge. *Contributo para uma teoria da inconstitucionalidade*. Lisboa: RFDUL, 1968.

NEVES, A. Castanheira. *O instituto dos assentos e a função jurídica dos supremos tribunais*. Coimbra: Coimbra Editora, 2014.

NUNES, Dierle José Coelho. Processualismo constitucional democrático e o dimensionamento da técnicas para a litigiosidade repetitiva. A litigância de interesse público e as tendências "não compreendidas" de padronização decisória. *Revista de Processo*, São Paulo, ano 38, n. 199, set. 2011.

PEIXOTO, Ravi. *Superação do precedente e segurança jurídica*. Salvador: JusPodivm, 2015.

PEREIRA, Paula Pessoa. *Legitimidade dos precedentes*: universabilidade das decisões do STJ. São Paulo: RT, 2014.

REGO, Carlos Lopes do. *A uniformização da jurisprudência no novo direito processual civil*. Lisboa: Lex, 1997.

REIS, Alberto dos. *Código de Processo Civil anotado*. Coimbra: Coimbra Editora, 1981. v. VI.

REIS, Maurício Martins. Precedentes obrigatórios e sua adequada interpretação. *Revista do Programa de Pós-Graduação em Direito da Universidade Federal da Bahia*, v. 24, p. 42-60, 2014.

SOARES, Guido Fernando Silva. *Common law*: introdução ao direito dos EUA. São Paulo: RT, 1999.

STRECK, Lenio Luiz. Súmulas, vaguezas e ambiguidades: necessitamos de uma teoria geral dos precedentes? *Direitos Fundamentais & Justiça*, Revista do Programa de Pós-Graduação, Mestrado e Doutorado em Direito da PUCRS, Porto Alegre: HS Editora, ano 2, n. 5, out.-dez. 2008.

SUPREMO TRIBUNAL FEDERAL. Histórico da Casa de Suplicação. Disponível em: <http://www.stf.jus.br/portal/cms/verTexto.asp?servico=sobreStfConhecaStfJulgamentoHistorico&pagina=HistoricodaCasadaSuplicacao>. Acesso em: 4 abr. 2016.

VELOSO, Cynara Silde Mesquita. *Súmula vinculante como entraves ideológicos ao processo jurídico de enunciação de uma sociedade democrática.* 2008. Tese (Doutorado) – Pontifícia Universidade Católica de Minas Gerais, Belo Horizonte.

ESTABILIZAÇÃO, IMUTABILIDADE DAS EFICÁCIAS ANTECIPADAS E EFICÁCIA DE COISA JULGADA: UMA VERSÃO APERFEIÇOADA[1]

Roberto P. Campos Gouveia Filho
Ravi Peixoto
Eduardo José da Fonseca Costa

Sumário: 1. Aspectos introdutórios – 2. As opiniões doutrinárias – 3. Da estabilização à imutabilidade das eficácias antecipadas: 3.1. Por uma noção de coisa julgada; 3.2. Outros níveis de estabilidade, incluindo a estabilização do art. 304, CPC; 3.3. A imutabilidade das eficácias antecipadas – 4. Considerações finais – 5. Referências bibliográficas.

1. ASPECTOS INTRODUTÓRIOS

O Código de Processo Civil traz grandes modificações no tratamento da técnica antecipatória e da tutela cautelar, muito embora tenha sido por demais atécnico ao denominar ambas de tutela provisória.[2] Uma dessas mudanças foi a

---

1 Este texto foi publicado originalmente em: PEIXOTO, Ravi; GOUVEIA FILHO, Roberto P. Campos. ; COSTA, Eduardo Fonseca da. Estabilização, imutabilidade das eficácias antecipadas e eficácia de coisa julgada: um diálogo pontiano com o CPC/2015. PEIXOTO, Ravi; MACÊDO, Lucas Buril de; FREIRE, Alexandre. (coord). *Doutrina selecionada*: procedimentos Especiais, Tutela Provisória e Direito Transitório. 2ª ed.Salvador: JusPodivm, 2016, v. 4. No entanto, esta versão conta com diversos novos diálogos doutrinários, um diálogo sobre a natureza da decisão que extingue o processo quando há estabilização e uma reforma no pensamento acerca da natureza da preclusão sofrida pelo réu caso não utiliza a ação que pode ser proposta nos dois anos após a estabilização da tutela antecipada antecedente.

2 Algumas reflexões críticas sobre a opção do CPC/2015 podem ser verificadas em: Tutela provisória de urgência: premissas doutrinárias questionáveis + negligência

inserção de um procedimento autônomo para a tutela antecipada de urgência já é uma tendência em vários países, sendo os principais exemplos a França e a Itália. Uma das grandes novidades desse procedimento é a possibilidade da sua estabilização, que embora não tenha eficácia de coisa julgada, permite a fruição do direito pela parte de forma mais célere à que ocorreria pelo rito comum.

O problema é que o tratamento da matéria é extremamente confuso e tem gerado um sem-número de polêmicas doutrinárias mesmo antes da entrada em vigor do CPC/2015.

Caso seja deferida a antecipação e não haja impugnação do réu ou aditamento da petição inicial pelo autor, a tutela antecipada será estabilizada. Ambas as partes terão dois anos para requerer o seu desarquivamento para instruírem o processo que tenha, por objetivo, rediscutir o mérito (art. 304, §§ 4.º e 5.º, CPC/2015), sem que haja qualquer limite para o que pode ser alegado. Ultrapassados esses dois anos, a decisão seria atingida por uma espécie de estabilidade qualificada, inexistindo outros meios expressamente previstos para a sua impugnação.

Isso fez com que surgisse a discussão doutrinária acerca da natureza dessa "segunda estabilização" e se haveria a possibilidade de utilização de algum remédio jurídico processual para atacar essa estabilidade qualificada após o prazo de dois anos previsto no art. 304, § 5.º, CPC/2015. Esse é o objetivo deste texto: a partir de algumas concepções teóricas defendidas, acima de tudo, por Pontes de Miranda (daí se aludir, no título do texto, à expressão "diálogo pontiano com o NCPC". Isso, entretanto, não significa que se seguiu, à risca, a literalidade das ideias do mencionado autor), definir o que vem a ser essa "segunda estabilização" e quais as suas consequências jurídicas.

2. AS OPINIÕES DOUTRINÁRIAS

Há doutrina defendendo que, após esse prazo de dois anos, tem-se coisa julgada material sobre a decisão provisória estabilizada.[3] Por conta disso,

---

histórica + equívocos legislativos. In: COSTA, Eduardo José da Fonseca; PEREIRA, Mateus Costa; GOUVEIA FILHO, Roberto P. Campos (Coord.). *Tutela provisória*. Salvador: JusPodivm, 2016; As diferenças entre a tutela cautelar e a antecipação de tutela no CPC/2015. In: MACÊDO, Lucas Buril de; PEIXOTO, Ravi; FREIRE, Alexandre (Coord.). *Doutrina selecionada*: procedimentos especiais, tutela provisória e direito transitório. 2. ed. Salvador: JusPodivm, 2016. v. 4, p. 34 e ss.

[3] Apenas tratando da existência de coisa julgada: A tutela da urgência e a tutela da evidência no código de processo civil de 2015. In: MACÊDO, Lucas Buril de; PEIXOTO, Ravi; FREIRE, Alexandre (Coord.). *Doutrina selecionada*: procedimentos especiais, tutela provisória e direito transitório. Salvador: JusPodivm, 2015. v. 4, p. 206; GAIO

seria cabível ação rescisória após esses dois anos.[4] Assim, passado o prazo da ação de revisão, seria iniciado automaticamente o prazo para o ajuizamento da ação rescisória (art. 975, CPC/2015), tendo também como característica uma menor amplitude de impugnação da decisão, agora limitada aos incisos do art. 966, CPC/2015.

A existência da coisa julgada teria por base o afastamento da relação entre coisa julgada material e a cognição exauriente, que não se adequaria ao CPC/2015. Como a coisa julgada seria tão somente o fenômeno que impede a (re)propositura de demandas que tenham por objetivo modificar anterior julgamento de mérito, este poderia ser encaixado na situação da tutela provisória não impugnada no período de dois anos. Além disso, o § 6.º do art. 304 não impediria essa conclusão, pois ele trataria apenas da inexistência de coisa julgada da decisão estabilizada, mas não da situação jurídica que viria a existir após os dois anos.[5] A mesma conclusão também é atingida por outros autores, visto que haveria um suposto mérito próprio nesse procedimento de tutela antecipada antecedente (perigo de dano ou do risco ao resultado útil do processo e a probabilidade do direito) e ainda pelo fato de que a cognição exauriente não seria um óbice a atribuição da qualidade de coisa julgada material a essa decisão, uma vez que todo juízo histórico seria apenas de verossimilhança e a única diferença entre essa decisão e uma sentença do

---

JÚNIOR, Antônio Pereira. Apontamentos para a tutela provisória (urgência e evidência) no Novo Código de Processo Civil. *Revista de Processo*, São Paulo: RT, v. 254, p. 206, abr. 2016. Afirmando que "Essa estabilização definitiva gera efeito similar ao trânsito em julgado da decisão, que não poderá mais ser revista, reformada ou invalidada" (THEODORO JÚNIOR, Humberto. *Curso de direito processual civil*. 56. ed. Rio de Janeiro: Forense, 2015. v. 1, versão eletrônica, tópico 494). Com afirmação semelhante: "Ultrapassados os dois anos a decisão não poderá mais ser modificada, o que lhe confere o mesmo *status* de uma sentença de mérito. O art. 304, § 5.º, do CPC conferiu o caráter de imutabilidade da tutela provisória, que passa a ser tutela definitiva" (ARAÚJO, Fábio Caldas. *Curso de processo civil*. São Paulo: Malheiros, 2016. v. 1, p. 1.002).

[4] Fazendo menção à coisa julgada e à ação rescisória: GAJARDONI, Fernando da Fonseca; DELLORE, Luiz; ROQUE, André Vasconcelos; OLIVEIRA JR., Zulmar Duarte de. *Teoria geral do processo* – comentários ao CPC de 2015 – parte geral. São Paulo: Método, 2015. p. 903; REDONDO, Bruno Garcia. Estabilização, modificação e negociação da tutela de urgência antecipada antecedente: principais controvérsias. *Revista de Processo*, São Paulo: RT, v. 244, p. 187-188, jun. 2015; ASSIS, Araken de. *Processo civil brasileiro*. São Paulo: RT, 2015. v. II, t. II, p. 491.

[5] REDONDO, Bruno Garcia. Estabilização, modificação e negociação da tutela de urgência antecipada antecedente... cit., p. 187-188.

procedimento comum seria o contraditório, que teria sido entendido como prescindível pelo réu.[6]

Segundo Araken de Assis, a decisão estabilizada só poderia ser revista por meio de ação específica no prazo desses dois anos, vinculando-as e também vedando outros órgãos do Poder Judiciário de emitir comandos divergentes. Findo esse prazo, não mais seria cabível a rediscussão do tema e, por isso, haveria a aquisição de coisa julgada. Ainda mais, não seria incompatível a concessão de eficácia de coisa julgada a decisões baseadas tão somente em verossimilhança, como seria o exemplo da sentença cautelar, emitida em revelia perante a pretensão à segurança.[7]

Ao contrário do que defende Bruno Garcia Redondo, o § 6.º do art. 304 parece vedar, por completo, a existência da coisa julgada. Não há qualquer indicação de que essa estabilização poderia se transformar em coisa julgada material após passados os dois anos da ação de revisão. A discussão, de fato, não deve passar pela (in)existência de cognição exauriente, uma vez que nada impediria que o legislador impusesse a produção da coisa julgada material nesse procedimento.[8] Situação semelhante ocorre na ação monitória, em que, mesmo uma tutela de evidência – também de cognição provisória –, tem aptidão para, caso não seja embargada, ser acobertada pela coisa julgada material (art. 701, CPC/2015). O óbice existente para esse novo procedimento é legislativo, não cabendo à doutrina modificar a natureza da estabilização para a coisa julgada. É uma tentativa de suprir uma lacuna axiológica[9] de forma ilegítima, devendo ser afastada.

---

6 GOMES, Frederico Augusto; RUDINIKI NETO, Rogério. Estabilização da tutela de urgência: algumas questões controvertidas. In: MACÊDO, Lucas Buril de; PEIXOTO, Ravi; FREIRE, Alexandre (Coord.). *Doutrina selecionada*: procedimentos especiais, tutela provisória e direito transitório. Salvador: JusPodivm, 2015. v. 4, p. 170.

7 ASSIS, Araken de. *Processo civil brasileiro*... cit., p. 491.

8 Como destaca Marcelo Barbi, "Não há nada, absolutamente nada, no ordenamento jurídico que impeça a atribuição definitiva de um bem da vida com base em uma cognição sumária" (GONÇALVES, Marcelo Barbi. *Estabilidade soberana da tutela provisória e coisa julgada*: uma proposta de sistematização. Texto inédito, gentilmente cedido pelo autor).

9 A lacuna axiológica consiste em uma regulação de um determinado suporte fático de forma não satisfatória para o intérprete. Não há propriamente lacuna, mas uma discordância na valoração da forma com a qual foi tratada normativamente o tema (GUASTINI, Riccardo. Problemas de conocimiento del derecho vigente. In: MORATONES, Carles Cruz; BLANCO, Carolina Fernández; BELTRÁN, Jordi Ferrer (Ed.). *Seguridad jurídica y democracia em Iberoamérica*. Madrid: Marcial Pons, 2015. p. 24.

Há quem defenda o cabimento da ação rescisória nessa hipótese, mas por outros fundamentos. Para tanto, sustenta que, segundo o § 2.º do art. 966 do CPC/2015, também se admite a ação rescisória contra a sentença terminativa que impeça a repropositura da demanda, o que fez ampliar o cabimento da referida ação para casos em que não há coisa julgada. Como, supostamente, não há coisa julgada na sentença terminativa, seria possível que a coisa julgada teria deixado de ser condição *sine qua non* para a admissão da ação rescisória, permitindo a impugnação dessa tutela antecipada por dois anos.[10]

Por mais que seja possível interpretar que o autor tenha tido o objetivo de fazer referência à ausência de coisa julgada material, não parece adequada a admissão da rescisória contra tais decisões. Há de se perceber que qualquer das partes já possui o prazo de dois anos para entrar com outra ação visando discutir amplamente a tutela antecipada anteriormente concedida. Simplesmente parece injustificável admitir que essa tutela antecipada fique sujeita a ser impugnada por mais dois anos via ação rescisória.

Afinal, o entendimento mais adequado parece ser o de que, mesmo após os dois anos, não haverá a formação da coisa julgada material[11]. Além da dicção expressa do art. 304, § 6.º, é preciso perceber que o próprio procedimento não foi construído para a produção da coisa julgada. O seu objetivo não é este, mas tão somente o de satisfação fática da parte. Afinal, se o objetivo da parte é o de obter a coisa julgada material, tem-se o procedimento comum para tanto. Impor a formação da coisa julgada material no procedimento

---

10 NEVES, Daniel Amorim Assumpção. *Novo Código de Processo Civil* – Lei 13.105/2015. São Paulo: Método, 2015. p. 211-212.

11 Nesse sentido: NUNES, Dierle; ANDRADE, Érico. Os contornos da estabilização da tutela provisória de urgência antecipatória no novo CPC e o mistério da ausência de formação da coisa julgada. In: MACÊDO, Lucas Buril de; PEIXOTO, Ravi; FREIRE, Alexandre (Coord.). *Doutrina selecionada*: procedimentos especiais, tutela provisória e direito transitório. Salvador: JusPodivm, 2015. v. 4, p. 80; DIDIER JR., Fredie; BRAGA, Paula Sarno; OLIVEIRA, Rafael. *Curso de direito processual civil*. 10. ed. Salvador: JusPodivm, 2015. v. 2, p. 612-613; COSTA, Adriano Soares da. *Estabilização da tutela de urgência*. Texto inédito, gentilmente cedido pelo autor.; SICA, Heitor Vitor Mendonça. Doze problemas e onze soluções quanto à chamada "estabilização da tutela antecipada". In: COSTA, Eduardo José da Fonseca; PEREIRA, Mateus Costa; GOUVEIA FILHO, Roberto P. Campos (Coord.). *Tutela provisória*. Salvador: JusPodivm, 2016. p. 353. Também nesse sentido, apontando que seria inconstitucional a previsão de coisa julgada em face da limitação ao contraditório e ao direito à prova: MITIDIERO, Daniel. Autonomização e estabilização da antecipação da tutela no novo Código de Processo Civil. *Revista Magister de Direito Civil e Processual Civil*, n. 63, p. 28, nov.-dez. 2014.

de antecipação de tutela antecedente é tentar encaixar antigos conceitos a fórceps no fenômeno da estabilização. Trata-se de uma forma de simplificar a estabilização.

No entanto, mesmo para aqueles que defendem a inexistência da coisa julgada material, os posicionamentos são divergentes. Há posicionamento no sentido de que, ultrapassados os dois anos previstos no art. 304, § 5.º, do CPC, uma eventual discussão em juízo sobre o mesmo direito material não poderia ser rejeitada com base na preliminar de coisa julgada (art. 485, V, CPC), mas seria cabível a análise do tema, no mérito, com eventual extinção com base na prescrição ou decadência (art. 487, II, CPC). Assim, caberia ampla discussão sobre o tema e, reconhecido que a matéria está estabilizada nos termos do art. 304, § 6.º, CPC, o processo seria extinto com resolução do mérito (art. 487, II).[12]

Este posicionamento não parece avançar muito no tratamento do tema. A única real diferença é a forma de extinção da decisão: para os que defendem a existência da coisa julgada, esta ocorreria pelo seu respectivo reconhecimento (art. 485, V, CPC); para Dierle Nunes e Érico Andrade, pela prescrição ou decadência do exercício da pretensão à revisão (art. 487, II, CPC). Em termos pragmáticos, a diferença é praticamente nenhuma: em ambas deve ser respeitado o contraditório, ao contrário do que parecem apontar os autores. Sequer seria possível mencionar que, apenas no segundo caso seria cabível ação rescisória, uma vez que o CPC/2015 aponta o rescindibilidade das decisões que não sejam de mérito, mas impeçam a nova propositura da demanda (art. 966, § 2.º, I). Portanto, esse posicionamento, embora avance no reconhecimento da inexistência de coisa julgada, em nada contribui para o devido tratamento analítico da temática.

Outro posicionamento é adotado por Daniel Mitidiero, Sérgio Cruz Arenhart e Luiz Guilherme Marinoni. Segundo os autores, não há coisa julgada e o prazo de dois anos não gera qualquer espécie de preclusão para as partes, que podem ajuizar uma ação com o objetivo de alcançar a cognição exauriente "até que os prazos previstos no direito material para a estabilização das situações jurídicas atuem sobre a esfera jurídica das partes (por exemplo, a prescrição, a decadência e a *supressio*)".[13] Este posicionamento não parece adequado. Ora, nem toda estabilidade extraprocessual é igual à coisa julgada,

---

12 NUNES, Dierle; ANDRADE, Érico. Os contornos da estabilização da tutela provisória... cit., p. 90.

13 MARINONI, Luiz Guilherme; MITIDIERO, Daniel; ARENHART, Sérgio Cruz. *Novo curso de processo civil*. São Paulo: RT, 2015. v. 2, p. 218. Exatamente no mesmo

nada impedindo que o sistema crie categorias diversas, como o que parece ter sido feito. Além do mais, não haveria uma inconstitucionalidade (como entendem os autores) caso o CPC tivesse previsto a coisa julgada, já que são amplas as oportunidades de contraditórios, seja por meio do recurso, seja por meio da ampla abertura para a nova discussão da causa no prazo de dois anos após a estabilização.

Outro posicionamento dentre aqueles que defendem a inexistência da coisa julgada é defendido por Marcelo Barbi Gonçalves. De acordo com o autor, tem-se tão somente uma preclusão de cunho processual, atinente ao remédio jurídico processual que permite a ampla revisão da tutela antecipada anteriormente estabilizada. Para o autor, a definitividade da estabilização seria detentora de cinco diferenciações em relação à coisa julgada:

1) a estabilidade recai sobre os efeitos da decisão, ao passo que a indiscutibilidade da coisa julgada refere-se ao comando sentencial, ou seja, à norma jurídica concreta elaborada para o caso concreto.
2) inexiste uma eficácia positiva da estabilidade, pois não há juízo de certificação conclusiva do direito material, de modo que caso a relação jurídica estabilizada seja novamente discutida como questão prejudicial incidental poderá receber uma resposta jurisdicional diversa.
3) não há de se falar em incidência da estabilidade sobre a resolução da questão prejudicial da qual depende o julgamento da tutela provisória, isto é, os seus limites objetivos são restritos ao *objeto litigioso do processo*, não abarcando o objeto de cognição.
4) o princípio do deduzido e do dedutível (eficácia preclusiva da coisa julgada) não surte efeitos em sede de estabilização, facultando-se a alegação na ação exauriente de argumento já aventado e não acolhido ou sequer suscitado no processo originário.
5) a *causa petendi* na ação autônoma de impugnação voltada a rediscutir a relação de direito material é ampla, de fundamentação livre, ao passo que o rol do art. 966 é taxativo.

Essa definitividade atuaria tão somente em relação aos efeitos antecipados (mandamental, declaratório e executivo). Por exemplo, em uma tutela provisória, caso o réu seja condenado a indenizar o autor em virtude da prática de ato ilícito, a estabilização recairia apenas no efeito condenatório, não na norma jurídica concreta formulada pelo juiz e que serviria como pressuposto lógico desse efeito.

---

sentido: MITIDIERO, Daniel. Autonomização e estabilização da antecipação da tutela no Novo Código de Processo Civil... cit., p. 29.

O autor menciona o exemplo de uma ordem determinando que o plano de saúde realize o transporte do demandante por via aérea, ou para que proceda à sua internação.[14] Estabilizada esta ordem e ultrapassados os dois anos, o plano de saúde não poderia requerer uma repetição de indébito, pois estaria estabilizado o respectivo efeito.

Embora toda a argumentação do autor no sentido de diferenciar a estabilidade em discussão da eficácia de coisa julgada, entendemos que, em termos pragmáticos, a ideia gera um efeito contrário. Ou seja, há, praticamente, uma equiparação entre as figuras. Afinal, se nada poderá ser rediscutido, parece ser possível dizer que a única diferença seria o nome e a alegação de uma suposta ausência do efeito positivo da coisa julgada. Além disso, como será pormenorizado abaixo, o problema não gira em torno de uma simples preclusão de remédio jurídico processual, como defende o autor em análise.

Por fim, é importante consignar o entendimento de Adriano Soares da Costa, em texto ainda inédito, gentilmente cedido. Para o autor, ultrapassado o prazo de dois anos, impossibilita-se, tão somente, o ataque à decisão estabilizada pelas vias das ações mencionadas no § 2.º do art. 304. Não há óbice para, em ação própria, discutir a base eficacial da decisão e, com isso, desfazer as eficácias antecipadas. No entender do autor, caso não seja possível tal tipo de desfazimento, estar-se-ia a tornar uma tutela dada a título sumário, numa tutela definitiva, algo inviável. A seguir, apresentar-se-ão as devidas ponderações a tal posicionamento.

São essas as posições doutrinárias sobre a problemática.

3. DA ESTABILIZAÇÃO À IMUTABILIDADE DAS EFICÁCIAS ANTECIPADAS

Eis o momento de analisar os pormenores que giram em torno do transcurso do prazo de dois anos previsto no § 5.º do art. 304, CPC. Antes, porém, faz-se necessário tecer breves considerações sobre o instituto da coisa julgada.

3.1. Por uma noção de coisa julgada

Coisa julgada, em si, é o estado da sentença passada em julgado. A *res deducta* torna-se *res judicata*, tal como diz Adriano Soares da Costa.[15] É a

---

14 GONÇALVES, Marcelo Barbi. *Estabilidade soberana da tutela provisória e coisa julgada*... cit.

15 COSTA, Adriano Soares da. *Instituições de direito eleitoral*. 9. ed. Belo Horizonte: Forum, 2013. p. 327.

vera sententia, a que alude Pontes de Miranda.[16] Coisa julgada é, pois, um fato, e não um efeito jurídico.

Ocorre que, ante o trânsito em julgado (que integraliza o suporte fático da sentença: integralizar no sentido de atribuir algo a outro), exsurgem efeitos jurídicos específicos. Está-se, aqui, portanto, no âmbito da eficácia da coisa julgada, da qual são elementos a coisa julgada formal e a coisa jugada material. Ambas projetam uma indiscutibilidade (= característica daquilo que não pode ser discutido).

A diferença está nos limites espaço-temporais: a formal impede a discussão no âmbito do processo em que surgiu (obsta a litispendência); a material, em qualquer um. A coisa julgada formal é pressuposto lógico da coisa julgada material. Não se leva em conta para tal distinção o que foi objeto da declaração judicial: se o próprio mérito da causa ou algo estranho a ele. Em ambos os casos, salvo exclusão legal, tais decisões são aptas a formarem coisa julgada formal e material. Por exemplo, a decisão que declara o autor não ser parte legítima, embora, por opção do sistema positivo (art. 485, VI, CPC/2015), não toque o mérito da causa, se torna, com o trânsito em julgado, indiscutível dentro do próprio processo em que surgiu e também em qualquer outro.[17]

Pragmaticamente, a distinção entre coisa julgada formal e material tem grande relevância no âmbito das decisões definitivas parciais (exclusão de litisconsorte, *e. g.*). Caso elas não sejam impugnadas no momento adequado (pela interposição, quando cabível, do agravo de instrumento, *v. g.*), suas eficácias declaratórias não podem ser rediscutidas em outro momento do processo, que continua em relação ao que não foi analisado.

É preciso, todavia, entender o que se torna indiscutível. Das possíveis eficácias sentenciais, é a declaratória base (tem esse nome, porquanto seja possível que de uma declaração surjam outras, que da primeira são efeitos. Exemplo clássico destas é o da declaração de ineficácia na ação de nulidade, que decorre da declaração da existência do poder de nulificar o ato jurídico questionado): toda decisão pressupõe um dizer (*dictum*) sobre aquilo que foi posto à discussão (não custa frisar que o processo judicial, como fenômeno

---

[16] PONTES DE MIRANDA, Francisco Cavalcanti. *Comentários ao Código de Processo Civil.* Rio de Janeiro: Forense, t. 5, p. 140.

[17] Esse conceito de coisa julgada formal não é adotado por um dos autores desse texto, Ravi Peixoto, que trata do tema em artigo próprio: PEIXOTO, Ravi. A nova coisa julgada formal e o CPC/2015. In: ______; MACÊDO, Lucas Buril de; FREIRE, Alexandre. (Coord.). *Doutrina selecionada:* processo de conhecimento e disposições finais e transitórias. Salvador: JusPodivm, 2015. v. 2.

jurídico, é fato linguístico, isso, inclusive, é a base epistêmica para ser possível dizê-lo dialético).

Por menor que seja, toda decisão – até mesmo aquelas antecipatórias da tutela – tem um *dictum*. No caso destas, o dizer é relativo à pretensão processual a antecipar, que tem o Estado-juiz como sujeito passivo, obrigado a prestá-la. A parte constatativa (o *dictum*) das decisões antecipatórias da tutela, que tem na ideia de "antecipação da cognição" de Pontes de Miranda[18] sua base epistêmica, é comumente ignorada pela processualística brasileira em geral. Dentro de seus limites quantitativos e qualitativos, este estudo pretende fazer dela sua premissa analítica.

Por óbvio, a indiscutibilidade do dizer impede que ele seja reprocessualizado, no sentido de voltar a ser discutido. Seja ele voltando como objeto a ser declarável, hipótese em que não poderá ser analisado (dito efeito negativo da coisa julgada), seja ele voltando como premissa para o julgamento, hipótese em que deverá ser considerado tal como o foi (dito efeito positivo da coisa julgada).

No entanto, e o mais relevante, é entender que toda discutibilidade não é um fim em si mesma. Ela serve de base para outras consequências processuais possíveis. Mesmo na ação preponderantemente declaratória (dita, erroneamente, "meramente declaratória") a discussão judicial serve a algo: no caso, a criação de certeza jurídica sobre o dito e, daí, possíveis efeitos práticos disso, como o impedimento à prática de qualquer agir que atente contra a declaração. A discutibilidade pode servir, desse modo, à mutação de outras eficácias sentenciais. Nas decisões no âmbito das tutelas provisórias, por exemplo, por não haver indiscutibilidade, é possível, nos moldes do *caput* do art. 296, CPC/2015, alterar a situação estabelecida, seja para revogar, seja para modificar.

Válido frisar que, com a ressalva da eficácia declaratória base da sentença, todas as outras são mutáveis por variados motivos. A indiscutibilidade da coisa julgada não é óbice a isso.

Eis a razão de ser equivocada – não obstante a literalidade da disposição legal, no caso o art. 502, CPC/2015 – a ideia de ter a imutabilidade da sentença (mais propriamente, de suas eficácias) como decorrência da coisa julgada. Se o condenado paga, a eficácia condenatória da sentença se esvai sem que isso atente contra a coisa julgada. Se ocorre o advento do prazo de prescrição,

---

18 Sobre o tema, ver, amplamente, PONTES DE MIRANDA, Francisco Cavalcanti. *Comentários ao Código de Processo Civil.* Rio de Janeiro: Forense, 1976. t. 9, p. 219 e ss.

resta neutralizada, com o devido exercício da exceção de prescrição pelo condenado, a eficácia executiva da sentença, algo que, igualmente, não atenta contra a coisa julgada. São exemplos que não nos permitem dizer o contrário.

A indiscutibilidade do *dictum* impossibilita tão somente que as demais eficácias sentenciais sejam alteradas pela constatação de inexistência daquilo que foi declarado. Pela ocorrência daquela, este sequer pode ser reanalisado.

O único meio de rediscutir é por intermédio do desfazimento da eficácia declaratória base, algo que, no direito processual civil brasileiro, só pode ocorrer mediante ação rescisória (a qual, no processo penal, tem como correspondente a revisão criminal). Rescinde-se, como bem coloca Pontes de Miranda,[19] a coisa julgada formal (e, com isso, a material), ressuscitando-se, desse modo, a litispendência. Impende destacar que as ações de nulidade e ineficácia da sentença não têm a ver com a indiscutibilidade, pois a sentença nula e a ineficaz não geram coisa julgada.

Além do mais, é importante ressaltar que a indiscutibilidade se dá no sentido de não se poder reprocessualizar a questão decidida para impor ao beneficiário dela algo diverso do que obteve. Nada impede, porém, que, por acordo, (claro, desde que transacionável seja o benefício auferido), o beneficiário transacione sobre aquilo que a sentença lhe proporcionou ou, até mesmo, dele renuncie. A eficácia de coisa julgada não impede a negociação sobre a eficácia da sentença.

Pode-se dizer, com isso, que a sentença com força de coisa julgada material tem o nível mais alto de estabilidade, nível este causado pela indiscutibilidade.

3.2. Outros níveis de estabilidade, incluindo a estabilização do art. 304, CPC

Já as decisões que são reexamináveis sem a necessidade de rescisão possuem níveis mais fracos de estabilidade. É o caso das decisões no processo cautelar do CPC/1973 (por força do caput do art. 807), das decisões, também sob a égide do CPC/1973 (em virtude do § 4.º do art. 273), antecipatórias da tutela satisfativa e, em se tratando do CPC/2015, das decisões no âmbito das tutelas provisórias (aqui, em virtude do já mencionado *caput* do art. 296).

Um mínimo de estabilidade, por certo, elas têm, porquanto a decisão revocatória ou a modificatória precisam estar fundadas em algo não analisado

---

19 PONTES DE MIRANDA, Francisco Cavalcanti. *Tratado da ação rescisória*. 5. ed. Rio de Janeiro: Forense, 1976. p. 142 e ss., especialmente p. 173.

quando da prolação da decisão revogada/modificada. Este algo vai desde um fato não apreciado (*e. g.*, numa ação reivindicatória, o réu, em resposta, alega e prova ter direito de retenção sobre a coisa, algo que implica necessidade de revogar eventual liminar de imissão na posse) ou os próprios fatos já apreciados num nível cognitivo mais amplo (por exemplo, depois da instrução probatória, chega-se à conclusão que o réu não é pai do autor, de modo que a liminar de alimentos tem de ser cassada).

Um nível de estabilização maior se tem na figura prevista no *caput* do art. 304, CPC/2015: a chamada estabilização da tutela antecipada. *Com ela, o processo ultima-se, e as eficácias antecipadas são estabilizadas. Há trânsito em julgado, obstando a litispendência, porém sem gerar indiscutibilidade.*[20]

Isso se dá, pois, no primeiro momento possível, tanto o réu pode intentar ação para invalidar (= desconstituir por defeito no suporte fático da decisão, seja por anulação, seja por nulificação), reformar (= emissão de *dictum* contrário ao antes firmado. Primeiro se diz: "o autor é credor do réu"; em reforma, diz-se que "o réu não deve ao autor") ou rever (termo que deve ser entendido como denotativo da revisão propriamente dita, ou seja, por motivos contemporâneos à formação do ato revisível, e não por fato superveniente, que enseja modificação) a decisão antecipatória, como o autor, com base na expressão: "qualquer das partes" (contida no § 2.º do citado art. 304), pode propor ação para substituir a declaração provisória (base da decisão antecipatória) por outra definitiva, apta a formar coisa julgada. Há aqui discutibilidade e, com isso, mutabilidade das eficácias antecipadas, sem a necessidade de rescisão.

Além disso, como se sabe, ocorrida a estabilização, o processo há de ser extinto, ou seja, ela enseja a cessação da litispendência, algo que, por lógica, impede a reanálise da questão no processo.

Sobre tal extinção – que o texto do CPC (§ 1.º do art. 304) não diz qual é a natureza – é preciso tecer algumas considerações. Vem se dizendo que a dita extinção é sem resolução do mérito.[21] Não é, todavia, a interpretação correta que deve ser dada ao dispositivo.

---

20 De forma semelhante: "após os dois anos [...] Esses efeitos são estabilizados, mas apenas eles – a coisa julgada, por sua vez, recai sobre o conteúdo da decisão, não sobre os seus efeitos; é o conteúdo, não a eficácia, que se torna indiscutível com a coisa julgada" (DIDIER JR., Fredie; BRAGA, Paula Sarno; OLIVEIRA, Rafael. *Curso de direito processual civil.* 11. ed. Salvador: JusPodivm, 2016. v. 2, p. 626).

21 CÂMARA, Alexandre Freitas. *O novo processo civil brasileiro*. 2. ed. São Paulo: Atlas, 2016. versão digital, tópico 9.1; SICA, Heitor Vitor Mendonça. Doze problemas e onze soluções quanto à chamada "estabilização da tutela antecipada" cit., p. 353;

Primeiro, pois, salvo previsão expressa em contrário, a extinção sem resolução (ou, com mais propriedade, sem análise do mérito) tem eficácia cassatória das decisões anteriormente proferidas, algo que não se sustenta, uma vez que a decisão antecipatória da tutela não só resta hígida como (mais) estabilizada. Segundo, pelo fato de que tal tipo de entendimento, no fundo, ignora (ou, no mínimo, não analise os pormenores da problemática) o fato de que a decisão antecipatória da tutela é decisão sobre o mérito da causa, que, embora de modo provisório, é analisado. Terceiro, porquanto é a sentença de extinção que passa a regular o problema. Aqui, é imprescindível uma explicação. Em verdade, a sentença de extinção do processo (de análise provisória do mérito), além da eficácia desconstitutiva (finda a litispendência), contém, mesmo que de modo implícito, declaração da ocorrência da estabilização, que se dá, como visto acima, de modo compulsório. Assim, a sentença de extinção incorpora a decisão antecipatória da tutela, que se estabilizou. A sentença é que passa a ser impugnável, seja por um eventual recurso[22], seja pelas ações previstas no § 2.º do art. 304, CPC.[23]

A estabilização, portanto, é apenas um nível um pouco mais alto na gradação da estabilidade das decisões. Gera, tão somente, a cessação da litispendência, não impossibilitando, porém, de qualquer modo, que o *dictum* proferido seja rediscutido. Não haverá, por exemplo, o efeito positivo da coisa julgada.[24]

GONÇALVES, Marcelo Barbi. *Estabilidade soberana da tutela provisória e coisa julgada*... cit.

22 A recorribilidade da sentença de extinção dá-se por força dos mais variados fatos, tais como: a) pode não ser caso de estabilização (como, tal qual alguns defendem, ser contra a Fazenda Pública); b) o réu pode não ter sido citado ou, sendo-o, a citação foi feita nulamente, algo que enseja ineficácia do processo em relação a ele e, com isso, impossibilidade de estabilização.

23 Sem maiores considerações, defendendo que, no caso de estabilização, o processo é extinto com resolução de mérito: ASSIS, Araken de. *Processo civil brasileiro*... cit., p. 491; GAIO JÚNIOR, Antônio Pereira. Apontamentos para a tutela provisória (urgência e evidência) no Novo Código de Processo Civil... cit., p. 205. Também entendendo que a extinção tem por base o art. 487 do CPC, mas ainda assim apresentando algumas perplexidades quanto a essa situação, a partir do seguinte questionamento: "Como admitir que a decisão de extinção poderia assumir natureza meritória (art. 487) quando inexiste cognição vertical aprofundada e decisão judicial que analisa o objeto do litígio?" (ARAÚJO, Fábio Caldas. *Curso de processo civil.* São Paulo: Malheiros, 2016. t. I, p. 1.001).

24 DIDIER JR., Fredie; BRAGA, Paula Sarno; OLIVEIRA, Rafael. *Curso*... cit., 11. ed., p. 626.

Não se aplica, por opção política, a estabilização à tutela cautelar e à tutela de evidência, todavia.

Acerca da tutela de evidência, é óbvio tratar-se de mera opção política a vedação de concessão de uma estabilidade mais geral para essas decisões. Tanto não haveria qualquer óbice que o próprio CPC/2015 autoriza que seja concedida eficácia de coisa julgada material à tutela provisória no caso de ação monitória não embargada.[25] Além do mais, caso pela via procedimental do art. 303, CPC/2015 (procedimento antecedente), seja, por erro ou outro motivo deferida tutela de evidência (pelas hipóteses do art. 311, CPC/2015, ou em qualquer outro caso), ocorrerá, presentes os pressupostos, a estabilização.

Sobre a não estabilidade da tutela cautelar, é relevante tecer breve comentário. Há quem afirme que, para além de uma questão de escolha política, a tutela cautelar não é estabilizável por uma impossibilidade essencial. O argumento é que a cautelar apenas conserva direito posto em risco, tem, por isso, duração no tempo (temporariedade), logo não é estabilizável. Ledo engano.

A estabilidade tem a ver não com a perpetuação no tempo da eficácia da medida, mas sim com os níveis de exigência para rediscutir aquilo que foi decidido. Rediscussão esta que, como visto, serve aos mais variados fins. Uma medida genuinamente cautelar, como o arresto (no sentido de limitação à disponibilidade patrimonial) pode ser estabilizada e, caso por fato superveniente não haja mais base fática para sua manutenção (aquele que, supostamente devedor, dilapidava seu patrimônio, adquire fortuna de tal monta que passa a poder arcar "até a segunda geração" com suas dívidas), cessa a eficácia da tutela cautelar, podendo, a qualquer tempo (e não apenas nos dois anos a que se refere o § 5.º do art. 304, CPC/2015), propor ação para, constatando a mudança fática, obter a contraordem à ordem de arresto. Trata-se da tradicionalíssima ação modificatória da sentença, prevista no art. 505, I, CPC/2015 (art. 471, I, CPC/1973), que, no Brasil, tem em Pontes de Miranda o seu grande estudioso[26].

---

[25] No sentido de que inexiste coisa julgada na ação monitória: SICA, Heitor Vitor Mendonça. Doze problemas e onze soluções quanto à chamada "estabilização da tutela antecipada" cit., p. 352; TALAMINI, Eduardo. *Tutela monitória*: ação monitória. 2. ed. São Paulo: RT, 2001. p. 92-104. No sentido de que há coisa julgada material: CARVALHO, Antônio. A tutela monitória no CPC/2015. In: MACÊDO, Lucas Buril de; PEIXOTO, Ravi; FREIRE, Alexandre (Coord.). *Doutrina selecionada*: procedimentos especiais, tutela provisória e direito transitório. Salvador: JusPodivm, 2015. v. 4, p. 539-543; DIDIER JR., Fredie; BRAGA, Paula Sarno; OLIVEIRA, Rafael. *Curso...* cit., 11. ed., p. 626.

[26] Sobre o tema, ver PONTES DE MIRANDA, Francisco Cavalcanti. *Comentários...* cit., p. 191 e ss.

Essa ação nada tem a ver com as ações extraíveis do citado § 5.º do art. 304, CPC/2015, referentes ao desfazimento – por motivos variados – da decisão antecipatória, e não à sua modificação por fato superveniente, razão pela qual o prazo nele previsto não se aplica à modificatória. Não há possibilidade de estabilização de tutela cautelar por ausência de previsão na textualidade do direito positivo (seria possível, todavia, pensar numa estabilização cautelar negociada? Deixa-se aqui o problema por ser analisado), não pela sua essência. Quem defende a impossibilidade de estabilização de tutela cautelar pela natureza deste tipo de tutela comete erro palmar.

Há quem defenda a impossibilidade de estabilização cautelar pela sua referibilidade:[27] tendo em vista que a qualquer tempo é possível discutir a situação acautelada, a quem a cautelar se refere, não se poderia falar em estabilização O argumento, contudo, é inservível, porquanto, como será demonstrado abaixo, a discutibilidade da situação acautelada impede a imutabilização cautelar, não a estabilização. Curioso é que o mesmo que defende a impossibilidade de estabilização cautelar, é defensor da chamada coisa julgada cautelar.[28]

Contudo, posto que estabilizável, a tutela cautelar não pode ser imutabilizada[29], seja por formação de coisa julgada, seja pela eficácia que exsurge do transcurso do prazo de dois anos previsto no § 5.º do art. 304, a ser detalhada abaixo. Isso porque o sistema (*caput* do art. 296, CPC) impede qualquer tipo de imutabilização cautelar enquanto for possível discutir a situação acautelada.

Por fim, é preciso dizer que não será estabilizável a decisão antecipatória da tutela pelo que ele é, mas sim pelo modo como foi processualizada. Em rigor, para ser estabilizável, a decisão antecipatória haverá de ter se submetido ao procedimento do art. 303, CPC/2015, independentemente de, na prática, ela ter função satisfativa ou cautelar. Se o caso é de verdadeira cautelar, como as cauções por dano iminente (art. 1.280, CC, por exemplo), mas foi recepcionada como pedido de concessão de tutela satisfativa, pelo rito do mencionado artigo, ela, presentes os pressupostos, será estabilizada. Do

---

27 MARINONI, Luiz Guilherme; MITIDIERO, Daniel; ARENHART, Sérgio Cruz. *Novo Código de Processo Civil comentado*. São Paulo: RT, 2015. p. 316.

28 MITIDIERO, Daniel. Tendências em matéria de tutela sumária: da tutela cautelar à técnica antecipatória. In: DIDIER JR., Fredie (Org.). *Reconstruindo a teoria geral do processo*. Salvador: JusPodivm, 2012. p. 203.

29 Marcelo Barbi, em diálogo eletrônico com um dos autores deste texto sobre o texto ora aperfeiçoado, notou, com argúcia, o problema da impossibilidade de imutabilização cautelar, algo que, embora já fosse de conhecimento dos autores, não estava claro do texto anterior.

contrário, uma verdadeira medida satisfativa, como a sustação de protesto (que consiste na eficácia mandamental da sentença com força declaratória de inexistência de dívida), se processualizada pelo rito cautelar antecedente dos arts. 305 e ss., CPC/2015, poderá ser estabilizada. A estabilização está, pois, no meio processual, e não na essência da ação processualizada.

3.3. A imutabilidade das eficácias antecipadas

Um nível maior de estabilidade, que se situa entre a estabilização da decisão antecipatória e a eficácia da coisa julgada, é a eficácia que exsurge do transcurso *in albis* do prazo de dois anos previsto no § 5.º do art. 304, CPC/2015. Prazo este relativo à propositura das ações acima mencionadas que, se não observado pelo réu, repercute severamente em sua esfera jurídica.

É importante ressaltar que não há, no texto normativo em comento, previsão expressa de tal eficácia. Extrai-se a ideia de uma interpretação sistêmica: se há a previsão de um prazo para o exercício de um poder para a parte (onerando-a, pois), é porque, caso ela não cumpra o ônus lhe imputado, consequências devem advir-lhe. Além disso, valendo-se de um argumento pragmático-acional, seria muito pouco razoável a previsão de um prazo tão longo sem que nada viesse ocorrer para a parte.

No texto anterior, afirmou-se que, tal como entendem alguns autores acima citados (embora não necessariamente com os mesmos fundamentos), a repercussão para o réu seria a preclusão (no sentido de perda de poder) da pretensão e da ação impugnativa da decisão estabilizada, a qual daria enseja à imutabilidade das eficácias antecipadas. Tal preclusão dar-se-ia no plano material, do próprio direito a, conforme o caso, invalidar, reformar ou rever a mencionada decisão.[30]

Não parece ser esse entendimento, todavia, correto e, mais, ele se mostra incompatível com a ideia que, desde então, se defendeu.

Duas são as razões para se entender de tal modo: a) diferentemente do que ocorre com a rescisória, cujo transcurso do prazo enseja preclusão do poder de rescindir, não há óbices cognitivos para modificar a decisão estabi-

---

[30] Criticando o posicionamento adotado anteriormente, afirmando que "O direito substancial discutido permanece hígido, pois o objeto sobre o qual incide a estabilização são os efeitos antecipados, e, não, o conteúdo da decisão. Dessa forma, o que resulta encoberta pela decadência preconizada pelo art. 304 é a pretensão ao remédio jurídico-processual. Cuida-se, pois, de um *direito mutilado*, ou seja, sem "ação" (de direito processual)" (GONÇALVES, Marcelo Barbi. *Estabilidade soberana da tutela provisória e coisa julgada: uma proposta de sistematização...* cit.).

lizada, já que, tudo aquilo que o réu poderia arguir como defesa no processo que se findou, poderá ser colocado como causa de pedir nas ações de invalidação, reforma ou revisão da decisão (incorporada, como dito acima, pela sentença de extinção do processo) antecipatória estabilizada; b) no caso da rescisória, a preclusão advém porque não há mais o que estabilizar, uma vez que a decisão rescindenda já é indiscutível (sobre ela já paira eficácia de coisa julgada). Assim, diante de tal nível de estabilidade (nível máximo, diga-se), só resta mesmo a perda do poder de rescindir. Em rigor, não há, como dizem alguns, uma coisa soberanamente julgada.[31] Algo muito diverso ocorre com a decisão estabilizada, que, salvo a mencionada cessação de litispendência, é desconstituível e revisível facilmente. Para se falar em preclusão do direito a invalidá-la (ou, conforme o caso, reformá-la ou revisá-la), é necessário que antes ela tenha algum tipo de indiscutibilidade. Em verdade, tornando-se indiscutível é que se pode falar em preclusão do poder de desfazer a indiscutibilidade, como ocorre com a rescisória. Assim, em vez de, por força da preclusão, surgir a imutabilidade (proveniente de uma indiscutibilidade), é por força desta que aquela exsurge; d) se o problema fosse de simples preclusão das ações mencionadas no § 5.º do art. 304, CPC, o réu poderia, após o prazo, propor ação para, reconhecendo um direito seu incompatível com aquele analisado precariamente na decisão antecipatória, obter providência conflitante com a eficácia antecipada. Do tipo: por decisão antecipatória, obteve-se uma sustação de protesto, decisão essa que vem a ser estabilizada. Passam-se os dois anos e, não podendo o réu, desfazer aquilo que foi estabilizado, já que houve a perda do poder para tanto, propõe ação para, declarando que o autor da ação primitiva lhe deve, seja autorizado (mediante ordem dirigida ao oficial competente) a protestar o devedor.

Desse modo, o que, de fato, acontece com o transcurso *in albis* do prazo em tela é um salto considerável: de uma mera impossibilidade de alteração no processo que se finda passa à imutabilidade das eficácias antecipadas. "Imutabilidade das eficácias antecipadas" é o nome que, desde o texto anterior, se adotou para designar o nível intermediário de estabilidade acima aludido.

Contudo, trata-se de uma imutabilidade calcada numa discutibilidade relativa. Aqui, faz-se necessária uma explicação. Como dito acima, se o *dictum* torna-se indiscutível, as demais eficácias sentenciais não podem ser alteradas de modo forçado ao seu beneficiário, salvo decisão rescindente. A imutabilidade decorre da indiscutibilidade.

---

[31] Por todos, cf.: THEODORO JÚNIOR, Humberto. *Curso de direito processual civil* cit., p. 1.087.

No problema em análise, o *dictum* não é discutível para os fins de mudar as eficácias antecipadas, mas o é para outros, como, por exemplo, para fins de natureza indenizatória.

Exemplos podem auxiliar na compreensão.

Primeiro exemplo. Numa ação relativa à obrigação de desfazer um muro houve, pela via do procedimento antecedente do art. 303, CPC/2015, a concessão de tutela antecipada, de modo a, primeiramente, possibilitar (eficácia mandamental por autorização) ao autor o desfazimento do muro que, ao que indicava, foi indevidamente construído e, em virtude disso, condenar o réu a ressarcir o autor pelos custos da demolição. Estabilizada tal decisão e transcorrido o prazo acima mencionado, não se pode mais alterar a eficácia autorizativa da demolição do muro (algo que, em termos práticos, implica dizer que o muro não pode ser refeito). No entanto, a alegação do direito a demolir pode ser reprocessualizada para, sendo tida por improcedente, condenar o autor a indenizar o réu por eventuais danos causados pela demolição. O *dictum* sentencial (declaração de existência do poder de demolir) é, pois, discutível. Se se estivesse diante da verdadeira eficácia de coisa julgada, por força dos efeitos positivo e negativo que desta exsurgem, a discutibilidade aludida seria impensável.

Segundo exemplo. Se, pela mesma via procedimental, o autor de uma ação reivindicatória obtém decisão liminar determinando sua imissão na posse da coisa e, além de estabilizada, vem a ocorrer o transcurso do referido prazo, não será mais possível discutir se o autor, pelo fato de ser proprietário, tem ou não direito à coisa para, com isso, restituí-la ao réu desapossado. É possível, porém, em ação própria, a discussão de tal direito para fins de condenar o autor da ação primitiva a ressarcir o réu pela perda da coisa.

Terceiro exemplo. Numa ação anulatória de contrato de compra e venda, o autor, mais uma vez pela via acima mencionada, obtém condenação provisória do réu à devolução da coisa, condenação esta que vem a ser executada, de modo que a coisa é entregue ao autor. Estabilizada a decisão antecipatória, transcorre-se o referido prazo de dois anos. Não é mais possível, diante disso, discutir se o mencionado contrato é válido ou não para, dizendo-o válido, determinar ao autor a restituição da coisa ao réu. É possível, todavia, dizê-lo válido para condenar o autor a ressarcir o réu por todos os prejuízos causados.

Quarto exemplo, se se estabiliza a decisão que determina o cancelamento de um protesto e advém a perda do mencionado prazo, não se pode mais protestar o título em discussão, mas, por óbvio, é possível discutir a dívida, especialmente para fins de, cobrando-a, condenar o devedor a pagar.

Pois bem, o que se percebe é que após os dois anos da estabilização da tutela antecipada antecedente, não há coisa julgada nem se pode admitir o ajuizamento de ação rescisória. O que se tem é um fenômeno novo, com características próprias, que, aqui, se dá o nome de "imutabilidade das eficácias antecipadas".

Ele impede que, pela impossibilidade relativa de se discutir o *dictum* da decisão antecipatória, se alterem, de modo forçado a seu beneficiário (por ato de disposição deste, como dito acima, obviamente é possível a alteração), as eficácias antecipadas: a derrubada de um muro, a devolução de um determinado bem. No entanto, não existirão óbices para que o ele seja rediscutido em ação própria para quaisquer outros fins.

Sem dúvida, haverá a imutabilização de uma decisão que, no momento de sua prolação, foi dada num grau sumário de cognição. Por mais que se tenha – muito por força de uma ideia de "sacralização" da chamada cognição exauriente – como algo anômalo, o sistema jurídico pode estabelecer tal consequência. Muito mais diante de um prazo tal longo para que, sem maiores óbices, o prejudicado pela decisão estabilizada possa impugná-la. Ao menos do ponto de vista pragmático, isso já ocorre em virtude da revelia no procedimento monitório e, de algum modo, sói ocorrer em revelias que ensejam, na prática, julgamento de procedência. Desse modo, admitir que, por exemplo, o réu revel de uma ação de cobrança de dívida documentada seja condenado (pois, ao menos na aparência, sua única defesa seria demonstrar ter pagado a dívida) a pagar pelo transcurso de um simples prazo de resposta e não admitir que, passados os dois anos da estabilização, nada de novo possa surgir contra o réu, já que a decisão estabilizada é dada em "mera" cognição sumária parece ser, do ponto de vista argumentativo, um contrassenso.

4. CONSIDERAÇÕES FINAIS

A partir da ideia de que toda decisão judicial tem, mesmo de forma bem superficial (como nas decisões que prestam tutela de forma antecipada), uma eficácia declaratória (*dictum* sentencial) base e, em seguida, do fato de que a discutibilidade judicial sempre serve a, no mínimo, um determinado fim, fixou-se o entendimento de que as decisões antecipatórias da tutela, prestadas na forma do procedimento antecedente do art. 303, CPC/2015, e estabilizadas nos moldes do art. 304 do mesmo Código, caso não sejam alvo de qualquer tipo de impugnação no prazo estabelecido no § 4.º deste último dispositivo legal, ganham um grau a mais de estabilidade. O *dictum* nelas existente torna-se indiscutível para fins de revogar, invalidar, reformar ou modificar as eficácias que foram antecipadas. Não há, todavia, óbice à discussão para fins diversos, especialmente os de natureza ressarcitória. A eficácia que exsurge do transcurso *in albis* do mencionado prazo não é propriamente a eficácia de coisa julgada, porquanto esta, pelos seus efeitos positivos e negativos, impeça qualquer tipo de discutibilidade judicial, salvo se houver rescisão do julgado. Trata-se, em termos mais pragmáticos, de uma figura intermediária entre a estabilização do citado art. 304, CPC/2015, e a eficácia de coisa julgada. Neste trabalho, como já se fez anteriormente, convencionou-se denominá-la de "imutabilidade das eficácias antecipadas".

5. REFERÊNCIAS BIBLIOGRÁFICAS

ARAÚJO, Fábio Caldas. *Curso de processo civil*. São Paulo: Malheiros, 2016. v. 1.

ASSIS, Araken de. *Processo civil brasileiro*. São Paulo: RT, 2015. v. II, t, II.

CARVALHO, Antônio. A tutela monitória no CPC/2015. In: MACÊDO, Lucas Buril de; PEIXOTO, Ravi; FREIRE, Alexandre (Coord.). *Doutrina selecionada*: procedimentos especiais, tutela provisória e direito transitório. Salvador: JusPodivm, 2015. v. 4.

COSTA, Adriano Soares da. *Estabilização da tutela de urgência*. Texto inédito, gentilmente cedido pelo autor.

______. *Instituições de direito eleitoral*. 9. ed. Belo Horizonte: Forum, 2013.

DIDIER JR., Fredie; BRAGA, Paula Sarno; OLIVEIRA, Rafael. *Curso de direito processual civil*. 10. ed. Salvador: JusPodivm, 2015. v. 2.

______. ______. 11. ed. Salvador: JusPodivm, 2016. v. 2.

GAIO JÚNIOR, Antônio Pereira. Apontamentos para a tutela provisória (urgência e evidência) no Novo Código de Processo Civil. *Revista de Processo*, São Paulo: RT, v. 254, abr. 2016.

GAJARDONI, Fernando da Fonseca; DELLORE, Luiz; ROQUE, André Vasconcelos; OLIVEIRA JR., Zulmar Duarte de. *Teoria geral do processo* – comentários ao CPC de 2015 – parte geral. São Paulo: Método, 2015.

GOMES, Frederico Augusto; RUDINIKI NETO, Rogério. Estabilização da tutela de urgência: algumas questões controvertidas. In: MACÊDO, Lucas Buril de; PEIXOTO, Ravi; FREIRE, Alexandre (Coord.). *Doutrina selecionada*: procedimentos especiais, tutela provisória e direito transitório. Salvador: JusPodivm, 2015. v. 4.

GONÇALVES, Marcelo Barbi. *Estabilidade soberana da tutela provisória e coisa julgada*: uma proposta de sistematização. Texto inédito, gentilmente cedido pelo autor.

GRECO, Leonardo. A tutela da urgência e a tutela da evidência no código de processo civil de 2015. In: MACÊDO, Lucas Buril de; PEIXOTO, Ravi; FREIRE, Alexandre (Coord.). *Doutrina selecionada*: procedimentos especiais, tutela provisória e direito transitório. Salvador: JusPodivm, 2015. v. 4.

GUASTINI, Riccardo. Problemas de conocimiento del derecho vigente. In: MORATONES, Carles Cruz; BLANCO, Carolina Fernández; BELTRÁN, Jordi

Ferrer (Ed.). *Seguridad jurídica y democracia em Iberoamérica*. Madrid: Marcial Pons, 2015.

MARINONI, Luiz Guilherme; MITIDIERO, Daniel; ARENHART, Sérgio Cruz. *Novo curso de processo civil*. São Paulo: RT, 2015, v. 2.

______; ______; ______. *Novo Código de Processo Civil comentado*. São Paulo: RT, 2015.

MITIDIERO, Daniel. Autonomização e estabilização da antecipação da tutela no novo Código de Processo Civil. *Revista Magister de Direito Civil e Processual Civil*, n. 63, nov.-dez. 2014.

______. Tendências em matéria de tutela sumária: da tutela cautelar à técnica antecipatória. In: DIDIER JR., Fredie (Org.). *Reconstruindo a teoria geral do processo*. Salvador: JusPodivm, 2012.

NEVES, Daniel Amorim Assumpção. *Novo Código de Processo Civil* – Lei 13.105/2015. São Paulo: Método, 2015.

NUNES, Dierle; ANDRADE, Érico. Os contornos da estabilização da tutela provisória de urgência antecipatória no novo CPC e o mistério da ausência de formação da coisa julgada. In: MACÊDO, Lucas Buril de; PEIXOTO, Ravi; FREIRE, Alexandre (Coord.). *Doutrina selecionada*: procedimentos especiais, tutela provisória e direito transitório. Salvador: JusPodivm, 2015. v. 4.

______; ______. Os contornos da estabilização da tutela provisória de urgência antecipatória no novo CPC e o mistério da ausência de formação da coisa julgada. In: MACÊDO, Lucas Buril de; PEIXOTO, Ravi; FREIRE, Alexandre (Coord.). *Doutrina selecionada*: procedimentos especiais, tutela provisória e direito transitório. 2. ed. Salvador: JusPodivm, 2016. v. 4.

PEIXOTO, Ravi. A nova coisa julgada formal e o CPC/2015. In: ______; MACÊDO, Lucas Buril de; FREIRE, Alexandre. (Coord.). *Doutrina selecionada:* processo de conhecimento e disposições finais e transitórias. Salvador: JusPodivm, 2015. v. 2.

PEREIRA, Mateus Costa. Tutela provisória de urgência: premissas doutrinárias questionáveis + negligência histórica + equívocos legislativos. In: COSTA, Eduardo José da Fonseca; PEREIRA, Mateus Costa; GOUVEIA FILHO, Roberto P. Campos (Coord.). *Tutela provisória*. Salvador: JusPodivm, 2016.

PONTES DE MIRANDA, Francisco Cavalcanti. *Comentários ao Código de Processo Civil*. Rio de Janeiro: Forense, t. 5.

______. ______. Rio de Janeiro: Forense, 1976, t. 9.

______. *Tratado da ação rescisória*. 5. ed. Rio de Janeiro: Forense, 1976.

REDONDO, Bruno Garcia. Estabilização, modificação e negociação da tutela de urgência antecipada antecedente: principais controvérsias. *Revista de Processo*, São Paulo: RT, v. 244, jun. 2015.

SICA, Heitor Vitor Mendonça. Doze problemas e onze soluções quanto à chamada "estabilização da tutela antecipada". In: COSTA, Eduardo José da Fonseca;

PEREIRA, Mateus Costa; GOUVEIA FILHO, Roberto P. Campos (Coord.). *Tutela provisória*. Salvador: JusPodivm, 2016.

TALAMINI, Eduardo. *Tutela monitória*: ação monitória. 2. ed. São Paulo: RT, 2001.

TESSER, André Luiz Bäuml. As diferenças entre a tutela cautelar e a antecipação de tutela no CPC/2015. In: MACÊDO, Lucas Buril de; PEIXOTO, Ravi; FREIRE, Alexandre (Coord.). *Doutrina selecionada*: procedimentos especiais, tutela provisória e direito transitório. 2. ed. Salvador: JusPodivm, 2016. v. 4.

THEODORO JÚNIOR, Humberto. *Curso de direito processual civil*. 56. ed. Rio de Janeiro: Forense, 2015. v. 1.

O DEVER DE FUNDAMENTAÇÃO DAS DECISÕES JUDICIAIS NO CPC BRASILEIRO

Rodrigo da Cunha Lima Freire

Sumário: 1. O dever de fundamentação na Constituição Federal brasileira – 2. A fundamentação qualificada ou legítima no CPC brasileiro de 2015 – 3. Conclusão – Bibliografia.

1. O DEVER DE FUNDAMENTAÇÃO NA CONSTITUIÇÃO FEDERAL BRASILEIRA

A necessidade de que as decisões judiciais sejam fundamentadas é inerente ao *Estado Democrático de Direito*, pois se apresenta como uma garantia contra o arbítrio, e ao *devido princípio do devido processo legal*, pois o processo justo não se compatibiliza com a discricionariedade jurisdicional.[1-2]

---

1 "Decidir sem justificar é o mesmo que não decidir, mas opinar com caráter cogente, o que não se amolda ao Estado Democrático de Direito" (PINTO ALBERTO, Sabrina Santana Figueiredo; PINTO ALBERTO, Tiago Gagliano. Conceitos jurídicos indeterminados e fundamentação – existirá o céu dos conceitos?. In: PINTO ALBERTO, Gagliano; VASCONCELOS, Fernando Andreoni (Org.). *O dever de fundamentação no novo CPC*: análises em torno do art. 489. Lumen Juris: Rio de Janeiro, 2015. p. 241).

2 Para Beclaute Oliveira Silva (*A garantia fundamental à motivação da decisão judicial*. Salvador: JusPodivm, 2007. p. 72-73), "o dever de fundamentar a sentença deixou de ser uma mera categoria legal e assumiu o conteúdo de realizador do Estado Democrático de Direito. Esta assunção transformou o *status* da decisão (sentença) judicial, elevando-a a uma categoria constitucional. Mais. Sendo a fundamentação

De qualquer sorte, o dever de fundamentação das decisões judiciais está expressamente previsto no inciso IX do art. 93 da Constituição Federal brasileira ("todos os julgamentos dos órgãos do Poder Judiciário serão públicos, e fundamentadas todas as decisões, sob pena de nulidade, podendo a lei limitar a presença, em determinados atos, às próprias partes e a seus advogados, ou somente a estes, em casos nos quais a preservação do direito à intimidade do interessado no sigilo não prejudique o interesse público à informação").

Se, por um lado, a Constituição exige dos juízes que fundamentem as suas decisões, por outro lado a Constituição confere aos jurisdicionados um direito à fundamentação. Não se trata de um direito a uma fundamentação qualquer, mas de um direito fundamental a uma fundamentação adequada ou legítima.

A adequada ou legítima fundamentação das decisões judiciais apresenta um discurso interno, voltado às partes e aos magistrados das instâncias superiores, para permitir o cumprimento ou a impugnação dos julgados, mas também apresenta um discurso externo, dirigido à sociedade em geral, pois permite que esta exerça um controle sobre a atividade jurisdicional e compreenda o Direito, tornando previsíveis e calculáveis as condutas sociais na ordem jurídica.[3]

2. A FUNDAMENTAÇÃO QUALIFICADA OU LEGÍTIMA NO CPC BRASILEIRO DE 2015

O § 1.º do art. 489 do Código de Processo Civil brasileiro procurou concretizar o comando constitucional, ao exemplificar, em seis incisos, situações nas quais não se considera fundamentada qualquer decisão judicial, seja ela interlocutória, sentença ou acórdão, a saber:

I) a decisão se limita à indicação, à reprodução ou à paráfrase de ato normativo, sem explicar sua relação com a causa ou a questão decidida: ao magistrado não basta simplesmente indicar o texto normativo (*v.g.*, "Indefiro o pedido de tutela antecipada, porque não estão presentes os requisitos do

---

um imperativo da justiça, e esta é a forma de realizar a igualdade através do devido processo legal, tem-se, por via oblíqua, que este imperativo é uma cláusula pétrea, não sendo passível de revogação (art. 60, § 4.º, CF/88), como se demonstrará normativamente. Apenas nos Estados autoritários, em que o poder da clava prevalece sobre o mínimo de racionalidade, poder-se-ia abandonar o primado da fundamentação das decisões judiciais".

[3] *Vide* TARUFFO, Michele. *A motivação da sentença civil.* São Paulo: Marcial Pons, 2015. p. 340-347.

artigo 300 do CPC"), reproduzir o texto normativo (*v.g.*, "Indefiro o pedido de tutela antecipada, porque não vislumbro elementos que evidenciem a probabilidade do direito, nem perigo de dano"), ou ainda realizar uma mera paráfrase do texto normativo (*v.g.*, "Indefiro o pedido de tutela antecipada, porque não se encontram presentes os requisitos do *fumus boni juris* e do *periculum in mora*"), cabendo a ele interpretar e, por conseguinte, realizar o processo de concretização, para alcançar a norma;[4]

Visualizar

II) a decisão emprega conceitos jurídicos indeterminados, sem explicar o motivo concreto de sua incidência no caso: quando o julgado apresenta conceitos compostos por termos vagos ou abertos, inclusive princípios ou cláusulas gerais (*v.g.*, dignidade da pessoa humana, boa-fé, função social, preço vil, hipossuficiência, ordem pública, grande repercussão social etc.), espera-se que o juiz tenha realizado uma leitura racional dos mesmos, "enfrentando a abertura do texto" e correlacionado os resultados ao caso concreto, vale dizer, aguarda-se que o juiz tenha definido racionamento os conceitos e que tenha estabelecido o liame ou os "pontos de contato" entre a sua definição e a casuística;[5]

III) a decisão invoca motivos que se prestariam a justificar qualquer outra decisão: não se admite "decisão-padrão," "decisão-modelo" ou "decisão--formulário"[6] – *v.g.*, "mantenho a decisão por seus próprios fundamentos"; "nada há a esclarecer"; "considerando a robusta prova dos autos"; ou ainda,

---

4 OLIVEIRA JR., Zulmar Duarte de. In: DELLORE, Luiz; GAJARDONI, Fernando da Fonseca; OLIVEIRA Jr., Zulmar Duarte de; ROQUE, Andre Vasconcelos. *Processo de conhecimento e cumprimento de sentença*: comentários ao CPC de 2015. São Paulo: Método, 2016p. 563.

5 PINTO ALBERTO, Sabrina Santana Figueiredo; PINTO ALBERTO, Tiago Gagliano. Conceitos jurídicos indeterminados e fundamentação – existirá o céu dos conceitos? cit., p. 245; BRAGA, Paula Sarno; DIDIER JR., Fredie; OLIVEIRA, Rafael Alexandria de. In: CABRAL, Antonio do Passo; CRAMER, Ronaldo (Org.). *Comentários ao novo Código de Processo Civil.* Rio de Janeiro: Forense, 2015. p. 712-713.

6 Como Leonardo Carneiro da Cunha (In: ARRUDA ALVIM WAMBIER, Teresa; DANTAS, Bruno; DIDIER JR., Fredie; TALAMINI, Eduardo (Org.). *Breves comentários ao novo Código de Processo Civil.* São Paulo: RT, 2015. p. 1.234): "Esse, evidentemente, não é o caso das sentenças proferidas em bloco para aplicação da tese jurídica a ser aplicada em casos repetitivos. Nesse caso, a fundamentação é adequada, pois guarda pertinência com os casos repetitivos, enfrentando as questões jurídicas discutidas (e repetidas) nas situações jurídicas homogêneas. O que não se permite é uma fundamentação genérica, aplicável indistintamente a qualquer hipótese, sem a menor identificação da questão jurídica discutida...".

"fixo o valor indenizatório, a título de danos morais em X reais, por ser razoável e proporcional");

IV) a decisão não enfrenta todos os argumentos deduzidos no processo capazes de, em tese, infirmar a conclusão adotada pelo julgador: *a)* o juiz tem o dever de analisar, de maneira pormenorizada, todo e qualquer argumento (o Código diz "argumento", e não questão), de fato e de direito, apresentado pela parte vencida, *objetivamente* capaz de alterar o resultado do julgamento e de infirmar a conclusão adotada pelo julgador, ainda que seja improcedente ou que discorde dele,[7] vale dizer, não pode o magistrado escolher livremente os argumentos apresentados pela parte vencida que deseja analisar, sob a justificativa de que eles são suficientes à formação de sua livre convicção (*v.g.*, se o réu alegar prescrição e pagamento e o juiz julgar o pedido do autor procedente, terá que analisar os dois argumentos do réu); *b)* O inciso IV do § 1.º do art. 489 é uma decorrência natural do contraditório substancial e da cooperação – o juiz não pode deixar de apreciar todos os argumentos da parte vencida que possam, em tese, influenciar o resultado do processo, pois o contraditório substancial, caracterizado pelo binômio influência e não surpresa, confere às partes o poder de participarem do processo, influenciando o seu resultado e impede o juiz de decidir sem levar em consideração os argumentos das partes para a construção desse resultado, enquanto a cooperação impõe ao juiz o dever de esclarecer as suas decisões[8] e de consultar as partes sobre as questões de fato e de direito, antes

---

7 "O juiz e os tribunais têm o dever de enfrentar todos os argumentos apresentados pelas partes, ainda que discordem deles. A improcedência do argumento não exclui a necessidade de sua análise" (OLIVEIRA JR., Zulmar Duarte de. Juízes e tribunais devem responder as questões suscitadas pelas partes. Disponível em: <http://jota.uol.com.br/juizes-e-tribunais-devem-responder-questoes-suscitadas-pelas-partes>. Acesso em: 12 out. 2016).

8 Para Miguel Teixeira de Souza (Omissão do dever de cooperação do tribunal: que consequências?. Disponível em <http://www.academia.edu/10210886/TEIXEIRA_DE_SOUSA_M._Omiss%C3%A3o_do_dever_de_coopera%C3%A7%C3%A3o_do_tribunal_que_consequ%C3%AAncias_01.2015_>. Acesso em: 12 out. 2016, p. 2), o dever de esclarecimento, como desdobramento da cooperação ou da colaboração, significa que "o tribunal tem o dever de se esclarecer junto das partes quanto às dúvidas que tenha sobre as suas alegações, pedidos ou posições em juízo...".

Já para Fredie Didier Jr. (*Fundamentos do princípio da cooperação no direito processual civil português*. Coimbra: Coimbra Editora, 2010. p. 18), "o *dever de esclarecimento* não se restringe ao dever de o órgão jurisdicional esclarecer-se junto das partes, mas também o dever de esclarecer os seus próprios pronunciamentos para as partes".

de proferir a sua decisão;[9-10-11-12] *c)* o inciso IV do § 1.º do art. 489 do CPC se contrapõe ao que decidiu o Supremo Tribunal Federal, à luz do CPC de

---

[9] "Em razão do modelo de processo cooperativo imposto pelo atual CPC e graças a adoção explícita de um contraditório *substancial*, não prevalece mais o entendimento segundo o qual o juiz não seria obrigado a tratar de todas as alegações suscitadas pelas partes. Se deve consultá-las, deve examinar suas alegações. De nada adiantaria o disposto no art. 10 se se continuasse a entender que o juiz não é obrigado a tratar de todas as alegações invocadas pelas partes, pois aí se teria um contraditório meramente formal, e não substancial, como está a exigir o art. 10 e todo o sistema formado pelo conjunto das normas contidas no atual CPC" (CUNHA, Leonardo Carneiro da. *Breves comentários ao novo Código de Processo Civil* cit., p. 1232).

[10] "Na quadra teórica do formalismo-valorativo, pois, o direito ao contraditório leva à previsão de um dever de debate entre o juiz e as partes a respeito do material recolhido ao longo do processo. Esse dever de debate encontra sua expressão mais saliente no quando da decisão da causa, haja vista a imprescindibilidade de constar, na fundamentação da sentença, acórdão ou decisão monocrática, o enfrentamento pelo órgão jurisdicional das razões deduzidas pelas partes em seus arrazoados, exigência de todo afeiçoada ao Estado Constitucional, que é necessariamente democrático. Mais: denota a necessidade de todo e qualquer elemento constante da decisão ter sido previamente debatido entre todos aqueles que participam do processo" (MITIDIERO, Daniel. *Colaboração no processo civil*: pressupostos sociais, lógicos e éticos. São Paulo: RT, 2009. p. 135-136).

[11] "O CPC de 2015 deixou clara a conexão entre a motivação com o contraditório útil ou influência (na tríplice configuração informação, reação e consideração, considerando desmotivada a decisão que não tenha exatamente cotejado os argumentos oportunamente apresentados pelas partes (art. 7.º).

Isto porque, o contraditório não se perfaz sozinho. O contraditório tem seu rendimento atrelado à motivação da decisão, não devendo ser descolorido para mero instrumento de legitimação procedimental da decisão (ato prévio e mecânico sem substância), para passar a participar efetivamente da mesma (tem que ser considerado no que trouxe de argumentos, na sua substância)" (OLIVEIRA JR., Zulmar Duarte de. Juízes e tribunais devem responder as questões suscitadas pelas partes cit.).

[12] Conforme DIDIER JR., Fredie. *Fundamentos do princípio da cooperação*... cit., p. 18: "Embora Teixeira de Souza não faça essa abordagem, é imprescindível relacionar o *dever de consulta* ao princípio do contraditório. A concretização do princípio da cooperação é, no caso, *também* uma concretização do princípio do contraditório, que assegura aos litigantes o poder de influenciar a solução da controvérsia".

No entanto, em texto sobre as consequências a respeito da omissão do dever de cooperação do tribunal, Miguel Teixeira de Souza assevera que, em certo sentido, é possível falar em "decisão-surpresa" quando tribunal deixa de dirigir o convite ao aperfeiçoamento do articulado: "Na hipótese em análise, a surpresa das partes não consiste em o tribunal decidir algo que elas não consideraram e não discutiram, mas em o tribunal decidir algo que sabe assentar em fundamentos deficientes e, apesar

1973: "StarWriter Questão de ordem. Agravo de instrumento. Conversão em recurso extraordinário (CPC, art. 544, §§ 3.º e 4.º). 2. Alegação de ofensa aos incisos XXXV e LX do art. 5.º e ao inciso IX do art. 93 da Constituição Federal. Inocorrência. 3. O art. 93, IX, da Constituição Federal exige que o acórdão ou decisão sejam fundamentados, ainda que sucintamente, sem determinar, contudo, o exame pormenorizado de cada uma das alegações ou provas, nem que sejam corretos os fundamentos da decisão. 4. Questão de ordem acolhida para reconhecer a repercussão geral, reafirmar a jurisprudência do Tribunal, negar provimento ao recurso e autorizar a adoção dos procedimentos relacionados à repercussão geral" (AI 791292 QO/RG, Rel. Min. Gilmar Mendes, 13.08.2010);[13-14] *d)* como o juiz é obrigado

---

disso, não conceder à parte a possibilidade de corrigir a deficiência" (Omissão do dever de cooperação do tribunal... cit., p. 8).

[13] Conforme Daniel Amorim Assumpção Neves (*Novo Código de Processo Civil comentado*: artigo por artigo. Salvador: JusPodivm, 2016. p. 810), o direito brasileiro sempre adotou a técnica da fundamentação suficiente (o juiz não é obrigado a enfrentar todas as alegações das partes, desde que justifique o acolhimento ou a rejeição da causa de pedir ou do fundamento da defesa), em detrimento da técnica da fundamentação exauriente (o juiz é obrigado a enfrentar todas as alegações das partes, contidas na causa de pedir e na fundamentação da defesa). Ocorre que, nos termos do inciso IV do § 1.º do art. 489, "é possível concluir que a partir do advento do Novo Código de Processo Civil não bastará ao juiz enfrentar as causas de pedir e fundamentos da defesa, mas todos os argumentos que os embasam".

[14] Com o devido respeito, é equivocado o entendimento da Segunda Seção do Superior Tribunal de Justiça, segundo o qual o novo CPC confirmou a jurisprudência do Supremo Tribunal Federal e do próprio Superior Tribunal de Justiça: "Processual civil. Embargos de declaração em mandado de segurança originário. Indeferimento da inicial. Omissão, contradição, obscuridade, erro material. Ausência. 1. Os embargos de declaração, conforme dispõe o art. 1.022 do CPC, destinam-se a suprir omissão, afastar obscuridade, eliminar contradição ou corrigir erro material existente no julgado, o que não ocorre na hipótese em apreço. 2. O julgador não está obrigado a responder a todas as questões suscitadas pelas partes, quando já tenha encontrado motivo suficiente para proferir a decisão. *A prescrição trazida pelo art. 489 do CPC/2015 veio confirmar a jurisprudência já sedimentada pelo Colendo Superior Tribunal de Justiça, sendo dever do julgador apenas enfrentar as questões capazes de infirmar a conclusão adotada na decisão recorrida.* 3. No caso, entendeu-se pela ocorrência de litispendência entre o presente *mandamus* e a Ação Ordinária 0027812-80.2013.4.01.3400, com base em jurisprudência desta Corte Superior acerca da possibilidade de litispendência entre mandado de segurança e ação ordinária, na ocasião em que as ações intentadas objetivam, ao final, o mesmo resultado, ainda que o polo passivo seja constituído de pessoas distintas. 4. Percebe-se, pois, que o embargante maneja os presentes aclaratórios em virtude, tão somente, de seu inconformismo com a decisão ora atacada, não se divisando, na hipótese, quaisquer dos

a analisar apenas os argumentos capazes de, em tese, infirmar a conclusão do julgado, não está o juiz obrigado a enfrentar argumentos objetivamente irrelevantes ou impertinentes;[15-16] *e)* o juiz não precisará enfrentar todos os fundamentos deduzidos pelo réu, quando a apreciação deles ficar impedida ou prejudicada em razão da resolução de alguma questão prévia[17] ou, ainda, quando esses fundamentos já foram enfrentados em decisões paradigmas que formaram precedente vinculante aplicável ao caso, bastando, em tal situação, demonstrar a correlação fática e jurídica entre o caso concreto e aquele já apreciado;[18] *f)* segundo o CPC, no julgamento do incidente de resolução de demandas repetitivas, "O conteúdo do acórdão abrangerá a análise de todos os fundamentos suscitados concernentes à tese jurídica discutida, sejam favoráveis ou contrários" – § 2.º do art. 984 do CPC; mas, no julgamento dos recursos repetitivos, "O conteúdo do acórdão abrangerá a análise dos fundamentos relevantes da tese jurídica discutida" – § 3.º do art. 1.038 do CPC – trata-se de diferenciação absolutamente inadequada,

---

vícios previstos no art. 1.022 do Código de Processo Civil, a inquinar tal *decisum*. 5. Embargos de declaração rejeitados" (STJ, 1.ª Seção, EDcl no MS 21315/DF, Rel. Min. Diva Malerbi (desembargadora convocada TRF 3.ª Região), *DJe* 15.06.2016).

15 "Entendo que a previsão legal tem como objetivo afastar da exigência do enfrentamento os argumentos irrelevantes e impertinentes ao objeto da demanda, liberando o juiz de atividade valorativa inútil" (NEVES, Daniel Amorim Assumpção. *Novo Código de Processo Civil comentado*... cit., p. 811).

16 "Somente o argumento irrelevante, ou seja, aquele argumento, que mesmo procedente por suposição, não alteraria a conclusão do julgado, pode ser afastado. Ainda assim, a decisão deve indicar os argumentos que não serão considerados por sua irrelevância, apontando claramente a razão pela qual não alterariam o resultado do julgado, estabelecendo porque não são relevantes" (OLIVEIRA JR., Zulmar Duarte de. Juízes e tribunais devem responder as questões suscitadas pelas partes cit.).

17 Enunciado 12 da ENFAM: "Não ofende a norma extraível do inciso IV do § 1.º do art. 489 do CPC/2015 a decisão que deixar de apreciar questões cujo exame tenha ficado prejudicado em razão da análise anterior de questão subordinante".

18 Enunciado 13 da ENFAM: "O art. 489, § 1.º, IV, do CPC/2015 não obriga o juiz a enfrentar os fundamentos jurídicos invocados pela parte, quando já tenham sido enfrentados na formação dos precedentes obrigatórios"; Enunciado 19 da ENFAM: "A decisão que aplica a tese jurídica firmada em julgamento de casos repetitivos não precisa enfrentar os fundamentos já analisados na decisão paradigma, sendo suficiente, para fins de atendimento das exigências constantes no art. 489, § 1.º, do CPC/2015, a correlação fática e jurídica entre o caso concreto e aquele apreciado no incidente de solução concentrada"; Enunciado 524 do FPPC: "O art. 489, § 1.º, IV, não obriga o órgão julgador a enfrentar os fundamentos jurídicos deduzidos no processo e já enfrentados na formação da decisão paradigma, sendo necessário demonstrar a correlação fática e jurídica entre o caso concreto e aquele já apreciado".

na medida em que o incidente de resolução de demandas repetitivas e os recursos repetitivos integram o microssistema da tutela de causas repetitivas, cujas normas se complementam e devem ser interpretadas de forma conjugada, assim como integram o microssistema de formação de precedentes judiciais vinculantes, que exige a compreensão adequada da *ratio decidendi*, a partir de uma fundamentação abrangente, que examine todas as teses, favoráveis e contrária;[19-20]

V) a decisão se limitar a invocar precedente ou enunciado de súmula, sem identificar seus fundamentos determinantes nem demonstrar que o caso sob julgamento se ajusta àqueles fundamentos: o dispositivo quer evitar o fenômeno do *ementismo* ou da aplicação mecânica de enunciados de súmulas ou de precedentes judiciais. Assim, quando invocar súmula ou precedente, o magistrado tem o dever demonstrar porque o mesmo se aplica ao caso concreto, pela técnica da distinção – *distinguishing* – ou da comparação entre o precedente e o caso, sob pena de a sua decisão não se considerar fundamentada.[21]

---

[19] Enunciado 305 do FPPC: "No julgamento de casos repetitivos, o tribunal deverá enfrentar todos os argumentos contrários e favoráveis à tese jurídica discutida, inclusive os suscitados pelos interessados".

[20] Enunciado 12 do FPPC: "A aplicação das medidas atípicas sub-rogatórias e coercitivas é cabível em qualquer obrigação no cumprimento de sentença ou execução de título executivo extrajudicial. Essas medidas, contudo, serão aplicadas de forma subsidiária às medidas tipificadas, com observação do contraditório, ainda que diferido, e por meio de decisão à luz do art. 489, § 1.º, I e II"; Enunciado 128 do FPPC: "No processo em que há intervenção do *amicus curiae*, a decisão deve enfrentar as alegações por ele apresentadas, nos termos do inciso IV do § 1.º do art. 489"; Enunciado 515 do FPPC: "Aplica-se o disposto no art. 489, § 1.º, também em relação às questões fáticas da demanda"; Enunciado 516 do FPPC: "Para que se considere fundamentada a decisão sobre os fatos, o juiz deverá analisar todas as provas capazes, em tese, de infirmar a conclusão adotada"; Enunciado 517 do FPPC: "A decisão judicial que empregar regras de experiência comum, sem indicar os motivos pelos quais a conclusão adotada decorre daquilo que ordinariamente acontece, considera-se não fundamentada"; Enunciado 523 do FPPC: "O juiz é obrigado a enfrentar todas as alegações deduzidas pelas partes capazes, em tese, de infirmar a decisão, não sendo suficiente apresentar apenas os fundamentos que a sustentam".

[21] Penso que o inciso V do § 1.º do art. 489 é aplicável às súmulas e, tanto aos precedentes judiciais vinculantes ou obrigatórios, quanto aos precedentes judiciais meramente persuasivos.

Em sentido, contrário, porém, o Enunciado 11 da ENFAM: "Os precedentes a que se referem os incisos V e VI do § 1.º do art. 489 do CPC/2015 são apenas os mencionados no art. 927 e no inciso IV do art. 332".

VI) a decisão deixar de seguir enunciado de súmula, jurisprudência ou precedente invocado pela parte, sem demonstrar a existência de distinção no caso em julgamento ou a superação do entendimento: não se considera fundamentada uma decisão que deixa aplicar no caso concreto súmula ou precedente, sem a devida realização aplicação da técnica da distinção (*distinguishing*), ou seja, da comparação entre o precedente e o caso concreto, ou da superação (*overruling*), ou seja, da demonstração da revogação do precedente.[22-23-24-25]

Vale acrescentar que o Código considera omissa a decisão que "deixe de se manifestar sobre tese firmada em julgamento de casos repetitivos ou em incidente de assunção de competência aplicável ao caso sob julgamento". Assim, caberá o recurso de embargos de declaração (inciso I do parágrafo único do art. 1.022 do CPC).

Ademais, caso o juiz incorra em qualquer das situações descritas no § 1.º do art. 489 do CPC, a decisão será igualmente considerada omissa e também caberá o recurso de embargos de declaração (inciso II do parágrafo único do art. 1.022 do CPC).[26]

---

22 Penso que o inciso VI do § 1.º do art. 489 é aplicável exclusivamente às súmulas e aos precedentes judiciais vinculantes, mas não precedentes judiciais aos meramente persuasivos.

23 A palavra jurisprudência não deveria ter sido inserida no dispositivo. Como pontua NEVES, Daniel Amorim Assumpção. *Novo Código de Processo Civil comentado...* cit., p. 812: "Lamenta-se a utilização do termo jurisprudência ao lado de súmula e precedente, não se devendo misturar a abstração e generalidade da jurisprudência com o caráter objetivo e individualizado da súmula e do precedente. De qualquer forma, como a aplicabilidade do dispositivo legal é limitada à eficácia vinculante do julgamento ou da súmula, a remissão à jurisprudência perde o sentido e torna-se inaplicável".

24 Enunciado 306 do FPPC: "O precedente vinculante não será seguido quando o juiz ou tribunal distinguir o caso sob julgamento, demonstrando, fundamentadamente, tratar-se de situação particularizada por hipótese fática distinta, a impor solução jurídica diversa"

25 Enunciado 459 do FPPC: "As normas sobre fundamentação adequada quanto à distinção e superação e sobre a observância somente dos argumentos submetidos ao contraditório são aplicáveis a todo o microssistema de formação dos precedentes".

26 Enunciado 394 do FPPC: "As partes podem opor embargos de declaração para corrigir vício da decisão relativo aos argumentos trazidos pelo *amicus curiae*"; Enunciado 40 da ENFAM: "Incumbe ao recorrente demonstrar que o argumento reputado omitido é capaz de infirmar a conclusão adotada pelo órgão julgador".

Havendo, porém, a interposição do recurso de apelação, se sentença for anulada por ser tida como omissa em razão de sua inadequada fundamentação, e o processo estiver em condições de imediato julgamento, o tribunal aplicará a teoria da causa madura e decidirá desde logo o mérito, não devolvendo os autos ao juiz para a prolação de nova sentença (inciso IV do § 3.º do art. 1.013 do CPC).[27]

Portanto, o § 1.º do art. 489 do CPC, ao concretizar o comando constitucional,[28] exemplificando situações[29] nas quais não se considera fundamentada qualquer decisão judicial, apresenta a necessidade de uma fundamentação racional, lógica, previsível, acessível e controlável.[30]

Ao contrário, uma fundamentação arbitrária, discricionária, imprevisível, introspectiva, subjetiva, solipsista,[31] calcada em meras convicções pessoais ou em posições preconcebidas, por vezes submetida a justificativas metajurídicas de ordem ideológica, não se revela compatível com o *estado democrático de direito* e com o *devido processo legal*, nem com os princípios do *contraditório substancial* (as partes devem ter o poder de influenciar o resultado do processo, razão pela qual os seus argumentos devem ser levados em consideração, impedindo-se que o juiz proferida decisões surpresa), da *boa-fé objetiva* (a lealdade do magistrado com os demais sujeitos do pro-

---

27 Conforme o Enunciado 307 do FPPC, "Reconhecida a insuficiência da sua fundamentação, o tribunal decretará a nulidade da sentença e, preenchidos os pressupostos do § 3.º do art. 1.013, decidirá desde logo o mérito da causa"; Enunciado 42 da ENFAM: "Não será declarada a nulidade sem que tenha sido demonstrado o efetivo prejuízo por ausência de análise de argumento deduzido pela parte".

28 Como do dispositivo apenas concretiza o comando constitucional, aplica-se aos juizados especiais. Nesse sentido o Enunciado 309 do FPPC: "O disposto no § 1.º do art. 489 do CPC é aplicável no âmbito dos Juizados Especiais." Já em sentido contrário, o Enunciado 47 da ENFAM: "O art. 489 do CPC/2015 não se aplica ao sistema de juizados especiais".

29 Enunciado 303 do FPPC: "As hipóteses descritas nos incisos do § 1.º do art. 489 são exemplificativas".

30 *Vide*, entre outros, TARUFFO, Michele. *A motivação da sentença civil* cit., p. 386-390; PINTO ALBERTO, Sabrina Santana Figueiredo; PINTO ALBERTO, Tiago Gagliano. Conceitos jurídicos indeterminados e fundamentação – existirá o céu dos conceitos? cit., p. 236; BAHIA, Alexandre Melo Franco; NUNES, Dierle; PEDRON, Flávio Quinaud; THEODORO JÚNIOR, Humberto. *Novo CPC*: fundamentos e sistematização. Rio de Janeiro: Forense, 2015. p. 261-282; BRAGA, Paula Sarno; DIDIER JR., Fredie; OLIVEIRA, Rafael Alexandria de. *Comentários ao novo Código de Processo Civil* cit., p. 707.

31 A respeito do assunto, *vide* STRECK, Lenio Luiz. *O que é isto:* decido conforme a minha consciência? 4. ed. Porto Alegre: Livraria do Advogado, 2013.

cesso, e com a própria sociedade, exige do julgador que este não surpreenda o jurisdicionado com um discurso alheio à racionalidade e aos argumentos previamente submetidos ao debate) e da *cooperação* (o magistrado tem o dever de esclarecer os seus pronunciamentos e de consultar as partes antes de resolver questões de fato ou de direito), expressamente consagrados pelo CPC brasileiro de 2015.

É importante destacar que fundamentação sucinta ou objetiva não se confunde com falta de fundamentação ou com fundamentação deficiente. O juiz pode desenvolver uma fundamentação objetiva e ao mesmo tempo analítica, como também pode desenvolver uma extensa e retórica fundamentação, apresentando, por exemplo, ementas de acórdãos desconectadas com o caso, reproduzindo longos textos doutrinários, mas omitindo-se quanto às alegações e ao material probatório etc.[32]

Uma pergunta que se pode fazer é se a chamada fundamentação *per relationem* ou referencial é compatível com a modelo de fundamentação analítica exigido pelo novo CPC?

Embora seja longa a tradição da jurisprudência brasileira quanto ao acolhimento da fundamentação *per relationem* ou referencial,[33] esta não parece ser compatível com o modelo de racionalidade e de aproximação entre a fundamentação e argumentação, estabelecido pelo § 1.º do art. 489 do CPC como forma de concretizar a Constituição, especialmente quando

---

32 Enunciado 10 da ENFAM: "A fundamentação sucinta não se confunde com a ausência de fundamentação e não acarreta a nulidade da decisão se forem enfrentadas todas as questões cuja resolução, em tese, influencie a decisão da causa".

33 "É legítima a adoção da técnica de fundamentação referencial (*per relationem*), consistente na alusão e incorporação formal, em ato jurisdicional, de decisão anterior ou parecer do Ministério Público. Precedente citado: REsp 1.194.768-PR, 2.ª Turma, *DJe* 10.11.2011. (STJ, 2.ª Turma, EDcl no AgRg no AREsp 94.942/MG, Rel. Min. Mauro Campbell Marques, j. 05.02.2013); "O Supremo Tribunal Federal tem salientado, em seu magistério jurisprudencial, a propósito da motivação "per relationem", que inocorre ausência de fundamentação quando o ato decisório – o acórdão, inclusive – reporta-se, expressamente, a manifestações ou a peças processuais outras, mesmo as produzidas pelo Ministério Público, desde que, nestas, se achem expostos os motivos, de fato ou de direito, justificadores da decisão judicial proferida. Precedentes. Doutrina. O acórdão, ao fazer remissão aos fundamentos fático-jurídicos expostos no parecer do Ministério Público – e ao invocá-los como expressa razão de decidir –, ajusta-se, com plena fidelidade, à exigência jurídico-constitucional de motivação a que estão sujeitos os atos decisórios emanados do Poder Judiciário (CF, art. 93, IX)" (STF, 2.ª Turma, RHC 121527 AgR/DF, Rel. Min. Celso de Melo, *DJe*-105 divulg. 30.05.2014, public. 02.06.2014).

se trata de simples menção ou de mecânica reprodução de pareceres do Ministério Público ou de decisões judiciais anteriores, sem qualquer atenção às particularidades do caso concreto.

Outra pergunta que se pode fazer é a seguinte: o texto do § 1.º do art. 489 do CPC é dirigido exclusivamente aos juízes ou as partes também estariam, de alguma forma, por ele contempladas?

Parece-me evidente que, em razão dos princípios do contraditório, da boa-fé e da cooperação, ao dever do magistrado de fundamentar adequadamente corresponde um ônus da parte de argumentar adequadamente.

Nesse sentido, aliás, é o Enunciado 9 da ENFAM: "É ônus da parte, para os fins do disposto no art. 489, § 1.º, V e VI, do CPC/2015, identificar os fundamentos determinantes ou demonstrar a existência de distinção no caso em julgamento ou a superação do entendimento, sempre que invocar jurisprudência, precedente ou enunciado de súmula".

Conforme Marcelo Pacheco Machado, "Novo CPC: precedentes e contraditório", "O surgimento deste dever específico de motivação para o juiz pressupõe a maturidade no contraditório para a parte, imposta pela noção de processo cooperativo (Novo CPC, art. 6.º). A parte tem o ônus argumentativo de alegar adequadamente o precedente, indicando as circunstâncias fáticas que justificam sua aplicação ao caso concreto e, excepcionalmente, os motivos que justificariam a superação de precedente em tese aplicável".[34]

Assim, com fundamento nos deveres de esclarecimento e de consulta, que decorrem da cooperação (arts. 6.º e 10 do CPC), o juiz pode determinar que as partes realizem a distinção ou a superação em qualquer fase do processo, inclusive e especialmente por ocasião do saneamento do processo, pois

---

[34] Já Rogério de Vidal Cunha (O dever de fundamentação no NCPC: Há mesmo o dever de responder todos os argumentos das partes? Breve análise do art. 489, § 1.º, IV do NCPC". In: PINTO ALBERTO, Gagliano; VASCONCELOS, Fernando Andreoni (Org.). *O dever de fundamentação no novo CPC*: análises em torno do art. 489. Rio de Janeiro: Lumen Juris, 2015. p. 294-295) entende que, "se é dever do julgador fazer essa identidade para afastar a aplicação precedente citado, é maior o dever da parte de cooperar com a administração da justiça, realizando a precisa identificação do precedente ao caso concreto, sob pena de transformar o processo em joguete onde a parte cita, aleatoriamente, um número elevado de precedentes completamente distanciados dos fatos narrados, obrigando o julgador a afastar a sua aplicação daquilo que jamais identificou-se com os fatos".

é nesta fase que cabe ao juiz "delimitar as questões de direito relevantes para a decisão do mérito" (inciso IV do art. 357 do CPC).[35-36-37]

Trata-se, no dizer de Zulmar Duarte, *Processo de conhecimento e cumprimento de sentença: comentários ao CPC de 2015*, p. 565, de um ônus imperfeito, "pois ainda que a parte não suscite o precedente, o enunciado de súmula ou a jurisprudência, o juiz poderá levá-lo em consideração, após acionar o art. 10 do Código. Exercido que seja o ônus, nasce o dever do juiz analisar o precedente, o enunciado de súmula ou a jurisprudência invocada pela parte, pelo que esta logicamente tem direito ao aludido exame."

Vale ainda destacar que, segundo o § 2.º do art. 489 do CPC brasileiro, "No caso de colisão entre normas, o juiz deve justificar o objeto e os critérios gerais da ponderação efetuada, enunciando as razões que autorizam a interferência na norma afastada e as premissas fáticas que fundamentam a conclusão".

---

[35] Conforme Daniel Mitidiero (*Colaboração no processo civil*... cit., p. 140): "É fundamental, na organização do formalismo de um modelo de processo civil inspirado na colaboração, que se levem em consideração os pontos de vista externados pelas partes ao longo do procedimento no quando da decisão da causa. Trata-se de exigência calcada na necessidade de participação de todos que tomam parte no processo para o alcance da justa solução do caso concreto, tendo o diálogo papel de evidente destaque nessa estruturação. Fora dessas coordenadas não há de se falar em cooperação no processo".

[36] Para Miguel Teixeira de Souza (Omissão do dever de cooperação do tribunal... cit., p. 4), "O dever de cooperação cumpre uma função assistencial das partes, pois que visa garantir que estas exerçam adequadamente os poderes correspondentes ao princípio dispositivo, tanto no que respeito à matéria de facto, como no que se refere ao pedido. É por isso que o dever de cooperação justifica que o tribunal deva convidar a parte a aperfeiçoar o seu articulado deficiente (cf. art. 590.º, n.º 2, al. *b*), e 4), deva ouvir as partes antes de conhecer de uma questão de direito que as mesmas não suscitaram (cf. art. 7.º, n.º 2), deva esclarecer-se junto da parte sobre se o pedido está correctamente formulado ou se a omissão do mesmo foi intencional. Pode assim concluir-se que, se a parte exercer adequadamente os poderes inerentes ao princípio dispositivo, não se justifica a função assistencial do tribunal, o que demonstra que o dever de cooperação não se destina nem a descolar para o tribunal o que compete às partes realizar, nem menos ainda, a atribuir o domínio do processo ao tribunal".

[37] Entende Rogério de Vidal Cunha (O dever de fundamentação no NCPC... cit., p. 295), que, caso a parte não realize o cotejo analítico, cabe ao juiz, em razão do dever de esclarecimento (decorrente da cooperação), alertar às partes sobre a possibilidade de, em não se corrigindo a omissão, ocorrer o indeferimento da petição inicial ou considerar-se ausente a impugnação específica, com a presunção de veracidade dos fatos arguidos.

Há o temor de que esse dispositivo constitua uma "procuração em branco" dada pelo legislador ao juiz ou uma permissão para que ele incorra alguma das situações descritas no § 1.º do art. 489.

Porém, a decisão que não fundamentar racionalmente e não explicitar os critérios empregados na solução do conflito (por exemplo, no caso de conflito entre regras, os critérios da hierarquia, da cronologia e da especialidade)[38] deverá ser considera omissa e desafiará embargos de declaração.[39]

Por sua vez, o § 3.º do art. 489 do CPC, diz que "A decisão judicial deve ser interpretada a partir da conjugação de todos os seus elementos e em conformidade com o princípio da boa-fé".

Assim, a boa-fé, consagrada pelo Código como princípio (art. 5.º do CPC), é também critério de exegese do pedido (§ 2.º do art. 322 do CPC) e da própria decisão judicial (§ 3.º do art. 489 do CPC).[40]

Esse dispositivo tem grande importância, especialmente quanto aos limites objetivos da coisa julgada.

É na fundamentação que o juiz aprecia as questões preliminares e as questões prejudiciais ("as questões de fato e de direito", segundo o incido II do art. 489 do CPC). Já o dispositivo é a parte da sentença na qual o juiz aprecia as questões de mérito (resolve "as questões principais que as partes lhe submeterem", segundo o inciso III do art. 489 do CPC), e deve ser interpretado conforme a fundamentação, não se limitando ao decidido num capítulo específico na parte final da sentença.

E pela sistemática do Código, são acobertadas pela coisa julgada material a decisão que julga "total ou parcialmente o mérito" (no dispositivo) e a resolução da questão prejudicial, "decidida expressa e incidentemente" (na fundamentação), desde que presentes alguns requisitos, como contraditório

---

[38] Enunciado 562 do FPPC: "Considera-se omissa a decisão que não justifica o objeto e os critérios de ponderação do conflito entre normas".

[39] Lembra Leonardo Carneiro da Cunha (*Breves comentários ao novo Código de Processo Civil* cit., p. 1.236), que o conflito entre princípios costuma ser resolvido por meio da ponderação, enquanto o conflito entre regras se resolve normalmente pelo uso dos critérios da hierarquia, da cronologia e da especialidade (embora alguns admitam também o uso da ponderação). "Já o conflito entre regra e princípio resolve-se, geralmente, pela prevalência da regra, se ambas estiverem no mesmo patamar hierárquico."

[40] Enunciado 378 do FPPC: "A boa-fé processual orienta a interpretação da postulação e da sentença, permite a reprimenda do abuso de direito processual e das condutas dolosas de todos os sujeitos processuais e veda seus comportamentos contraditórios".

prévio e efetivo e a competência absoluta do juízo para resolvê-la como questão principal (art. 503 do CPC).[41]

3. CONCLUSÃO

O Código de processo Civil brasileiro, ao exemplificar situações nas quais não se considera fundamentada uma decisão judicial, concretizou, no plano infraconstitucional, o dever constitucional de fundamentação das decisões judiciais e o correspondente direito fundamental a uma adequada ou legítima fundamentação das decisões judiciais, que deve ser racional, previsível, acessível e controlável, em contraposição a uma fundamentação livre, arbitrária, discricionária, introspectiva, subjetiva, superficial e imprevisível.

Merece destaque o dispositivo segundo o qual o juiz tem o dever de analisar todos os argumentos de fato e de direito apresentados pela parte vencida, objetivamente capazes de alterar o resultado do julgamento e de infirmar a conclusão adotada pelo julgador.

O texto normativo não se destina, porém, exclusivamente aos juízes. Num processo cooperativo e pautado pela boa-fé, as alegações das partes devem ser igualmente legítimas e adequadas, vale dizer, submetidas aos mesmos critérios de racionalidade, de previsibilidade, de acessibilidade e de controlabilidade.

BIBLIOGRAFIA

BAHIA, Alexandre Melo Franco; NUNES, Dierle; PEDRON, Flávio Quinaud; THEODORO JÚNIOR, Humberto. *Novo CPC*: fundamentos e sistematização. Rio de Janeiro: Forense, 2015.

BRAGA, Paula Sarno; DIDIER JR., Fredie; OLIVEIRA, Rafael Alexandria de. In: CABRAL, Antonio do Passo; CRAMER, Ronaldo (Org.). *Comentários ao novo Código de Processo Civil.* Rio de Janeiro: Forense, 2015.

CUNHA, Leonardo Carneiro da. In: ARRUDA ALVIM WAMBIER, Teresa; DANTAS, Bruno; DIDIER JR., Fredie; TALAMINI, Eduardo (Org.). *Breves comentários ao novo Código de Processo Civil.* São Paulo: RT, 2015.

---

[41] Conforme Zulmar Duarte (*Processo de conhecimento e cumprimento de sentença...* cit., p. 560): "Pela fundamentação se definirá o alcance do dispositivo, inclusive para fins de apreciação dos limites subjetivos e objetivos da coisa julgada (art. 504, I). Ainda, pela fundamentação se aferirá a apreciação de questão prejudicial submetida ao prévio contraditório, para fins do art. 503, § 1.º, do Código".

CUNHA, Rogério de Vidal. O dever de fundamentação no NCPC: Há mesmo o dever de responder todos os argumentos das partes? Breve análise do art. 489, § 1.º, IV do NCPC". In: PINTO ALBERTO, Gagliano; VASCONCELOS, Fernando Andreoni (Org.). *O dever de fundamentação no novo CPC*: análises em torno do art. 489. Rio de Janeiro: Lumen Juris, 2015.

DIDIER JR., Fredie. *Fundamentos do princípio da cooperação no direito processual civil português*. Coimbra: Coimbra Editora, 2010.

MACHADO, Marcelo Pacheco. Novo CPC: precedentes e contraditório. Disponível em: <http://jota.uol.com.br/novo-cpc-precedentes-e-contraditório>. Acesso em: 12 out. 2016.

MITIDIERO, Daniel. *Colaboração no processo civil*: pressupostos sociais, lógicos e éticos. São Paulo: RT, 2009.

NEVES, Daniel Amorim Assumpção. *Novo Código de Processo Civil comentado*: artigo por artigo. Salvador: JusPodivm, 2016.

OLIVEIRA JR., Zulmar Duarte de. In: DELLORE, Luiz; GAJARDONI, Fernando da Fonseca; OLIVEIRA Jr., Zulmar Duarte de; ROQUE, Andre Vasconcelos. *Processo de conhecimento e cumprimento de sentença*: comentários ao CPC de 2015. São Paulo: Método, 2016.

______. Juízes e tribunais devem responder as questões suscitadas pelas partes. Disponível em: <http://jota.uol.com.br/juizes-e-tribunais-devem-responder-questoes-suscitadas-pelas-partes>. Acesso em: 12 out. 2016.

PINTO ALBERTO, Sabrina Santana Figueiredo; PINTO ALBERTO, Tiago Gagliano. Conceitos jurídicos indeterminados e fundamentação – existirá o céu dos conceitos?. In: PINTO ALBERTO, Gagliano; VASCONCELOS, Fernando Andreoni (Org.). *O dever de fundamentação no novo CPC*: análises em torno do art. 489. Lumen Juris: Rio de Janeiro, 2015.

SILVA, Beclaute Oliveira. *A garantia fundamental à motivação da decisão judicial*. Salvador: JusPodivm, 2007.

SOUZA, Miguel Teixeira de. Omissão do dever de cooperação do tribunal: que consequências?. Disponível em <http://www.academia.edu/10210886/TEIXEIRA_DE_SOUSA_M._Omiss%C3%A3o_do_dever_de_coopera%C3%A7%C3%A3o_do_tribunal_que_consequ%C3%AAncias_01.2015_>. Acesso em: 12 out. 2016.

STRECK, Lenio Luiz. *O que é isto:* decido conforme a minha consciência? 4. ed. Porto Alegre: Livraria do Advogado, 2013.

TARUFFO, Michele. *A motivação da sentença civil*. São Paulo: Marcial Pons, 2015.

www.grupogen.com.br

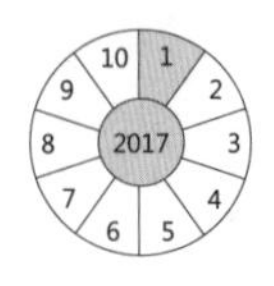

Impressão e acabamento:

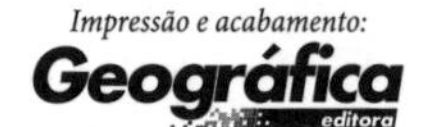

Cód.: 1217091